中国国际问题研究基金会丛书

国际问题纵论文集

2015／2016

主　　编：刘古昌
执行主编：沈国放
副 主 编：吴祖荣

世界知识出版社

编委会名单

顾　　问：张德广
主　　编：刘古昌
执行主编：沈国放
副 主 编：吴祖荣

编委会（按姓氏笔画为序）：
于振起　刘古昌　安惠侯　华黎明
李长华　张德广　沈国放　吴正龙
吴祖荣　陈德照　黄桂芳

序　言

进入新世纪以来，世界上发生了许多新的重大事件。国际形势正经历着深刻而又复杂的变化。维护世界和平，促进共同发展，扩大互利合作，既有有利条件，也出现不少不利因素，挑战和机遇并存。如何从纷繁复杂的世界大势中理出头绪，正确认识国际关系演变的趋势，是人们普遍关注的问题。世界上许多国家的专家、学者纷纷著书立说，予以论述。由于立场各异，视角不一，观点大相径庭。中国是当今世界最为活跃力量之一，在国际问题研究方面理应做出自己的贡献。

中国国际问题研究基金会是以促进我国学术界对重大国际问题进行综合性、前瞻性和战略性研究为宗旨的全国性法人团体。基金会的成员大多为中国前大使、参赞等资深外交官，他们具有外交工作实践经验，现在仍关心世界大势和中国的国际环境，继续追踪并研究国际形势和国际关系的发展趋势。基金会还拥有一批对国际政治、经济、军事、文化等方面进行研究的知名学者和专家。基金会经常就国际形势和重大国际问题举办研讨会，基金会的成员还不时有著作问世，有些经常活跃在电视媒体上，有些经常撰写文章，发表在国内著名报刊上。不能说他们的论点或阐述都很正确或完整，但是这些作者具有以下两个共同的特点：一是写作态度严肃认真；

二是努力学习和运用辩证唯物主义和历史唯物主义的观点与方法去观察、分析问题。他们在掌握大量材料的基础上,力求分析问题的本质,指出发展的趋势,所言所写都值得参考。

现在中国关心世界大势的人越来越多,人们希望从中找到正确的答案。中国国际问题研究基金会决定把基金会成员每年撰写的文章精选整理成册,形成国际问题研究丛书,这是一件很有意义的工作。我虽然已从外交工作第一线退了下来,但对国际问题研究仍然十分关注,故乐为之序。

钱其琛

目 录

中国外交

大国关系新变局与中国外交新运筹 …………………… 陈向阳 3

中国的"一带一路"建设对世界经济的影响 …………… 姜跃春 14

容克计划的战略内涵及与中国"一带一路"战略的

  对接前景 …………………………………………… 张　敏 22

"一带一路"倡议开启中欧合作新篇章 ………………… 蔡方柏 33

中印构建更加紧密的发展伙伴关系 ……………………… 郑瑞祥 44

中英关系的新发展 ………………………………………… 尹承德 54

用大国思维看待和处理中日关系 ………………………… 王泰平 64

中国与中东国家产能合作的机遇和挑战 ………………… 姚匡乙 74

推进中医药的国际化 ……………………………………… 黄桂芳 83

国际形势

世界经济尚未进入"漫漫长夜" ………………………… 谷源洋 93

美国经济形势和2016年前景 …………………………… 何伟文 105

美联储加息：目标、影响及宜注意的问题	陈德照	120
2015年欧盟对外战略的困局	邢骅	130
2015年欧洲安全形势严峻	张林初	141
欧洲难民危机的困境与出路	崔洪建	151
德国是怎样实现重新统一的？	梅兆荣	161

大国动态和大国关系

中美俄关系：态势·特点·影响	俞邃	175
中美俄大三角关系的现状和走势	石泽	183
中美关系与地区秩序	陶文钊	190
2015年中美博弈及未来走势	卞庆祖	201
影响美国对华政策四大因素	杨成绪	213
俄罗斯在全球化世界中的地位	盛世良	225
从"IS"的肆虐看美国的反恐战略	顾正龙	237
综合比较中美实力 协力构建新型大国关系	李长久 周世俭	244

周边动态

2015年中越关系回顾及相关思考	李家忠	255
2015年南海形势特点及走向	刘新生	263
安倍经济学不会促使日本经济回升	徐长文	274
中东格局酝酿着新变化	安惠侯	283

中东难民危机呼唤全球治理 ………………………… 吴思科 294
美国中东战略及其政策调整 ………………………… 刘宝莱 302
伊朗核问题翻开崭新的一页 ………………………… 唐继赞 312
2015年：伊核协议及影响 …………………………… 李国富 321
2015年埃及形势：治理和挑战 ……………………… 杨福昌 332
拉美经济改革在困难中前行 ………………………… 沈 安 342
古美复交及其影响 …………………………………… 徐贻聪 352
中智建交45周年回顾与展望 ………………………… 朱祥忠 358

后　记 ………………………………………………………… 369

中国外交

大国关系新变局与中国外交新运筹

陈向阳[①]

内容提要：当今大国博弈具有竞争与合作并存的"竞合性"以及新兴大国与西方大国之分的"集群性"，博弈的重点包括地缘利益与国际秩序主导权。2015年四组大国关系备受瞩目，分别是：美欧与俄罗斯濒临"新冷战"；中俄相互支持；中美"竞合博弈"；中国对日本"新持久战"。中国被指提前成为"世界第二"，机遇与挑战交织，须稳健均衡运筹大国关系，扩大战略回旋空间。

关键词：大国关系　中国特色的大国外交

2015年正值世界反法西斯战争和中国人民抗日战争胜利及联合国成立70周年，围绕"战后国际秩序"何去何从和地缘利益的大国博弈复杂激烈，四组大国关系格外引人注目，中国机遇大于挑战，"中国特色的大国外交"前景广阔。

一、美欧与俄围绕乌克兰危机持续激烈较量，双方濒临"新冷战"，牵动全球战略格局

自2014年初乌克兰危机爆发至今，虽然乌克兰东部的武装冲突有所缓和，但危机背后的大国角力未有缓解，美欧与俄罗斯已因此"结下梁

[①] 作者系中国现代国际关系研究院危机管理研究中心主任、世界政治所副所长，研究员。

子",彼此矛盾趋于长期化。其中,美国着力利用乌克兰危机,炒作"俄罗斯威胁",分化俄欧关系,借此凸显欧洲对美国的安全依赖,以控制欧盟战略走向。美国一再充当制裁俄的急先锋,借机强化北约军事同盟体系,抢占"维护冷战后欧洲秩序"、"遵守国际法"、"维护乌克兰领土完整"等道义制高点。美国更宣布将在东欧预先部署重武器以威慑俄罗斯,美欧并同时延长对俄罗斯经济制裁,但俄罗斯总统普京"偏不信邪",随即还以颜色,表示2015年将新增40枚洲际导弹,并对欧盟实施反制裁。美国于2015年7月出台四年一版的新《国家军事战略》,明确把俄罗斯列为具侵略性和危害美安全利益的国家,指俄罗斯"一再表现出它并不尊重邻国的领土主权,愿意动用武力来达到其目的"。美国参谋长联席会议主席登普西还就此危言耸听地指出,美国与其他主要强国开战的可能性"低但逐渐提高",一旦开战将带来"巨大"后果。[①] 俄罗斯总统发言人对此回应,批评美国的"对抗态度"。面对美俄矛盾愈演愈烈,《纽约时报》著名专栏作家弗里德曼颇为担心,专门撰文提出"冷战模式重启,美国怎么办"的疑问。

美欧与俄罗斯的矛盾由来已久,在一定程度上也是美欧与苏联冷战对抗的延续,彼此对立主要有三:一是围绕"冷战后的欧洲秩序",美欧不仅要捍卫"冷战胜利果实",而且背信弃义、得寸进尺、不断东扩(包括北约与欧盟),一再挤压俄罗斯传统"地盘";而俄罗斯也不甘心于苏联冷战失败与解体,意欲在"前苏联空间"扩大影响,尤其坚决反对北约无限"东扩"。二是围绕欧亚大陆地缘利益特别是东欧展开角逐。三是美俄之间干涉与反干涉、渗透与反渗透、颠覆与反颠覆、"颜色革命"与反"颜色革命"的长期复杂较量。

由乌克兰危机引爆的俄西对抗趋于长期化,双方"准冷战"具有四大战略影响:一是金融危机后国际合作的"主旋律"备受干扰,大国关系的对抗性增大。美欧大肆利用乌克兰危机对俄发难,趁机打压普京"威权"体制,不仅恶化冷战后本已缓和的东西方关系,而且激化金融危机后西方

---

① 美军事战略报告:美国与其他主要强国开战可能性"低但逐渐提高" // [新加坡]联合早报,2015-07-03.

与新兴大国之间的矛盾。二是俄西矛盾尤其美俄矛盾成为当前大国关系中的突出矛盾，其紧迫性更大。三是制裁与反制裁成为大国竞争较量的"新常态"。西方凭借其总体实力与娴熟"必杀技"，对外运用制裁屡试不爽、日趋精准。但俄罗斯也不甘示弱，不是一味被动，而是扬长避短，利用自身强项反制西方弱项，包括封杀欧盟农产品对俄罗斯出口。四是舆论战与宣传战成为大国竞争的新重点，"挨骂"已不亚于"挨打"，"以骂代打"更加频繁。如西方充分利用"马航MH17坠机事件"与俄罗斯"合并"克里米亚一事大做文章，开动宣传机器，竭力攻评抹黑俄罗斯，凭借话语霸权对普京进行"舆论审判"，俄罗斯则显得相对被动。

俄西博弈更趋激烈复杂，但还暂不至于演变成真的"冷战"，而美欧尽管占优，但俄罗斯也不是"吃素的"。其中：奥巴马政府内受制于政党矛盾与2016年大选临近，外受制于中东乱局与"亚太再平衡"，难以全力对付俄罗斯；欧盟近期受制于"伊斯兰国"的恐怖主义，德、法、英三国"同床异梦"，欧盟整体对俄罗斯"合力"有限；俄罗斯虽经受空前孤立高压，对外锋芒有所消减，但仍不失为能撬动国际战略格局的"活跃因子"。俄罗斯经济对外依存度有限，有自力更生的实力与底气，军力强大，对外可打"能源牌"、"核武牌"、"军售牌"与"地缘政治牌"，加之外交成熟老到，如近期出兵叙利亚和高举"反恐"大旗，力图分化美欧、摆脱西方孤立。加之俄罗斯民族具有自强不息、临危不惧的优良基因，故西方高压尚难压垮俄罗斯。

二、中俄相互给力彼此呼应，助推国际格局多极化，成为新兴大国合作的典范

中共十八大后，中俄两国元首战略默契更高，战略协作关系不仅经受住了乌克兰危机等的考验，而且在2015年二战后70周年之际互相捧场、再创新高。

2015年5月8~10日，习近平主席应普京总统邀请出席在莫斯科举行的纪念卫国战争胜利70周年庆典并访问俄罗斯。习主席此访时机正好、背

景深刻：一是适值反法西斯战争胜利70周年，作为当年两大战场与两大主力，中俄两国共同纪念、彼此互访、紧密互动，不仅能够温故知新，而且可以激浊扬清、正本清源、捍卫历史公理。二是在大国复杂激烈博弈中互为助力。因为随着美国逐步摆脱金融危机与减少对中东乱局的介入，美国加大了对新兴大国的地缘战略围堵，对外"左右开弓"、竭力谋求霸权：一面在东欧操弄乌克兰危机，裹胁欧盟以挤压俄罗斯；一面在亚太地区利用海洋领土争端，放任日本"右倾化"，极力围堵孤立中国。中俄此时紧密协作既是顺势而为，亦可彼此呼应、形成合力。

习主席此访硕果有四：

其一，在历史问题上"深度对话"，就二战真相与定性达成高度共识，共同抵制日本等国的错误史观及其历史修正、投机和实用主义。《中俄两国关于深化全面战略协作伙伴关系、倡导合作共赢的联合声明》明确指出，德国法西斯和日本军国主义发动的第二次世界大战是人类历史上前所未有的浩劫。中国和苏联作为二战亚洲和欧洲主战场，是抗击法西斯主义和军国主义的主要力量，经历了最残酷的考验，付出了巨大牺牲，为捍卫人类尊严、重建世界和平建立了伟大的历史功勋。[①] 中俄作为二战主要战胜国、联合国创始会员国和安理会"常委"，将坚定捍卫二战胜利成果，反对否认、歪曲和篡改二战历史图谋，维护联合国权威，尽一切努力阻止世界大战的悲剧重演。

其二，在战略问题上"及时对表"，共同优化、净化、升华当代国际关系。《中俄两国关于深化全面战略协作伙伴关系、倡导合作共赢的联合声明》指出，中俄全面战略协作伙伴关系处于历史最好时期，已成为促进两国发展、确保国家安全、提升国际地位的重要因素，成为维护世界和平稳定的可靠保障。双方视继续深化双边关系为本国外交优先方向，将在维护各自主权、领土完整、安全，防止外来干涉、自主选择发展道路，保持历史、文化、道德价值观等"核心关切"上巩固相互支持和协助。双方呼吁世界各国将倡导"和平发展"和"合作共赢"理念、推进世界多极化以及促进国际关系民主化和法治化作为外交政策的基本方向，反对零和博

---

① 习近平同俄罗斯总统普京会谈//人民日报，2015-05-08.

弈、赢者通吃的冷战思维和行径,反对使用武力或以武力相威胁,反对实行单方面制裁和威胁实行制裁,强调将联合国作为建立更加公正、合作共赢的"多极世界秩序"的核心机制。

其三,在经济问题上"精准对接",双方签署并发表了《关于丝绸之路经济带建设与欧亚经济联盟建设对接合作的联合声明》,俄方支持"丝绸之路经济带"建设,愿与中方密切合作,推动落实该倡议;中方支持俄方积极推进"欧亚经济联盟"框架内一体化进程,并将启动与该联盟经贸合作的协议谈判。

其四,在安全问题上"默契对路",中国三军仪仗队在红场大阅兵中精彩亮相,中俄海军还在地中海与日本海举行联合演习,两军关系更加亲近亲切。双方还共同反对"个别国家"开发全球反导系统,共同主张建立"和平、安全、开放、合作"的信息空间。

此外,习主席2015年7月8~10日应邀再度赴俄罗斯出席金砖国家峰会与上海合作组织峰会,普京也出席了9月3日中国主办的抗战胜利70周年纪念活动。中俄战略协作持续保持"高位运行",将在三个方面塑造国际战略格局:一是双方将共促欧亚大陆自主合作,域外大国干涉插手难再随心所欲;二是中俄团结将使彼此在多个"三角"中改善处境、增强主动;三是两国将共同致力于维护与改革战后国际秩序,使之更加公正合理。

三、中美竞争与合作并存,崛起国与霸权国复杂博弈,"新型大国关系"好事多磨

一方面,随着中美实力差距缩小,双方战略竞争更趋激烈。

奥巴马政府不甘受制于乌克兰危机与"伊斯兰国"崛起,"执着"加大投入亚太方向,继续推进"亚太再平衡"战略,重点介入亚太海洋争端与区域经济一体化,强化同盟体系及美印合作,力求"限制"中国崛起、维持亚太主导权。在此背景下,美国对华战略疑虑加深,战略防范与"骚扰"加大,尤其体现在2015年明显加大插手南海争端、企图"喧宾夺主"。

首先,美国干预南海问题从幕后走向前台。美军先是于2015年5月20

日派搭载美国有线电视（CNN）记者的侦察机"偷窥"、"直播"中国南沙岛礁建设，极力渲染中国"改变现状"、"威胁航行自由"。美国新任国防部长卡特5月30日在新加坡香格里拉亚洲安全对话会上继续责难中国，声称中方填海造地规模和速度"史无前例、超过其他声索国总和"，中方在南海的行动与国际准则和规范不"合拍"，美方对南海岛礁军事化前景及可能带来的误判和冲突风险"深感忧虑"，威胁"将水下岩礁变成机场不能获得主权"。他还貌似公正地呼吁"各方立即停止填海造地"，强调将继续行使与保护"航行和飞越自由"，急不可耐地催促中国与东盟2015年就"南海行为准则"达成一致。卡特还高调宣布美国国防部将开启"东南亚海事安全倡议"，即未来5年拨款4.25亿美元，为菲律宾、越南等国提供"武装配备、训练和小型军事建设"，必要时"对抗中国的领土挑战"。美国《2015年国家军事战略报告》竟把中国也列为具"侵略性"和"危害"美国安全利益的国家，无端指责中国在南海有主权争议的岛屿展开填土扩建活动"给亚太区域制造紧张情势"。美国更于10月27日派军舰强闯中国南沙岛礁邻近海域，公然挑战中国领土主权。

其次，美国近期加大介入南海问题背景复杂，理由牵强。其意图与背景有二：一是将南海问题特别是中国与某些邻国的海洋领土争端作为推进其"亚太再平衡"的"战略抓手"，推行利用矛盾、分化挑拨、借力所谓"巧实力"，企图"借邻（菲、日等）制华"；二是凸显美国对华战略疑虑与焦虑加深，唯恐其霸权被挑战，也包括前一阵在中国引领的"亚投行"问题上严重误判、应对失措、深陷孤立，转而企图借着在南海问题上寻衅滋事，以"羞辱"中国、"扳回一城"。

作为南海"域外大国"，美国虽竭力介入南海争端，无奈实在理亏：（1）不是争端当事国，却格外"热心"并偏袒盟友，其"司马昭之心"路人皆知；（2）口口声声要维护"国际法"、"国际规则"，其实没有资格、虚伪至极，至今也未批准联合国《海洋法公约》；（3）以维护所谓"航行自由"为幌子，企图为所欲为、随心所欲，图谋海洋霸权与亚太主导权，蓄意挑战中国的主权；（4）距离南海"十万八千里"，其"扩张干涉之手"伸得太长，妄图在中国的自家园地与家门口"喧宾夺主"，实乃霸权主义。

再次，中国对美国"反制"有理、有利、有力、有节，"南海话语权"

与战略主动权增强。中国外交部边海司司长2015年5月26日就中国在南沙群岛部分进驻岛礁上的建设活动接受新华社等书面采访，宣介中国的南海政策与作为，主动澄清外界误解，以正本清源、激浊扬清、增信释疑。中国驻美大使崔天凯5月28日接受《华尔街日报》专访，理直气壮、义正词严地批驳美方谬论偏见，指责"近来美方对南海局势做出过度反应，不断采取导致紧张局势升级的言行，在地区领土主权争议问题上选边站队"，强调南海"距离中国如此之近，不是墨西哥湾或加州海岸，也不是夏威夷"。中国外交部发言人5月30日表示，坚决反对卡特不当言论，严正批评美方"无视历史、法理与事实，对中国在南海早已形成的主权和权益说三道四，挑拨离间，并对中方正常合理的岛礁建设活动进行指责"。

第四，中美南海博弈更趋激烈，中方渐趋主动。中美南海博弈折射亚太安全秩序深刻重塑，未来美国加大介入南海将面临三个"战略失衡"或顾此失彼：(1)在盟友与中国之间失衡，美国利用南海争端对华实施"战略骚扰"，其投机取巧的"巧实力"自以为得计，却极可能弄巧成拙、得不偿失，即被菲律宾等拖下水，"搞砸"美中关系，陷入新的战略困境；(2)在亚太、中东乃至东欧诸多"地缘重点"之间失衡；(3)在应对新兴大国崛起的传统挑战与打击极端伊斯兰的非传统挑战之间失衡。

另一方面，习主席9月成功访美，与美方就共同构建"新型大国关系"进行"对表"与"再确认"，致力于妥善管控分歧并开辟合作新局。

习主席2015年9月25日同奥巴马举行会谈，他就下阶段中美关系发展提出六条建议：(1)保持高层和各级别密切交往，用好中美战略与经济对话、人文交流高层磋商、商贸联委会等重要对话机制，继续发挥"高层战略沟通"对中美关系的"引领和推动"作用；(2)拓展和深化经贸、两军、反恐、执法、能源、环保、基础设施建设等领域"务实合作"；(3)密切人文交流，厚植支持两国关系的社会基础；(4)尊重彼此在历史文化传统、社会制度、发展道路、发展阶段上的差异，努力使之成为"相互借鉴和共同进步"的动力；(5)继续就"亚太"地区事务深化对话合作；(6)共同应对各种地区和"全球性挑战"，充实中美关系战略内涵，为国际社会提供更多"公共产品"。

奥巴马表示美国欢迎中国和平崛起，强调"一个稳定、繁荣的中国，不仅符合中国人民利益,也符合美国和国际社会利益"。他指出,世界正在走向多极化,中国等新兴国家在国际体系中的发言权和代表性应得到提高,美国希望中国在世界上发挥更重要的作用。奥巴马还指出,他并不认同守成大国和新兴大国必将发生冲突的所谓"修昔底德陷阱",强调大国尤其是美中之间更要尽量避免冲突,相信美中两国有能力管控好分歧,并指美中之间的竞争应是建设性的、具有积极意义的。

展望未来,美国"接触合作"与"竞争围堵"软硬兼施、两手并用的对华政策不会改变,变的只是"软"的一手与"硬"的一手此消彼长,而随着2016年大选临近,后者趋于增多。

四、中国对日本"新持久战"在战后70年之际再度展开,东亚秩序重塑与周边和平稳定充满变数

1945年二战结束70周年之际,安倍当局对日本侵略历史拒不认罪,对二战战败以及被当代中国赶超并不服输,反而倒行逆施、加紧推行抛弃战后和平宪法、军事战略"转守为攻"的右倾化路线,企图颠覆二战胜利果实与二战后国际秩序。中国则以隆重纪念抗战胜利70周年为契机,有力抵制日本的"右倾化",坚决捍卫自身正当权益。

安倍为强化对中国领土钓鱼岛的非法侵占,不顾财力吃紧,一再增加军费,2015年军费预算更是创纪录地达到428亿美元,其支出重点是推进空中和海上力量的现代化,"以便守卫远离本土的岛屿",包括采购海上巡逻机,以侦测小型舰船和潜艇;采购新型驱逐舰和潜艇以及F-35A战斗机等。与此同时竭力拼凑围堵中国的"联盟圈",包括:强化日美军事同盟,修订《日美防卫合作指南》,积极参加直接或间接针对中国的军事演习,极力插手南海问题,与菲律宾等企图联手制华。安倍还在国内强推被称为"战争法案"的"安保法案",为行使"集体自卫权"、参与和美军作战、对外动武创造条件。

对于安倍当局的倒行逆施与两面三刀,中国政府从维护中日关系与东亚和平稳定大局出发,进行了有力的反制。习主席2015年4月22日在雅

加达应约会见安倍首相，向其严正指明了处理中日关系的大原则，即严格遵循中日四个政治文件的精神，确保两国关系沿着正确方向发展。他强调历史问题是事关中日关系政治基础的重大原则问题，敦促日方认真对待亚洲邻国的关切，对外发出正视历史的积极信息。安倍则言不由衷地表示，"完全同意日中两国发展互不构成威胁，愿继续坚持包括'村山谈话'在内以往历届政府在历史问题上的认识，日本决心继续走和平发展道路"。

展望未来，安倍当局对外战略针对中国、对抗中国、与中国较劲的一面还将持续，中日战略竞争更趋激烈，中国将多管齐下，全力打好遏制日本"右倾化"逆流的"新持久战"。之所以仍是"持久战"，是因为当今日本的国力并不弱，其经济总量还是全球第三，军事尤其是海军实力不俗，中国要全面赶超日本尚需时日，目前双方竞争尚处于"战略相持"阶段。为此，中国对日方略应包括如下五个方面：（1）刚柔并济、文武兼修，对钓鱼岛问题敢于和善于维权，预先作好危机与冲突管控预案；（2）政治上牢牢占据历史与道义制高点，对日本的历史修正主义错误言行及时予以有力反击，强化对外舆论战；（3）外交上构筑遏制日本"右倾化"的周边与国际"统一战线"，包括正告美国对日本"松绑"终将养虎为患、搬起石头砸自己的脚；（4）经济上提升质量，增强金融实力，巧打"中国市场牌"；（5）对日交往善于走"群众路线"，与在野党、民间与地方友好人士保持正常往来。

五、新时代中国运筹大国关系将趋利避害、顺势而上、稳中求进

首先，国际格局与大国关系新变化蕴含新机遇和新挑战。

新机遇主要有四：（1）中国的综合国力稳步增强，尤其是对外经济影响力大幅跃升，包括发展道路、外交新理念新倡议、中华优秀传统文化等在内的软实力显著提升，使得中国的大国地位更显突出、"负责任大国"形象更加鲜明，并因此成为多方认同、期待与借重的重要对象；（2）中国的大国外交主动运筹、稳妥周旋，与世界其他大国的共同利益增多、彼此

关系稳中有进，中国在大国关系格局中相对主动有利；（3）西方大国与其他新兴大国的矛盾也在发展，尤其是美欧与俄罗斯之间的对立加剧、地缘争夺激烈，致使西方大国加大对俄罗斯防范、难以完全"聚焦"中国。加之美欧与俄罗斯斗法不已，三方对中国的需求相应增加，这也在一定程度上促进了中俄、中欧关系发展；（4）西方大国尤其是美欧之间存在着控制与反控制的矛盾，难以一致对华，且欧盟对华认知也比美国更加客观明智、积极务实。

新挑战主要有三：（1）中国快速崛起及对外拓展，现已被外界视为综合国力仅次于美国的"世界第二"，这一新地位更为微妙敏感，容易招致前后国家的夹击与"合计"，陷入所谓的"老二困境"，尤其是招致"老大"的"另眼相看"、"特殊关照"。与此同时，西方大国加大对华政策协调，在一些重点领域形成"联手对华"之势，包括给中国的"大国责任"层层加码；（2）中国与其他新兴大国的竞争逐渐显现，尤其是在中国和印度之间，如印度至今对中国的"海上丝绸之路"仍有疑虑；（3）西方大国尤其是美国极力利用新兴大国之间的矛盾，挑拨与"唱衰"中俄关系，拉拢、利诱、忽悠印度，企图分化新兴大国，阻止中俄印抱团及"金砖五国"走强。

其次，以"中国特色的大国外交"为指引，对大国关系妥善运筹、巧妙周旋、稳中求进。

在2014年11月28~29日召开的中央外事工作会议上，习近平主席发表重要讲话，提出了"中国特色的大国外交"新定位，明确了新时代中国外交的"七个布局"，其中第二项便是大国关系，即"运筹好大国关系，构建健康稳定的大国关系框架，扩大同发展中大国的合作"。[①] 而其他六项也不同程度地与之有关。

新时代中国运筹大国关系既要保持"战略定力"，也要适时"精准发力"，应刚柔并济、双多边并举、扩大战略回旋空间，包括如下"五要"：

一要对外坚守"发展中大国"身份不动摇，不被国内生产总值乃至综

---

① 习近平出席中央外事工作会议并发表重要讲话/http://www.china.com.cn/news/2014-11/29/content_34187265.htm, 2014-11-29.

合国力"世界第二"的"高帽子"所忽悠，在"奋发有为"的同时注意"留有余地"，承担国际责任务必量力而行、权责匹配、自主决定。

二要均衡稳健推进大国关系，拓展应对全球性挑战的大国合作，创新大国协调机制。均衡发展与西方老牌及新兴大国的关系，力争发挥二者之间的桥梁作用。重点推进"金砖国家"等新兴大国战略协调，善于运筹"集群博弈"，以"新兴大国集群"整体的力量应对西方大国新挑战，增强全球治理话语权。将"大周边"作为重点，力争中国和美国在亚太地区"和谐共处"、"良性互动"。

三要针对关键及"敏感脆弱"的大国关系，重点经营、确保主动。对美国坚持合作共赢大方向，加强军事交流与战略互信，管控风险，稳步推进"新型大国关系"，绸缪2016年大选后美国对华政策新嬗变；对俄罗斯拓展经贸合作，推进战略协作，对接"丝绸之路经济带"与"欧亚经济联盟"；对日本坚持"新持久战"，坚决抵制日本当局的"右倾化"逆流，有效维护自身海洋权益，同时争取日本民众；对印度、巴西等发展中大国深化合作，管控竞争。

四要妥善运筹中美俄、中美欧、中美日、中美印、中俄印等重要三角以及中俄美日四边关系。

五要密切跟踪美欧TTIP谈判，加快中国与欧盟成员国双边自贸协定、中国与欧盟及中美投资协定谈判；妥善应对美日联手推进TPP，升级中国与东盟"10+1"自贸区，积极参与东亚"区域全面经济伙伴关系协定"（RCEP）谈判；加快新兴大国经济金融合作，加紧落实金砖国家新开发银行等重大项目。

中国的"一带一路"建设对世界经济的影响

姜跃春[①]

内容提要:"一带一路"倡议是与世界上现有的区域合作设想具有很多不同点的区域经济合作倡议。它是根据近年来世界经济增速放缓、美国"两洋"战略迅速推进和中国经济进入结构调整的关键时期而提出,并将为世界经济注入新活力,为亚太区域合作的发展带来动能。

关键词:一带一路 世界经济 区域合作

一、"一带一路"倡议与其他区域合作机制的不同点

(一)合作目标的"同体性"

所谓同体性就是命运趋同性。"一带一路"建设的最终目标是打造政治互信、经济融合、文化包容的利益共同体、责任共同体和命运共同体。这是中国决策层主动应对全球形势深刻变化、统筹国内国际两个大局做出的重大决策,也是关乎未来中国改革发展、稳定繁荣乃至实现中华民族伟大复兴的"顶层设计"。这里包括几个重要理念:一是强调平等合作。国家之间不分大小,经济体之间不分强弱,不同制度、不同文化、不同信仰的国家一律要在平等协商的基础上进行合作。二是主张互利共赢。就是要

[①] 作者系中国国际问题研究院世界经济研究所所长,研究员。

兼顾各方的利益所在和关切，寻求各方利益契合点和合作的最大公约数，充分体现各相关者的智慧和创意，充分发挥各自所长和所能，充分展示各方优势和潜力。三是达到共同发展。以共商、共建、共享为原则，倡导与不同民族、不同文化、不同发展水平的国家进行共同合作。以点带面，从线到片，逐步形成区域大联合。四是强调开放包容。就是说，"一带一路"不是实体，不划定范围，不搞封闭机制，邻近各国甚至世界各国和国际、地区组织如果有兴趣均可参与，成为该倡议的支持者、参与者和受益者，让共建成果惠及更加广泛的区域。它还倡导开放包容的经济合作理念，倡导文明宽容，尊重各国发展道路和模式的选择，加强不同文明之间的对话，抓大放小、求同存异、相互兼容、和平共处，达到共生共荣的合作目标。

（二）合作内容的"务实性"

经济全球化是当今世界经济发展的重要特征之一。新兴经济体特别是亚洲新兴经济体是世界上最具经济活力的国家和地区，然而，这些国家和地区的基础设施正在成为经济发展的障碍和制约。互联互通不仅顺应了全球化时代经济发展大势，也将为突破经济增长瓶颈方面贡献力量。中国"一带一路"建设的主要内容是互联互通，既包括政策、人心的相互沟通，也包括道路等基础设施建设的相互联通，还包括贸易、金融政策的便利化。这是非常务实的经济合作。具体而言，道路联通，即积极探讨完善跨境交通基础设施，逐步形成连接东亚、西亚、南亚的交通运输网络，为各国经济发展和人员往来提供便利。贸易畅通，即消除贸易壁垒，降低贸易和投资成本，提高区域经济循环速度和质量，实现互利共赢。货币流通，即如果各国在经常项下和资本项下实现本币兑换和结算，大大降低流通成本，增强抵御金融风险能力，提高本地区经济国际竞争力。民心相通，即经济合作必须得到各国人民支持，所以加强人民友好往来是开展区域合作最重要的民意基础和社会基础。政策沟通，即相关各国可以就经济发展战略和对策求同存异，协商沟通，在政策和法律上为区域经济融合"开绿灯"。以上"五通"从政策到民心，从道路到贸易乃至货币，可谓虚实结合、软硬并重，是激发世界经济活力的重要举措。

（三）合作理念是"包容性"

在亚太地区，刚刚达成基本协议的跨太平洋战略经济伙伴关系协议（TPP）是一个史无前例的区域自由贸易区安排。其主要特点是高门槛。作为一个面向21世纪的超前性自由贸易安排，它是一个高标准的自由贸易协议。过去的自贸区协议主要内容是降低商品关税，促进服务贸易，很少涉及劳工和环境保护等内容。而跨太平洋战略经济伙伴关系协议不仅将规定取消或降低商品的关税，还将涵盖安全标准、技术贸易壁垒、动植物卫生检疫、竞争政策、知识产权、政府采购、争端解决以及有关劳工和环境保护的规定，标准之高和覆盖领域之广远远超过一般自贸区协议。美国的意图是希望借这一高端设计重构国际贸易规则，主导亚太区域合作进程，达到暂时制约中国在规则制定阶段的话语权，维护美国在全球的经济金融霸权地位的目的。中国的"一带一路"既包括传统意义上的自由贸易协定（FTA），也包括其中的小区域多边合作。既包括中国—东盟的双边关系，也就是中国—东盟自贸区的升级版，中国与中东国家、上合组织在谈中的自贸区协议，也包括孟中印缅经济走廊和印度洋的中巴经济走廊。这种多元化合作机制在世界上独一无二，适应了亚洲发展的多元性特性。另从合作对象的开放性来说，既有发展中国家也有发达国家；既有亚洲国家也有欧洲国家，还有非洲国家。这两个特征决定了"一带一路"倡议与现有的区域经济合作安排是一种并行不悖、相互促进的关系。由此可见，美国主导的跨太平洋战略经济伙伴关系协议（TPP）、东盟国家主导的区域全面经济伙伴关系协定（RCEP）都可以跟"一带一路"实现程度不同的对接，形成相互兼容相互促进的合作关系，达到互利共赢的目标。

二、提出"一带一路"的国际、国内背景

"一带一路"作为对外经济合作倡议，是中国根据国际和地区形势深刻变化以及中国经济发展面临的新形势、新任务所提出的，目的是维护全球自由贸易体系和开放型经济体系，促进沿线各国经济合作和共同发展。

（一）世界经济进入新"平庸期"

这一时期呈现如下明显特征：一是世界经济进入低增长。自2008年全球金融危机以来，全球产业结构进入了深度调整期，经济复苏缓慢，进入低速度、低增速和高失业为特征的"新常态"。据国际货币基金组织统计，发达经济体实际国内生产总值平均增速在2004~2007年曾高达2.9%，而在2011~2013年已跌去一半，仅为1.4%。[①] 二是世界经济增长格局发生变化。过去几十年引领着全球经济增长的发达经济体，由于债务负担沉重、投资机会缺乏、产业创新缓慢、紧缩货币环境、失业问题严重等因素，在全球经济增长中的主导作用有所动摇，而新兴与发展中经济体始终保持着较高增长率，逐渐成为稳定经济增长的重要力量。据联合国贸易与发展组织统计，从20世纪90年代以来，新兴与发展中经济体对全球实际国内生产总值增长的贡献率不断提升，2007年首次超过发达经济体达到51%。其中工业格局分化最为明显，发达经济体工业增长减速，部分产业空心化，而新兴与发展中国家工业增长表现不俗，但作为工业增长引擎的制造业要想在全球工业生产格局中凸显领导力尚待时日。三是世界资本流动格局发生逆转，原来的西方发达资本输出国大幅减少境外投资，加速全球资本的回流，恶化了发展中国家融资环境，偿还外债能力减弱，金融体系的不稳定加剧。四是世界贸易格局进一步分化。

（二）美国的"两洋"战略正在推进期

所谓"两洋"战略，在经贸领域主要是指跨太平洋战略经济伙伴关系协议（TPP）和跨大西洋贸易与投资伙伴协议（TTIP）。这是美国为维护全球经济霸权地位，在太平洋和大西洋正在全力推进的总体设计。TPP成员国经过几年的努力终于在2015年10月达成基本协议。2016年TPP面临全面启动的新时期。TTIP是2013年2月13日由美国总统奥巴马、欧洲理事会主席范龙佩以及欧盟委员会主席巴罗佐联合发起的自贸区安排。尽管

---

① 国际货币基金组织. 世界经济展望/http://www.imf.org/external/chinese/pubs/ft/weo/2015/01/pdf/textc.pdf, 2015-04.

启动时间不长,但因美国和欧洲国家经济发展层次相近,谈判内容(包括农业和工业产品市场准入、政府采购、投资、服务、能源和原材料、监管议题、知识产权、中小企业、国有企业等20项议题)中没有特别难缠的项目。加之目前欧洲经济不稳,又遭受严重恐怖主义袭击,"靠美"、"抱美"愿望极其强烈,所以,2016年TTIP加快谈判进程的可能性大增。据测算,TTIP达成后将为欧盟带来年均682亿~1192亿欧元、为美国带来495亿~949亿欧元的GDP增长。[①] 随着美国"两洋"战略的不断推进,其国际贸易的转移效应必将对中国的进出口带来一定影响,尤其是该战略将制定未来的国际贸易规则为重要着眼点,中国不能参与其中势必会在未来国际规则的制定中失去主动权和话语权。

(三)中国经济进入结构调整的关键期

一方面,国内改革步入深水区,需要寻求新的经济发展驱动力和增长点。中国经济经过改革开放之后30多年的发展,经济规模已经超过日本,成为世界第二位的经济大国。但是我们也必须承认,高速增长的背后我们也付出了沉重代价。当前摆在中国经济面前最重要的任务是转变经济增长方式,变粗放型经济增长模式为集约型经济增长模式。作为世界第二经济大国,要实现转型,若没有一个较大的回旋余地,不仅很难,而且会付出很大代价。因此,对这种增长方式进行转换,只能是渐进地推动。在这一背景下,为中国经济增长方式找到更大的实现平台就变得非常重要。"一带一路"战略在一定程度上可以构建这样的一个平台。"一带一路"涉及的国家或地区与中国的经济互补性很强,彼此合作的潜力和空间很大。既可以把中国积累起来的庞大生产力运用于沿线各国的生产建设,也可以打破沿线国家的发展瓶颈,促进这些国家的经济发展。

另一方面,产能过剩急需调整。产能过剩问题是中国经济近年来发展的重要制约。尽管中国尚无对产能过剩的数量标准,但中国传统行业中高耗能的电解铝、钢铁、水泥以及新兴行业中的光伏太阳能和风电等都被业界公认为处于"过剩"状态。据工信部发布的《2012年中国工业经济运行

---

① 崔洪建. 欧美TTIP:由来、目标与影响//国际问题研究,2013,(5).

上半年报告》显示，中国钢铁行业过剩产能在1.6亿吨以上，水泥过剩超过3万吨，电解铝的利用率今年已经降至65%，处于典型的过剩状态。风力发电机组制造目的的闲置产能在40%左右，光伏产业也存在严重的过剩问题。产能过剩将意味着企业投资预期下降，关停并转又带来大量失业，影响经济消费预期和有效需求的增加，导致经济面临下行压力。

三、"一带一路"倡议对未来世界经济的影响

（一）为世界经济找到新的经济增长点

"一带一路"倡议发端于中国，贯通中亚、东南亚、南亚、西亚乃至欧洲部分区域，沿线大多是新兴经济体和发展中国家，总人口约44亿，约占全球人口的63%，经济总量约21万亿美元，约占全球经济总量的29%。"一带一路"战略以其涉及范围之大、视野之广，必然让国际舆论倍加瞩目。这些国家要素禀赋各异，发展水平不一，互补性很强。建设"一带一路"，有利于中国与沿线国家进一步发挥各自比较优势，促进区域内要素有序自由流动和资源高效配置。这一倡议一旦落实，将成为世界上跨度最长的经济大走廊，发展前景十分广阔。美国《赫芬顿邮报》网站刊文指出，"一带一路"不仅将是2015年被谈论最多的话题之一，还将成为中国今后十年的深刻标志并使欧亚大陆发生深刻改变。"一带一路"将为欧亚国家带来历史性机遇，有望把超过60%的世界人口引向前所未有的凝聚和繁荣，刺激全球经济新增长。

国际上基础设施建设进入加速发展期。当前，新兴经济体均在大力推进工业化和城市化进程中，基础设施则相对落后。据亚洲开发银行估计，2010~2020年十年期间，亚洲地区需要投8万亿美元基础设施资金，才能支撑目前经济增长的水平。这为中国推进国际产能和装备制造合作提供了重要机遇。在亚洲以外地区对基础设施建设的需求也在上升。随着非洲地区社会经济的发展和对能源需求的不断增加，电力短缺问题正日益显现。据联合国估计，非洲的发电量仅占全球发电总量的4%，有接近5亿非洲人至今无法使用电，如不采取有效措施，20年后无电可用的人口还可能增加

1亿。在非洲发电量最多的南非，截至2011年3月底仍有近300万户家庭没有通电，而南非的电力需求预计在20年内将增加一倍。未来，无论是"一带一路"还是亚太乃至全球的铁路、公路、机场、港口等硬件基础设施都将实现无缝连接，形成立体的、综合的交通运输网络，形成一系列经济带和经济走廊。各国家在经济政策、口岸管理、通关程序、检验检疫等经贸管理手段上将趋于一致，贸易与投资的便利化程度将得到极大提高。各国人民在教育、科技、文化、旅游、商贸往来等方面交往更加频繁。

（二）国际经济合作的新台阶

最近一个时期，领导人不断在强调经济外交。与以往只强调外交为经济服务相比，这是一个重大变化。它是中国参与全球治理的必然要求。毫无疑问，中国在和平崛起过程中要把未来的经济和外交结合，否则参与全球治理、参与影响全球的规则制定就是一句空话。"一带一路"构想的核心是区域一体化，是沿线国家结成利益和命运共同体。它将与有关国家的经济发展战略实现对接，实现相关国家在相关区域的携手发展。首先是与俄罗斯的欧亚经济联盟实现对接。2015年5月8日中国国家主席习近平对俄罗斯进行国事访问期间，习近平与俄罗斯总统普京会面后，双方共同签署并发表了《关于丝绸之路经济带建设与欧亚经济联盟建设对接合作的联合声明》(下称"联合声明")。根据《联合声明》，双方努力将丝绸之路经济带建设和欧亚经济联盟建设相对接，确保地区经济持续稳定增长，加强区域经济一体化，维护地区和平与发展。双方支持启动中国与欧亚经济联盟对接丝绸之路经济带建设与欧亚经济一体化的对话机制，并将推动在双方专家学者参与下就开辟共同经济空间开展协作进行讨论。其次是与韩国的"欧亚倡议"对接。这是2013年韩国总统朴槿惠提出的通过与欧亚地区国家的经济合作，扩大韩国对外贸易的设想。该构想的主要合作对象是中国、中亚、俄罗斯、蒙古国和土耳其。中国的"一带一路"与韩国的"欧亚合作倡议"都是致力于将欧亚大陆各个次区域有机联合起来，实现共同发展的构想。2015年以来，中韩两国智库分别举行论坛，探索两国在经贸、物流、能源、服务和医疗等方面升级合作的可能性。此外，中国与巴基斯坦签署了全天候战略合作伙伴关系联合声明，全面部署"一带一路"建设的具体推进工作;"一带一路"与哈萨克斯坦在光明大道基础设施建设等方面实现对接。中欧正就"一带一路"倡议与欧洲基建投资计划"容克计划"的对接进行深入探讨,争取在基础设施共建上取得突破。

(三)区域经济合作的新模式

21世纪以来,在经济全球化和区域经济一体化日趋发展的大背景下,亚太地区经济合作的各种构想相继出台,其中范围最大、合作时间最长的亚太经济合作组织(APEC),目前进展的轰轰烈烈的可能是由美国加紧推动的跨太平洋战略经济伙伴关系协议(TPP)和跨大西洋贸易与投资伙伴协议(TTIP)谈判,这两个谈判就是要以高端开放为契机,塑造排他性的、更高标准的全球贸易与投资新规则,以掌控和影响下一轮国际贸易规则主导权,这无疑对新兴国家经济发展将构成新的挑战甚至威胁。"一带一路"战略与TPP、TTIP谈判完全不同:一是不设排他性的苛刻规则,不限国别范围,不搞封闭机制,有意愿的国家和经济体均可参与,以共商、共建、共享为原则,倡导与不同民族、不同文化、不同发展水平的国家进行合作,拓展与亚欧市场的合作,推动市场多元化战略,是由中国首倡的、各方共赢的包容性巨大的新型国际合作机制。二是突出包容性的共赢理念。"一带一路"秉持的是和平合作、开放包容、互学互鉴、互利共赢的理念,它以政策沟通、设施联通、贸易畅通、资金融通、民心相通为主要内容,全方位推进务实合作,打造政治互信、经济融合、文化包容的开放性共赢性区域共同体。因而,"一带一路"倡议是中国在区域合作问题上变被动为主动的经典之笔。

容克计划的战略内涵及与中国"一带一路"战略的对接前景

张 敏[①]

内容提要: "容克计划"将成为未来三年欧洲经济复苏的风向标和推动力,也是欧洲向实体经济回归的重要转折点。加大欧盟内交通、智能网络等领域的投资力度,将有助于夯实欧盟实体经济和深化欧盟一体化进程,建立更为紧密的区内投资关系网络,为中欧之间开展新一轮博弈与较量增强实力。这一计划以扩大投资作为驱动经济增长的主要动力,与中国"一带一路"战略中提出的基础设施、互联互通、政策对话等方面的倡议具有高度的契合性。因此,如何实现二者对接,对于加强中欧在关键领域的投资合作、推动经贸关系更上新台阶,具有重要意义。

关键词: 容克计划 "一带一路"战略 中欧战略对接

最近一段时间以来,"容克计划"(Juncker Plan)如何与中国"一带一路"战略(One belt and One road Initiative)进行对接成为学界热点问题。"容克计划"全称为"欧洲投资计划"(The Investment Plan for Europe)。这一计划的重点是实现三大目标:第一,在不增加公共债务的情况下增加投资;第二,重点在基础设施、教育、研发创新、单一数字化市场、能源联盟建设等领域提供资金支持;第三,力争消除行业、金融与非金融领域投资壁垒。这一计划以扩大投资作为驱动经济增长的主要动力,与中国"一

[①] 作者系中国社会科学院欧洲研究所研究员,中国社会科学院西班牙研究中心秘书长。

带一路"战略提出的基础设施、互联互通、政策对话等方面的倡议高度契合。因此,如何实现二者对接,对于加强中欧在关键领域的投资合作、推动经贸关系更上新台阶,具有重要意义。

一、"容克计划"出台背景及战略内涵

2014年11月1日,卢森堡前首相让-克洛德·容克(Jean-Claude Juncker)出任新一届欧盟委员会主席。容克走马上任之际,欧盟经济呈现复苏迹象,但仍难以彻底摆脱债务危机的阴霾,部分国家经济依旧低迷不振。欧盟各成员国对容克执掌欧盟后引领欧洲各国尽快走出衰退阴影寄予了厚望。因此,提振经济成为容克上台后的第一要务。2014年11月26日,容克制定并提出了一项旨在全面提振经济、提升竞争力和扩大就业的新计划"欧洲投资计划"。按照计划设想,争取在2015~2017年调动公共和私人资本,采用创新融资方式,实现投资总规模高达3150亿欧元。重点计划在基础设施、新兴战略性产业(新能源、信息技术、航空航天、高端装备制造业)等领域加大投资力度,逐渐改善欧洲投资环境,加快产业转型和提升欧洲整体竞争力。迄今为止,这是容克上任以来提出的最为重要的经济发展战略,对于欧洲未来经济走向具有重要引领作用。

容克打出的第一张"经济牌"与前一时期欧盟国家推出的紧缩性财政政策不同,这是一项扩张性的投资计划,重点扶持实体经济,投资领域包括提升欧洲竞争力不可或缺的基础性行业和战略性产业。当前时期,欧盟新班子积极推行这一计划具有"一箭三雕"之功效。

首先,帮助欧洲国家尽快走上可持续的经济复苏之路。改变欧盟经济复苏步履蹒跚的办法是增加投资、扩大内需、刺激实体经济,重点在人力资源、生产能力、研发创新和基础设施等领域增加投入,推动欧洲一体化深化发展,实现经济增长、扩大就业和提高竞争力三重目标,抢占全球绿色产业竞争制高点。

其次,探索创新融资新模式,按照资本市场化运作方式,逐渐建立可持续的投资依赖路径,不再增加欧盟成员国公共财政或公共债务负担。为

实现未来三年（2015~2017年）吸引3150亿欧元的投资总额目标，欧盟将新设210亿欧元的欧洲战略投资基金作为启动资金，其余资金将借助贷款、担保、股本等多元化资本市场化运作，吸引更多的公共和私人资本入场，在欧盟基础设施等大型项目上进行投资，推动实体经济发展。

第三，欧洲有意与中国提出的"一带一路"战略（即21世纪海上经济带和21世纪新丝路）展开新一轮竞争。中国"一带一路"战略的重点是加大中国与新丝绸之路沿线国家在交通、能源、通信等基础设施领域开展互惠互利合作。"一带一路"战略中包括的新亚欧陆桥经济带，经过原来的亚欧大陆桥向西通过新疆连接哈萨克斯坦及中亚、西亚、中东欧等国家。推行"一带一路"有助于将中国的经济影响力辐射到欧洲大陆腹地，进一步密切与中东欧国家的合作关系。因此，从这个角度看，欧洲在当下急于推行投资新计划，希望通过加快欧盟区内的交通、能源等基础设施建设，遏制中国经济影响力和辐射范围长驱直入欧洲。显而易见，欧盟有着与中国在这些领域展开新一轮竞争的重大战略意图，未来中欧双方在基础设施领域、能源交通等产业上的竞争趋于加剧。在不排除竞争因素的同时，待时机成熟时，欧盟也会考虑如何在加强欧中对接上开展多领域合作。

二、"容克计划"实施的必要性、政策目标及实施进展

（一）欧盟经济治理、结构改革成效初显

"容克计划"以投资促增长，与实现财政稳健、推动结构性改革并列成为欧盟应对债务危机和实现经济复苏的三大优先战略。在过去几年里，为解决欧盟多数成员国面临较高政府债务和财政赤字问题，各国普遍推行财政紧缩政策，进行欧盟经济治理，加强和规范银行监管（财政稳健政策的重要部分），推动劳动力市场等结构性改革。"容克计划"能够出台并加以实施，是因为在应对主权债务危机时欧盟推出的前两项优先目标均取得了一定成效，这为"容克计划"出台和有序推进奠定了基础。

首先，欧盟在经济治理方面取得了预期的效果，尤其是在银行监管与治理方面效果显著。欧盟国家采取了"矫正和堵漏"措施，通过加强经济

治理、实现银行监管，抑制虚拟经济无序增长。2014年6月，欧盟峰会批准成立银行业联盟，在欧元区内实施以欧洲央行为核心的统一金融监管。为确保银行业联盟有效运作，在银行业单一监管机制下，欧盟进一步规范了银行业监管市场，建立了银行业单一清算机制和存款保险计划。

按照规定，单一清算机制方案覆盖了所有参加单一监管机制的欧盟成员国，包括两大运作机制：(1) 创建单一清算基金 (Single Resolution Fund)，资金来源于向银行业的征税，先由各国建立独立管理的清算基金，一旦时机成熟，各国分立的清算基金将逐步合并为欧洲层面上统一管理的基金，争取在2026年之前基金规模达到550亿欧元。在单一清算基金机制建立并完善之前，破产与重组资金需求除来自于各国清算基金，当然也不排除动用欧洲稳定机制或者采用成员国之间相互拆借等方式；(2) 组建单一清算委员会。该委员会由主席、四名专职委员和参与国代表组成，拥有清算银行的广泛权力，包括清算工具和资金的使用权限。

其次，欧盟在结构改革方面的成效正在显现。结构改革包括劳动力市场、产品市场、养老保险领域的多重改革。就目前而言，债务危机造成的高失业、低就业状况也有明显改善，特别是南欧国家，在经济危机和主权危机影响下，严峻的失业形势影响了社会的稳定，随着就业形势的好转和新增岗位的上升，社会不稳定风险有所减弱。这一轮劳动力市场改革以缩短工时、提倡灵活就业、实现劳动力市场弹性为主要特征。欧盟统计局公布的最新就业数据预示：欧盟国家逐渐摆脱了失业困境。2015年第三季度欧盟及欧元区的就业率开始上升，同比增幅达到1.1%。欧盟28国的就业人数为2.298亿，其中欧元区就业人数为1.515亿。多数成员国就业呈现增长态势。2015年第三季度，环比呈现增长的国家有爱沙尼亚（2.1%）、匈牙利（0.8%）、爱尔兰、西班牙、卢森堡。英国呈现出近年来单个季度最大增幅（0.6%）。就业率环比增幅仍下降的国家是克罗地亚（-0.6%）、葡萄牙（-0.5%）和马耳他（-0.3%）。[①] 劳动力市场改革在各成员国取得的成效不尽相同。债务危机的"重灾国"推行了一系列劳动力市场改革，对于扩大就业起到了积极作用。预计欧元区2015年和2016年就业率各增长

---

① Eurostat: 222/2015. Eurostat. Newrelease, euroindicators. 2015-12-15.

0.9%，2017年增长1%。欧盟国家2015年就业增长1.0%，2016年和2017年各增长0.9%。[①]

（二）投资有望成为拉动欧洲经济复苏的主要引擎

上述两大优先战略对于稳定欧盟财政、调整经济结构、恢复经济秩序具有一定的积极作用。拉动内需、提振出口和增加投资是刺激经济复苏的三大驱动力。就目前而言，欧洲经济增长面临内需不足和不利的外贸形势。欧洲经济复苏更需要投资的拉动。2015年欧元区经济增长主要得益于油价不断下跌、欧元持续贬值、欧洲央行采取量化宽松政策、刺激经济复苏的投资计划等利好因素，但还不足以刺激经济全面复苏，因为欧盟经济增长还面临内外负面因素，部分抵消了上述利好。近年来欧盟投资严重不足，拖累了经济复苏步伐。外部环境对欧盟经济复苏也产生了明显的抑制作用。新兴经济体经济普遍下滑和增速放慢，全球贸易面临大幅下滑预期，乌克兰危机、欧洲难民危机、暴恐事件等地缘政治风险不断，给欧洲经济复苏前景带来了更多的不确定因素。大量难民进入欧洲，部分欧盟成员国不得不增加政府开支。

2015年上半年，在有利的融资条件、较低的油价和内需上升等因素影响下，投资增长超过了预期。2015年第一季度欧元区和欧盟投资环比增幅为1.4%。然而，受内外投资环境不确定因素或投资风险上升的不利影响，第二季度未能延续第一季度的增长势头，投资出现了小幅下降：欧元区国家下降了0.5%，欧盟成员国下降了0.1%。与之前的经济复苏进程相比，这次欧盟投资增长的动力相对较弱。2014年的投资水平仍低于2011年水平，不及危机之前的水平。2015年第二季度欧元区投资率（投资占GDP的比重）为19.8%（欧盟为19.7%），低于1998~2007年平均投资率（22.1%）。

受此影响，建筑业投资低迷状态仍将持续一段时间，预计到2016年和2017年欧元区建筑业投资增幅分别为2.0%和3.4%，欧盟为2.4%和3.7%。在内需拉动下，设备投资在2015年有望出现快速增长，欧元区和

[①] European Commission. European Economic Forecast // http://ec.europa.eu/economy_finance/eu/public_finances/index_en.htm, Autumn 2015.

欧盟成员国分别增长4.6%和5.4%。总体而言，2015年欧元区和欧盟成员国投资增幅分别为2.3%和2.9%，2016年分别为3.0%和3.5%，2017年分别为4.4%和4.4%。随着更多投资项目启动，"欧洲投资计划"对欧洲投资将起到较大的支撑作用。①

（三）"容克计划"实际进展情况及重点投资领域

"容克计划"执行期为2015~2017年，按照欧盟委员会计划，执行期包括三个阶段：第一阶段为计划批准及法规制定阶段。2014年12月至2015年6月，欧盟理事会和欧洲议会正式批准"欧洲投资计划方案"，并草拟创建欧洲战略投资基金（European Fund for Strategic Investments，EFSI）法规并以最快速度审批。2015年1月13日，欧盟委员会提出"创建欧洲战略投资基金立法草案"，随后欧洲议会和欧盟理事会对这一提案进行充分讨论。2015年5月28日，"欧洲战略投资基金法案"正式通过。第二阶段为项目执行中期阶段（2015年6月至2016年6月）。2015年7月22日，欧盟委员会达成一揽子措施，欧洲战略投资基金于2016年秋季正式运行，同时启用投资顾问中心网站，实时跟踪"欧洲投资计划"项目实施进展。第三阶段为中期评估与后期执行阶段（2016年中期至2017年底）。2016年中期，欧盟成员国首脑对"欧洲投资计划"进展进行中期评估，并就下一阶段项目执行情况提出合理化建议。从2016年中期起，"欧洲投资计划"将进入全面实施阶段。

截至2015年10月9日，主管就业、增长、投资和竞争力的欧盟委员会副主席于尔基·卡泰宁为寻求欧盟各国对欧洲战略投资基金的支持，先后访问并在欧盟28个国家进行游说，成效显著。2015年7月16日，英国宣布将为欧洲战略投资基金（EFSI）投入60亿英镑，约合85亿欧元。这是继德国（80亿欧元）、西班牙（15亿欧元）、法国（80亿欧元）、意大利（80亿欧元）、卢森堡（8亿欧元）、波兰（80亿欧元）、斯洛伐克（4亿欧元）和保加利亚（1亿欧元）之后，第九个对"欧洲投资计划"表示支持的欧盟成员国。

---

① Annual Growth Survey 2016, Strengthening the recovery and fostering convergence.

"容克计划"旨在改善欧盟投资环境、有效利用欧洲结构基金和欧洲投资基金,吸引成员国的资金投入,解决中小企业融资难困境,对欧盟未来发展具有战略意义的领域(比如能源、交通、宽带、教育与研发等)加大投资力度,提升基础设施建设水平。

"容克计划"重点投放领域是:

首先,为解决中小企业融资难问题,"容克计划"优先对成员国中小企业提供了资金支持。中小企业是欧盟产业的主力军,欧洲新增就业岗位的85%来源于中小企业。对中小企业的资金扶持,有助于创造欧盟中小企业产业化,改善经营环境,帮助中小企业在全球经济竞争环境中迅速成长。欧盟中小企业融资难问题长期存在,中小企业在很大程度上依赖银行贷款,银行贷款是实现增长的最佳外部融资方式,但目前大约70%的中小企业常常达不到银行放贷标准。为此,在欧洲战略投资基金担保基础上,开展各种创新融资合作。欧洲战略投资基金授权欧洲投资基金(EIF)与"企业与中小企业竞争力项目"(COSME)[①]、"地平线2020项目"开展合作,为中小企业融资提供各种担保、便利和优惠措施。例如,在爱沙尼亚,欧洲投资基金与爱沙尼亚的信用担保基金(KredEx)签署了"企业与中小企业竞争力项目"协议。在COSME担保协议下,未来3年内爱沙尼亚的信用担保基金可向1000家爱沙尼亚的中小企业提供2亿欧元的贷款和租赁金。爱沙尼亚的信用担保基金向银行、租赁公司提供投资贷款、流动资本贷款、租赁、透支和银行担保的次级担保。[②]

其次,重点在能源、互联互通、教育研发投入等领域开展项目。欧洲投资银行在基础设施和创新领域审批通过了32个项目,由欧盟战略投资基金作担保。参与这些项目的国家有奥地利、比利时、丹麦、法国、芬兰、德国、爱尔兰、意大利、荷兰、斯洛伐克、西班牙和英国。其中大约

[①] 2013年11月21日,欧洲议会批准了提高中小企业竞争力的"2014—2020年企业与中小企业竞争力项目"(COSME),预算为23亿欧元,这也是欧盟层面上第一个专门扶持中小企业发展的专项基金,该项目的实施,有助于受金融危机严重影响的中小企业实现融资,帮助中小企业发展,进行国际扩张。

[②] PRESS RELEASE. Investment Plan for Europe: €200 million for SMEs in Estonia // https://ec.europa.eu/commission/2014-2019/katainen/announcements/investment-plan-europe-eu200-million-smes-estonia_en,2015-11-18.

50%是支持可再生能源、能源效率和其他有助于欧盟向低碳经济转型的投资项目。另外50%的项目集中在研发、产业创新、数字化和社会基础设施、交通和小企业创业融资方面。就这两大领域,"容克计划"已经从欧盟获得了440亿欧元额外资金。欧洲投资银行预测,2015年欧洲战略投资资金可筹集资金额大约500亿欧元。①

三、中欧两大战略的合作对接及政策建议

当前中国"一带一路"战略已经从构想期进入了实施阶段。2015年3月28日,国家发改委、外交部、商务部联合发布了《推动共建丝绸之路经济带和21世纪海上丝绸之路的愿景与行动》。2015年10月之前,中国各省份都要制定对接"一带一路"的实施方案。中国出资400亿美元设立"丝路基金"并已经顺利启动,倡导成立的1000亿美元的"亚洲基础设施投资银行"吸引了全球50多个国家和地区积极申请加入,"一带一路"战略为全球所瞩目。

与此同时,中国对"容克计划"的关注度持续上升,如何将"容克计划"与中国"一带一路"战略对接被列入中欧双边合作的重要议事日程。首先,中国是非欧盟国家中首个向欧盟表示愿意向"容克计划"提供资金的国家。在2015年9月28日中欧经贸高层对话上,中欧双方就建立对接工作组达成协议。该工作小组包括中国丝路基金、欧盟委员会、欧洲投资银行方面的专家。根据双方达成的共识,工作组将在2015年底确定在"容克计划"(包括欧洲战略投资基金及欧洲投资银行的相关投资活动)中中欧具体的联合工作和实际合作方式。

其次,中欧双方签署了建立"中欧互联互通合作平台"谅解备忘录,希望通过这一平台,未来中欧在基础设施、设备、技术和标准等方面加强合作。互联互通合作平台将为投资者提供"一带一路"沿线国家的投资机

---

① Brussels. COM(2015) 690 final, Annual Growth Survey 2016, Strengthening the recovery and fostering convergence, 2015-11-26:7.

遇，为双方的投资者和相关企业提供公平的机遇。对此，欧盟主管就业、增长、投资和竞争的副主席提出："在与中国副总理马凯建设性对话后，就未来中欧在投资领域合作取得了实质性进展。现在是向欧洲投资的最好时机。我对中国有意向欧洲投资计划提供资金表示赞赏。这会带动更多的投资者参与到容克计划中来。我们希望通过欧洲投资计划将'一带一路'战略与欧洲投资计划实现对接，加深中欧经贸关系。"①

顺利推进"一带一路"战略的关键在于实现"五通"：即政策沟通、设施连通、贸易畅通、资金融通和民心相通。中国"一带一路"如能与欧洲投资新计划实现有效对接，是实现双赢和互惠互利的重要步骤。

首先，瞄准"容克计划"与"一带一路"战略的战略契合点，实现中欧政策之间的沟通。"容克计划"未来三年的投资重点领域是能源、交通、网络宽带、研究、发展和教育。"一带一路"战略重点是基础设施建设、交通等领域的投资，因此，中欧这两项计划的重点投资领域具有高度关联性。在现有合作基础上，中欧双方应进一步提升在能源、交通、网络宽带、研发等重点领域的合作水平上进行政策沟通。

第二，成立中欧两大"计划战略"对接工作小组，分阶段提出双方合作重点领域和共同参与的建设项目；依托国内外智库，就中欧双方资金投入比例、管理方式、经营模式、参与人员等具体事宜，提出可行性分析方案，为每一个具体项目的最终落实提供前期研究报告。

第三，依托顶层设计，兼顾东、西、南、北、中均衡发展思路，有序确定中国战略枢纽地带的基础设施建设和开发方案。设施连通涉及海运、陆路交通、航空运输等基础设施的互联互通。实现中欧之间基础设施的连通，中国应首先加强自身在海、陆、空等运输设施和设备方面的物联网建设，完善货物集疏运体系、口岸通关功能，提高集运效率和管理水平。在全国各省市、地区制定的"一带一路"战略实施方案基础上，通过顶层设计，加强协调和前期扎实的可行性研究工作，将具有战略意义、发展潜力、与欧盟成员国有效对接的口岸城市和地区作为战略枢纽，推进这些战

---

① Investment Plan for Europe goes global: China announces its contribution to #investEU// http://europa.eu/rapid/press-release_IP-15-5723_en.htm, 2015-09-28.

略枢纽带的物联网、基础设施建设和开发工作，避免"全面开花""一哄而上"、重复建设的积弊。

第四，持续跟踪和了解"容克计划"的最新进展，分阶段在能源、交通、网络宽带、教育和研发等领域优先共同开发项目，借助中国与欧盟及其成员国已经签署和达成的重点项目合作协议，参与欧盟在这些领域的重大项目投资和建设工作。继"容克计划"推出后，欧盟已明确将建设能源联盟、推进区内数字一体化建设作为优先发展方向。因此，从欧方需求出发，中方应重点关注在可再生能源技术合作、智能网络开发以及信息化技术、大数据、云计算等领域开展研发创新合作。

第五，建议在"丝路基金"中借鉴欧盟的创新融资模式，设立"中欧战略投资基金专项平台"。欧洲大量的投资缺口将主要依靠资本的市场化运作来筹措。欧洲投资新计划投资规模宏大，但投资不是依靠政府，欧盟各国政府将在资金的投入上发挥宏观调控作用，政府以较少的公共开支投入期待撬动更多的私人资本投入，发挥资金杠杆效应。按照欧盟的设想，新创建的欧洲战略投资基金的启动资金为210亿欧元，在2015~2017年预计筹集资金总额达3150亿欧元，资金倍增效率达到15倍，计划将2400亿欧元投入长期投资项目，750亿欧元用于中小企业。这一创新融资模式如能成功运行，将不再增加欧盟各国的财政负担和公共支出。

设想"中欧战略投资基金专项基金"启动资金为50亿人民币，按照15倍的杠杆率，最终筹集到的资金规模可达750亿人民币，几乎是"丝路基金"的两倍，十分可观。为确保融资渠道畅通和投资资金的及时到位和可持续性，中欧双方应在项目资金投入规模、重点投入项目、资金使用规则、管理机制以及共同投资项目的利益分成等方面进行事先的协调和沟通，实现真正的互利双赢。

第六，确定中国与欧盟成员国在重点领域的对接合作方案，在合作资金、技术、市场等方面实现优势互补和互惠互利。如制定中国与德国在高端装备制造业、智能医疗器械等方面的技术合作方案、与法国在清洁能源，主要是核能等领域的技术合作方案以及中国与中东欧国家在基础设施建设特别是铁路、港口和机场设施等方面的合作方案等，寻求中国与欧盟不同成员国对接的重点合作目标及可能取得的合作成果。

第七,实行"正面清单"制度,对具有参与国际投资和工程项目资质和能力的中国企业提供参与中欧对接合作的机会。在具体项目建设中,推行以中央政府、地方政府和企业共同出资的融资模式,并按照国际规则参与项目的建设,为项目的后续工作和可持续发展提供机制保障。

"容克计划"将成为未来三年欧洲经济复苏的风向标和推动力,也是欧洲向实体经济回归的重要转折点。加大欧盟内交通、智能网络等领域的投资力度,将有助于夯实欧盟实体经济和深化欧盟一体化进程,建立更为紧密的区内投资关系网络,为中欧之间开展新一轮博弈与合作增强实力。

"一带一路"倡议开启中欧合作新篇章

蔡方柏[①]

内容提要:"一带一路"倡议,把经济快速发展的东亚经济圈和发达的欧洲经济圈紧密联系在一起,促进中欧共同发展与繁荣,实现互利共赢。该倡议受到欧洲各国普遍欢迎。然而,倡议只是相互合作的愿景,还需双方不懈努力,消除疑虑和障碍才能取得成功。随着全球经济深度调整,中欧共建"一带一路"的势头良好,将为落实中欧共建和平、增长、改革、文明四大伙伴关系奠定稳固的基础。

关键词:共建"一带一路" 势头良好 存在疑虑 对策思考

习近平主席于2013年先后提出共建"一带一路"倡议,把经济快速发展的东亚经济圈和发达的欧洲经济圈紧密联系在一起,形成开放、包容、均衡、普惠的合作框架,促进中欧共同发展与繁荣。该倡议受到欧洲各国普遍欢迎和支持。目前,双方正在共同打造政治互信、经济、金融融合、文化包容的利益共同体,为中欧关系持续、健康发展谱写新篇章。

然而,"一带一路"倡议只是推动合作的愿景,还需双方不懈努力,不断完善和扩大合作空间和内涵,消除疑虑和障碍,才能取得成功。但是,随着全球经济深度调整,中欧共建"一带一路"呈现良好态势,一些方面取得突破性进展,将为落实中欧共建和平、增长、改革、文明四大伙伴关系奠定稳固基础。

---

① 作者系中国国际问题研究基金会顾问、高级研究员,中国前驻法国大使。

一、"一带一路"建设进一步增强政治互信

2015年是中国与欧盟建交40周年，也是中欧"外交年"。继上半年李克强总理访问法国等欧洲国家并同欧盟机构领导人举行第十七次会晤后，10月习近平主席对英国进行"超级国事访问"，接着荷兰国王威廉—亚历山大、德国总理默克尔、法国总统奥朗德相继访华，随后又成功举办了第四次中国—中东欧国家领导人会晤。年底，习近平主席赴巴黎出席气候变化大会，对达成有里程碑意义的《巴黎协定》作出了巨大贡献。上述高层互访和会晤把中欧关系推向一个又一个高潮，从而深化了政治互信。《第十七次中国欧盟领导人会晤联合声明》指出："欧盟支持中国全面深化改革，实现全面建成小康社会的目标。中国支持欧盟推动增长、投资和规制改革的努力"；"双方领导人决定，支持'一带一路'倡议与欧洲投资计划对接"。

中国同英、法、德三大国的关系都有创新发展。

习近平主席对英国进行"超级国事访问"，受到高规格的礼宾接待，推动中英关系取得突破性进展，树立了发展中大国与西方大国合作的典范。正如王毅外长介绍此访成果时指出："此访中，习近平同卡梅伦数度深谈，达成重要共识，决定共同构建中英面向21世纪全球全面战略伙伴关系，共同开启持久、开放、共赢的'黄金时代'。"

中法高层互访频繁。2015年上半年，实现两国总理互访，双方发表了关于第三方市场合作的联合声明。11月，奥朗德总统第二次访华。会谈中，习近平主席指出："两国关系迈上了新台阶，成为更加成熟稳定、更加深入务实、更加富有活力的一组大国关系。"奥朗德总统强调："当前法中两国保持良好的政治互信和对话，在经贸、投资、核能、旅游、人文等领域合作不断提升。"

德国总理当政十年内，2015年第八次访华，习近平主席同他就广泛的议题深度交换了意见，李克强总理在北京和安徽与她进行了长时间会谈和交流。两国领导人通过坦诚深度沟通就许多重大问题达成共识。默克尔总理以"中国是世界上一支重要力量"为题发表长篇新闻稿，高度评价其中

国之行,强调从战略高度看待对华关系的重要性。同时,她对中方关切的问题给予积极回应。

李克强总理主持第四次中国—中东欧国家领导人会晤是中欧"外交年"又一重大举措。会晤通过了《中国—中东欧国家合作规划》和《中国—中东欧国家合作苏州纲要》,使双方合作形式机制化和规范化,构建了开放包容、互利共赢的新型伙伴关系,有利于促进中欧全面战略伙伴关系全方位、均衡发展。波兰总统杜达指出:"中国是中东欧国家重要合作伙伴。中东欧和中国合作基础良好,潜力巨大,前景光明。"匈牙利总理欧尔班特别强调:"中国与中东欧国家合作不是权宜之计,而是相互尊重、面向未来;不是只顾自身利益,而是平等互利、共同发展。"

二、坚持发展战略对接,秉持共商、共建、共享原则

这是推动"一带一路"建设取得成功的根本保证。

在欧盟层面,李克强总理与欧盟新一届领导人会晤时就三个对接和建立三个平台达成共识:即"一带一路"与欧盟发展战略对接、国际产能合作与"容克计划"对接、"16+1合作"与中欧合作对接;三个平台是:设立中欧共同投资基金平台、建立互联互通平台、启动中欧法律事务平台。当前双方正在落实上述共识。2015年9月第五次中欧经贸高层对话中,中方宣布向·"容克计划"进行投资。欧盟驻华使团也表示,欧盟委员会已制订了"地平线2020科研规划提案",支持包括中国在内的国际中小型创新企业到欧洲发展。①

在成员国层面,英国发展对华关系的积极性空前高涨。因为"英国政府由于致力于削减财政赤字,降低政府债务,因而投资相关项目的财政资金缺乏,……中国政府也有充盈的外汇储备支持是英国在这一领域的重要合作伙伴"。② 因此,卡梅伦政府积极寻求"英格兰北部经济中心"战略

---

① 欧洲时报,2015-11-07.
② [英]罗宾·尼布利特.英国以开放的市场欢迎中国//人民日报,2015-10-28.

与"一带一路"倡议对接,以振兴其北方经济。更重要的是,中、法、英在国际产能合作上迈出了具有里程碑意义的一步。习近平主席访英期间,中广核集团同法国电力集团签署了《英国核电项目投资协议》,欣克利角核电站成为中英法合作的旗舰项目,英国政府将为该项目提供20亿英镑的初始资金。鉴于英国许多核电站已接近升级换代期,中英核电合作有着广阔前景。中英产能合作另一领域是铁路建设和改造。中方和英方已成立铁路联合工作组,将就英国铁路2号线(hs2)建设和其他路线改造项目探索合作的可行性。然而,法国、德国、日本的有关企业都准备竞标英国铁路2号线。总之,英方希望通过加强两国核电、高铁、区域经济合作,将英国高新技术同中国优势产能相结合,为英国经济注入活力并使其能平衡发展。

中法创新合作模式,在第三方市场合作取得突破性进展。英国欣克利角核电站投资协议的签署使第三方市场合作落地生根,也是国际产能合作标志性项目,对开拓第三方市场有着示范作用。双方还一致同意从绿色能源合作入手,推动核电联合研发、联合开拓第三方市场。为此,中法决定成立第三方市场合作共同基金。法国还建议在两个领域的对接:一是法国科技创新和强大的科研能力与"中国制造2025"对接;二是两国发展绿色经济对接,使两国优势互补,进行更多创新。鉴于法国经济增长乏力,公共债务和财政赤字仍高企难下,法国政府希望吸收更多外资振兴经济。奥朗德总统访华期间对中国企业家代表表示,非常欢迎中国企业家去法国投资,并承诺提供一系列便利措施和更好的环境,简化签证手续。他还邀请中方参与法国重要企业的内部重组。2015年上半年,中国在法国投资达到31亿美元,几乎与中方2014年全年在法国投资总额(36亿美元)相当。

德国总理默克尔访华的重点是推动德中经贸关系更大发展。她力推德国"工业4.0"与"中国制造2025"对接,以引领制造业智能化、数字化和网络化。双方为此建立了部级协调机制,推动中德智能制造合作迈向务实合作阶段。德国还将参与中国中西部和东北老工业基地改造,打造中德创新产业平台,助推中国经济转型升级。德国重视两国制造业战略对接,主要出自以下考虑:(1)中国是"德国制造"在欧盟以外的主要市场。当前,全球需求不足,中国市场对德尤为重要。(2)德国提出"工业4.0"

计划,试图将其树立为国际标准,在中国等新兴国家普及这些标准将是该计划成功的关键。(3)通过制造业战略对接和开展产能合作吸引更多中国投资,为德国经济注入新活力。德国联邦外贸与投资署的统计数据显示,2014年中国在德国投资项目190个,在所有外资来源国中排名第一。

发展同中东欧国家关系,就是推动"16+1合作"同"一带一路"建设暨国际产能合作对接、同中东欧国家发展战略对接、同中欧关系对接。中国具有的产能优势和技术优势可同中东欧国家相对欠缺的领域进行合作。第四次中国—中东欧国家领导人会晤在推动发展战略对接方面取得了实质性进展。中方同匈牙利和塞尔维亚就匈塞铁路项目建设签署了合同和框架协议,将对中方优质产能"走出去"产生积极效应。同时,根据东欧有关国家联接波罗的海、亚得里亚海、黑海的愿望,中方倡议开展包括在三海港区、园区在内的产能合作,使港口和港区成为产业发展基地,为中欧陆海快线提供充足货源。

三、加大基础设施建设力度,把互联互通放在优先地位

"一带一路"建设的基本出发点是填补基础设施缺乏的短板,实现亚欧之间更紧密的互联互通,推动沿线各国经济、社会共同繁荣和发展。《第十七次中国欧盟领导人会晤联合声明》指出:"双方同意在基础设施领域加强联系,决定建立互联互通平台,推动运输无缝联接和运输便利化,对接彼此相关倡议与项目。"为此,中方支持有能力的和有信誉的企业参与泛欧交通网络、中欧陆海快线、新亚欧大陆桥等基础设施项目建设。匈塞铁路项目的实施将同希腊比雷埃夫斯港合作一道有力推进中欧陆海快线建设。同时,波罗的海、亚得里亚海和黑海的联接也是中欧互联互通的一个重要组成部分。中欧还保持着海运合作优势。中国有关港口同荷兰的欧洲第一大港鹿特丹、比利时最大港口安特卫普等都是亚欧海运航线的起点和终点。除海运和空运外,还有众多班列把中欧紧密联系在一起。渝新欧每周有班列来往于重庆和德国杜伊斯堡之间。还有蓉新欧、汉新区、郑新区等班列运行。中欧班列的开通和加速促进了中欧互联互通。但是,因货

源不足等因素，班列经营大多出现亏损，亟待协调和整合，否则不可持续。

四、发展贸易、投资、金融合作是建设"一带一路"最重要支柱

经贸往来是中欧关系的"压舱石"。2014年中欧贸易额达到6151亿美元，逆势同比增长9.9%。2015年以来，世界经济复苏缓慢，全球贸易低迷及欧盟经济增长乏力，中国经济进入新常态，中国对欧盟进出口贸易均有下降。中国商务部统计显示，2015年前10个月中欧贸易总值为2.87万亿元（约合4500多亿美元），下降7.9%。尽管中欧贸易出现暂时下滑，但从中长期看，如双方很好利用"一带一路"带来的商机，尽早签署投资协议并启动自贸区可行性研究，放宽高新技术产品对华出口限制，就可实现2020年双方贸易额达到1万亿美元的目标。

投资是推动发展的重要方式。第十七次中欧领导人会晤时，双方就"一带一路"与"容克计划"对接、建立中欧共同投资基金、尽快达成一个高水平的全面投资协定达成共识。第五次中欧经贸高层对话中，中方是第一个宣布向"容克计划"投资的非欧盟国家，双方同意建立联合工作组，加强欧盟同中国在投资领域合作。目前，双方相互投资势头发生悄然变化。2014年底，欧盟在华直接投资累计达966.3亿美元，其中2014年投入68.5亿美元，同比下降5.3%；截至2015年6月，中国对欧盟直接投资累计达541亿美元，其中2014年投入98.48亿美元，同比增长171.9%。2015年1~6月，中国对欧盟直接投资42.4亿美元，同比增长1.9%。中国对欧盟投资呈现新特点：把境内资源和市场与境外资源和市场进行重新配置，提高企业核心竞争力，拓展海外市场。如能尽快签署中欧投资协定，相互投资有着广阔发展前景。据中国商务部官方网站消息，中欧投资协定第八轮谈判取得重大进展，争取2015年底完成双方领导人2015年6月设定的谈判目标，并于2016年1月将以合并文本为基础进行实质性的文本谈判。

资金融通为中欧共建"一带一路"提供强有力的支撑。除中方设立的400亿美元的"丝路基金"外，中方提出筹建亚投行得到欧洲国家广泛支

持。英国不顾美国反对，带头申请成为亚投行的创始成员国，德国、法国等欧盟国家也不甘居落后，纷纷申请成为创始成员国，德国还是最大域外出资国。欧洲国家都支持中国加入欧洲复兴开发银行，支持人民币加入国际货币基金组织特别提款权货币篮子，支持落实国际货币基金组织份额改革方案。2015年12月14日，欧洲复兴开发银行理事会已决定吸收中国加入该行。中国人民银行有关负责人表示，中国加入欧洲复兴开发银行将有力推动"一带一路"倡议与"容克计划"对接。

当前，英、法、德等欧洲国家都强烈要求同中国进行金融合作，发展人民币清算业务，建立离岸人民币金融交易平台，发行人民币债券。中欧本币互换已超过7000亿元。中英金融合作快速发展，英国在签署本币互换协议、获得人民币合格境外机构投资者初始额度、发行人民币计价金融产品、发行人民币债券、选定人民币清算行、批准设立中资银行分行等多方面都走在前面。2014年，伦敦人民币总体交易额同比增长143%，日均交易量达615亿元。英方还打算将英中两国交易市场联系在一起。双方已同意就上海交易所与伦敦交易所互联互通问题开展可行性研究。中方还打算在英国发行中国之外首只人民币主权债券。在法国，2014年，中国银行巴黎分行已成为在法国人民币清算行，并为非洲区域性银行提供人民币清算服务。该行还于2015年1月帮助法国社保基金发行30亿元人民币主权债券，这是中方在中国大陆以外最大规模的一次人民币离岸债券。中国工商银行巴黎分行在法国开展了多品种人民币业务。中国建设银行已获得瑞士银行营业执照，可在苏黎世开设分行，办理人民币清算业务。中国交通银行已在卢森堡设立分行。农业银行正在筹备卢森堡分行。中国央行已授权中国工商银行卢森堡分行办理人民币清算业务。德国一直在争取法兰克福成为人民币离岸交易中心的地位。2015年3月，中德两国央行签署了关于建立法兰克福人民币清算机制的谅解备忘录。6月，中国央行指定中国银行法兰克福分行作为人民币清算银行。8月，该清算银行正式启动。这既是人民币国际化的重要标志，也给两国经济和金融部门带来实际利益。还值得注意的是，德意志交易集团、上海交易所和中国金融期货交易所在北京成立中欧国际交易股份有限公司（简称"中欧所"）。该所已于11月在法兰克福开业。上述三家单位分别持有中欧所40%、40%、20%的股份。

彭博新闻社网站评论称,"与其竞争对手不同的是,这家新成立的合资企业共同拥有者中包括两大中国公司……,这使该企业可拥有争取投资者所需的信誉。"中国众多银行在欧洲开展业务,不仅加快了人民币国际化进程,也提高了中国企业进入欧洲市场能力。

解决"16+1合作"中的融资困难是中欧金融合作中另一急需解决的问题。在用好既有100亿美元专项贷款、投资合作基金的基础上,中方倡议设立16+1金融公司,通过商业化运作,支持成员国之间的产能合作及"互联网+融资"新模式,支持中东欧国家建立人民币清算安排,加强中方金融机构同欧洲复兴开发银行等地区和国际多边金融机构的合作,为"16+1合作"提供融资支持。

五、增信释疑,深化务实合作,融合各方利益,夯实民意基础

中欧发展阶段不同,政治制度和意识形态各异,利益诉求多元,欧方一些人士产生一些疑虑和担心也在情理之中。一是怕中国通过"一带一路"从战略上控制亚欧大陆;二是认为倡议只是为了推销中国过剩产能;三是在操作上不知如何对接及同谁对接。针对上述疑虑和担心,需多方面做工作。

首先,要通过高层互访、双边和多边交流与合作及民间智库的沟通,有针对性深入阐释"一带一路"倡议的目的和所遵循的原则。要反复介绍习近平主席有关论述:"'一带一路'建设秉持的是共商、共建、共享原则,不是封闭的,而是开放包容的,不是中国一家独奏,而是沿线国家合唱。'一带一路'建设不是要替代现有合作机制和倡议,而主要在已有的基础上推动沿线国家实现发展战略相互对接、优势互补。"同时,要完善包括现有双边、多边合作机制在内的多层次、多形式的合作机制,为"一带一路"建设提供保障。"16+1合作"就是机制创新的典范。

第二,要重点突破,强化利益融合,建设标志性项目,以点带面,为"一带一路"建设提供内生动力。亚投行倡议吸引了众多国家参与,是因

为在筹建过程中始终坚持"开放包容"的姿态,按多边化原则快速推进。欧洲国家积极加入的动力源于经济和金融利益。正如德国墨卡托中国研究中心高级研究员郎罗夫指出:"欧洲国家积极支持和参与亚投行,这符合它们自身利益。首先,新的多边融资机制为欧洲金融机构提供了安全港;其次,在大型基础设施建设中,欧洲投资银行也能获得一份蛋糕;最后,积极参与亚投行有助于欧洲工程企业参与连接亚欧海路和陆路的大型项目。"①

第三,深化人文交流,做好"一带一路"建设中的民心工程。充分利用中欧高级别人文交流对话机制,进一步推动中欧多边或与其成员国间双边多种形式人文交流年,同时推进与民生工程紧密相关的教育、文化、卫生、旅游等领域的交流与合作。以教育、旅游为例,双方合作已取得重要进展。截至2014年底,中国在欧盟国家留学人员总数达到28万人,欧盟国家在华留学生超过4.5万人。中国在欧盟成员国共建122所孔子学院和203个孔子课堂,中国高校已开齐欧盟全部24种官方语言课程;中欧人员往来总数达594万人次,同比增加7%。为推动中欧人文交流更上一层楼,2015年9月,刘延东副总理在中欧高级人文交流对话第三次会议上提出七个方面的具体建议:一是中欧教育合作应优势互补,培养高素质人才。二是科技合作应致力于创新创造,共同鼓励和支持面向前沿、惠及民生的联合研发。三是文化交流应春风化雨,润泽民众心田。四是媒体合作应增信释疑,打造传播平台。五是青年交流应着眼未来,使中欧友好代代相传。六是妇女交流应注重性别平等,发挥好'半边天'作用。七是进一步加强旅游领域的合作。② 只要双方认真落实上述建议,就能为"一带一路"建设凝聚民心,夯实民意基础。

---

① 为亚洲基建插上腾飞的翅膀——国际社会积极评价《亚洲基础设施投资银行协定》签署//人民日报,2015-06-30.

② 刘延东.支持欧盟在中国15个未设使领馆的城市设立签证中心//http://politics.people.com.cn/n/2015/0916/c70731-27589608.html,2015-09-16.

六、需要破解的难题和对策思考

中欧共建"一带一路"需破解几个方面的难题。一是域外势力不愿看到中欧关系有新的更大发展,力图进行干扰;二是跨太平洋战略经济伙伴关系协议(TPP)可能在投资和贸易方面产生转移效应等影响;三是一些国家政局变动,政府更迭可能对重大项目的连续性产生不利影响。为应对上述挑战,似可采取以下对策:

首先,我们要始终不渝坚持互利共赢的开放战略,认真实行发展战略对接,秉持共商、共建、共享原则,为中欧务实合作注入内生动力,就能挫败外部干扰图谋。

第二,中国和欧洲既是建设"一带一路"的推动者,也是受益方。国家利益特别是经济利益是中欧关系的"压舱石",只要坚持正确的义利观,强化利益融合,即使有关国家政府更迭,政策发生变化,它们不仅失道寡助,而且会得不偿失,最终还会超越分歧,克服偏见,重新回到互利双赢轨道上来。

第三,TPP对中国虽会造成一定冲击,但总体可控。中国是世界第二大经济体、全球最大货物贸易国,并拥有全球最大的外汇储备,特别是中国国际影响继续全面提升,不可能长期被排除在区域合作之外。同时,12个TPP成员国中8个与中方有自贸协定。中国正在采取加强与周边国家互联互通建设和国际产能合作,推进自贸区升级版等措施。加之TPP中不无促进贸易自由化的内容。这一切有利于化解TPP对中国的冲击,如政策和策略运用得当,可以化危为机。

总之,"一带一路"倡议着眼于促进亚欧互联互通和不同文明间交流互鉴,同时传承和平、合作、开放、互学互鉴的精神,并按照现行国际规则和市场规律办事,因此,这个全球性的联通体系符合国际需求,受到国际社会的广泛响应,也受到欧洲各国的普遍欢迎。随着"一带一路"建设落地生根,欧方对其重大意义有了更加深刻的认识。正如新加坡前外长杨荣文撰文指出:"一带一路"计划极其重要,是中国发展的长远考虑,它代表了中国战略上的重新定位,意在创造巨大的流量,是21世纪对古代陆上和海上丝绸之路的复兴,最终所有欧亚大陆都将纵横交错地联接起来。①

展望未来,只要中欧双方能超越分歧,求同化异,从战略高度来共同推进"一带一路"建设,就能把中欧四大伙伴关系建设提高到一个崭新阶段,不仅造福中国和欧洲各国人民,也将为世界和平、稳定与共同发展作出更大贡献。

---

① 杨荣文.中国发展与邻国的互通是一个史诗般的故事//《南华早报》网站,2015-11-12.

中印构建更加紧密的发展伙伴关系

郑瑞祥[①]

内容提要：最近两年里，中国国家主席习近平访问了印度，印度总理莫迪访问了中国。两国领导人达成共识：中印构建更加紧密的发展伙伴关系。这是对中印关系的新定位。这两次访问都取得了丰硕的成果，并逐步得到落实，显示出中印关系步入快速发展的新通道。

关键词：中印关系　新定位　新发展

中印构建更加紧密的发展伙伴关系，是 2014 年中国国家主席习近平访问印度时两国领导人达成的重要共识，2015 年印度总理莫迪访华时得到进一步确认。这是 2005 年中印建立"面向和平与繁荣的战略合作伙伴关系"以来中印关系的新定位。这反映了中印关系在原有的战略伙伴关系的大方向下更加务实，更加突出经济发展这个核心问题。

一、中印关系定位的演变及新定位的意义

为了更好地理解中印关系新定位的意义，首先简要地回顾一下中印建交以来不同时期两国关系定位变化的轨迹。

---

① 作者系中国国际问题研究基金会研究员，中国国际问题研究院研究员，中国前驻孟买总领事。

（一）中印关系从友好到对抗

20世纪50年代，中印两国关系处在友好合作的黄金时期，因为中国和印度都是新兴的民族独立国家，两国人民在反抗帝国主义和殖民主义的长期斗争中相互同情，相互支持。印度获得独立和新中国解放后，印度是与新中国建交的第一个非社会主义国家。1954年中印两国总理共同倡导了举世闻名的"和平共处五项原则"。在这一时期，中印双方都把对方看作朋友和兄弟。

50年代末，事情起了变化。1959年3月中国西藏发生少数上层分子武装叛乱，达赖逃亡印度。1962年发生中印边境武装冲突。两国关系进入了长期的僵冷时期。在整个冷战时期，在地区和国际层面上中印关系也是一种对抗的关系。

（二）实现正常化

自70年代后期开始，中印双方为实现两国关系正常化、恢复友好合作关系作了许多努力，并取得了明显的成效。特别是1988年12月印度总理拉·甘地对中国的访问，是中印关系的转折点，标志着中印关系正常化基本实现。此后不久，80年代末90年代初，冷战结束。国际形势的巨大变化为中印关系的发展带来了新的契机。中国适时调整外交政策以适应新的形势。在南亚，中国在保持和发展与巴基斯坦等邻国的友好合作关系的同时，努力发展与印度的关系。政策调整取得了积极的效果。这一时期可以称为中印关系从冷战对抗向友好合作转变的一个过渡时期。敌对和对抗的因素逐步减少，友好合作的因素逐步增加。

（三）第一次明确定位

1996年中国国家主席江泽民访问印度，这是中印建交后第一位中国国家元首访印。双方达成了构建"面向21世纪的建设性合作伙伴关系"的共识。这是两国政府对中印关系首次明确定位。2003年，印度总理瓦杰帕伊访华，两国总理签署了中印关系原则和全面合作的宣言。双方确认了建立中印"新型关系"的各项原则，进一步推动长期建设性合作伙伴关系的发展。

（四）提升为战略合作伙伴关系

2005年4月，温家宝总理访问印度，两国总理发表的联合声明中说："中印关系进入了全面发展的新阶段"，"中印长期建设性合作伙伴关系取得了令人满意的进展"，"中印关系具有全球和战略意义"，"两国领导人同意，建立面向和平与繁荣的战略合作伙伴关系"。在不到十年的时间里，中印关系的定位从建设性合作伙伴关系提升为战略合作伙伴关系，证明中印关系的发展进入了迅速和全面发展的新阶段。

此后，2006年胡锦涛主席访印，2008年辛格总理访华，2010年温家宝总理访印，在各种多边场合（如东盟系列峰会、金砖国家峰会等）中印两国领导人也进行了多次会晤，两国领导人均一致表示，要坚持推动中印"面向和平与繁荣的战略合作伙伴关系"。这样，中印战略合作伙伴关系的定位不断得到了确认和巩固。

中印"面向和平与繁荣的战略合作伙伴关系"是一种新型的战略合作伙伴关系。根据2005年两国总理的联合声明，"这种伙伴关系以和平共处五项原则、相互尊重和照顾彼此关切和愿望以及平等为基础，为基于两国人民共同与平等的安全、发展和繁荣的双边关系全面而广泛的发展提供了良好的框架，并有助于双方共同应对全球范围的挑战和威胁"。新型战略伙伴关系与过去冷战时期的战略伙伴关系有本质的区别。它的特点是不结盟、不对抗、不针对第三国，也不影响各自与第三国的关系。

（五）构建更加紧密的发展伙伴关系

2014年9月，习近平主席访问印度，双方发表的联合声明中说："双方认识到，两国各自的发展进程相互促进，决定实现优势互补，构建更加紧密的发展伙伴关系。两国领导人同意，发展伙伴关系应成为两国战略合作伙伴关系的核心内容。"自此，"发展伙伴关系"成为中印关系的新定位。

笔者认为，这个新定位是以前两次定位的延续和细化，就是强调两国战略合作伙伴关系的核心内容是"发展"。这显示中印关系更加务实，更加重视经济发展。这是符合中印两国的国情和战略目标的。中印两国是世界上最大的发展中国家，面临的最大任务是发展经济，改善民生。中国领导人一再强调发展是第一要务。印度新总理莫迪在竞选中最常用的口号就是"发展",他誓言要让印度人民都过上好生活。他执政后注重经济发展和经济改革。这个新定位也是符合两国人民的共同利益的。中印都处于经济发展和经济改革的关键阶段。中国经济结构加快优化升级,提出"中国制造2025"、"互联网+"等发展战略,中国优势产能和装备加快实施"走出去"战略;印度新政府则提出了"印度制造"、"数字印度"等国家战略。两国可以实现发展战略对接、发展优势互补、发展经验共享,通过各个领域的合作达到互利共赢的目标。

二、近两年来中印关系的新发展

(一)政治和战略层面

在政治和战略层面,高层互访和交往保持良好的势头,政治互信逐步增强。中印两国领导人达成诸多共识,引领中印关系沿着正确的方向发展。

2014年5月,以莫迪为首的印度人民党政府上台后,有评论认为,印度政府更迭可能导致中印关系出现"拐点"。事实证明,情况并非如此。莫迪政府基本上延续了上届辛格政府的对华政策。2014年是"中印友好交流年",又恰逢中国、印度、缅甸共同倡导的"和平共处五项原则"发表60周年。6月印度副总统安萨里访华,并参加在北京举行的庆祝活动。7月在巴西举行的金砖国家领导人会议期间,习近平主席与莫迪总理举行双边会晤。莫迪表示,印度新政府愿深化印中友好合作关系,印中和睦相处、共同发展对世界和人类是重大贡献。9月习近平主席访问印度,这是一次具有里程碑意义的访问,既增进了两国新领导人之间的了解和友谊,也规划了今后中印关系发展方向,确定了中印关系的新定位——构建更加紧密的发展伙伴关系。

2015年5月,印度总理莫迪访问中国,这是他2014年6月就任印度总理后首次访华(他在担任古吉拉特邦首席部长期间曾四次访华),也是习近平主席2014年访印以来中印两国间又一次重要的高层互动。两国领导人一致同意要深化两国合作,携手构建更加紧密的发展伙伴关系。2015年

6月，中国全国人大常务委员会委员长张德江访问印度，旨在加强两国立法机构之间的合作。11月中国国家副主席李源潮访问印度。这是对印度副总统2014年访华的回访。

中印两国领导人高度评价两国关系。习主席说，中印用一个声音说话，全世界都会倾听。中印携手合作，全世界都会关注。莫迪总理则形象地比喻中国和印度是"两个身体，一种精神"。莫迪还说，印度和中国用一个声音说话，亚洲的声音会更强大。这些名言已广为传颂，深入人心。

（二）经贸领域

在经贸领域，务实合作继续扩大和深化，成果丰硕。

据中国商务部公布的数字，中印双边贸易额2013年为654.7亿美元，2014年升至706亿美元。目前，中国是印度第一大贸易伙伴、最大进口来源地和第三大出口市场。2015年1~10月，中印双边贸易额为592.63亿美元，同比增加1.42%。但是，也面临一些问题与挑战。印方贸易逆差不断增大，超过300亿美元。印方表示关切，希望更多印度产品进入中国市场，尽早解决贸易不平衡问题。其实，印方贸易逆差的增加有其自身的原因。2015年以来，印度商品贸易市场复苏乏力，货物进出口均大幅下降。印度与其主要贸易伙伴之间均有逆差，但中国居首。印方逆差显然不能用减少中方对印方出口来解决，而是要扩大经贸合作，例如增加投资，进行产能合作来逐步解决。中方也有关切的问题，如印方以"安全"为由对中国投资设卡，对中国商品实施反倾销调查等。这些问题需要中印双方共同努力协商解决。现在，莫迪总理的强势政府和雷厉风行的工作作风给中印经贸合作带来了利好。过去议而不决、决而不行的经贸合作项目可望加速推进。例如，中印合作在印度古吉拉特邦和马哈拉施特拉邦建设两个工业园区，莫迪拍板就能落实。据中国驻印度使馆网站的资料，截至2014年底，中国对印度投资累计34亿美元，其中2/3是在过去一年内发生的。习近平主席访印期间，中印签署了近20项合作文件。最大亮点是，中方宣布未来5年中国向印度工业和基础实施发展项目投资200亿美元。中方投资增加幅度之大，一目了然。印度工商界对印中经贸合作前景持乐观态度。塔塔集团董事长拉坦·塔塔参加2014年博鳌亚洲论坛期间表示：印中两国有很多合作机会，印中联手可以实现更多目标，相互合作而不是相互斗争，能够增强相互的经济。鉴于中印两国巨大的市场规模和潜力，两国企业间还有很大的合作空间。

2015年莫迪访华经济合作成果超多，一个重头戏就是中印产能合作。莫迪在上海会见了中印企业家代表，中国企业家对印度的投资机会也兴趣日增。双方签署了价值220亿美元的26项商业合作协议。加上在北京签署的24项政府间协议，涵盖航空航天、地震合作、海洋科考、智慧城市、网络、金融等方面，所签协议数量、金额和涵盖范围在中印关系史上都是少见的。

（三）军事和安全领域

在军事和安全领域交流合作有突破性进展。

继2012年和2013年中印两国国防部长实现互访之后，2014年4月，中国人民解放军副总参谋长戚建国访印。7月，印度军队参委会主席兼陆军参谋长比格拉姆·辛格访华，这是9年来首位印度军队最高将领访华。两国军队高层互访趋于稳定。11月，中印在印度浦那举行了代号为"携手2014"的陆军反恐联合训练，此类联合训练已形成机制化，有助于相互学习借鉴，共享反恐训练经验，也有助于增进相互了解和信任，促进两国两军友好关系。

2015年3月，印度军队院校考察团访华。印方表示希望印中两军院校在学员互换、联合研究等方面加强交流合作，促进两军关系健康发展。4月，第七届中印防务对话在北京举行，据报道，对话聚焦于建立信任措施、改善对边境问题的处理、共同管控边境局势、保持边境地区的和平与安宁。7月，中国海军第20批（亚丁湾）护航编队"济南舰"访问印度（孟买港）并实施补给。印度媒体称，此访是印中两国交往中的"积极注脚"。自1993年"郑和舰"首次访印开始，中国海军舰艇已对印度进行了8次访问。10月，中印两国军队在中国昆明成功举行"携手2015"联合军演。2015年最重要的两军交往是中国中央军委副主席范长龙11月对印度的访问，这是10年来中方最高级别的军事将领访问印度。在会见印度陆军参谋长达尔比尔·辛格时范长龙表示，两国军队在团组往来、院校交流、联合训练等领域开展了良好的合作。两军应以实际行动落实两国领导人在边界问题上达成的共识，妥善管控分歧，加强各层级边防合作，进一步健全沟通机制，共同维护边境地区和平与稳定。辛格也表示，印方愿与中方一道，不断增进双方理解、互信与合作，积极维护边境地区和平与安宁，为两国繁荣发展作出积极贡献。11月，印度内政部长拉杰纳特访华，双方达成共识，将进一步加强反恐、禁毒、打击网络犯罪等安全领域的合作。双方将首次建立部长级会晤机制。有评论认为，在同一个月内中国中央军委副主席访印和印度内政部长访华，显示出两国在军事和安全领域的交流与合作正在加深。

（四）多边领域的合作方兴未艾

中国和印度同属发展中国家，在许多重大国际问题上有相同或相似的立场，例如在多哈回合谈判、气候变化、能源和粮食安全以及国际金融危机等问题上互相合作，共同维护发展中国家的利益。在逐步建立起来的"中俄印"三边合作，"基础四国"（中、印、巴西、南非），"金砖五国"（中、俄、印、巴西、南非）等合作机制中，中印两国都发挥了积极的重要的作用。2014年，金砖国家合作取得了重大进展。7月在巴西福塔莱萨举行的金砖国家领导人会议上，金砖国家开发银行宣告成立，总部设在中国，首任行长由印度人担任，体现了中印之间的协调与合作。2015年7月，在俄罗斯乌法举行了上海合作组织和金砖国家领导人的"双峰会"，会前，习近平主席会见了莫迪总理，讨论了中印双边和多边合作各项事宜。在金砖国家峰会上，习近平主席提出发展"金砖伙伴关系"的四点主张，即构建维护世界和平的伙伴关系；构建促进共同发展的伙伴关系；构建弘扬多元文明的伙伴关系；构建加强全球经济治理的伙伴关系。中国的主张受到各方面的好评和赞同。2015年2月，中、俄、印三国外长第13次会晤在北京举行，发表了联合公报。王毅外长总结此次会晤成果时说，三国都表示要致力于推动新型国际关系，推动国际关系民主化和多极化；三国都表示要增进新兴市场国家间的协调与合作；三国都认为要扩大中、俄、印之间的务实合作。"基础四国"是全球气候谈判中一支代表发展中国家利益的组织。2015年10月召开四国部长会议一致同意为推动巴黎气候大会达成协议而做努力,在重大问题上保持高度团结。在2015年12月召开的第21届联合国气候变化会议即巴黎气候大会期间,"基础四国"发表联合声明强调他们团结一致,敦促发达国家兑现每年1000亿美元的承诺。

三、辩证地看待中印关系的现状和前景

(一)既要看到成绩也要看到问题

自中印宣布建立战略合作伙伴关系以来,两国关系取得长足发展。在政治、经济、军事、安全等各方面都保持良好的发展势头,特别是经贸合作发展迅速。上述中印关系在四个方面的发展情况说明,两国领导人关于构建更加紧密的发展伙伴关系的共识正在逐步得到落实。同时,也不能否认,中印关系中还存在着不少问题与障碍,例如边界问题、西藏问题、经贸摩擦等。

以边界问题为例。中印边界问题是历史遗留的老问题,两国进行了多年谈判,特别是2003年建立了中印边界问题特别代表会晤机制,迄今已进行了18轮会晤。应该说,取得了一定的进展,但没有突破性的进展。中印已有协议,在边界问题解决之前维护边境地区的和平与安宁。中印边境总体上是稳定的。但是印度新政府上台以来,也发生过两国军队边境"对峙"的事件和印度领导人到"争议地区"活动的事件。另外,印度政界、军界、学界许多人学着西方腔调,指责中国"突然变得强硬"、"过分自信"等,向中方施加压力。与此同时,印度方面在中印边境地区大幅增兵,大兴土木,修建公路、机场等基础设施。渲染"中国威胁论",其实是为印度扩军备战寻找理由,制造舆论。

虽然这些问题没有改变中印友好合作的大趋势,但这些问题反复发生,不仅破坏中印友好气氛,也增加了解决边界问题的难度,需要认真对待和妥善处理。

(二)中印之间既有合作也有竞争

中印关系今后的发展方向是友好合作,互利共赢。两国领导人多次达

成共识，中印是合作伙伴，不是竞争对手。从战略意义上讲，竞争对手往往意味着争夺霸权或主导权或势力范围，"一山不容二虎"。例如，西方（特别是美国）媒体经常宣传中印争夺亚洲事务的主导权。其实，这是美国害怕失去"全球领导"和亚洲事务的主导权的一种心理反映。中印既然是战略合作伙伴，那就不会是、也不应当是这样的竞争对手。

但是，也不能否认，在一些具体问题上特别是涉及经济贸易的问题上中印之间的竞争是确实存在的。在经济全球化的背景下，国家之间、企业之间的竞争是不可避免的，也是十分激烈的。在友好国家甚至盟友之间也不能例外。世界各国都在努力提高自己的国际竞争力。因此，中印之间存在竞争的问题不必忌讳，也无法回避。从媒体报道看，中方尽量不提或少提中印竞争，可能出于好意。也有人是瞧不起印度，认为印度做竞争对手不够格。但是，印度无论官方或媒体对竞争的提法并不回避。2003年，时任印度总理瓦杰帕伊曾经提到印中之间有"健康的竞争"，他还鼓励印度企业家与中国企业家进行竞争。2010年，时任印度总理辛格接受印度媒体采访时明确地表示，印中关系是"既合作又竞争的关系"，还说两国应致力于创造"和平竞争"的环境。莫迪新政府上台后，印度外交部长斯瓦拉吉曾向媒体明确表示，印度和中国的关系"既是合作，又是竞争"。中印之间健康的竞争、和平的竞争，不是什么坏事。竞争符合市场经济的规律，如果中印双方通过这样的竞争促进各自的发展，从而提高各自国际竞争力，是符合两国争取互利合作共同繁荣的目标的。而且，两国领导人都认为中印合作远大于竞争。

也应该注意到，印度一些战略分析家对中国在和平发展道路上取得的成就抱着十分复杂的心态：羡慕、妒忌、不安、焦急，甚至还有"瑜亮"情结。他们把中国在国际和地区事务中发挥建设性作用以及中国与南亚、东南亚国家以及非洲发展友好合作关系，统统看作与印度竞争，甚至是对印度的威胁。他们还经常提到中国在印度的"后院"南亚扩大自己的经济和战略影响，特别是中国帮助斯里兰卡建设的港口工程项目，引起印度的不满和忧虑。很明显，这是一种不健康的心态。不健康的心态就容易导致不健康的竞争。还是应当回到健康竞争和和平竞争的正确立场上来。

（三）中印关系前景广阔但不会一帆风顺

目前，中印两国已就构建更加紧密的发展伙伴关系达成共识，并已写进两国领导人发表的联合声明。中印关系步入快速发展的新通道。中印在各领域的合作面临重要的机遇，前景广阔。中印合作有巨大的潜力，正在被激发出来，仍有待双方继续共同努力去开发。

过去60多年中印关系的发展历程是曲折的，今后也不会一帆风顺。实事求是地讲，中印之间政治互信和战略互信的水平都比较低。中印关系中屡屡出现大大小小的波折，缺乏互信是重要原因之一。"中国威胁论"如同一个幽灵，长期存在于印度政治精英们的头脑中。加上美国、日本等西方国家的挑拨离间，印度对华战略至今没有摆脱"安全困境"。莫迪政府与以往印度政府一样，对华政策具有两面性。在对"一带一路"倡议的态度上、在中国与南亚国家的关系问题上，印度政府的做法耐人寻味，既不公开反对，也不愿意支持，甚至暗中较劲。原因就是战略疑虑太深。因此，中印建立和加强政治互信是一个渐进的过程，需要双方作长期和艰苦的努力。

总的来说，进入新世纪以来特别是近两年来的中印关系发展势头良好，没有发生大的挫折。有些波折已成为一种常态。经过多年的实践，中印两国已经摸索出一条拓展务实合作、妥善管控分歧的相处之道。有理由相信，中印构建更加紧密的发展伙伴关系的努力一定能够不断取得新的进展，中印关系将不断迈上新的台阶。

中英关系的新发展

尹承德[①]

内容提要：中国和英国在解决历史遗留的香港问题以后，两国关系不断向上和向前发展，走在中国同西方大国关系的前列。特别是2015年10月下旬中国国家主席习近平应英国女皇伊丽莎白二世邀请对英国进行的"超级国事访问"取得巨大成功，开启了中英关系的"黄金时代"。现在可以说，中英两国构建了真正意义上的平等相待、互相尊重、合作共赢的新型大国关系，成为不同社会制度国家之间相互关系的典范。

关键词：中英关系　习主席访英　黄金时代

一

中国和英国作为联合国安理会常任理事国和核大国，又分别是世界主要发展中国家和西方发达大国及英联邦首脑国，都具有全球性影响，相互都高度重视发展两国关系。中国和英国在20世纪80年代前期通过和平谈判解决香港问题以来，两国关系进入了稳定发展的上升阶段。两国在2005年建立全面战略伙伴关系，相互关系更是进入了快速发展轨道，各个领域的合作都得到长足进展。

在政治领域，双方高层互访和接触频繁，不断加深了政治了解与战略互信。两国克服了意识形态干扰，建立了真诚友好、平等互利合作的全面战略伙伴关系。两国人文交流日趋紧密，超过15万名中国学生在英国留

[①] 作者系中国国际问题研究基金会研究员，中国前驻美国大使馆参赞。

学，占中国在欧洲留学人员的一半，而汉语热遍及英伦三岛，全英有600多所中小学开设了中文课程；在英国已建立29所孔子学院和126个孔子课堂，数量居欧洲之首；① 2014年，超过50万名中国游客到英国旅游，创中国人赴英旅游人数的最高纪录，有利于密切两国民间交往；2015年，两国举办了中英历史上首个"文化交流年"，两个有着灿烂文化的文明古国共享彼此文学艺术的精华，进行文明对话与互鉴。在国际方面，两国在广泛领域——从气候变化到应对流行性疾病，从反对国际恐怖主义到防核武器扩散等——进行了良好合作，为全球治理发挥了重要作用。

经贸领域的合作是中英关系的最大亮点，也是双方关系的压舱石。两国经济的互补性极强，为合作提供了广阔空间。英国是世界金融中心之一和第二大创新国，在高新技术、节能环保、科学研发、金融和基础设施建设等领域居世界领先地位。中国正实施金融改革和创新驱动战略，新技术、新工艺、新产品研发等方面需求旺盛。中国的高铁、核电技术有领先优势，充足的资金和各类价廉优质的产品也为英国所急需。因此，两国在商贸、投资、金融等领域的合作发展很快，不断跃升新台阶。2014年，双边贸易达809亿美元，同比增长15.3%，是十年前即2004年的4倍多，② 英国是中国在欧盟26个成员国中的第二大贸易伙伴。同年，两国双向非金融类投资累计达600多亿美元，其中中国在英国投资400多亿美元，而2004年中国在英国投资仅1亿美元。③ 现在，英国是中国在欧盟的最大投资对象国和欧盟国家中第二大对华投资国。英国在金融领域同中国的合作远远走在所有西方国家的前头。自2011年伦敦启动建设离岸人民币市场以来，英国在与中国签署双边本币互换协议、发行人民币计价金融产品、发行人民币债券、设立人民币清算银行和中资银行分行等方面，都开西方国家的先河。英国还是最早加入亚投行的西方大国。现在，伦敦已成中国境外最大的人民币交易中心，2014年，总体交易额同比增长143%，日均

---

① 习近平出席全英孔子学院和孔子课堂年会开幕式//人民日报，2015-10-23.
② 2014年中英货物贸易突破800亿美元，增幅15.3%//http://world.people.com.cn/n/2015/0117/c157278-26401771.html，2015-01-17.
③ Ibid.

交易量达 615 亿美元。① 英国还力挺人民币国际化，是国际货币基金组织（IMF）成员中支持人民币成为国际货币基金组织特别提款权（SDR）货币的"排头兵"，国际货币基金组织最终批准人民币为 SDR 货币篮子中排名前三的货币，英国的支持功不可没。英国还不断扩大金融领域对华投资，仅 2014 年即达约 420 亿美元，② 远超其非金融领域对华投资额。这些表明，中国和英国建立了全球"独一无二"密切的金融合作伙伴关系。

习主席对英国的历史性访问是中英关系中的里程碑，将两国关系提升到前所未有的新高度。此访达成了 59 项重要成果，包括 13 项政府间和非商业协议，28 项商业协议和 18 项其他成果，涵盖政治、安全、经济、科技、人文、国际等诸多领域。举其最重要者有如下四项：

其一，确立中英关系新定位，开启两国交往新时代。两国最高领导人决定共同构建中英面向 21 世纪全球全面战略伙伴关系，开启持久、开放、共赢的中英关系"黄金时代"。如此高度的关系定位，迄今在中国与西方大国关系中是绝无仅有的。双方还就建立高级别安全对话机制、防止大规模杀伤性武器扩散、打击有组织犯罪和网络犯罪、非法移民等安全问题上加强沟通合作达成共识。双方一致同意进一步加强高层接触和政治战略互信，以合作共赢真诚友好的方式处理相互关系，以开放包容的心态看待对方，始终相互尊重主权、独立、领土完整，并跨越社会制度、意识形态和文化传统的差异，相互尊重各自选择的发展道路和彼此的核心利益及重大关切，从而为中英关系全面稳定健康发展奠定坚实的政治基础。

其二，经贸关系新突破。双方同意提升两国贸易水平，力争早日实现双边贸易额突破 1000 亿美元。在投资领域，双方同意将中方"一带一路"倡议和英国基础设施升级计划对接，将加强能源和交通领域的合作置于优先地位。双方签署了《英国核电项目投资协议》，确认中英法合作建设英国欣克利角 C 核电站，这是中英务实合作的旗舰项目，也是中国首次与发达国家在重大战略行业开展合作，实现了中国核电企业在发达国家市场的零突破。双方支持两国企业深入参与高铁项目，还表达了建立两国基础设

---

① 伦敦金融城发布人民币报告 交易额增长近 1.5 倍//欧洲时报（英国版），2015-07-01.
② 英国力推对华关系进入"黄金时代" // http://www.china.com.cn/news/world/2015-10/16/content_36824791.htm，2015-10-16.

施联盟的意向,展现了两国在基础设施领域合作的巨大潜力。双方还就建立"中英创新合作伙伴关系",加强在高科技、节能环保等新兴产业的合作,在管理与技术层面开展抗生素耐药性国际合作等方面达成共识。双方所签协议的总金额达约400亿英镑(约合650亿美元)。双方首脑在一次访问中签订价值如此巨额资金的商贸协议,这在首脑交往中是绝无仅有的。这些为中英经贸合作开辟了无限广阔的前景。

其三,金融合作进一步密切和深化。英方同意在伦敦发行中国境外首支人民币主权债券;中国国家开发银行在英国设立代表处,该行定于2015年10月22日正式挂牌,在英国发行首批10亿美元、5亿欧元债券。双方决定大幅增加本币互换规模,并就上海证券交易所和伦敦证券交易所建立互联互通开展可行性研究。这些突破性举措将实质性提升中英金融合作伙伴关系。

其四,英国大力支持深化欧中关系。英国是欧盟中很有影响的大国,中英关系的提升将直接或间接推动中欧关系的发展。英方在《联合宣言》中承诺,全力支持中方按照《中欧合作2020战略规划》深化中欧全面战略伙伴关系。双方支持尽早完成一份雄心勃勃的、全面的中欧投资协定,并呼吁早日开展中欧自贸区联合可行性研究。英方还支持中方与欧洲投资银行开展合作。

现在,中英关系不但处于历史最好时期,也是世界上所有不同文明国家之间和所有大国之间最好的一组双边关系。两国在政治上互相尊重,求同化异,在经济上取长补短,放手合作,在文化上相互包容,交流互鉴,结成了你中有我、我中有你、互利共赢的利益共同体。中英关系是互相尊重、平等相待、友好相处、合作共赢新型国际关系的范例。

中英关系的长足发展有力地推进了双方的整体与全局利益,促进了双方的共同发展与繁荣,提高了两国的国际地位与影响。中英关系的发展还超出了双边范畴,具有全球意义。首先,英国是欧盟中有重要影响和代表性的大国,中英关系发展对中欧关系的发展大有助益。英国大力支持中国与欧盟深化全面合作,为中欧合作共赢注入了新的动力与活力,并进一步激发了其他欧洲国家扩大与深化对华交流合作的意愿与热情。紧接着习主席成功访英,德国总理默克尔和法国总统奥朗德接踵访华,都取得丰硕成果，推动中德关系和中法关系上了一个新台阶，并有力地促进了中国同欧盟关系的新发展。这充分展示中英关系走在前面对促进中欧关系的正面效应。

其次，中国是亚洲第一大经济体，也是绝大多数亚洲国家第一大贸易伙伴。中国倡建的亚投行和"一带一路"建设面向亚非欧乃至整个世界，是以亚洲国家为主体。英国带头提升英中关系，加入亚投行和支持"一带一路"倡议，带动其他欧洲大国迅速跟进，有力地促进了英国和欧洲国家同亚洲国家的互利合作及相互关系的稳定发展，这对于作为世界主干和核心的欧亚大陆的和平稳定与发展繁荣很有利。

第三，在整个国际层面，身为联合国安理会常任理事国和核大国的中国和英国相互友好合作关系全方位升级，本身就是促进世界和平与发展的重要因素。中国和英国最高领导人深入讨论了地区和国际问题，达成了诸多重要共识。双方高度评价中英关系的发展对促进世界和平、稳定与繁荣的全球性和战略性意义，决定加强在联合国、二十国集团、国际货币基金组织等多边机构中的沟通和协调，进一步密切在国际与地区事务（如防核扩散、反恐、应对气候变化、全球卫生和预防国际犯罪等领域）的合作。双方还同意探讨建立中英国际维和合作机制，协调应对各种热点和挑战。这些对应对与处理当前世界面临的各种危机，有效实行全球治理，维护世界和平与稳定有重要意义。特别是中国和英国作为社会制度不同的发展中大国和发达大国能抛开意识形态和冷战思维，全面提升相互关系，更为难能可贵，意义深远。这有助于世界力量朝着积极方向重新分化组合和世界战略格局的良性深刻演变，从而有利于开创世界的光明前途和人类的美好未来。

二

中英关系突飞猛进，不断跃升新台阶，有深厚的原因和背景。从根本上看，这是两国出于各自国家总体利益的需要而共同作出不懈努力的结果，也同各自的发展战略和外交政策密切相关。

从中国来说，对推进中英关系有重大影响的要素有三。

第一，中国快速崛起。中国自实行改革开放政策以来，找到了一条适合国情的发展道路，经济连续30多年实现高速增长，现已成为世界第二大经济体、第一大外汇储备国、第一大外贸国、第一大外贸出口国、第二大外贸进口国和世界对外投资大国之一，综合国力不断跃升新台阶，政治和国际影响力空前提高。世界各国竞相争搭中国的发展"快车"，都高度重视发展对华关系。英国作为最早发达起来的西方国家，眼光独特，在这方面更是走在前头。

第二，中国打破了历史上大国主要靠对外扩张和战争崛起的模式，走出了一条大国通过和平发展而崛起的历史新路。中国作为有自己特色的社会主义国家，不谋求地区和世界霸权势力范围，实行防御性国防政策，不同任何国家进行军备竞赛，不穷兵黩武，不搞对外扩张。同时，中国根据时代和历史条件的发展变化，调整了关于战争与和平、关于社会主义和资本主义两种制度相互关系的基本观点，认为和平与发展是时代主题，世界大战是可以避免的，世界和平是可以维护的，社会主义与资本主义这两种制度不是谁战胜谁、谁压倒谁、谁吃掉谁的问题，而是可以长期和平共存、良性竞争共处，至于谁优谁劣谁胜谁汰，要在历史长河中由实践检验和作出比较，最终由历史和各国人民作出取舍。中国忠实地实践这些新原则新理念，成为促进世界和平与发展事业的中坚力量。这赢得了英国的信任与赞许，有助于英国消除对中国的疑虑，放手发展对华关系。

第三，中国奉行合乎世界潮流的独立自主和平外交政策，主张和维护国际和平、正义与大小国家平等原则，是一个享有道义威望的负责任大国。中国恪守联合国宪章原则与和平共处五项原则，一贯尊重别国的主权、独立和领土完整，从不侵犯别国主权，从不干涉别国内政，对任何国家都秋毫无犯。这在国际社会是有口皆碑的。中国还倡导并力行以合作共赢为核心的国际关系新理念，在谋求自身发展的同时推动各国分享发展机遇，共享发展成果，积极同各国开展平等互利合作，以实现共同发展与繁荣。这些使英国感知，同中国加强合作，无论在政治上或经济上都有百利而无一害，是大有益之事。以中国倡建的亚投行和"一带一路"战略项目为例，其旨在通过洲际以至全球范围内各参与国实施全方位互联互通，交流互补，在广泛领域和众多国家取长补短，密切合作，以更有效地促进共同发展。英国作为经济先发国家、金融和基础设施建设先进国家和世界上主要创新国家，参与其中无疑将获益更多。

英国是一个保守色彩浓重和唯一同美国结成"特殊关系"的国家，向来重视意识形态和西方价值观，外交上向美国看齐，同美国"对表"。其轮流"坐庄"的两大政党中，保守党比工党更为亲美。工党在21世纪伊始执政时，其领袖和时任首相布莱尔也唯美国马首是瞻，在欧盟诸大领袖中唯一鼓吹美国领导世界的"必然性"和"正当性"，认为美国综合国力执世界"牛耳"，理应由它"主导世界"，说美国主导的单极世界是最佳世界权力模式，最有利于世界的和平、秩序与稳定，攻击主张多极世界"不道德"，因为世界多极化将造成世界的混乱、动荡以至冲突。他领导的英国是西方国家中对美国以编造的虚假的借口发动侵略伊拉克战争最有力的支持者和除美国外派兵最多的国家，布莱尔因此被人讥为美国的"跟班"。近年来，恰恰是执政的英国保守党不再"保守"，对英国的外交理念和政策作了重要调整，明显淡化了意识形态，推行更多面向亚洲的东向政策，重点是提升对华关系。英国领导人将英国在对华关系中的定位提到前所未有的高度，一再称英国要做"中国在西方最坚定的支持者"，"最开放和最好的合作伙伴"。[①] 英国还不顾美国反对，在西方大国中率先加入中国倡建的亚投行和积极支持中国提出的"一带一路"倡议，并以超规格接待习近平主席访英。英国这样做，主要出于其国家全局利益考量。现阶段，在英国意识深处，国家利益大大重于意识形态、高于联盟关系。其主要战略考量有三。

（一）争搭中国经济快速发展列车，助力其经济再发展战略

英国在2008年爆发的世界金融危机中遭受重创，此后经济一直低迷。尽管近些年来其景况在备受债务危机困扰的欧盟国家中尚好，但其增长率一直在超低位盘旋。为了振衰起疲，英国提出了"英国工业2050战略要

---

① 开启面向全球的中英全面战略伙伴关系黄金时代——外交部长王毅谈习近平主席对英国进行国事访问//人民日报，2015-10-24。

地",推出了基础设施升级投资计划和"英格兰北方经济中心"建设规划,以实现其经济的再发展。要实现这些宏大计划,需要巨大的资金投入,但自身资金不足、自身复苏乏力或未脱困境的美国和欧盟也靠不大住。而中国长期保持经济快速增长,是当今世界两个最大市场之一,未来5年进口将超过10万亿美元的商品,对外投资规模将超过5000亿美元,出境旅游购物人数将超过5亿人次,① 这些对英国有极大的吸引力,因而高度重视发展对华关系,以借助中国推进其再发展战略。

(二)顺应亚洲崛起的战略需要

后冷战时期,亚洲保持经济强劲发展势头,平均增速是世界的2倍,是发达国家的3倍。东亚经济增长尤其快,已成世界三大经济中心之一。现在,亚洲经济总量占全球1/3,外汇储备占全球2/3,对全球经济增长的贡献占全球50%,世界战略中心东移亚洲趋势明朗化。预计到21世纪中叶,中国经济总量将是美国的两倍多,届时世界政经重心将移至亚洲,21世纪将成为亚洲世纪。中国是亚洲的主干和重心,同亚洲国家建立了极为密切的地缘政治与地缘经济关系。在亚投行正式运营和"一带一路"倡议实施后,中国同亚洲各国的联系更将空前紧密。英国是曾经的世界霸主,深知世界战略力量格局变动规律,为顺应大势,遂大幅调整外交政策,推出"东向战略",提升对华关系,并以中国为枢纽和纽带布局亚洲,深化和加强同亚洲国家的关系,以增强其自身战略地位,实现其当前和长远利益最大化。

(三)扩大朋友圈的需要

作为欧盟和北约的重要成员国,英国的亲密朋友长期集中在欧美。随着后冷战时代国际力量对比发生"东"升"西"降的变化,英国开始看重并致力于同东方国家即亚洲国家发展密切关系。特别是近年来,由于种种原因,英美"特殊关系"纽带日渐松弛,甚至双方都声称两国"特殊关系"

---

① 习近平在伦敦金融城的演讲//http://news.xinhuanet.com/fortune/2013-08/03/c_125110600.htm. [2015-10-22].

不复存在，而欧盟"法德轴心"固定化，英国难以在其中找到自己的位子，加上经济纠葛，英国脱欧倾向日盛，现有一半以上的英国人主张英国退出欧盟。这更强化了英国向亚洲寻找非盟友的亲密朋友和合作伙伴的意愿，而中国则是其首选。

三

中英关系在习主席访英后站在了新的历史起点上。由于双方有构建面向21世纪全球全面战略伙伴关系的高定位作基础目标，有继续全面提升两国关系的真诚愿望，双方需落实已达成的总金额达400亿英镑（约合650亿美元）之巨额经贸协议，两国在诸多关键领域存在优势互补性。展望未来，中英关系发展的潜力雄厚，前景广阔。在双方共同努力下，中英关系有望发展为中国同欧盟国家中最佳的一组双边关系和最大的经贸合作伙伴关系。在整个中国同西方国家关系中独领风骚。

毋庸讳言，中英关系仍存在负面因素。举其要者有三。

一是英国作为老牌资本主义国家，在其对外政策和对外关系中不会完全消除意识形态和价值观因素的影响，思想深处对共产党领导的社会主义中国仍存在一定的疑虑和一些不合拍之处。双方在人权、宗教和所谓的民主，自由等问题上的歧见与矛盾有时很可能冒头。

二是香港问题可能造成一定的消极影响。在香港问题上干涉中国内政的主要是美国。但英国作为前殖民地宗主国，非常关注香港事务，在政治上对香港所谓"民主人士"和"异见分子"基本上持同情甚至支持态度。近来"港独"势力气焰嚣张，一再闹事，其背后就有英国的影子。这对中英关系的发展不利。

三是美国搅局。西方"盟主"美国对英国偏离其轨道带头升级对华关系严重不满，不时施加各种压力。英国虽然对美国有疏离倾向和保持一定的独立行事权，不会完全跟着美国的指挥棒转，但英美联盟的纽带仍很牢固，英国在政治、经济、军事、安全上最依赖美国，仍是西方世界最亲近美国的国家。在对华关系上，英国同美国虽拉开了距离，但不会根本脱离美国对华政策的总基调，不会完全不顾美国压力而无限延长或提升中英关系的"蜜月期"。美国的干扰将对中英关系投下较重阴影。

总体看，中英关系的发展符合两国根本利益，是两国历史发展的大局所在和大势所向。尽管还存在一些负面因素，两国关系的发展不会、也不可能完全一帆风顺，两国业已建立的面向21世纪全球全面战略伙伴关系向前向上走的主旋律和总基调是可以预期的和不会改变的。

用大国思维看待和处理中日关系

王泰平①

内容提要: 中日关系处在转型期。应用大国思维看待和处理中日关系。2015年,中日关系持续恢复,仍脆弱复杂。应着眼大局,坚持原则,讲究策略,以两手对付它的两面,该斗则斗,该谈则谈,该周旋的则周旋,该合作的则合作,始终保持战略主动。

关键词: 转型期　大国思维　崛起和抑制　关系脆弱复杂　战略主动

一、中日关系处在转型期

回顾半个世纪以来的中日关系,可说是变化巨大、成就显著,但发展历程冷暖起伏,风风雨雨,遭遇过严峻的挑战,一直是在克服困难、化解挑战中前行的,绝非一帆风顺。有人说中日关系变坏是因为我们的工作没做好,实际上是由于两国关系发生了阶段性变化,是时与势变化的结果,是形势演变导致东亚格局调整的表现。

二战后70年来,也可以说是新中国成立66年来,中日关系经历了三个演变和发展阶段。第一个阶段是从1945年日本投降、新中国成立到1972年实现邦交正常化,是两国无邦交、敌对或称对抗的阶段,也是我们从民间入手,采取"民间先行,以民促官"的方针,以"渐进积累"的方式,为实现两国关系正常化创造条件的时期。第二个阶段是从1972年复交到20世纪90年代中期,是中日关系空前大发展时期。第三阶段可从20

---

① 作者系中国国际问题研究基金会研究员,中国前驻大阪总领事(大使衔)。

世纪90年代中期算到现在，中日关系处于由"特殊关系"向"普通关系"转变的过渡时期。

从实现邦交正常化到20世纪90年代中期，中日双方尽管在台湾问题、历史问题、领土问题等方面产生过一些矛盾和摩擦，但总的说来，友好合作是两国关系的主流，两国关系经受住了国际形势和各自国内政局变化的考验，各领域的交流与合作都达到空前未有的高度。

应当看到，1972年实现的中日关系正常化，是中国领导人出于高度的战略谋划和政治判断，捐弃前嫌，以宽广的胸怀与日本达成的和解。所建立起来的关系，是以战胜国的大度和战败国的歉疚为思想基础的、强调友好的"特殊关系"。

20世纪90年代中期以后，围绕中日关系的形势发生了巨大的变化，"特殊关系"难以为继，"普通关系"势在必行。

其一，由于冷战结束，国际关系重组，世界格局大变动，中日各自调整外交战略，冷战时期的战略伙伴关系结束；美国"亚太再平衡"战略出笼，对美日军事同盟更加重视，使日本增加了自信，也获得了联手遏制中国的机遇。

其二，在日本，新生代政治家进入权力核心，急推国家政治转型。随着时间的推移，二战后成长起来的日本新生代政治家进入权力中枢，他们不像老一代政治家那样有"战争罪恶感"、"战败国意识"，改变了对中国的低姿态，意欲与中国建立以国家利益为基础的"普通关系"，进而在历史和钓鱼岛等问题上挑战双方达成的协议和默契。同时，制造"中国威胁论"，为摘掉"战败国"的帽子、实现"正常国家"（一流国家，政治军事大国）的战略目标服务，导致中日关系矛盾和摩擦增多。

其三，中国发展太快，中日力量对比发生颠覆性变化。面对新现实，日本缺乏心理准备，失落感、危机感交集，失去自信，不适应，很纠结，不服气，担心报复受欺负，乃至视中国为威胁，成为中日间矛盾和摩擦增多的内在原因。

日本雄踞西方和世界第二经济大国的宝座40多年，世界老二、亚洲老大情愫严重的日本当政者的偏执，使得中日关系存在着崛起与抑制的根本性矛盾，借用时下十分流行的一句话，在今后相当长的一段时间里，中日之间经济上的互需与政治上的博弈共存将可能成为一个"新常态"。表面看，目前中日矛盾有两个：一个是历史问题，即如何评价近代以来日本对中国和其他亚洲国家所发动的侵略战争；另一个是领土问题，即有关钓鱼岛的领土主权争议。但透过现象看本质我们就不难发现，现在横亘于中日关系的上述矛盾，根本原因乃发轫于围绕中国和平崛起而展开的博弈，中国要崛起，日本谋抑制，是中日主要矛盾的本质所在，而历史认识问题和领土争端只不过是日本干扰、牵制中国和平崛起的手段而已。

中日间存在着结构性、深层次的矛盾，历史、领土问题属于结构性矛盾；不能正确认知对方的发展变化，客观理性地对待，属于深层次的矛盾。日本不能接受中国崛起的现实，是中日关系变坏的根本原因，钓鱼岛"国有化"只是个导火索。2010年中国国内生产总值超过日本（原估计2015年超过日本，2008年金融危机爆发后提前了），意味着中日力量对比发生历史性逆转，对日本各界人士的心理造成巨大冲击，自尊心受到损害，不舒服，日本国内不少人对中国发展感到不安，对中国军事力量持续快速发展和海空活动范围不断扩大疑虑加深，产生惧怕心理，提防中国的一面上升，甚至将中国作为"假想敌"，一手拉紧日美同盟，一手加紧调整安全政策和军事部署，争夺亚洲主导权。

日本统治集团认为，日本自身力量不够，只要加强日美军事同盟，就能有效地平衡中国，中国就不敢轻举妄动；而且，出于争夺亚洲事务主导权的考量，认为日本如果不站出来，就没有其他亚洲国家能与中国抗衡了，亚洲就会出现"中国一边倒"的局面，这是日本不愿接受的。中日关系的博弈本质是崛起与制衡的博弈，日本要迟滞中国崛起的进程和规范中国的走向。

二、用大国思维看待中日关系

中日关系的变化，很多是中国自身的变化引起的，是中日力量对比变化引起的。不看到这一点，就说不清楚。

20世纪70年代，中国重返联合国常任理事国。1999年二十国集团成立,中国又成为二十国集团最核心的成员之一。这两大变化使中国在国际事务中的分量越来越重,已处在相当中心的位置了。

进入21世纪以后,中国经济从世界第6位跃升为第2位,2010年国内生产总值占世界的比重从2000年的3.7%提高到10.5%。

2015年,中国在西方垄断的最后一个堡垒——金融领域是四喜临门:第一件是由中国、巴西、俄罗斯、印度、南非五国组成的金砖国家开发银行7月21日在上海开业;第二件是中国倡导、57国共同筹建的政府间性质的亚洲区域多边开发机构亚投行成立;第三件是国际货币基金组织(IMF)将人民币作为第五种货币纳入IMF储备货币,IMF将"篮子货币"调整为美元占41.73%,欧元占30.93%,人民币占10.92%,日元占8.33%,英镑占8.09%;第四件是中国成为欧洲复兴开发银行的新股东。这四件事标志着中国开始全面融入全球金融市场,意味着打破了西方垄断的最后一个堡垒,美元霸主地位开始动摇,是中国崛起为全球经济强国过程中的一个里程碑。

过去200多年里,西方主导世界事务,东方得听西方的。现在,国际力量对比正在经历历史性的变化,西方垄断的局面被打破了,现今的美国也不是20世纪80年代的美国了。现在,中美合作也许不能解决所有问题,但是,如不合作有些大问题则解决不了。世界上大事小事都需要中国表明立场。在每个大问题上,中国都发挥着不可或缺的作用,与五年、十年前不同了。

大国与周边国家的关系历来具有一定的敏感性,小国往往把大国视为"威胁",这是大国的宿命,而在这个大国强大后,"大国威胁"更有市场。中国的崛起不仅仅对中日关系产生了影响,而且导致了中国与外部关系的变化,国际形势的变化。我们的块头本来就大,现在发展到如此程度,周边国家产生疑虑甚至发起挑战,都不难理解。

机遇是战略性的,挑战是发展过程中的。我们必须清醒看到,风险和挑战不仅来自外部,更大量来自内部,最大的挑战在国内。较量的输赢不仅在于警惕对手,更关键在于巩固自己。中国的问题最终取决于自己,自己搞好了,任凭国际上风浪起也可以稳坐钓鱼台。

国际因素中,最大的问题是西方一些势力对中国逐渐上升的敌意。美国不会允许任何一个大国强大到挑战其霸主地位。谁的国内生产总值要赶上美国时，美国会铺天盖地地扑过来。中国面临的国际挑战刚刚开始，更加严峻的挑战还在后头。关键是中国不断应对种种挑战，调整自己，以适应自己日益加强的全球地位。美国前助理国防部长约瑟夫·奈认为，"中国能够实现和平崛起"。对于新兴大国崛起必然会导致国际冲突的说法和理论，奈认为，这是用19世纪的狭隘国际政治观来理解当代世界。不过，他认为，中国需要认识到新兴大国崛起总会引起现存大国的焦虑和恐惧。因此，中国需要通过软实力和负责任的行为消除那些国家的焦虑和恐惧。

国内因素中，取决于在持续发展中解决贫富悬殊、环境恶化等难题，建立公正公平社会，把习近平主席的治国理念变成现实，保持国家和社会的长治久安和持续发展。中国的未来发展，不应放在谋求对其他国家的"领先优势"，应通过坚持不懈的努力，打造良好的国家形象、和平大国的形象、负责任的大国形象、民主国家的形象、共同富裕的民生国家形象，以夯实走和平道路的基础。

三、理性对待和处理转型期的中日关系

中日两国山川异域，风月同天，是永远的邻居。中日在两千多年的交往中得出一个结论：和则两利，斗则俱伤。鉴于历史的经验教训，新中国一直重视发展同日本的睦邻友好关系，视中日关系为最重要的双边关系之一，主张和平共处、世代友好、互利合作、共同发展。

近年来，日本有人认为中国对日政策变了，变得更加强硬了，这不符合事实。习近平主席2015年5月23日出席中日友好交流大会时讲话指出，"中国高度重视发展中日关系，尽管中日关系历经风雨，但中方这一基本方针始终没有改变，今后也不会改变"，表示愿在中日间四个重要政治文件的原则基础上，本着"以史为鉴、面向未来"的精神，继续推进中日战略互惠关系。2013年10月中国召开的周边外交工作座谈会和2014年11月召开的中央外事工作会议，都强调中国坚定不移走和平发展道路，坚持"与邻为善、以邻为伴"的周边外交方针，突出"亲、诚、惠、容"的理

念，亲仁善邻，诚信为本，让中国的发展惠及周边，实现和而不同、多元共生的包容开放发展。日本是中国重要近邻，同样是中国周边政策的适用对象。

我们常说周边是重中之重，大国关系是关键。日本既是周边国，又是大国，与日本的关系是与一个周边大国的关系。中日关系不同于夫妻关系，夫妻可以离婚，永不见面，但中日永远是邻居，不能不交往。"右派"当权，也不能不与他打交道。

日本这个国家能量很大，向好的坏的方向走都与中国密切相关。历史上，它曾经两次打断中国发展进程。战败后70年的今天，日本正东山再起，且摆开了与中国较量的架势，是中国崛起过程中遇到的一道坎。

中国和日本都对彼此未来的发展十分重要，这从中国是世界第二大经济体、日本是世界第三大经济体就能得以体现。如果这两个亚洲大国不能有效合作，东亚将无法处于正常且稳定的状态。中日关系长期恶化下去对中国损害更大，因为日本已是成熟国家，而中国正在奔向"两个百年"目标，处在艰苦的爬坡阶段。

没有远虑，必有近忧。必须超越眼前的视野，从中国外交全局看待中日关系，需要争取日本，逐步恢复和改善对日关系，化解日本对中国的压力，防止日本打断中国战略机遇期。

对中国来说，安全是大问题，从全球看，日本并不构成中国的战略对手。日本对中国的挑战是阶段性的。日本强军政策具有威慑与防范的两面性。从产业布局、能源对外依赖、人口下降老龄化、财政困难、战略纵深小等因素看，日本是一个没有资格发动战争的国家，先发制人就是自取灭亡。

同样，日美同盟也有两面性：既有防范应对中国的一面，又有防范俄罗斯和朝鲜的一面，还有控制日本的一面。现在，美国是最大限度地利用日本，最大限度地遏制中国。钓鱼岛风波有美国背景，美国才是大赢家。在钓鱼岛问题上，美国实际上是选边站的，但美国不会为日本的利益而奋斗，更不会为了日本的利益而损害自身的利益。

美国和日本不是铁板一块，日本也不是没有独立外交。日本往往是一只眼睛看着美国一只眼睛看着中国。在美国"再平衡"战略背景下，改善中日关系有利于中国改善中美日三角关系现状。

四、关系回暖但仍脆弱复杂

2012年日本政府"购岛"后,中日关系陷于危机,高层往来停止了。但是,中国并没有放弃改善关系的努力,一直在寻找机会恢复接触。我们是一面保持压力,一面不断地做工作。亚太经合组织(APEC)2014年在国内开周边外交工作座谈会时,习近平主席就在考虑APEC在北京开会时安倍来了怎么办。

慑于国内外压力,安倍上台以后,在对华政策上一方面采取强硬政策,一方面不断喊话呼吁实现首脑会谈。安倍参拜靖国神社遭到中国严厉谴责,中方发言人曾宣布不欢迎他以后,他在巨大压力之下千方百计地寻求敲开接触的大门。随着APEC北京会议临近,安倍发动接触攻势,还多次派人来北京打探说项。其中有人直言,如果安倍首相来中国参会时不能与习主席会见甚至连个手也不能握,那有多尴尬呀。这袒露了日方的担忧。

在中日领导人接触问题上,中方态度很明确,希望日方继续与中方相向而行,以实际行动为改善两国关系作出努力,为两国领导人接触营造必要的环境。本着上述原则,中方向日方提出了包括四项内容的一份外交文件,对此,日方一开始并没有回应。可是,随着APEC会期临近,日方焦虑日增,终于有了回音。

此后,中、日两国进行了多轮磋商并取得一定进展。在此基础上,2014年11月6日即距安倍启程来华参加APEC会议前三天,安倍首相指派日本国家安全保障局长谷内正太郎急匆匆赶到北京,连夜与国务委员杨洁篪举行秘密会谈,终于就处理和改善中日关系达成四点原则共识:(1)双方确认将遵守中日四个政治文件的各项原则和精神,继续发展中日战略互惠关系;(2)双方本着"正视历史、面向未来"的精神,就克服影响两国关系政治障碍达成一些共识;(3)双方认识到围绕钓鱼岛等东海海域近年来出现的紧张局势存在不同主张,同意通过对话磋商防止局势恶化,建立危机管控机制,避免发生不测事态;(4)双方同意利用各种多双边渠道逐步重启政治、外交和安全对话，努力构建政治互信。

这样，在中日双方就处理和改善中日关系达成上述四点原则共识的前提下，11月11日，习近平主席在人民大会堂应约会见了安倍晋三。这是中日两国首脑近两年半来首次实现会见，也是第二届安倍政府上台后的首次中日首脑会见。

四点原则共识来之不易，是中日经过两年多的较量后两国关系走向缓和的标志，它反映了两国寻求和解和维护地区稳定共同面向未来的努力，体现了中方从大局出发对改善和发展中日关系的真诚希望和最大诚意。在此基础上，2015年两国在政府、议会、人文等各领域各层级对话交流陆续恢复。

第一，两国领导人在多边场合多次会面。2015年4月22日，习近平主席在出席纪念万隆会议60周年之际，在雅加达应约会见安倍首相，双方就中日关系交换意见。11月1日，中日韩三国首脑会谈在时隔三年半之后重启。这期间，李克强总理应约会见了安倍首相。此外，习主席、李总理在分别出席有关国际会议期间与安倍首相进行了简短交谈。

第二，两国政府间对话逐步恢复。双方启动首次中日高级别政治对话，并在年内先后举行了两次，从战略和全局角度就中日关系及有关问题坦诚深入交换了意见。高级别政治对话的开启是两国加强高层战略沟通的重大举措，有助于积累共识、管控分歧、形成中日关系稳定向好的势头。

中日防务部门海上联络机制专家组磋商、中日海洋事务高级别磋商、中日安全对话和外交当局定期磋商、中日领事磋商等先后重启。在备受关注的钓鱼岛问题上，双方经过几轮磋商，就建立管控机制取得了明显进展，钓鱼岛问题降温。关于建立钓鱼岛管控机制，日方的态度更积极，更迫切。日本自知无力改变中日力量对比逆转趋势，难以承受钓鱼岛失控导致与中国全面对抗的后果。

第三，两国政党、议会交流稳步推进。3月，日本执政两党干事长访华，双方商定重启执政党交流机制。4月，中国全国人大代表团访日并与众议院举行第八次定期交流机制会议。此外，日本公明党党首山口那津男、日中友好议联会长高村正彦、自民党平成研究会会长额贺福志郎等日本政治家先后率团访华，中国领导人分别会见。12月，日本执政两党干事长再次访华，与中方举行中日执政党交流机制第五次会议。

第四，双方经济界互动频繁。日本国际贸易促进协会、日本经济三团体先后组团访华，李克强总理予以会见，就加强两国经贸合作交换意见。作为中日之间一个新的对话平台，首轮中日企业家和前高官对话会在日本东京举行，双方就共同关心的中日经济形势及经贸关系展望、基础设施建设、能源资源与节能环保等议题进行了广泛深入讨论。第九届中日节能环保综合论坛在东京成功举行。

第五，人文等民间往来密切。5月，自民党总务会长二阶俊博率3000名日本各界人士访华，中日双方在北京共同举行中日友好交流大会，发表倡议。这成为近年来两国民间交往的一件盛事。习近平主席出席交流大会并发表讲话，呼吁中日两国共促和平发展，共谋世代友好，充分显示出中方改善两国关系的积极意愿和诚意。文化方面，舞剧《朱鹮》、中国"秦始皇和大兵马俑"特别展、日本NHK交响乐团赴华公演等一系列文化交流，为增进两国民众相互理解发挥了重要作用。

中日关系虽迈出改善步伐，但由于中国要崛起、日本谋抑制是中日矛盾的本质所在，中日关系已被拉低为"战略竞争关系"（国家间关系由高到低可分为盟国关系、友好国关系、普通关系、战略竞争关系、敌对关系五个层级），安倍政权今后将奉行既交往又抗衡、既合作又竞争的两手对华政策，两国关系仍然脆弱、复杂而敏感，中日关系的改善是有限度的，必有曲折反复，甚至不排除倒退的可能性。

对中日双方来说，重要的是要把处在过渡时期的中日关系的特征看透，不受一时一事左右，不要时而喜时而忧。正如日本已故著名外交评论家高坂正尧所说："两个有力量的国家并存而能相处得很好，这在历史上几无先例。"因此，中日之间的外交存在一些或大或小的障碍，属于正常的状态。应从战略的高度，以长远的眼光，冷静而慎重地处理现实的分歧，确保中日关系在过渡时期保持基本平稳。尤其应注意的是，产生尖锐矛盾和摩擦时，要理性对待，绝不能感情用事、逞一时之勇、图一时之快；要牢牢掌握两国关系大方向，绝不能失控，绝不能任其发展到不可收拾的地步。

历史上，国际关系中往往将战争作为政治手段的继续，动辄用战争手段去解决问题。但是，在今天，我们必须学会用智慧化解矛盾，用对话寻求共识，用政治解决代替战争，在相互合作中寻找利益的接合点，争取实现双赢，而应尽力避免发生军事冲突。军事冲突不能最终解决问题，只能产生更多的麻烦。

钓鱼岛问题上，要建立危机管控机制，防止擦枪走火，避免损害两国关系大局稳定。

在历史问题上，要站在道义制高点，持续保持强大压力。要唤起国际舆论的共鸣，争取国际上的理解和支持。在进行历史问题的斗争时，要强调指出，这是为了唤起每一个善良的人们对和平的向往和坚守，而不是要延续仇恨。我们不会因日本少数军国主义分子发起侵略战争就仇视日本民族，战争的罪责在于少数军国主义分子而不在于人民，中日两国人民应该世代友好下去，以史为鉴、面向未来，共同为人类和平作出贡献。

经济上，中国国内生产总值超过日本不等于经济质量超过日本，中国同日本处于不同发展阶段，互补性很强。为了加速中国自己的发展，不要盲目排斥日本，而是要善加利用，加强经济交流与合作。经济合作是两国关系发展的动力，也可收到以经促政的效果。中日韩东北亚的经济合作必须搞，这对各方都有利。

要积极开展人文交流，以民促官，以经促政，防止造成两国民众的对立。在孤立打击极右势力的同时，要分化右派势力，争取中间势力，团结支持正义力量，调动日国内一切"反倒退""反右转"的积极因素，努力扭转国民感情下滑局面，夯实民间基础。

总而言之，应着眼大局，坚持原则，讲究策略，以两手对付日本的两面，该斗则斗，该谈则谈，该周旋的则周旋，该合作的则合作，始终保持战略主动。

中国与中东国家产能合作的机遇和挑战

姚匡乙[①]

内容提要：中东是中国开展产能合作具有较多优势的地区，我在该地区进行工程承包起步早、信誉好，具有良好基础。当前中东各国处于经济转型的重要阶段，为加速推进工业化，纷纷制订经济发展中长期计划，这为中国企业"走出去"提供重要的历史机遇。中国与中东国家开展产能合作，秉持优势互补、互利共赢精神，因而得到中东各国的普遍欢迎。目前双方正在基础设施、高新技术领域和劳动密集性领域开展卓有成效的合作，并取得重要成果。中东地区机遇与挑战并存，要善用机遇，防范和化解风险，切切实实做好中国与中东国家产能合作这篇大文章。

关键词：中国　中东国家　产能合作　机遇与挑战

推进国际产能合作是中国政府为推动新一轮高水平对外开放、增强国际竞争优势的重大举措。它不仅有利中国统筹国内国际两个大局，提升开放型经济发展水平，也有利于实施"一带一路"战略，深化中国与沿线国家合作，促进当地的经济、社会发展。从各方面条件看，中东是中国开展产能合作具有较多优势的地区之一。

一、中东是中国海外工程承包的传统市场，中国与中东国家开展产能合作起步早、信誉好，具有良好基础

从20世纪90年代开始，中国先后与苏丹、伊朗、土耳其、埃及等国

---

① 作者系中国国际问题研究基金会高级研究员，中国前驻土耳其大使。

在石油、交通、投资等领域进行合作，积累了不少成功经验，对今后扩大中国与该地区的产能合作有一定示范作用。

苏丹石油储量丰富。1995年中国石油天然气集团（中石油）和苏丹政府签署石油勘探开发产品分成协议，随后，中石油承担起原油外输管道和合资建设喀土穆炼油厂的项目。经过十多年的努力，在中国的帮助下，苏丹已建立起上下游一体化现代的石油工业体系，一跃成为工业化迅猛发展的国家。中石油为苏丹培养了一大批工程技术和管理人员，为当地提供了8万余个就业岗位，还为当地居民建医院、盖学校、打水井、铺道路，为改善民生做了大量工作。中国和苏丹的石油合作，真正体现了真诚合作、互利共赢的理念，不仅为苏丹这样欠发达国家找到了一条以资源开发带动经济社会发展的道路，也为中国和其他国家开展产能合作提供了范例。[①]

伊朗德黑兰地铁一号和地铁二号是中国公司20世纪90年代在中东承建的重大工程。工程克服重重困难，采用中国的标准，以经济适用和安全可靠赢得伊朗政府和人民的赞誉，为中国城市轨道交通进一步拓展市场奠定了基础。

2014年7月，由中国公司承建的土耳其安卡拉至伊斯坦布尔高铁156公里路段顺利通车，标志着中国高铁技术和车辆装备技术成功进入土耳其这个采用欧洲高技术标准的高门槛国家，对推动中国高铁"走出去"具有重要战略意义。

2008年9月启动建设的中国埃及苏伊士经贸合作区，是中国"走出去"战略的重点项目，中国商务部确认的国家级境外经贸合作区。经贸合作区完全建成后，将为埃及创造4万个就业机会，并为埃及的产业升级、出口创汇、税收等发挥更大作用，是中埃合作共赢的典型实例。

---

① 中国石油天然气集团公司在苏丹油气合作项目分析报告//http://wenku.baidu.com/link?url=oAK_DvF1tfEHQMr-U-b_UwdC0sGdnJX2yfJ3QpxbT2V8KJHXnc7EDI5IwrCib27WiklsPxd-KWSwj9YzXpUPVCUYqb5WSIKxx8ZZnVQS_de.

二、中东国家面临经济社会转型，纷纷制订经济发展计划，加速工业化进程，这为中国开展产能合作迎来历史性机遇

从宏观经济维度看，中东国家现代化的主要问题是，对外依赖性较强，不少国家资源较单一，除石油资源较充足外，其他资源相对匮乏，需从国外进口。如埃及，石油天然气、旅游、侨汇和苏伊士运河是其四大外汇收入来源。阿拉伯产油国经济社会发展高度依赖石油和天然气，工业和经济结构单一，经济多元化水平低下。如沙特主要依靠石油工业，石油产业约占全国总收入的75%，出口收入的90%。在经济全球化日益发展的背景下，这种以能源为主的社会经济发展模式的弊端日趋显现，难以应对国际市场的风险和挑战。近年来，中东国家为适应经济全球化的新形势，又盲目追随西方新自由主义，片面强调贸易自由化、金融自由化、私有化，过度倚重服务业，工业水平落后的经济格局未能根本改观，以致不少中东国家仍被经济全球化边缘化。

从现实政治经济维度观察，肇始于2011年的中东大变局，使中东有关国家经济遭受重创，埃及等国开始艰难的经济和政治重建，把改善民生作为稳定的基本任务，并制定了一系列措施。与此同时，沙特等国虽凭借手中丰厚的石油美元躲过大变局的浩劫，但为应对全球经济下行压力和受油价持续低迷的影响，也正努力推动本国经济结构调整。中东国家纷纷制定新的中长期发展计划，着力推进工业化，重点是扩大基础建设和高新领域装备制造业。这为中国企业"走出去"提供了新的历史机遇。

埃及是典型的转型中国家，在此次中东大变局中经济遭受重创。塞西总统废黜"穆斯林兄弟会"的穆尔西后，深知发展生产、改善民生是维系政权的根本之道。当前埃及经济的重中之重就是就业，埃及政府需要在为民众创造良好就业机会的同时减少预算赤字，维持外汇储备，以利于经济发展。为此，埃及政府在接受沙特、科威特、阿联酋超过200亿美元巨额援助外，还通过削减补贴尤其燃料补贴争取国际货币基金等国际金融机构的援助。苏伊士运河是埃及主要外汇收入来源。2014年埃及完成新苏伊士

运河疏浚工程,使运河航道年收入从53亿美元增加到134亿美元。埃及还制定了"苏伊士运河走廊计划",将沿岸7.6平方公里打造成世界级港口、物流、加工制造枢纽,修建5个港口码头和3个工业园区。预计全部建成后将为埃及带来1000亿美元的收入。①

沙特将继续推进经济结构调整,把实现经济多样化,降低对石油产业的依赖程度,作为其宏观经济发展战略目标。经济城和工业城是沙特调整经济结构、实现工业化和多元化的重要手段。沙特将投资5000亿美元兴建阿卜杜拉国经济城、吉赞经济城、阿卜杜拉·兹·本穆萨德王子经济城、知识经济城等,上述经济城将成为沙特发展高科技知识型经济的核心。截至目前,沙特已建成18座工业城,未来5年计划增至30座。前国王阿卜杜拉的目标要在2020年将沙特变成工业强国,在石油化工、铝业、钢铁产业和化肥四大行兴建世界级工厂。②

阿联酋为迎接"后石油时代"做准备,2015年阿联酋总统哈利法宣布了"国家科学技术和创新最高政策",阿联酋将投入3000亿迪拉姆(约合820亿美元),支持知识经济和创新发展。③该计划将包含100项动议,投资领域主要包括教育、健康、能源、交通、太空和水资源等。上述政策是阿联酋逐步摆脱石油经济、实现经济转型的重要决策。

近十多年来,土耳其政局相对稳定,国民经济迅速发展,已跃居世界第17大经济体。当前随着全球经济复苏乏力,外资外流严重,土耳其经济困难增大,土耳其经济面临升级转型课题,为此,土耳其制订了到2023年即土耳其共和国成立100周年时的宏伟计划——届时经济总量进入世界前10名,人均国民收入达2.5万美元,对外贸易达1万亿美元,就业增加3000万人,失业率降至5%,优先发展能源、交通、旅游等产业,计划扩建高铁网,新建铁路1.1万公里,建设1.5万公里双向高速公路,拥有世界十大港口之一。

伊朗核问题达成全面协议,为伊朗解除制裁、缓和其与美国和西方的

---

① 杨光,主编.中东发展报告No17.(2014~2015).社会科学文献出版社,2015:169.
② 同上:178.
③ 阿联酋总统宣布国家科技和创新计划//http://www.mofcom.gov.cn/article/i/jyjl/k/201511/20151101194316.shtml,2015-11-25.

矛盾提供了有利条件,也为其促进经济发展、增强自身国力展现了重要历史机遇。伊朗最高领袖哈梅内伊宣布伊朗新的发展规划,未来五年经济平均增速目标设定为8%,所需资金达1万亿美元。[①]

三、中东国家积极响应中国产能合作倡议,双方合作正稳步推进

中国与中东国家开展产能合作是互利共赢的事情。中国经过三十多年的改革开放,工业由大变强,加快中国装备"走出去"和推动产能合作步伐,这是中国实现经济提质增效升级的重要举措。不少中东国家正处于工业化的关键阶段,从联合国工业发展组织的国家竞争力指数看,中东国家的主体即阿拉伯国家整体工业竞争力较弱,工业总产值约占全球的5%,而中国的工业增加值、工业制成品出口额分别占全球的15.3%和14.1%。双方合作优势互补,基础扎实,契合度高,加快开展产能合作,更可以为中东地区的发展和稳定带来新的历史机遇。2015年8月,中国和阿拉伯国家产能合作和投资促进研讨会在北京召开。这是中阿双方首次以产能合作为主题的高端会议,与会代表一致认为,中阿产能合作能将中国的产能优势与阿拉伯国家的资源优势、地缘优势和市场优势充分结合起来,符合世界经济发展的大趋势。[②]与中国开展产能合作正得到越来越多的中东国家的响应。

2014年12月,埃及总统塞西访华,在与习近平主席、李克强总理会谈时表示,埃方愿同中方扩大各领域友好互利合作,特别是在产能、投融资等领域合作,欢迎中国企业积极参与埃及大项目建设。中埃双方已就建设铁路网、太阳能发电站等项目达成意向协议,签署了包括电力、新能源、民航等领域多个经济合作协议。埃及还专门成立了一个由政府副总理牵头的委员会,专司中国投资与合作事宜。埃及政府除加紧实施苏伊士运

---

① 伊朗最高领袖把未来五年经济增速目标定为8%//http://www.mofcom.gov.cn/article/i/jyjl/j/201507/20150701035736.shtml,2015-07-06.

② 中阿产能合作是大趋势//人民日报,2015-08-25.

河区开发计划外,还在开发占国土面积10%的西北沿海地区,期待中国加大对埃及的投资。

2015年8月,专程来华参加中阿产能合作研讨会的苏丹工业部国务部长阿卜杜拉表示,苏丹政府正在制定2015~2019年经济改革计划,期待中方与苏丹在农业、工业、资源等领域的合作,并将与中国的合作纳入其五年计划。2015年初,苏丹还派代表团访华,同意将中国河北省的部分优势产能转移到苏丹正在建设的红海自贸区,愿与中国签署相关协议。

当前中国与土耳其正努力做出规划,以便更顺利、有效地开展产能合作。2015年7月,习近平主席向来访的埃尔多安总统建议,中国和土耳其应通过"一个指导机制、两个合作重点、三个新兴领域",推动双边关系不断发展。"一个指导机制",就是中国和土耳其建立一个副总理牵头的合作机制,全面协调两国在各个领域的合作。"两个合作重点",指双方着力打造高铁和新能源两大合作重点。"三个新兴领域",就是进一步推进航天、金融、投资三个新兴合作领域。① 埃尔多安总统赞同习近平主席的意见,表示土方愿同中方共同努力,深化经贸、投资、科技、基础设施等领域的合作。2015年11月,习近平主席在土耳其安塔利亚召开的二十国集团峰会上会见埃尔多安总统时,双方还签署了政府间共同推动"一带一路"建设谅解备忘录,将为双方在"一带一路"框架内推进各领域合作提供重要政策支持。

当前中国与中东国家间的产能合作重点可以集中在以下领域:(1)基础设施。中东国家工程承包市场规模巨大,其工程承包市场占全球份额19%,规模高达4万亿美元。目前双方正努力在高铁、电力、港口建设等领域内合作,中国有关企业正争取早日签署土耳其东西高铁等项目合同,抓住伊朗核问题达成全面协议的机会窗口,加快推进德黑兰至伊斯法罕高铁等大项目合作,进一步推动中伊(朗)工业园建设等。②(2)高新领域装备制造。中国拥有先进的航天技术、完整的科研体系以及配套齐全的工业设施,中国实现开放的航天政策,并积极开展多种形式的国际合作。

---

① 土耳其总统访华后的中土关系展望// http://www.china.com.cn/fangtan/2015-08/07/content_36250323.htm,2015-08-07.

② 国资委张毅主任作为中国政府特使访问伊朗//中国中铁报,2015-10-16.

埃及、阿联酋等启动卫星发射项目,阿拉伯通讯联盟加紧推进卫星布网。土耳其拟发射17颗卫星入轨。中东地区新建可再生能源项目发电量3700万千瓦,土耳其等积极筹建首座核电站。从全球范围看,中东对核电、航天卫星、新能源需求增长的重要地区。双方合作潜力巨大。2014年,中石油首次进入阿联酋油气上游市场,获得阿布扎比国家石油公司陆上和海上合作区40%的权益。山东电建与沙特阿美签下了7亿美元MGS(燃气增压站)二期项目。① 2015年12月,哈尔滨电气集团与沙特阿拉伯国际电力和水务集团签订战略合作协议,双方将共同合作开发欧洲、亚洲、非洲电力市场,同时双方还签署共同投资在迪拜兴建中东第一座燃煤电厂,这是中资公司首次以投融资和总承包模式进入中东电力市场。② 目前,中国与阿拉伯国家方面已就建立中阿技术转移中心、阿拉伯和平利用核能培训中心、阿拉伯清洁能源培训中心、"北斗"卫星导航系统落地阿拉伯项目等达成共识,展现了双方合作的真诚意愿和巨大潜力。(3)劳动紧密型产业。根据国际货币基金组织2014年统计,阿拉伯国家经济增长率约3%,平均失业率为13%,年轻人失业高达29.8%。到2020年阿拉伯青年失业人数将达到5000万。庞大的失业大军处置不当,很可能引发政治冲突和社会动荡。这些国家迫切希望促进经济发展,解决就业问题。中国不乏纺织等劳动密集型优势产能,完全有能力帮助阿拉伯国家推动一批周期短、见效快的项目尽快落地。

四、中国在中东开展产能合作的不利条件和风险

一是地缘政治错综复杂,地区形势持续动荡。中东是全球热点问题最为集中的地区。中东大动荡以来,新旧热点此起彼伏,民族、宗教、教派矛盾和冲突相互交织,大国博弈加剧,使地区局势处于持续动荡之中。

---

① 山东电建签下沙特阿美7亿美元大单//http://sa.mofcom.gov.cn/article/jmxw/201511/20151101191545.shtml,2015-11-23.

② 哈电国际将建中东首座燃煤电厂//http://www.harbin.gov.cn/info/news/index/detail_jryw/420317.htm,2015-12-02.

2015年随着伊朗核问题全面解决达成协议，地区局势出现缓和的迹象，但地区动荡的格局没有改变。就国别而言，塞西当选埃及总统以来，政局渐趋稳定，经济也呈恢复性增长，但国内极端思潮泛滥，恐怖活动活跃，经济结构性问题未有改变，发展前景依然存在较大不确定性。由于外来干预，叙利亚内战持续，国家面临分裂危险。利比亚各派势力激烈争斗，政治重建和经济重建遥遥无期。上述地区和国别形势使中国企业"走出去"面临不少政治安全风险。为此必须加强对地区尤其对国别的分析和风险评估，减少中国与有关国家产能合作建设项目中的坏账，降低半途而废工程出现的可能性，提升在政治动荡中保护自身利益的能力。

二是极端恐怖势力活跃。近两年来，"伊斯兰国"极端恐怖势力在伊拉克、叙利亚两国迅速壮大，他们掠地攻城、滥杀无辜，凶残程度令人发指。"伊斯兰国"已成为全球极端恐怖势力的聚集地和扩散地，其恐怖势力不仅活跃在约旦、黎巴嫩、埃及等周边邻国，而且向欧洲、非洲等地渗透。2015年，"伊斯兰国"在法国巴黎等地制造连环爆炸案、炸毁俄罗斯客机，甚至残暴杀害中国无辜公民樊京辉。"伊斯兰国"的恐怖行径引起国际社会的强烈谴责和愤慨。"伊斯兰国"已成为当前国际社会面临最严峻的挑战。目前，国际社会加大对"伊斯兰国"的打击力度。但应该看到，"伊斯兰国"是宗教极端思想沉渣泛起、美国和西方错误的中东政策、伊拉克教派矛盾失衡和叙利亚长期陷于内战的直接结果，如不能妥善解决上述四大问题，"伊斯兰国"极端恐怖势力会长期时起时伏地存在。面对国际反恐的新形势，中国一方面要加强国际反恐合作，另一方面要加大投入，加强和完善反恐工作机制，保护海外企业和人员工作机制，同时中国海外企业机构和人员要强化安全意识，在危急情况下能妥善应对，确保自身生命和财产的安全。

三是欧美日技术标准的挑战。中东国家普遍推崇欧美日技术标准，对中国技术标准持不信任态度。中国铁建承建沙特麦加轻轨造成巨额亏损是个很好的教训。2009年2月通过议标承建18.25公里的麦加轻轨工程，至2010年9月工程完工，合计亏损达41.53亿人民币。造成巨额亏损原因复杂，有业主对项目的需求较合同规定大幅提升、征地拆迁严重滞后等导致项目工作量和成本大幅增加。但有一点值得注意，中国铁建原以为自己应拥有项目的设计权、采购权和施工权，但事实并非如此，业主对中国的设备和技术不信任，因而土建工程执行美国标准，系统工程执行欧洲标准，整节列车车厢、信号设备等最赚钱的设备均来自欧洲，这无疑大大提高了项目成本。[①] 由此看到，"中国技术标准"对中国开展国际产能合作至关重要。经过多年经营，中东国家对中国在铁路、电力、通讯、地铁、港口等领域工程的技术标准有了更多认识，特别是高铁，通过对国外高新技术的不断引进、消化、吸收、创新和提高，中国已成为世界上少数几个全面掌握高铁完整技术的国家之一，积累了高铁运营和管理的丰富经验。面对竞争甚至打压，中国应在性价比上做文章，依靠安全、稳定、高效打造品牌，同时，依托重大项目推动"中国技术标准"落地生根。

国际产能合作的主体是企业，要坚持市场运作，遵循市场规律和国际通行规则，充分发挥市场在资源配置中的决定作用。企业应在政府的指导下，总结以往中方与中东国家开展工程承包和产业承接合作经验，对接中东国家发展计划和实际需要，在新形势下探索产能合作新思路和新模式，如改变以往主要依靠低成本投入，加大中方对中东的直接投资，提升中方对地区产业布局能力；改变以往重建设轻管理的思维，大力推进"建设运营一体化模式"；拓宽投融资渠道，针对海湾产油国由于油价持续低迷，石油美元减少，中方应采取不同形式，多渠道解决融资难题，切切实实把中国与中东国家开展产能合作这篇大文章做好。

[①] 蔡燕兰. 中国铁建麦加轻轨项目巨亏调查:10亿美元的赌注//理财一周报, 2010-10-29.

推进中医药的国际化

黄桂芳[①]

内容提要：屠呦呦教授和她的团队发掘的青蒿素是传统中医给世界的一份礼物。中医药历史悠久，源远流长，神奇效彰。我们要弘扬国粹，齐心协力，在实施"一带一路"战略中，以"中医外交"为抓手，推动中医药走向世界。

关键词：屠呦呦获奖 中医药国际化 "中医外交"

从屠呦呦教授荣获诺奖说起

2015年10月5日，中国科学家屠呦呦教授被授予2015年诺贝尔生理学或医学奖，"以表彰她对治疗疟疾新药的发现"。屠教授成为首位获得诺贝尔奖科学类奖项的中国人，实现了中国科学家获诺贝尔奖零的突破。李克强总理在贺信中指出，屠呦呦获奖"是中国科技繁荣进步的体现，是中医药对人类健康事业作出巨大贡献的体现，充分展现了我国综合国力和国际影响力的不断提升"。

屠教授多年从事中药和中西药结合研究，在极其困难的条件下，引领团队的同事们自20世纪60年代起长期不懈研究治疗疟疾的有效药物。她善于从包括中医药典籍在内的人类智慧宝库中挖掘有益信息，从前人有关青蒿治疗疟疾的记载中得到启发，通过艰苦卓绝的探索，终于用现代医药

---

① 作者系中国国际问题研究基金会研究员，中国前驻外大使。

科学和技术提取方法，开创性地从青蒿类植物中提取了有效成分青蒿素和双氢青蒿素，并用严谨的实验证明了其抗疟活性。

作为"中国神药"，青蒿素在世界各地抗击疟疾显示了奇效，挽救了数以百万计疟疾患者的生命，为人类战胜这一重大寄生虫类传染病作出了革命性的贡献，也成为用科学方法促进中医药传承、创新并走向世界最辉煌的范例。

屠呦呦教授表示："我的梦想是用古老的中医药，促进人类健康，让全世界的人们都能享受到它的好处。"这位药学家2015年12月7日在瑞典卡罗林斯卡学院的诺贝尔获奖者演讲时说："中国医药学是一个伟大的宝藏，青蒿素正是从这一宝藏中发掘出来的。没有大家无私的团队合作精神，我们不可能在那么短的时间内把青蒿素献给世界。"青蒿素是传统中医给世界的一份礼物，必须"呼吁更多的人去领略中国文化的魅力，发现蕴涵于传统中医药中的宝藏"。① 这正是要让中医药国际化"更上一层楼"努力的目标。

弘扬国粹，造福人类健康

中国传统的中医学源远流长，博大精深，神奇效彰，有文字记载的历史约有3000年，但在文字未形成之前，我们的祖先早就学会运用自然界赐给我们的动物、植物、矿物质等中药来解决人类的疾病痛苦。人类运用自然界的中药治病就如同渴了寻找水源解渴饿了寻找食物充饥一样自然而然产生了。中医药传承一代又一代，不断发展，不断改进，不断成熟，逐渐构筑了认识生命、维护健康、防治疾病的思想、方法和理论体系，凝聚成了由56个民族组成的中华民族璀璨的医学瑰宝，华夏子孙受益了几千年。

今天中医药仍在为保障国民的健康、增强人们的体质承担着重要任务。正如毛泽东主席强调的："中国医药学是个伟大的宝库。"四年前，时任国家副主席的习近平在澳大利亚皇家墨尔本理工大学中医孔子学院授牌

---

① 王君平.传统中医给世界的一份礼物//人民日报（海外版），2015-12-09.

仪式的讲话中强调:"中医药学凝聚着深邃的哲学智慧和中华民族几千年的健康养生理念及其实践经验,是中国古代科学的瑰宝,也是打开中华文明宝库的钥匙。"深入研究和科学总结中医药学对丰富世界医学事业、推进生命科学研究具有积极意义。

中医药学是中国对人类的贡献。它推进生命科学研究,丰富世界医学宝库,既是中国的国粹,也是人类的共同财富。新中国成立以来,西哈努克、胡志明、金日成、金大中、苏加诺、叶利钦、蒙博托、卢拉等数十位外国元首都曾经用中医药进行过治疗,并且取得了很好的疗效。更多的公众也曾感受到中医药的神奇魅力。[①]中医药副作用小、疗效高,治根治本。我希望在中西医结合治病的基础上有更多的人认同中医,重视中医,让"中为西用",运用中医药治病养生呵护健康,造福全人类!

中医药国际化的现状与存在的主要问题

我们欣喜地看到,新中国成立以来,在党和政府的关怀下,中医学这门古老的医学科学焕发出勃勃生机。随着改革开放的步伐,经过有关部门和热心人士的多方努力,中医学也走出国门,并以其良好的疗效逐渐被人们所接受。截至目前,中医药已经传播到世界171个国家和地区,中医的针灸已经在103个国家获得认可使用。中国已与外国政府、地区组织签订了83个专门的中医药合作协议。据世界卫生组织统计,中医已先后在澳大利亚、加拿大、奥地利、新加坡、越南、泰国、阿联酋和南非等29个国家和地区以立法形式得到承认。18个国家和地区将中医药纳入医疗保险,30多个国家和地区开办了数百所院校专门培训中医人才。目前,中国还在42个国家开展中医援外服务。

但是,我们也应清醒地看到,中医药要无阻挡地为世界各国所认同还有相当漫长的路要走。当今在绝大多数国家中,中医药并没有得到广泛的认可,没有取得合法地位,也缺少法律的保护。有不少国家仅允许中成药

---

① "中医外交"将助力中医药国际化//中国中医药报,2015-12-22.

作为"保健品"在市面销售。目前中医学在国外的传播存在着民间热官方冷、针灸疗法热药物疗法冷、医疗与教学层次还不够高等方面的问题。这些问题的存在除了技术壁垒、经济利益的影响外，东西方文化差异是中医药海外发展的主要障碍。就医论医，就药论药，缺乏文化认同感。总而言之，存在着官方渠道不够顺畅与东西方文化的差异两大方面的问题。因此，迫切需要中医与外交紧密配合，让外界多认知中医，并通过中医了解中国文化。①

对中医药国际化的几点看法与建议

我自幼起是中医药的受益者，大半生学习中医、宣传中医，并将所学的知识在可能的情况下为病患者进行诊治，包括为外国友人号脉、针灸、按摩以及提供中成药。因而，我这个没有处方权的大夫被誉为"大使医生"，实是受之有愧，不过，我却在无形中让民众认知、接受中医药，这倒是意想不到的收获。在近40年的外交生涯中，我曾在五大洲的近百个国家留下足迹，常驻亚、非和大洋洲的四国兼驻一国，参观过多家大医院和诊所，同一些国家的卫生部长、医疗机构负责官员交谈，看望过几支中国援非医疗队，也同一些华侨、华人医生、销售商接触。我深感把中国的中医药推向世界、让中国的国粹造福于全人类很有必要，也有可能。要让不相信中医药的外国人看中医、吃中药，应从文化传播做好。我们既要做好"内功"，也需外在推力。在推动中医药国际化中，我认为以下几点需要加以努力。

（一）统一认识　一致对外

中国是拥有五千年灿烂文明的国度，56个民族休戚与共，创造了包括汉医以及蒙古、藏、维吾尔、哈萨克、回、壮、瑶、苗、朝鲜、傣和畲族等各具特色的传统医学体系。中医药学是对人体生命活动和疾病变化规律

---

① 刘景源. 中医走向世界需与外交紧密结合//中国中医药报，2015-03-30.

的理论概括，并指导中医诊断治疗。这是对世界文化的一大贡献，了不起！

长期以来，国内外存在着"中西医之争"，甚至中国医学界内部对中医也有争执。我纳闷：中西医既然都以救死扶伤为终极目的，为何就不能相融呢？西方许多人主张西医为西用，中医为中用，"井水不犯河水"。说到底，他们对中医药存在无知、误解和偏见。还是屠呦呦教授说得好："中西医药各有所长，两者有机结合，优势互补，都能具有更大的开发潜力和良好的发展前景。"她认为，"中草药在未来新药发掘领域扮演着极其重要的角色，非常值得深入挖掘。"

我们要对外开展中医外交，首先要对中医和中药充满信心，才能对外理直气壮地宣传祖国传统文化产业之一的民族医学。

中医理论主要建立在阴阳五行说、藏象学说、经络学说基础上，通过望、闻、问、切辩证论治，四诊八法，采用中药26种剂型或结合针灸、拔罐、推拿、按摩手段进行治疗。中医认为"天人合一"，人体是一个整体并和世界万物合而为一，通常通过全身的诊断来治疗某一部位的疾病；西医则更多是借助医疗器械诊断，采用化学药物进行治病。

中医同西医一样，可治常见病、多发病，而且还能治疗疑难杂症。中医在跌打损伤、正骨、针灸、推拿、按摩诸方面有独特的技法，有些西医不好治愈的病，如颈椎病、腰椎间盘突出、耳聋、耳鸣、帕金森症等，采用中医的疗法却能很好治愈，或缓解病痛，或延长生命。对有些病，例如中风偏瘫等，西医非要开刀，但中医用银针就能治愈。中医在养生健身上的功效更是西医无法比拟的。这些疗效和功能已经取得社会上的广泛认可。总之，通过中医药，我们可以看病，而且能治好病，还有助于养生，改善生活质量。然而，由于中药和西药的理念和药性不同，对同一种疾病采用的治疗方法不一，疗效也就会有所不同。中医在调理机能中更胜一筹，常用于慢性病；西医在急症治疗效果凸显。中医西医各有长短，不必去争论孰优孰劣。对于患者来说，只要能治好病，手段到底"姓中"还是"姓西"并不重要。我们要走向世界，应更多向外弘扬国粹，大力宣传中医药！

(二)多加沟通　增进信任

从外交层面来说，我们应当走出去，通过同双边的负责医疗卫生官员以及世界卫生组织的多次接触商谈，增进他们对世界生命科学组成部分的中医药学的了解，搭起友好合作和交流的桥梁。还可视需要和可能，安排他们来华考察参观，体验中医。中国驻外使领馆和驻世界卫生组织代表也宜行动起来，在第一线多做配合推动工作。我建议将"中医外交"纳入中国开展公共外交、民间交往的有机组成部分，利用博鳌亚洲论坛、上合组织等国际组织以及其他双边或多边对话会、研讨会，适当开展一些推介解说的活动。

在有50多个成员国的非洲，缺医少药，疟疾、艾滋病盛行，最近还发生了埃博拉病毒疫情。中国尽力伸出援手，有口皆碑。中国在科摩罗开展的青蒿素复方快速控制疟疾项目，实现了疟疾零死亡率。塞拉利昂外长卡马拉表示："中国慷慨的援助表明，中国是塞拉利昂和非洲国家的真正战略伙伴。中国的形象变得更加高大和正直！"新中国从1963年派出第一批医疗队起已历经半个世纪，受到非洲兄弟姐妹特别是受益的患者高度赞赏。建议在做好总结的基础上进一步完善有关制度，如配备中医大夫和多采用中药材。津巴布韦卫生部长在我离任前专程来话别，希望中国多派医生以及津、中两国共同探讨用草药治疗疟疾和艾滋病。这从一个侧面说明发展中国家对中医中药寄予厚望。

正如当年的"乒乓外交""篮球外交"和后来的"熊猫外交"以及近年来受到广泛赞誉的"高铁外交"，我们通过辛勤努力，克服困难而开展的"中医外交"，从政治上可获红利，既巩固和增进同建交国的友好合作关系，而且在世人面前树立我们是世界公共卫生领域"负责任大国"的形象。

(三)配合总体外交　积极开展活动

2013年10月24日，在党中央首次召开的周边外交工作座谈会上，习近平主席发表重要讲话。他强调，做好周边外交工作，是实现"两个一百年"奋斗目标、实现中华民族伟大复兴的中国梦的需要，要更加奋发有为地推进周边外交，为中国发展争取良好的周边环境，使中国的发展更多惠及周边国家，实现共同发展。他还首次提出，建设好丝绸之路经济带、21世纪海上丝绸之路，构建区域经济一体化新格局的主张。① 我认为，在实施"一带一路"国家发展战略中，人文因素必不可少。应与沿线国家携手，达成交流互鉴，人类共享，建设"健康命运共同体"的共识，并各尽所能。就中国而言，大力宣传中医理所当然，责无旁贷。

我们开展的"中医外交"，要服从、服务于中国发展大局和外交全局，为今后5~10年周边外交工作的战略目标、基本方针、总体布局做些力所能及的事。同时，国家对外发展战略也为"中医外交"的开展搭建开拓的平台。我们对周边国家要按习近平主席的要求，多走动，多做得人心暖人心的事，增强亲和力、感召力、影响力。建议适时组成包括西藏、新疆、甘肃、青海、宁夏、陕西、四川、云南和广西等西北、西南省区在内的"感知中医一带一路"走访团，实地推介中国民族医学，同所往国家有关对口医务部门进行交流，增进彼此的了解和信任，也可邀请沿线国家有关人士来华参加中医药旅游项目，为日后工作打下良好的基础。我们还应鼓励更多的外国留学生到中国院校学习中医，学成后回国服务，也为推进中医的国际化出力。

做好"中医外交"这篇大文章，需要中国中医界和外交界齐心努力，我们中的许多人，或是医学界的行家里手，或是外交的参与者和实践者，结合我们的热情和行动，集中才智，付诸行动，把"中医外交"推动起来，发展下去，让它在全世界生根、开花、繁衍，既是义务，也是责任。② 我建议不定期召开联合座谈会，开展互动，听取各方有益的建议和意见，为推动中医药的国际化进程出谋划策。

（四）加强宣传　扩大影响

中医药在侨界有着悠久的、广泛的、深厚的影响。中国在海外有五六千万华侨华人，他们熟悉中医药，其中有不少中医"郎中"采用中医

---

① 刘泽林.王国强参加2015年博鳌亚洲论坛年会"面向未来：中医药的国际化"分论坛//中医药管理杂志，2015，(7).

② 徐贻聪.让中医药走出国门，成为"公共外交"的锐器//公共外交季刊，2015，(2).

药治病。他们可以在驻在国逐步向西方主流社会发展,为中医药的国际化建起沟通的桥梁。

开展"中医外交"的设想和活动,要争取新闻媒体的关注和支持。首先是国内的媒体推动,其次要争取海外华文报刊的配合。其中,也可多报道中医药治病的显著成效和积极反响,再力争逐步做有关国家主流媒体的工作,增强中医药在世界卫生健康体系中的话语权。我建议,中国民族医药学会国际交流与合作分会日后可制作册页或简报,除向外界简介分会宗旨外,更多报道分会开展的主要活动,争取公众对分会的了解,直至参与某些活动。

21世纪是中华民族复兴与腾飞的世纪,在世界公共卫生医疗体系中独树一帜的中国民族医药学以及养生体系将大放异彩,一批既掌握中华传统医疗精髓又懂外语的复合型的中华医师将声名鹊起,享誉海内外。"中医外交"理念和口号响亮新颖,令人耳目一新。更重要的是,我们将中医药向世界推出,意在表明中国从事民族医学的同人愿为人类的生命健康和福祉做出贡献的诚意,愿同其他国家医务工作者并肩携手,互利共赢。这是利在当今惠及后代的功德无量的实事、好事。让我们为推进中医药的国际化而不懈努力!

国际形势

世界经济尚未进入"漫漫长夜"

谷源洋①

内容提要：国际货币基金组织下调世界经济增长预期。世界经济尚未脱离温和复苏轨道，步入"新平庸时代"，但期待世界经济回归"黄金时期"也是难以实现的愿望。

关键词：世界经济　温和复苏　新平庸时代　新挑战与新风险

在经济全球化不可违逆的大趋势下，中国经济与世界经济之关联将变得更加紧密。如何客观地看待"后金融危机"以来世界经济的演变及未来五年世界经济发展走势，事关中国"十三五"规划时期对外部经济环境的正确认定与判断。

一、世界经济在逆境中较为平稳运行

国际货币基金组织总裁拉加德认为，世界经济"可能会经历一个长期低于平均增长水平的新平庸时代"。实际上，早在拉加德之前，西方经济学家就已提出过自2008年全球金融危机以来，主要发达国家呈现"经济增速低于平均水平与高赤字、高债务和高失业并存的态势"。美国太平洋投资公司首席执行官埃尔·埃里安等将此种状态称为世界经济"新常态"。世界经济步入"新平庸时代"或者世界经济进入"新常态"，讨论的

---

① 作者系中国国际问题研究基金会世界经济研究中心主任，高级研究员。

议题都是世界经济增长和发展速度及其与速度相关的要素问题。国内外学者对"后金融危机"以来的世界经济走势存有相当大的认知差与预判差。有人认为,爆发全球金融危机并引发经济大衰退之后,世界经济已经进入相当长时期整体低速的"换挡期",世界经济能保持低迷增长而非停滞不前甚至负增长,就已经很不错了。有人则认为,当前全球经济正在经历"经济超级周期",即2000~2030年,受新兴市场和全球人口红利影响,世界经济平均增长率约为3.5%。从发展实践看,2010年世界经济增长率约为5%,已经基本走出危机,虽然危机后遗症并未完全消除。高盛资产管理公司前董事长吉姆·奥尼尔认为,在2010~2013年4年里世界经济年均增长率约为3.4%,大体与国际货币基金组织提供的年均增长3%~3.5%的数据相一致。国际货币基金组织预测,2014~2016年世界经济增长率分别为3.4%、3.1%与3.6%。上述数据虽然低于2003~2007年"黄金时期"年均4.5%~5%的增速,但并不差于20世纪80年代全球经济年均增速的3.2%及90年代的3.1%。

上述统计数据表明,"后金融危机"以来,世界经济在多重挑战与风险冲击下,并没有出现"二次探底或衰退",全球经济运行较为平稳。按汇率计算,全球GDP总量从2010年70万亿美元增加到2015年超出80万亿美元。在世界经济基数不断增大的基点上,能以超出年均3%以上的速率向前运行,称得上是过得去的几个年份。用"黄金时期"的增长标准去衡量大危机后世界经济表现,显得要求过高。正如世界经济论坛创始人施瓦布所说,世界需要停止向后看,自2008年金融危机以来我们浪费了太多能量用于试图回到经济快速扩展的昨天。

人们常说的发达国家"高赤字、高债务和高失业"的现象,确实存在,且相当严重,拖累世界经济增长。但如果以动态视角观察,"三高现象"正在发生某些变化:2014财政年度,美国联邦财政赤字占GDP之比已降至2.8%,2015财年的财政赤字为4390亿美元,占GDP的2.5%,均远低于2009财年9.8%的水平;失业率逐渐下降,2014年末美国的失业率已降至5.6%,2015年10月失业率为5.0%。由于劳动参与率上升至约64%,虽与危机前相比仍相差约3个百分点,但劳动参与率提高,折射出就业市场信心回升,使失业率呈现波动缓慢下滑曲线。据经济合作与发展组织

(OECD)统计,2015年8月该组织成员的总体失业率为6.8%,比2013年1月失业率高峰期下降1.3个百分点。

欧元区总体债务和财政赤字水平均远超出"趋同标准",不得不实行"财政紧缩"计划。包括希腊在内的一些国家的财政赤字在逐步收缩,但降幅均远小于美国。没有改变的状况是,由于量化宽松及"超低利率",发达国家和新兴市场国家政府和企业都在大规模发行债券,使全球债务规模急剧膨胀。自2008年国际金融危机以来,全球负债总额增加57万亿美元。步入2015年,越来越多的央行纷纷通过降息等措施加入了再宽松的行列,导致全球债务继续上升。美联储货币政策转向又驱动美元走强,意味着债务利息的增值,天文数字的债务规模已成为许多国家经济和世界经济的隐患。

近几年来,国际货币基金组织下调欧元区经济增长预期,国际社会担忧欧元区将拖累世界经济复苏。但经济复苏低于预期,并非完全意味着经济恶化,只是表明经济表现没有预想中的那么好。2015年2月,欧盟统计局将2014年欧盟GDP增长率调升为1.4%,欧元区GDP增长率从0.8%提高至0.9%,增速低于预期,但好于2013年的-0.4%。然而,总体看欧元区仍"增长太慢、通胀太低、失业太高"。为改变这种不尽人意的局面,欧洲央行于2015年3月实施"欧版QE",把资产负债规模从2万亿欧元扩大到3万亿欧元。虽然现有的机制及存在的问题制约"欧版QE"政策的实施及其效用的最大化,但一定程度上提振了经济增长预期,压低了利率和贷款成本,抑制了通缩压力,通过欧元贬值扩大了对外出口。欧盟委员会将2015年欧盟和欧元区GDP增长率分别调升到1.8%和1.5%。许多国家已基本完成财政整顿,财政预算赤字适度缩减。

然而,希腊主权债务占GDP比重高达174%,失业率为25.7%,再次爆发偿债危机,其根源在于自身"造血功能"不足,实体经济所创造的财富难以满足政府的高支出、社会的高福利和人们的高消费,只能靠借新债偿还旧债度日。在希腊所欠3200亿欧元的债务中,2/3以上为欧洲央行、欧元区和国际货币基金组织的贷款。据英国《卫报》网站计算,仅有不到10%的贷款由希腊政府掌控,用于发展经济,而绝大部分借贷被用于还债和救助银行。因此,从法理上看,国际债权人要求希腊政府"以改革换援助"，即增加税收、削减开支、改革养老金制度、逐步改善财政状况、出售国有资产偿还债务等，并没有什么不对之处。国际债权人断定希腊违约或"脱欧"不会产生扩散效应：一是希腊经济规模仅占欧元区的2%，违约或"退欧"难以对欧元区实体经济造成致命伤害；二是希腊约80%的债券由国际货币基金组织、欧洲央行和欧元区持有，私人持有的债权甚少，可减缓市场抛售压力；三是欧洲稳定机制（ESM）为金融市场提供了防火墙，抗压能力增强；四是欧洲央行通过定向长期再融资操作（TLTRO）提供低价、稳定流动性，减少了银行的压力；五是"欧版QE"及容克提出的3150亿欧元投资计划，意味着紧缩政策发生变化，转向关注增长与就业问题。

齐普拉斯虽然赢得了"公投"，但深知已无回天之力，"脱欧"只能加剧危机，因此，按国际债权人要求多次修改三年改革新方案，最终换得由欧洲稳定机制提供的有苛刻条件的860亿欧元新救援。当前，希腊经济虽好于市场预期，但重返增长之路不容易，且存在重起危机的因素。然而，希腊问题或危机不管今后向什么方向发展，都不太可能对欧洲和全球金融体系构成重大冲击，欧洲一体化将继续在矛盾和曲折中向前推进，欧元区经济将在"紧缩与反紧缩"的利益平衡中逐渐走出困境。

日本经济"失去的20年"一直困扰着世界经济，但情况亦在发生变化。2014年4月日本政府将消费税率从5%提高到8%，导致"消费冲动消失"。2014财年实际GDP增长率为–0.03%。2015年以来，日本在激发出口导向大型企业活力、增加经济效益以及创造就业等方面取得了较为明显的成效。首季度GDP环比增长率为1%，换成年化增长率为3.9%，好于同期美欧经济表现，主要得益于日元汇率大幅贬值。安倍宣称2015年将继续对抗通货紧缩，提振经济景气，采取的措施包括央行继续实施"大胆的金融政策和灵活的财政政策"；将企业税率从当前的34.62%降至2017年的32.11%；加速推进2014年3月出台的六个国家战略特区建设，试图打破所谓"岩磐限制"，在医疗、就业、农业等领域进行深层次的改革和扩大开放度等举措，推动经济"爬坡过坎"。由于油价下跌起到相当于大规模经济刺激政策的效果，减轻了企业和家庭的支出负担，推动消费者信心指数上升，上调消费税负面影响有所缓和。但受海外经济减速及出口和生产疲软等影响，二季度日本实际GDP增长率收缩1.6%，三季度GDP增速从初估的–0.8%上调至1%，避免了陷入连续两个季度负增长的"技术性衰退"。日本政府将2015年实际GDP增长预期从2%下调至1.2%，国际货币基金组织的预测值从0.8%下调到0.6%，两者的预测值存在较大差异，但均表明日本经济尚未脱离"缓慢复苏"的轨迹。

二、世界经济存在持续温和增长的条件和动力

2015年的世界经济既存在结构性与周期性的制约，又面临地缘政治危局冲击及不时出现的难以预料的突发事件影响，这或许是国际货币基金组织首席经济学家布朗夏尔所说的"世界经济面临强劲而复杂的逆流"的原因。但变革、调整、转型、创新和发展已成为世界性潮流，面对众多风险的冲击，发达国家和新兴市场国家、发展中国家纷纷加速推进改革、调整、转型与创新驱动的步伐，促其实体经济从旧增长模式向新增长模式转变。当今的世界"正处在划时代的变化当中"。[①] 我们既要看到世界经济"忧"的一面，也要看到世界经济"喜"的一面。然而，国内外有些人对世界经济的消极因素看得较为充分，对世界经济的积极因素却看得有些不足。实际上，世界经济不乏亮点与动力。

（一）美国经济步入"周期性回升期"

美国在2014年取得了2.4%的经济增长率，超出前3年2.2%的平均值。多家机构年度报告对2015年美国经济估计较好，主要依据有：油价下挫有利于美国企业盈利，拉动GDP增长；美国经济形势利好，增强了消费者对未来就业和工资上涨的预期，推动消费者信心指数上扬；美元走强加速国际资本流入美国，利于公共投资及企业投资。按年率计算，2015年首季度GDP增长率为负值，第二季度增长率从初次估测的2.3%上调至3.7%，第三季度增长率从最初预测的1.5%上调至2.1%，主要得益于个人消费开支

---

① [德]克劳斯·施瓦布. 全球经济不确定性增加//中国证券报，2014-01-10.

和出口增长，非住宅固定投资增加。多方面预测美国全年实际GDP增长率为2.5%上下，有可能步入"周期性回升期"。所谓周期性回升期，意指未来几年可能维持年均增速2.3%~2.5%的水平，接近潜在经济增长率。对美国而言，这是一种中速而非低速增长。今后几年美国经济不大可能回到年均增长3.5%~4%的年代。

（二）全球投资领域宽广，直接投资稳步回升

不管是发达经济体还是发展中经济体，投资在经济增长"三要素"中依然发挥着关键性作用。世界各国都在不断改善投资环境，吸收和利用外商直接投资（FDI）。据联合国贸发会议公布的数据，2013年全球FDI为1.45万亿美元，2014年增至1.61万亿美元，2015~2016年将分别为1.75万亿和1.85万亿美元。新兴市场经济国家在全球直接投资领域的活动日趋活跃。英国《金融时报》2015年5月18日发表的《新兴经济体对外投资飙升》一文指出，2014年新兴经济体对外直接投资为4840亿美元，较上年约增长30%，其中亚洲新兴经济体占4400亿美元，超过北美和欧洲。

有需求就会有投资。当前与未来世界投资领域众多，包括全球基础设施的改造与建设。经济合作与发展组织报告预计，2013~2030年，全球基础设施投资需求将高达55万亿美元，其中港口、机场及铁路运输设施建设投资需求为11万亿美元；多数发展中国家正处在工业化和城市化的起步或快速推进阶段，对交通、通讯等基础设施需求更为庞大。到2020年，"一带一路"基础设施投资需求为7300亿美元，亚投行、丝绸基金和金砖国家开发银行的建立，有助于把潜在需求转化为现实需求，给相关国家经济和全球经济增长带来新的预期和动力。中国对外资本输出日趋增长，2015~2020年年均对外投资1250亿美元，预示着逐渐从"制造大国"迈向"资本大国"，不仅可部分抵消美联储货币收缩政策带来的流动性紧张，而且可使亚洲继续成为全球最大的直接投资来源地。二十国集团承诺采取增加投资、提高就业参与率、改善贸易条件与促进竞争等措施，[①] 实现"两个目标"，即5年内将二十国集团经济增速提高2个百分点及实际GDP增

---

① 2014年2月在悉尼召开的二十国集团财长和央行行长会议达成的目标。

加2万亿美元。如二十国集团能实现其增长承诺,将成为全球经济"强劲、持续和均衡增长"的关键力量。国际评审机构预计,二十国集团经济增长率将从2014年的2.8%上升至2015年的3.2%。

(三)国际贸易加速自由化、便利化,推动多边和双边贸易发展

近几年来,国际贸易增速低于国际货币基金组织预测的世界经济增长率,有西方经济学家把此种现象称为"超级全球化"的告终。国际货币基金组织和世界银行认为,全球贸易"巅峰期"已过。

全球贸易增速放缓是多种因素综合作用的结果,包括:有效消费需求不足,贸易和投资壁垒增加;WTO框架下多边贸易谈判实质性进展有限;新兴经济体改变"进口替代"战略,增强了在全球供应链中的地位;愈益增多的商品由国际垂直分工转向水平分工也有减缓全球贸易额增速的一面;等等。预计未来居民消费将继续向不可贸易商品和服务转移,因而国际货物贸易未必能重现超越GDP增长两倍的荣景。

然而,许多人并不认同经济全球化已转为"内向全球化"的观点,经贸全球化依然是不可违逆的大趋势,主要原因是美国等国家经济状况改善,利于其他国家出口;各种称谓的区域内和区域间贸易整合愈益加强,WTO各相关方签署了《贸易便利化协议》,优化了货物通关措施;WTO的54个谈判国就《信息技术协议》(ITA)扩容达成协议,将更多信息产品纳入降低关税清单,涉及的信息技术产品的年贸易额达1万亿美元,将拉动全球GDP增量约1900亿美元;新兴经济体和发展经济体消费者财富增加,形成了消费需求旺盛的中产阶层;新兴经济体逐步改变贸易"微笑曲线效应",促进高水准的国际贸易合作;"跨境网购"正在改变传统的进出口模式,增加了全球商品流通量。世界各国仍把商品贸易视为拉动经济增长的重要引擎。WTO预测,2015年国际贸易增长率为2.8%,其中发展中国家贸易增速为2.4%,发达国家贸易增速为3.05%,并预测2016年国际贸易增长率为3.9%。2014年9月23日,汇丰银行发表的《汇丰贸易展望》报告甚至认为,全球贸易正逐步走出国际金融危机的阴霾,到2016年全球跨界贸易增速将回升至8%。由于全球有效需求不足,短期内国际贸易低迷状态难以避免,但据此认定国际贸易增速低于全球经济增幅是国际贸易

"新常态",不一定能成为现实。

(四)国际油价回归理性成为世界经济可持续发展的拐点

由于美联储货币政策变化、国际原油市场供需失衡及沙特从传统的"减产促价"转向确保石油市场份额的政策,触发了国际原油市场的卖空潮。沙特石油部长称"这个世界可能不会再看到油价重返每桶100美元了"。但石油价格"消耗战"长期化,对欧佩克、非欧佩克国家以及美国均不利。欧佩克表示,虽不会单方面削减产量,但随时准备与其他生产国谈判,以达成一个稳定合理的油价。国际能源署(IEA)认为,"低油价和全球经济活力上升将推动石油消费增长"。在美联储加息及美元走强的国际环境下,短期内国际原油价格仍将走低,但加息温和、缓慢,美元指数难以持久停留在高点上,国际油价将逐渐止跌反弹和回归理性,有利于世界经济的可持续发展。

(五)金砖国家上升的总体趋势不会改变

近几年来,金砖国家经济发展分化,中国和印度经济表现远强于俄罗斯与巴西。因美欧制裁及油价下跌等多种因素影响,2015年俄罗斯资本外流930亿美元,经济增长萎缩3%~4%,但资本流出趋减,经济收缩幅度趋于缩小。巴西经济主要受油价下挫、抑制高通胀而大幅提高基准利率及政府减少公共支出与投资不足等影响,2015年将收缩3.1%。然而,全球市场对金砖国家特别是对中国、印度经济依然寄予厚望。2014年9月习近平主席在印度世界事务委员会发表的演讲中指出:"中印两国作为世界多极化进程中的两支重要力量,作为拉动亚洲乃至世界经济增长的有生力量,又一次被推向时代前沿。"金砖国家签署的《福塔莱萨协议》,成立的金砖国家开发银行和金砖国家应急外汇储备机制,应能帮助相关国家应对短期流动性不足压力,加之金砖国家拥有丰富的自然和人力资源、广阔的国内市场、巨大的发展潜力、充裕的政策空间,因此,"金砖国家上升趋势不会改变"。所谓"金砖国家"业已消亡的论调经不住历史发展实践的检验。

（六）世界将迎来"新兴国家"时代

自2013年以来，新兴市场国家和发展中国家经济下行，增长率从2003~2008年的6.5%下降至2015年的4.0%，既有周期性因素，也有结构性因素；既有外部因素，也有内部问题。美联储货币政策转向导致发展中国家初级产品价格下挫、资金流出、经济减速、货币贬值。全球有效需求不足又影响出口，使新兴市场国家和发展中国家失去了原有的增长动力。但当今时代趋势性特征依然是"南高北低"的经济增长。

2015年亚洲发展中国家的经济增长率约为5.8%。英国《经济学家》信息部预测，2020年前亚洲仍是全球经济增长引擎，在全球经济增长最快的15个国家中，亚洲将占7个。新加坡国立大学李光耀公共政策学院院长马凯硕甚至认为，在今后10年亚洲将迈入"新的发展黄金时代"。许多国际性机构认为，非洲大陆整体正处在走向崛起的阶段。进入21世纪以来，非洲平均经济增长率为5%左右，一些国家甚至出现超过7%的增长率。奥巴马政府2012年公布的《美国对撒哈拉以南非洲地区的战略》，首次把非洲定义为"充满机遇和活力的地区"。法国《回声报》甚至称，"继'亚洲龙'之后，'非洲狮'时代可能终于要到来了"。拉美和加勒比地区经济受自身经济结构和外部需求下降等多种影响，增长速度持续低迷，巴西和委内瑞拉等经济形势严峻，秘鲁、智利等经济较好。2015年拉美和加勒比地区经济为零增长或负增长，低于2014年1.1%的增长。今后几年拉美和加勒比地区将逐渐从谷底反弹，但年均经济增速仍将不及亚洲和非洲。

发展中国家经济发展不平衡，经济下行已持续多年，2016年可能有所回升。更为重要的动向是，今后在发展经济体中将会继续涌现出一批新兴市场国家，世界将迎来"新兴国家"时代。长期研究新兴市场的麦朴恩教授不赞同"新兴市场的强劲表现只是一个周期现象"，而认为是趋势性特征。国际货币基金组织总裁拉加德认为，按购买力计算，新兴经济体和发展中经济体在全球GDP中所占份额将从2014年的57%增加到2019年的约60%。基于经济增长方式和产业结构的转变，中国等新兴市场国家对世界经济增长的贡献率不会再像过去十几年那样高。2015年8月3日，渣打银行发布报告称，中国对全球GDP增长的贡献率位居首位，未来几年印度、东盟对全球 GDP 增长的贡献率或将超过美国。世界经济重心将继续向发展中经济体倾斜，国际经济格局将继续发生深刻变化。

（七）创新驱动发展战略成为经济的新增长动力

当今世界新的科学技术发展方兴未艾，某些领域已呈现出群发性、系统性突破，产生了一批重大理论创新和技术创新，涌现出一批新兴交叉前沿方向和领域，催生新一波的科技革命。3D 或 4D 打印技术与新材料结合，正在大幅提高生产个性化和自动化水平，降低生产成本，提高经济和社会效益。正在大力开发清洁和可再生能源，预计到 21 世纪中叶，核聚变能和太阳能等清洁和可再生能源将可满足人类能源需求并逐步改善生态环境。

世界各主要国家为迎接新科技革命，纷纷把科技作为国家发展战略的核心，出台了一系列创新战略和行动计划。美国政府提出"先进制造业伙伴计划"，将发展先进制造业上升为国家战略，加强对信息技术、生物技术、纳米技术和机器人等新兴技术投资，旨在长期保持制造业竞争力。美国通用电气公司预计，"工业互联网革命"能使美国生产率每年提高 1~1.5 个百分点，未来 20 年将使美国人的平均收入较之当前提高 25%~40%，并将为全球 GDP 增加 10 万亿~15 万亿美元。默克尔宣称，"工业 4.0"是德国政府《高技术战略 2020》确定的十大未来项目之一，将"虚拟网络与实体连接"，形成更有效率的生产系统。欧盟提出智慧增长、包容增长、可持续增长，力图建立创新型新欧洲。日本实施了应对资源匮乏、老龄化社会和经济不振的新增长战略，致力于发展绿色经济。俄罗斯实施促进经济结构由资源型向创新型转变的战略。印度提出 2020 年成为知识型社会和全球科技强者。中国则提出"要从要素驱动、投资驱动转向创新驱动"，发展战略性新兴产业。新一轮全球科学技术革命无疑将产生新的需求、新的就业，为世界经济增长提供新的能量与动力，成为新一轮经济长周期开启的前奏。

三、世界经济将继续保持温和增长态势

"金砖国家"概念的首创者吉姆·奥尼尔认为,除非欧洲经济出现新的恶化及广大发展中国家发生不可预见的重大灾难,否则世界经济几乎没有可能会重现20世纪90年代的相对低增长,更可能发生的情况是全球经济增长温和提速,[①] 提升全球经济的增长水平。奥尼尔所说的"两个群体性的重大灾害"短期内都难以出现。

国际货币基金组织总裁拉加德认为世界经济或许步入"新平庸时代",只是向世人发出了一种警告,让世界各国在"后危机时期"要有忧患感和危机感。实际上,拉加德对未来世界经济发展走向的看法,依然强调两种可能的趋势,即世界经济正处于拐点,它或者可以一直保持低增长,进入"新平庸时代";或者力争走出一条更好的路子,制定大刀阔斧的政策,加速增长,增加就业,从而获得发展新势头。

从上述所列举的全球经济"亮点"与"动力"看,世界经济尚未滑向"新平庸时代"。国际货币基金组织下调2015年世界经济增长预期,主要依据是中国经济放缓与股市波动、美联储收缩货币政策、原油等大宗商品价格滑落以及乌克兰、中东持续冲突等,但这些动态因素都尚处在变化之中,未必都朝着恶化方向发展。世界经济继续温和增长,未进入"漫漫长夜",主要特点是:发达经济体不同程度反弹,分化加剧,英国成为七国集团中GDP和人均GDP率先恢复到危机前水平的国家,加拿大和澳大利亚出现了技术性衰退;新兴经济体和发展中经济体经济下行,整体经济形势趋于稳定,具备经济反弹的条件;全球货币宽松与紧缩共存,美联储实现利率正常化需要较长时间,且加息幅度温和;各种称谓的区域内和区域间的贸易整合日趋活跃,加速推动贸易投资自由化、便利化;国际原油等大宗商品价格处于低价位,产生了非对称性影响,价格逐渐回归理性利于世界经济复苏与增长;全球股市和汇市剧烈震荡,并未动摇世界经济和全

---

① [英]吉姆·奥尼尔. 为全球经济增长提速欢呼//上海证券报,2014-01-28.

球金融市场的基础。从各方面的预测看，2016年世界经济总体表现将好于2015年。值得关注的重要信息是，全球并购市场日益活跃，全球并购交易额达到4.63万亿美元，超过2007年的4.6万亿美元。关键因素是世界经济复苏给企业决策层带来了信心，看好企业增长前景的大环境。

上述基本认知和判断并不是建立在世界经济不存在风险与挑战的基点上，恰恰相反，世界经济面临重重新旧风险和挑战。从短期因素看，某些地缘政治危局依然难以消除。从中期因素看，一些国家仍在消化包括高负债、高失业在内的金融危机后续影响。从长期因素看，劳动人口老龄化和劳动生产率的弱势增长将抑制潜在产出的增长，导致未来全球经济整体增速趋减。

为弥补劳动力增速放缓对经济的负面影响，一些国家采取了延长退休年限、通过科技创新提升劳动生产率等措施。美国麦肯锡全球研究所2015年1月发表的报告指出，如果没有劳动生产率的提高，未来50年全球经济增速将降至2%。但人类社会总是在克服风险乃至危机中向前发展的，科学技术总是在"生命周期"中迈向进步，未来决定世界经济增长的关键所在不是人口增长率，而是科技创新加速因素。然而，世界经济如同一国经济发展一样，难以无止境地保持"地球村"承担不了的高速增长，因而伴随经济基数不断扩大，人们不应再期望或习惯于世界经济持续保持年均增长4%~5%的水平。

我们必须运用辩证的、两点论的观点，客观分析和全面认识外部经济环境发生的变化。中国国家主席习近平在中英工商峰会致辞时指出："当前世界经济气候风云变幻。越是在前景不确定的时候，我们越是需要坚定信心。历史经验和经济规律告诉我们，世界经济发展从来不是一帆风顺，但增长终究是趋势，一时数据高低或市场起伏不能改变这个大势。"

美国经济形势和2016年前景

何伟文[①]

内容提要：2015年世界经济复苏比年初普遍预期差很多，新兴经济体总体情况更差。发达国家经济增速在加快，主要原因在于美国和欧元区。

美国经济增长的基本面在年增2.5%左右。年关之际，消费最好，生产和投资趋弱，出口最差。经济仍将温和增长，不会骤然恶化，但也缺乏强劲动力。2015年增长率可能在2.5%~2.6%，2016年有可能达到2.5%~3.0%。

美联储加息前景给世界特别是新兴经济体的货币和经济带来重大冲击。但12月16日开始实施后，其影响有可能在2016年逐渐趋弱。对于中国而言，要有效抵御美联储加息的影响，最重要的是自己，即要把中国经济自己的事办好。

关键词：美国经济　美联储　美元

2015年将在后金融危机时期世界经济发展中留下深刻的印记，并对近期乃至中期世界经济的演变产生深远的影响。世界经济复苏比年初普遍预期差很多，新兴经济体总体情况更差。国际货币基金组织10月《世界经济展望》估计，全年世界GDP增长率将只有3.1%，低于2014年的3.4%。[②] 2014年11月二十国集团布里斯班峰会提出的5年内提升全球经济增长率2.1个百分点的全面增长战略的行动计划墨迹未干，世界经济却更加远离这一目标。

[①] 作者系中国国际问题研究基金会研究员，中国前驻旧金山、纽约总领馆经济商务参赞。
[②] http://www.imf.org.

但与前几年不同的是,2015年发达国家经济增速在加快,将从2014年的1.8%加快到2.0%;新兴国家和发展中国家则将从4.6%减速到4.0%。金融危机以来后者在世界经济中地位提升的过程出现了暂时中断。[①]

表一 世界GDP增长预测

（单位：%）

地区或国家	年份		
	2014	2015	2016
世界	3.4	3.1	3.6
发达国家	1.8	2.0	2.2
美国	2.4	2.6	2.8
欧元区	0.8	1.5	1.6
日本	−0.1	0.6	1.0
新兴国家和发展中国家	4.6	4.0	4.5
俄罗斯	1.0	−2.7	0.5
除俄罗斯外独联体国家	1.9	−0.1	2.8
新兴国家和亚洲发展中国家	6.8	6.5	6.4
中国	7.3	6.8	6.3
印度	7.3	7.3	7.5
东盟五国	4.6	4.6	4.9
新兴国家和欧洲发展中国家	2.8	3.0	3.0
中东北非、阿富汗、巴基斯坦	2.7	2.5	3.0
撒哈拉以南非洲	5.0	3.8	4.3
南非	1.5	1.4	1.3
拉美和加勒比	1.3	−0.3	0.8
巴西	1.3	−3.0	−1.0

资料来源：国际货币基金组织. 世界经济展望//http://www.imf.org/weo, 2015-10.

发达国家经济增长加速的主要原因是美国和欧元区。欧元区仅仅从

[①] http://www.imf.org.

2014年极差状态（增长0.8%）略有回升（增长1.5%），尚不及温和复苏水平。日本更差，从-0.1%改善到微增长0.6%。美国也不如年初预测，国际货币基金组织2015年1月曾预测2015年GDP增长率可达3.1%，10月调低到2.6%。但与欧元区及日本相比，仍属持续平稳增长态势。在2014年增长2.4%基础上，2015年前三季度一次环比增长0.6%、3.9%和2.0%，平均增速为2.2%，与2014年前三个季度的平均增速（2.1%）几乎相同。第四季度增长仍然稳健，预计全年增长率可达2.5%~2.6%，为世界经济增长贡献0.55~0.60个百分点。

一、2015年美国经济形势回顾

与2014年相似，2015年美国经济也经历了第一季度非常难看、第二季度非常好看、第三季度大体正常的曲线。三个季度GDP环比增速依次为0.6%、3.9%和2.0%（折年率，下同）。但这并不表明美国经济经历了大起大伏，主要因素是冬季严寒春季反弹这种非周期性因素。如果熨平非周期因素，可以看到，美国经济增长的基本面在年率2.5%左右，可算稳健，但不算强劲。

（一）美国GDP及主要构成要素增长情况

第一季度GDP只增长了0.6%，主要是因为冬季严寒和暴雪影响了港口出运，但没有影响进口产品抵达美国港口，结果造成出口锐减、进口增加。其统计上的结果是使GDP负增长了1.92%。如果没有这一因素，则增幅可达2.5%。但该季消费和投资仅受轻微影响，私人消费开支仍增长1.8%，固定资本投资增长3.3%。二者合计使GDP增长1.7%。

第二季度GDP增速大幅反弹到3.9%的直接原因是出口恢复，净出口为GDP增长正贡献了0.18%，比第一季度提高2.1个百分点。同时消费和投资也从第一季度的轻微耽搁中弥补性反弹，其中私人消费开支增长了3.6%（商品开支更增长8.0%）。私人消费和固定资本投资合计使当季GDP增长3.25%。

但这种情况带有暂时性,而非周期性。第三季度逐渐恢复基本态势。私人消费开支继续强劲,增长3.0%;仅此一项即拉动当季GDP增长2.04%。私人固定资本投资则有所减缓。二者合计拉动当季GDP增长2.59%,大致回归近年趋势水平。

表二　美国GDP增长及贡献度

(单位:%)

	2012	2013	2014	2015		
				Q1	Q2	Q3
GDP	2.2	1.5	2.4	0.6	3.9	2.0
个人消费开支	1.5(1.01)	1.7(1.16)	2.7(1.84)	1.8(1.19)	3.6(2.42)	3.0(2.04)
商品	2.7	3.1	3.3	2.0(0.25)	8.0(1.20)	6.6(1.08)
服务	0.8	1.0	2.4	2.1(0.94)	2.7(1.23)	2.1(0.96)
私人固定资本投资	9.8(1.38)	4.2(0.64)	5.3(0.82)	3.3(0.52)	5.2(0.83)	3.7(0.63)
设备	10.8(0.58)	3.2(0.19)	5.8(0.34)	2.3(0.14)	0.3(0.03)	9.9(0.57)
知识产权/技术	3.9(0.15)	3.8(0.15)	5.2(0.20)	7.4(0.29)	8.3(0.33)	-0.8(-0.03)
库存调整		(0.06)	(0.05)	(0.87)	(0.02)	(-0.59)
净出口		(0.20)	(-0.18)	(-1.92)	(0.18)	(-0.22)
商品出口		2.8(0.26)	4.4(0.41)	-11.7(-1.10)	6.5(0.55)	-0.5(-0.04)
商品进口		1.0(-0.14)	4.3(-0.59)	7.2(-0.93)	3.2(-0.41)	1.3(-0.16)
政府开支		-2.9(-0.58)	-0.6(-0.11)	-0.1(-0.01)	2.6(0.46)	1.7(0.29)
个人消费开支+固定资本投资		(1.80)	(2.66)	(1.71)	(3.25)	(2.59)
				(Q1-3平均2.51)		

注释:括号内为贡献度。
资料来源:美国商务部经济分析局http://www.bea.gov/gdp.

2015年一个新特点是美国政府开支不再紧缩,从而开始为GDP增长做出正贡献,这也增强了经济增长势头。但作用有限。

归纳起来看,美国经济的基本面是个人消费开支和私人固定资本投资,二者合计占GDP总量85%~86%,它们二者表现的综合基本代表了美国经济的态势。今年前三个季度"几"字形增速如果取其中位,大致增幅是2.5%左右,这大体反映了美国经济的基本增长力度。

(二)就业与通胀

失业率持续下降是美国经济的一大亮点。2015年11月,非农就业人数增加21.1万,失业率继续保持在5.0%。过去12个月失业人数总共减少了110万,失业率下降了0.8个百分点。目前5.0%的失业率已接近金融危机前4.5%的水平。但实际情况要差得多。11月劳动参与率只有62.5%,而2007年11月是65.8%。2015年11月,全国适龄劳动人口为25174.7万,其中进入劳动力市场15730.1万,就业14936.4万,失业793.7万,失业率5.0%。[①] 但如果同样按劳动参与率65.8%计算,则进入劳动力市场人数应为16565.0万,除去就业14936.4万,失业人数应为1628.6万,失业率9.8%。这既反映了长期失业群体不再寻求就业的现状,也掩盖了美国就业形势的真实状况。

美国经济的一大问题是通缩的潜在威胁。主要原因是世界市场油价暴跌,传导到油气零售价大跌。2015年11月,美国城市消费物价指数环比持平,同比上涨0.5%,远低于美联储不高于2.5%的期望值。其中能源价格环比下跌1.3%,同比下跌14.7%;食品价格环比下跌0.1%,同比上涨1.3%;除能源与食品外的其他各类,即核心物价指数环比上涨0.2%,同比上涨2.0%。虽然核心物价指数是主要指标,但能源价格的变化无论对经济增长还是美联储货币政策的制定都有重大影响。

(三)美联储加息

美联储于2015年12月15~16日举行的例会上决定联邦资金加息0.25

---

① 美国劳工统计局 http://www.bls.gov。

个百分点，达到0.25%~0.50%。这是2006年6月以来近10年的首次加息。美联储表示，2016年加息时间和幅度随时根据经济指标确定，整个加息进程将是温和的。

本人在一年前所写的《美国经济与前景》一文中预计：美联储升息"最迟不过四季度"。[①] 这一预计为什么可以在一年前做出呢？原因很清楚。第一，美联储可以加息。美国经济具备了加息的两个条件，即失业率低于6.5%，通胀率不高于2.5%。第二，美联储不得不加息。因为美国经济已经远远超过了危机前高点，再维持非常规货币政策，已不适应实体经济持续增长的要求。因为它带来的股市高涨已经包含一定程度的泡沫。而美国经济复苏已经6年，需要为下一次衰退准备货币工具，即降息。现在是零利率，何以降息？因此必须升息。第三，为什么不早点加息，拖到第四季度？这里有国内环境，也有国际环境。从国内环境看，如前所述，就业市场实际情况不如5.0%的失业率显示的那么好；通缩潜在威胁也悬在头上，加息不利于推动通胀。从国际环境看，欧日央行的相反政策（加大量宽），及8月世界股市和汇市的普遍下跌，加剧了美联储对加息后溢出效应的担忧。美联储倒不是担忧他国经济，而是担忧反过来影响美国经济。但权衡之下，还是必须升息，只是时间推迟、力度放弱。

二、年关之际美国经济态势

临近岁末，美国消费、生产、投资、出口等主要领域基本保持温和增长态势。其中消费情况最好，生产和投资略趋弱，出口最差。

（一）消费

据美国普查局统计，2015年1~11月，美国零售总额为48042.36亿美元，同比增长2.0%。其中汽车及零部件增长6.9%，家具家装增长5.6%，

[①] 何伟文. 美国经济形势和前景//刘古昌，主编. 国际问题研究报告2014—2015. 世界知识出版社，2015: 76.

建材增长3.9%，食品和饮料增长2.8%。密歇根大学消费者信心指数近月保持高水平。12月初值达到91.8，比11月终值91.3上升0.5个百分点。①

消费增长良好的基本原因是居民可支配收入的持续增长。据美国商务部经济分析局统计，2015年1~3季度全国居民可支配收入一次达到折年率131798亿、133383亿和135068亿美元，分别比2014年全年129139亿美元增长2.1%、3.3%和4.6%。与此相应，个人消费开支依次增长1.6%、3.1%和4.2%。②

（二）工业生产和投资

据美联储统计，2015年11月美国工业生产指数为106.5（2012年=100.0），同比下降1.2%，略低于年中6月的106.7，其中消费品生产指数同比下降0.9%，商业设备生产指数下降0.7%。11月制造业这一指数为106.2，同比增长0.9%，也高于年中6月的105.1。11月美国工业设备利用率为77.0%，低于2014年同期的79.0%，也低于1972~2014年43年总平均水平的80.1%，甚至低于1980~1981年衰退期间的低点78.8%。制造业设备利用率11月只有76.2%，略低于2014年同期的76.4%。③

据美国全国经济分析局公布，衡量制造业生产和投资态势的耐用品交货和订单，2015年来出现了相反走势。1~10月交货额24115.90亿美元，同比微增1.7%；累计新订单23277.09亿美元，同比下降4.2%。订单的下降预示着未来生产前景不佳。其中机械交货增长2.2%，订单下降7.6%；计算机则相反，交货下降2.7%，订单增长5.6%。说明技术含量高的行业前景较好。④

从前述美国商务部经济分析局公布的GDP各构成增长情况看，第三季度设备投资增长加快，第一至第三季度依次环比增长2.3%、0.3%和9.9%。这一态势能否持续尚待观察。更显示技术含量的知识产权和技术投资则相反，第一、第二季度增长较快，环比分别增长7.4%和8.3%，但第三季度急

---

① 美国全国经济研究局 http://www.nber.org/newsreleases.
② 美国商务部经济分析局 http://www.bea.gov.
③ 美联储官网 http://www.federalreserve.gov.
④ http://www.bea.gov.

剧转为负增长0.8%。同样,这一态势能否持续也待观察。但二者都没有出现持续的强劲增长,这在很大程度上可以解释美国经济增长为何不强劲。

2015年非金融企业利润情况相当好。据美国商务部经济分析局公布,金融行业纳税后利润总额,2015年第三季度为4586亿美元(折年率,下同)比2014年的4234亿美元增长8.3%;非金融行业利润则为15418亿美元,比2014年的13632亿美元增长13.1%。其中制造业利润5329亿美元,比2014年的4398亿美元增长21.2%。良好的盈利状况能否转化为投资加快增长,是判断美国近期经济走势的重要依据。①

(三)出口

据美国普查局统计的未经季节调整数字,2015年1~10月,美国商品出口总额12645.76亿美元,同比减少6.5%;进口18787.89亿美元,减少4.3%。出口比进口下降幅度更大。进口下降的主要原因是工业原材料进口净减少1515.59亿美元,而它的主要原因是国际市场油价暴跌。除此大类,其他进口净增长675.25亿美元,表明国内需求尚在增长。相反,出口各大类全面下滑,仅其他类略增(见表三)。

表三 2014~2015年美国各大类商品出口变化

(单位:亿美元)

大类	2014年1~10月	2015年1~10月	增减(%)
总	13520.60	12645.76	-6.5
食品/饮料	1160.88	1046.25	-9.9
工业原材料	4262.08	3648.25	-14.4
资本货	4587.90	4498.52	-1.9
汽车及零部件	1337.29	1270.91	-5.0
消费品	1669.53	1664.77	-0.3
其他	502.91	516.60	+2.8

资料来源:http://www.bea.gov.

---

① http://www.bea.gov.

综合三驾马车当前态势，可以大致看出美国经济可以保持温和增长，不会骤然恶化，但也缺乏强劲动力。

三、2016年美国经济前景估计

（一）从目前经济基本面估计，2016年美国经济增长率将保持在2.5%左右，或个人消费开支与固定资本投资合计，可以继续使GDP增长2.5%左右

其他因素能否添加增幅，主要看两点：第一，出口能否转增；在世界经济复苏继续乏力和美元汇率过强的情况下，2016年出口能有明显好转。第二，库存调整指向出口减少还是补进。这有赖于工业生产增长和投资需求转强。目前看来尚无明显转机迹象。因此，大规模库存补进的可能性不大。鉴于此，二者对GDP增长的贡献度尚难预测。如总体正贡献，整个GDP增长率可提高到或略高于3.0%；反之可能拉低增长率到2.5%以下。目前看来，前者可能性略大于后者，从而GDP增长率可能在2.5%~3.0%。当然，需要具体观察每个季度增长情况及其主要因素，不断更新增长估计。

（二）从美联储可能继续加息的影响估计

2016年美联储加息的频度和强度还很不明朗。美联储官员利率预期散点图显示，2016年底联邦资金利率可能达到1.375%。摩根大通估计2016年将加息四次。如果每次加0.25个百分点，共计加息1.0个百分点，到2016年底将达到1.25%~1.50%。这应当仍属极低利率。一般概念是，既然非常规货币政策是为了刺激经济，那么回归常规货币政策（包括结束量化宽松和加息）就是抑制增长。美联储的加息会不会压抑2016年美国经济增长呢？20世纪80年代以来，美联储共有5次加息。对经济和股市的影响各不相同。因此需要具体分析，不能仅凭概念判断。

1992年7月至1995年1月，美联储为了控制通胀共加息四次，从3.0%加至5.0%。当年GDP增长率有所下降。但次年即开始连续5年高增长。因此加息没有抑制增长。

1998年10~11月，为了防止亚洲金融危机影响美国增长，美联储曾降息两次，从5.0%降至4.5%。但9个月后又开始加息。从1999年8月至2000年5月加息5次，加至6.0%，主要目的是防止股市和互联网泡沫膨胀。直接结果是纳斯达克指数暴跌。从3月10日收盘的历史高点5048.62，当年跌到2332.78。GDP增长率也从第二季度起急剧放慢。相当多的经济学家认为，格林斯潘2000年5月不合时宜的加息，伤害了美国股市和经济，加速了衰退的到来，并使美国经济从网络经济转向房地产经济。

2003年1月起，由于经济衰退已经结束，经济正在逐步回升，美联储开启了连续三年半的加息过程，直至2006年6月29日加息结束，从0.75%提高到6.25%。这并没有影响当年和次年的经济强劲增长，但却带来房价大幅度下跌和次贷危机，从而帮助触发了2008年的全球金融危机。

这次美联储宣布加息后，美国股市并没有立即下跌，美元也没有明显走高。鉴于过去的经验教训，2016年美联储运用加息手段会非常谨慎，且总体仍保持极低利率和宽松政策。因此，目前估计是美联储加息对2016年经济增长率不会有重大影响。当然，还需要随时观察。

四、美联储加息和强势美元对世界经济和中国经济的影响

2015年12月16日美联储宣布启动加息后，立刻对许多新兴经济体货币产生强烈冲击。阿根廷当日宣布放开外汇管制，允许比索自由浮动。次日比索兑美元下跌30%。墨西哥当日宣布与美国同步加息0.25%，防止本币对美元大幅贬值。阿塞拜疆于12月21日宣布其货币马纳特实行自由浮动，当天马纳特对美元汇率从1.05跌至1.55。[①]

（一）美联储加息尤其是加息前的影响持续已久

1. 美元日益走强

美元日益走强导致欧元、日元和许多新兴经济体货币对美元大幅贬

---

① http://www.newsdayoo.com.

值，人民币也受到贬值压力。据美联储公布的美元兑一篮子货币名义汇率指数，2014年1月2日至2015年12月15日（加息前夕）从85.1343上升至94.0877，升幅10.5%。但12月16日宣布加息后截至圣诞节前的7个交易日中累计回跌0.1%。主要是因为对欧元和日元下跌，新兴经济体货币除印度卢比外对美元均继续下跌（见表四）。

表四 纽约市场美元兑主要货币收盘价

（变动为百分比）

	12/31/2014	12/15/2015	12/24/15	对美元变动	
	（Ⅰ）	（Ⅱ）	（Ⅲ）	(Ⅰ)—(Ⅱ)	(Ⅱ)—(Ⅲ)
人民币	6.2046	6.4600	6.4758	−4.0%	−0.2%
欧元	1.2015	1.0911	1.0955	−9.8%	+0.4%
日元	120.2000	121.6600	120.3200	−1.5%	+1.1%
巴西雷亚尔	2.6967	3.9000	3.9358	−31.9%	−0.9%
印度卢比	63.2700	66.7900	66.0000	−5.9%	+1.2%
马来西亚林吉特	3.5150	4.3000	4.3050	−23.0%	−0.1%
南非兰特	11.6990	14.9815	15.2700	−29.8%	−2.0%
美元对主要货币名义汇率指数	85.8218	94.0877	93.9989	+10.5%	−0.1%

资料来源：美国全国经济研究局官网 http://www.nber.org/newsreleases.

独联体国家在强势美元和油价暴跌的双重打击下，货币贬值尤为明显。卢布两年来对美元已贬值53.5%，白俄罗斯货币也贬值49%。哈萨克斯坦8月15日宣布其货币坚戈对美元自由浮动，同日坚戈对美元贬值35.5%，两年来累计贬值55%。①

2. 对原油和大宗商品价格的影响

由于这些商品价格均以美元为单位，美元走强直接反映为油价和大宗商品美元价格的下跌（首先是供求因素）。这给依赖原油或其他大宗初级产品出口的新兴及发展中国家带来巨大困难，包括外汇收入减少、本币贬

---

① http://www.newsdayoo.com.

值、经济负增长、对外债务负担加重。影响最直接的有俄罗斯、巴西、阿根廷、哈萨克斯坦、委内瑞拉、沙特、马来西亚、南非、赞比亚等。

3. 世界资金流向的转变

更多资金回流美国,许多新兴和发展中经济体遭受资金外流压力。据总部设在华盛顿的国际金融协会(IFF)新近发表的报告估计,2015年,新兴经济体将出现27年来首次资本净流出,金额达大约5000亿美元,并估计2016年将继续净流出约3000亿美元。受打击最大的将是"脆弱五国"巴西、智利、墨西哥、秘鲁和哥伦比亚。[①] 在美国零利率和量化宽松时期,新兴经济体大量从发达国家借入美元。据国际货币基金组织估计,2004~2014年这十年间,新兴和发展中国家企业持有的美元对外债务从4万亿美元增加到18万亿美元,翻了两番。由于美元升值,本币贬值,资金外流,对外偿债风险敞口巨大,将加剧其国际收支困难。但与1997年亚洲金融危机前夕情况不同,不少新兴经济体货币已不再盯住美元,外汇储备也远比那时充裕。因此,再次发生类似亚洲金融危机的可能性不大。

4. 部分新兴经济体陷入经济衰退

在强势美元、原油和大宗商品市场崩跌、国际资金流向改变的三重重击下,一些主要新兴经济体陷入衰退。俄罗斯2015年GDP估计将萎缩3.8%。巴西"离崩溃仅一步之遥",并可能成为2016年世界经济一大风险。穆迪已将巴西债信评级降为"垃圾级"。国际金融协会估计巴西人均收入到2016年底将退回2009年水平,"反弹遥遥无期"。南非则可能紧随其后。[②]

(二)2016年美联储加息影响可能趋弱

同样需要关注的是另一种倾向,即美联储加息的最大影响在于要加息但尚未加息。一旦加息且加息过程透明,可预测,影响可测算,则影响将日益减弱。美联储加息后,外汇市场上美元兑主要货币汇率以及这一指数并未明显上升。

---

① 新兴市场货币竞贬 拉美经济有多脆弱//http://www.yicai.com/news/2015/12/4730559.html,2015-12-25.

② 同上.

1. 关于汇率

可以借鉴的是2013~2014年美联储推出量宽过程对新兴经济体货币的影响。从2013年5月伯南克表示将推出量宽到这年年底（即实施前），巴西雷亚尔对美元下跌11.06%，印度卢比下跌8.4%，南非兰特下跌9.2%。当2014年2月开始实施推出量宽后，这些货币对美元反而回升。到4月12日，巴西雷亚尔、印度卢比和南非兰特对美元分别比2013年底回升8.9%、2.0%和1.0%。

彭博通讯社认为，美元动能已成强弩之末。12月以来美元对10种主要货币6个月期汇指数已下跌0.5%，全月将是6月以来最差表现。①

因此，2016年美元上升余地可能减小。不同新兴经济体货币表现将相差很大，主要原因将是其自己的经济基本面，而不是美联储加息。

2. 关于资本回流

国际货币基金组织经济学家斯瓦纳利·阿赫迈德（Swarnali Ahmed）新近发表的报告认为，美联储加息前一个季度中，从新兴经济体撤出的资金相当于新兴经济体GDP的3.5%。但国际资本回流最糟糕的情况已过。部分新兴经济体甚至出现资金回流。②

在分析上，应当把热钱的流动与直接投资严格区分开来。新兴和发展中经济体普遍担心的资金流回美国还是证券市场资金或投机资金，不是直接投资。2014年，美联储加息之剑高悬，新兴和发展中国家实际流入的跨境直接投资却比上年增长2%，达到创纪录的6810亿美元。相反，发达国家的实际投资流入下降了28%，为4990亿美元，第一次被新兴和发展中国家超过。而下降的主要原因恰好是美国。③

3. 关于油价和大宗商品价格

当美元升值减弱，油价和大宗商品价格有可能比2015年稳定。这时供求关系将起到更重要的作用。近来国际油价出现回升。主要原因是美国页岩气井关闭增多，库存下降，而世界需求有回升迹象。

总体来看，美联储加息对未来一年世界经济的影响可能日益减弱。主

---

① http://www.sina.com//财经.
② 同上.
③ 联合国贸发会议. 世界投资报告2015年//http://www.unctad.org/wir.

要新兴经济体经济能否避免重大衰退抑或回暖,主要因素在国内。具体影响和后果需要随时跟踪最新情况,并做出尽可能客观而科学的估计。

(三)美联储加息会否严重打击中国经济

一年多来,关于美联储加息对中国经济的影响,媒体上可谓见仁见智,丰富多彩。总体看法是负面和担心。担心是必要的,但应当避免简单化、公式化的预测。

需要注意的第一个影响是美元强势对人民币汇率的影响。近来人民币对美元连连下跌。2015年12月11日跌到6.4553人民币兑1美元,为8月11日中间价形成方式改变以来的新低。韩国三星期货外汇分析师Senngi Joen预计,2016年人民币对美元将贬值4%~5%。估计在美元强势下,人民币对美元还可能适度贬值,但不会大幅贬值。这里要看到,主要原因不是人民币,而是美元过强。过去3年来,人民币对美元下跌了2.73%,对欧元、日元和巴西雷亚尔则分别上升了16.46%、31.44%和43.15%。因此我们今后不能再简单地看人民币对美元汇率,而要看央行新公布的对13种一篮子货币的汇率水平。当然,由于美元是世界最重要、使用最广泛的货币,对美元名义汇率也十分重要。还要看到,美联储升息后,美元不一定保持升势,因为强势美元对美国经济不利。据高盛最新计算,美元升值10%,美国经济增长将放慢接近0.5个百分点,而将使中国经济增长放慢1个百分点。中国经济增长率已经到了7%左右甚或6.5%,不能再低1个百分点。

第二个可能的影响是资金流动,即会否引起大量资本外逃。2015年头11个月,央行外储总量减少约4000亿美元,其中11月减少872.2亿美元。但这并不是资本外逃。第一,是部分官方外汇储备被企业和个人买去,还在中国境内;第二,另一部分被企业买去投资海外或偿还外债,被个人买去用于出境旅游和留学等;第三,热钱流出,这是少部分。所谓资本外逃是指证券市场热钱的流出,不是直接投资流动。2015年1~11月,中国实际利用外资1140.4亿美元,同比增长7.9%。因此,直接投资资本流入仍未受影响。

第三个可能的影响是A股。目前外资占A股交易资金比例只有2%,不足以构成冲击。A股的主要问题在于自身,不应夸大美联储加息的作用。

第四个也是最重要的，美联储加息会否严重影响中国十三五开局之年的经济增长。应该看到，中国经济体量巨大，主要动力在国内。且外汇储备充足，不存在对外收支危机的现实危险。要有效抵御和化解美联储加息的影响，最重要的是自己，即要把中国经济自己的事办好。要坚定不移地遵循党的十八届三中、四中、五中全会一系列决策，全面深化改革，建设高标准开放型经济，保持中高速，迈向中高端。只要我们有能力保持经济稳定增长，外部冲击将没有什么可怕。

美联储加息：目标、影响及宜注意的问题

陈德照[①]

内容提要：美联储加息是一个标志：美国长达七年之久的零利率时代结束了。美联储公告和联储主席耶伦在新闻发布会上的演讲有两个值得注意的关键词。在加息后的"新常态"下，美国利率将维持在合理水平上。美国加息对世界经济和中国经济有广泛的、多领域的和多方向的影响，也为中美之间的合作与竞争增添了新的内容。我们要立足国内、加强研究、统筹兼顾、沉着应对。不排除美联储加息的一些具体做法对中国有可供借鉴的地方。

关键词：美联储加息　一个时代结束　多重影响　注意应对

2015年12月16日，美联储公布了为期两天的联邦公开市场委员会（FOMC）会议结果：将联邦基准利率从0~0.25%提升至0.25%~0.5%，上调25个基点。从那时以来，国内外对美联储加息的影响及中国宜采取的政策发表了许多相同和不同的意见与建议。本文仅就美联储加息的目标、影响及几个需要注意的问题，说一些看法。

一

在美联储公布加息决议后，联储主席耶伦出席了随即举行的新闻发布

[①] 作者系中国国际问题研究基金会世界经济研究中心执行主任，研究员。

会，作了半个小时的演讲，回答了现场记者的提问。耶伦认为，"为了支持经济自1930年大萧条以来最严重的金融危机和经济衰退中复苏，联邦基金利率在超长的七年内保持接近零的水平，本次加息标志着这一时代的结束。"在联储历史上，把一次幅度不大的加息视作一个"时代的结束"，是颇为少见的。对这次加息的这种评价，一方面反映了美国经济和金融界以至美国各界人士对这次"自1930年大萧条以来最严重的金融危机和经济衰退"怀有沉重记忆，同时也反映了美国有关人士对美国经济持续复苏具有热切的期盼和信心。这是这次美联储加息的基本方面。另一方面，美联储加息释放出了美国试图重返美元霸权地位的信息。

美联储公告和耶伦在新闻发布会上的演讲有两个值得注意的关键词：一个是"渐进"，另一个是"健康"。

耶伦在过去几次讲话中都说过，美联储加息将采取"小步走"的办法。这次的联储公告又强调，"经济状况将只会允许逐步加息的方式"，"联邦基金利率的实际加息路径将取决于未来数据提供的经济前景"。耶伦则说，美联储后续加息步伐将视新的经济数据而定，货币政策正常化的步伐将是谨慎的和渐进的。启动加息体现了美联储对美国经济现状的信心，但是，"如果经济发展令人失望，美联储将实施更加宽松的货币政策。"另一方面，美联储在加息的同时也明确表示，加息后一个相当时期中，美国实行的仍然是比较宽松的货币政策。在联邦基金利率水平正常化之前，美联储仍将维持下述政策：以持有的机构债券、机构抵押贷款，支持证券的本金再投资到机构抵押贷款支持证券中去，对拍卖中到期的国债进行展期。这一政策将使美联储持有相当大规模的长期债券，有利于保持宽松的金融环境。今后，即使继续实行加息政策，也不会像此前加息周期一样，以机械的方式，在每次议息会议上都以固定幅度加息。在上一轮加息周期中，从2004年6月之后美联储每次议息会议都决定加息25个点，直到两年后利率达到5.25%的最高水平。而这一次，美联储并没有今后进一步加息的固定时间表，它将依据经济数据而不是按照日期推动加息，也不排除必要时回调利率的可能性。

另外，这一轮加息周期的目标不是5%和以上的高利率，而是像2%那样能够成为常态的、温和的利率。在美联储加息的同时，耶伦还发布了对经济增长预期的中值：今年美国GDP增长2.2%，明年2.4%，保持温和的上行态势。

值得注意的是，美联储2015年的几次议息会议以及联储领导人的多次讲话提到和关注经济的增长速度。经济增长率是美联储决定是否加息的三个经济指标中的第一个指标，因为它直接反映了当前美国经济的走势，但美联储2015年几次议息会议提得最多和讨论得最多的并不是经济增长速度本身，而是影响美国经济能否健康复苏的因素，其中备受关注的是失业和通胀问题。一个时期以来，美国的失业率虽已下降至5%，但联储一直在关注是否可能出现周期性走弱。失业问题现在也变得比过去远为复杂了。过去远没有那么多的兼职和部分就业问题。现在，失业率虽已降至5%，但劳动参与率仍低于预期，工资增长仍未能持续上扬，还出现了异乎寻常的高比例兼职。影响美联储加息的另一个重要因素是通胀率及其变化趋势。联储领导人认为，2015年的通胀率过低是因为能源价格走低和美元升值对通胀构成的影响，它抑制了进口商品的价格。但随着这些暂时性因素的消退以及劳动力市场进一步增长，美联储相信，"通胀率将达到2%"。尽管存在失业问题和通胀问题等诸多不确定因素，但2015年12月16日耶伦在美联储公布加息决议后召开的新闻发布会上回答记者提问时说，"美国经济的健康程度是相当稳定的"。尽管外国的动态变化仍然对美国经济增长构成风险，但这些风险自从夏末以来就已经减弱了，美国经济已经足够强大，能够抗衡与调节这些波动因素。可以说，正是由于经济的健康程度有了稳定的提升，美联储在2015年12月做出了加息决定。

由于市场状况千变万化，其中存在很多不确定因素，无论是世界经济还是美国经济都变得比过去远为复杂了。市场的变化既是可以认识的，又往往难以有效地调节。即使对于发达和成熟的市场经济国家如美国来说，对于像美联储这样在调节市场行为方面已有比较丰富经验的机构来说，虽然消费和投资都已温和增长，就业接近充分水平，复苏基础趋于稳固，调整利率仍是一件复杂的事情，需要对经济基本面及其变化趋势反复研究，才能得出比较客观的结论。2015年，美联储几次推迟加息时间说明，它在复杂情况下在加息时间选择上的迟疑和困难，而不是加息决心的"摇摆不定"。今后，如果美国经济基本面不出现逆转性变化，美联储仍会继续实行"小步子"加息的政策。但美联储并无固定的加息计划，一切将视经济信息变化而定。我们在应对美联储加息时宜充分考虑这种情况。

二

美联储加息对世界经济有广泛的、多领域的和多方向的影响。

美联储加息有利于美国回归金融常态，掌控得当将促使美国经济进一步复苏，从而推动世界经济进一步发展。美联储退出量化宽松（QE）和提升利率，正值欧洲实施全面放松政策之时。2015年，欧洲中央银行推出了1.1万亿欧元的资产购买计划。日本也忙于推行债券购买计划。迄今为止，全球已有20多家中央银行继欧洲和日本之后放宽了货币政策。货币政策的这种分歧固然使发达国家在协调货币政策方面的困难增加了，但又使美国在重构世界经济—金融秩序方面占了先机，有助于美国重新构建新的世界贸易和货币秩序，提高美国在推进跨太平洋战略经济伙伴关系协议（TPP）、跨大西洋贸易与投资伙伴协议（TTIP）以及服务贸易协定（TISA）谈判中的地位，推动参与谈判的国家克服障碍达成一致。

2015年，包括中国在内的新兴经济体由于调整经济结构等原因造成的经济下行趋势进一步发展，在这种大环境下，美联储即使只加息0.25%，也会对发展中国家和新兴经济体经济带来较大的负面影响。美国加息吸引海外投资回流美国，使新兴市场的股市和汇市出现更大波动。但从目前情况看，金砖国家普遍出现"流动资金断流"从而引发新一轮世界金融危机的可能性小。由于美联储对加息造势，在12月加息前新兴市场国家货币已屡创新低。比如印尼盾兑换美元的汇率在美联储加息前已降至17年来的最低点，巴西货币雷亚尔也一度触及20多年来的最低水平。货币贬值的能量预先得到释放，缓减了加息后这些国家汇率大幅动荡的风险。

石油、粮食、黄金等大宗商品价格下跌使世界经济发展更加不平衡，既不利于世界经济进一步复苏，也使不同国家间产生新的矛盾，给国际经济合作带来负面影响。美联储加息引起的美元升值使已经疲软的大宗商品价格进一步下跌，给石油等资源型国家经济造成更大压力。目前，由于油价大幅下跌,俄罗斯等石油出口国的收入锐减,委内瑞拉甚至出现债务违约风险。国际货币基金组织总裁拉加德认为,加息引起的美元汇率和市场价格波动是全球经济摩擦的潜在源头,因为一些经济体将从中受益,另一些经济体则会受损。美联储加息对黄金价格也造成很大冲击。由于美国是世界黄金储备最多的国家,黄金价格以美元定价,所以美元因素是影响黄金价格走势最重要的一个因素。美元升降趋势与黄金价格的升降趋势一般呈现出的是反向关系。加息之后,由于联邦基金利率出现上升趋势,遏止了黄金价格上涨。世界大宗商品市场也已受到美元加息的影响,金价目前已下跌10%左右,澳新银行和荷兰银行均预计,黄金会在未来12个月内会跌至900美元/盎司。黄金、石油和石油制品以及铁矿砂、铜、铝等价格下跌固然受世界经济不景气影响,经济不景气减少了对这些商品的有效需求,也和美国取消石油出口禁令等供求因素的变化有关系,但美国加息以及美元价格上扬无论如何是一个不可忽视的因素。

美联储加息引发资本外流,大宗商品价格下跌等对发展中经济体的挑战大于对发达经济体的负面影响,部分新兴市场和资源类国家的系统性风险增加程度大于一般发展中经济体风险的增加。评级机构惠誉认为,美联储加息会增加其他评级主权国家尤其是新兴市场所面临的风险。世界银行近日警示,美联储加息将使新兴经济体的融资条件逐步收紧,资本波动将加剧。美联储与其他主要中央银行的货币政策分化加剧可能会进一步推高美元,加大新兴市场汇率风险。部分新兴经济体可能面临资本急剧外流、股市下跌、货币贬值、外债偿还压力增大等挑战。总部位于华盛顿的国际金融协会近日发布报告称,受美联储加息以及经济增长放缓的影响,主要新兴经济体将面临27年来的首次资本净流出,总金额将超过5000亿美元。

不久前,标准普尔宣布将巴西评级下调至"垃圾级",评级展望为负面。随后,惠普将巴西、南非、俄罗斯、土耳其等新兴市场经济体列入降级风险名单,其中巴西被认为是所有新兴市场中受美联储加息冲击最大的国家。土耳其可能也会面临更大的偿债风险。土耳其拥有巨量的短期外债规模,近1250亿美元,约占该国GDP的8%,美元增值加大了土耳其的偿债成本。南非是对外部融资需求最高的国家之一。南非的外汇储备远低于其偿付外债以及进口支付的需要。美元走强势必使南非面临更为严峻的局面。南非面临的另一困境是，经济过分倚重采矿业，而大宗商品价格的暴跌使国内采矿相关产业遭受重创。俄罗斯、委内瑞拉和尼日利亚同样依赖大宗商品，这些国家政府收入的大部分来自大宗商品出口。因大宗商品以美元计价交易，如果美元走强，这些大宗商品的价格还会进一步走跌。①

三

  美联储加息适逢中国经济处于下行走势之时。2015年中国GDP增长速度降至6.8%，2016年还将进一步下降，资源和环境瓶颈进一步收紧，结构调整和改革进入关键期的各种矛盾彰显。不过，所有这些矛盾与困难还都在可控范围内。西方唱衰中国经济缺少科学依据。

  对于美联储加息给中国经济带来的影响，我们需要客观地、全面地评估。

  以下几个问题我们似应特别关注。

  第一，美联储加息对中国经济的许多方面都将产生程度不同的影响。我们既要客观评估加息对中国经济不同领域的影响，也要统观全局，注意美加息对我整个经济走势和经济基本面的影响。树立这样的观念非常重要。美联储加息本来就是一个标志，它揭示的是向好的美国经济基本面和经济发展的上行趋势。美联储加息无疑会给中国的进出口贸易和人民币汇率等带来重要影响，但这些影响最终都汇集到对中国整个经济走势和经济基本面的影响。美联储加息恰恰发生在中国经济下行趋势凸显之时。一个是最大的发达经济体，一个是最大的发展中经济体；一个经济处在上行趋势中，一个经济处在下行的趋势中；一个要加息，一个要减息。这种对比给投资者的印象是强烈的，它不言而喻具有世界影响。这个"强烈印象"和"世界影响"会反过来，通过各种不同途径，对两国经济和人们的信心产生影响。因此，我们在看待和应对美联储加息对中国经济影响时，不能

---

  ① 孔福安. 中国走出去企业如何应对美元加息带来的影响？//http://www.jccief.org.cn/v_1/5194.aspx, 2015-12-20.

就贸易论贸易，就资本市场论资本市场，而要统观全局，统一筹划，局部利益要服从对中国经济基本面的影响这一大局。各部门、各领域的应对之策也都应以对经济基本面影响大小作为首选的标准。

美联储加息和美元汇率上扬到底会给中国经济基本面和整个经济走势带来多大影响，虽然非常重要，但要具体计量却又相当困难。拿利率政策来说，无论是美国的加息还是中国的减息，不同时期对经济的影响是不一样的。在联储加息前期，由于美国加息和中国减息，两国之间的利差将呈现缩小趋势，这个时期以利用利差谋求暴利的投机资本进入中国的数量可能减少。在美联储加息后期，如果两国的基本经济走势和货币政策继续保持反向运动的特点，美国的利率水平有可能高于中国，这时两国之间的利差会再次出现扩大趋势，但投机资本不是更多地流入中国，而是流入美国，同样会给两国经济和金融市场带来影响。

使情况变得更加复杂和难以计算的还有其他一些因素。减息和加息都是双刃剑。减息可能带来的积极影响是，它会降低中国企业的筹资成本，增加中方出口商品的竞争能力，对遏止通胀率上升有一定作用，也有助于股市和房市进入常态发展，从总体讲，对稳增长、促发展有利。但减息又会减少公众的有效支付能力，甚至引起部分公众不满。它也会引起部分热钱转移或外逸。这些都需要我们出台政策、措施，尽力加以化解。

第二，资本项目完全开放是我们的目标，它要有一个过程，什么时候快些什么时候慢些，应与经济发展的总体状况相适应。资本项目完全开放并不是越快越好。目前，中国经常项目已经对外开放，资本项目相当大一部分也已经开放了，没有完全开放的那部分主要是针对热钱等特殊项目资金流动实行的管理。在汇率制度方面，人民币汇率实行"以市场供求为基础、参考一篮子货币进行调节、有管理的浮动汇率制度"。一方面，人民币汇率是浮动的，中长期的大趋势是能反映市场供求基本面的。比如自2005年7月汇改到现在，人民币总体上升值了25%，反映了中国经济增长较快、经常账户和资本账户双顺差支撑的升值基本面。另一方面，人民币汇率是受到有效管理的，短期汇率走势受到央行引导的重要影响。虽然近年来央行减少了直接的数量干预（外汇占款），但依然保持了间接的价格干预（中间价）。在实际操作中，央行引导汇率的主要参考标准是美元。①这种对外汇实行的有管理的开放制度为避免资本在短期内大量外流筑起了一堵重要的"防火墙"。但我们不能因此就高枕无忧，因为资本外逸既可通过合法途径，也可通过非法途径。我们可以管住资本通过合法途径的外流，但常常管不住通过非法途径的外流。目前许多地方特别是在广东、福建等沿海省市，地下钱庄等非法金融机构已有相当规模。它们内部分工严密，形成了一条龙式的运作机制，有的还同贩毒集团和贩毒分子的洗钱活动结合在一起。除此之外，我们管得住国企，但往往管不住民企。有的民企守法，有的不那么守法。随着进一步对外开放，在中国内地和香港以及东南亚国家毗邻的地区，同国外进行商品和资金交流的途径很多。现在不但有货物的走私，还出现了"资本走私"现象。这种现象在发展中经济体是普遍存在的。据统计，从2003年到2012年，通过不正当手段从新兴市场国家流出的资金多达6.6万亿美元。目前，即使是合法的资金汇出，我们在制度方面也还存在漏洞。根据规定，目前每个中国公民每年可购汇5万美元，并在资助亲友或支付留学费用等名义下汇往国外。但由于办理汇兑业务的银行没有联网，人们可以在不同银行办理售汇和国际汇款业务。结果是，有些个人实际上汇出的外汇资金要远大于每年5万美元。国家外汇管理局2015年8月18日发布的数据显示，同年3月，银行代客结售汇逆差高达579.17亿美元，成为2001年有统计数据以来历史上第一大单月逆差金额。这和美联储造势加息引起的人民币贬值预期有很大关系。一般说，如果银行代客结售汇为顺差，说明结汇的人多于售汇的人，也就是用美元兑换人民币的需求较强，市场看涨人民币，它也能帮助我们判断"热钱"流入的压力；反之，如果银行代客结售汇出现逆差，则说明市场看空人民币，"热钱"可能外流。因此，我们的当务之急与其说是加快实行资本项目完全开放，不如说是加快金融制度改革步伐，包括加强和完善金融监管制度，减少美联储加息对我们的负面影响。

第三，从中长期来看，美联储加息会加剧人民币汇率贬值压力。2014

---

① 朱振鑫，张瑜. 美联储加息是纸老虎// http://finance.sina.com.cn/stock/usstock/c/20150618/090722464219.shtml, 2015-06-18.

年以来，人民币汇率进入双向波动时代，但波动的中枢在不断贬值。2014年的人民币兑美元汇率平均6.16，2015年已贬到6.23。未来几年的人民币汇率中枢可能继续贬值。但有研究认为，短时期内，人民币汇率仍可能延续近期的窄幅波动。①

第四，在设计应对美联储加息的对策时，注意政策调整的幅度和最佳实施时机。拿这次美联储加息来说，它一方面强调加息势在必行，同时又主张"小步走"方针，认为联邦基金利率回到长期正常水平需要较长时间。今年以来，美联储几次开会讨论加息问题就是想找到一个加息的最佳时机，尽量减少加息对美国经济可能带来的负面影响。这些主张和做法基本反映了联储现任主席耶伦的观点。耶伦有着美国文理学院博士学位，在学界以研究20世纪30年代美国经济大危机和罗斯福政府对应之策著称。她曾在多个领域的有关机构任职，有比较丰富的处理市场动荡的经验。我们的情况则不大一样。很长时期我们着重发展的是工业、农业等实体经济，在这方面积累了比较丰富的经验，但对如何发展虚拟经济，包括如何利用货币杠杆调节股市、房市缺少经验，也缺少既有较高理论素养又熟知国内外有关情况的金融领域的领军人才。中国的股市在并不很长时期中屡次大起大落固然有很多原因，但和有关机构没有及时采取有效措施也有一定关系。有学者认为，中国股市至今未能恢复正常增长，和不久前有关机构在股市尚未"真正进入"正常发展态势时过早撤出救市措施有直接的关系。美联储在历史上有过大的失误，也有过大的成功，我们要从两个方面加强对它的研究。

第五，美联储加息对"一带一路"沿线发展中经济体的负面影响较大，这将为中方推进"一带一路"战略增加新的困难。推进"一带一路"建设靠两个"轮子"，一个"轮子"是政府，另一个"轮子"是企业。两个"轮子"都重要，不能一个"轮子"重，一个"轮子"轻。美联储加息使这两个"轮子"都遇到一些问题。从国家层面讲，美联储加息和美元汇率上升使"一带一路"沿线国家的债务利息增加，偿还中方提供的援助贷款和商

---

① 朱振鑫，张瑜. 美联储加息是纸老虎// http://finance.sina.com.cn/stock/usstock/c/20150618/090722464219.shtml，2015-06-18.

业贷款的能力下降。这些国家偿还外部债务的压力增加，会相应地减少可用于"一带一路"建设的资金和力量。近两年来，越来越多的中国企业选择在海外发债。2014年，中国成为最大的新兴市场借债人，总共发行了价值1010亿美元的债券，创出历史新高。截至2014年末，在2008年以来所发行的1.3万亿美元债务中，中国企业以2137亿美元位居首位。随着2015年来美元走势转强，中国企业在境外发行美元债券的成本在上升。如果境外发的是美元债而境外预期收入的货币不是美元，中国企业有可能面临较大的汇率风险。

第六，研究工作要先行。随着美联储逐步加息，其影响会逐步显现出来。目前就来对美联储加息影响下结论还为时过早。像美联储加息这样涉及面很广又非常复杂的问题，由单独一家或一两家智库进行研究，很难完全弄清楚。在这种情况下，为能提出有价值的对策报告，亟须在有关地区组织几个有政府部门、研究机构、企业三结合的课题组进行深入研究，同时强调和加强智库同政府部门的联系，加强有关智库之间的分工与合作，尽量避免浅层次的重复研讨。在这个过程中既要加强实证研究，强调对策建议的可用性，也要对一些重要问题进行理论性探索。上面提到，美联储在研讨加息时机时遇到的一个重要问题是如何看待美国的通胀问题。美联储现在认为，加息的通胀门槛不是达到或超过2%的通胀目标，而是对"通胀在中期内回归2%有足够信心"（reasonably confident that inflation will move back to 2% over the medium term）。2015年8月，美联储副主席费希尔在杰克逊·霍尔（Jackson Hole）全球央行行长会议上指出，由于货币政策对实体经济起效有时滞，不应等到通胀达到目标再加息。历史上也不乏实例。联储1999年6月启动加息时，其最看重的通胀指标核心个人消费价格指数（core PCE price index），年比增速仅为1.2%，低于当前的1.3%。[①]

---

① 缪延亮.美联储加息的十个问题//中国金融四十人论坛，2015-12-16.

2015年欧盟对外战略的困局

邢骅[①]

内容提要：2015年欧盟对外关系遭受多种持续与突来的严重挑战。欧盟开始探索应对难题的经验予以应对，但是未得脱出困境的成果，这反映了其基本对外战略的困惑与迷失，值得重视与思考。

关键词：乌克兰危机 难民潮 恐怖主义袭击 欧盟对策

2015年欧盟度过了一段异常艰难的日子。当前国际格局在剧烈变动中，全球几个主要行为体中欧盟受到的颠簸最重，难题最多，特别值得关注。

在欧盟内部经济疲软、欧元区未得稳定、政治凝聚力松懈、英国脱欧阴影加厚的同时，对外关系的难题也累积成堆。乌克兰危机、恐怖主义威胁、难民潮或继续延伸，或突发袭来。欧盟政治经验成熟，历经众多困境淬炼，对面临挑战做出兵来将挡、水来土掩的多方应对。但是危机问题所涉极深、极广，解救危机虽有方案，但落实效果不佳，联盟处境尴尬，引起就其对外战略不当处的反思。

一、乌克兰危机已成死结，欧盟身受重压

2015年，酿成俄罗斯与西方全面对抗的乌克兰危机继续纠缠，既无解又无缓，几成死扣。这次危机中，站在西方对抗俄罗斯第一线的欧盟承担

[①] 作者系中国国际问题研究院研究员。

的巨大压力有增无减，对应尤为艰难。

（一）军事对抗难以掌控

一年来，德国、法国与俄罗斯在欧安组织协助下迫使乌克兰政府与东部反对派武装达成《明斯克停火协议》，勉强压住战事延续，但交战双方势不两立，支持它们的美、欧与俄的基本立场仍不可调和，乌克兰危机的最终解决没有前途，停火协议基础十分脆弱。

在此期间，美国为首的北约和俄罗斯为了在乌克兰危机解决中施压对方，增加自身权重，相互加强军事要挟，空前规模的军事演习此起彼伏。冷战后欧洲走向和平、裁军的趋势进一步逆转。好端端的欧洲空中、海上、陆上战云密布，军力密集。更加危险的是，北约与俄罗斯实战准备增强。北约继续落实2014年制定的针对俄罗斯的《战备行动计划》，训练数千兵力的先头快反部队，在与俄罗斯为邻的成员国设下接应站；俄罗斯亦针锋相对地向前安排兵力，改进作战机制。

欧洲成为全球唯一东西方正面军事对峙的场所。欧洲安全成为这场对峙的抵押品，危险系数大增。

欧盟身背两次大战沉痛教训，防止乌克兰一国内乱将欧洲拖入战争深渊为其处理危机底线。德、法两国除保持与俄罗斯的"诺曼底模式"协商，花大力气促成乌克兰交战方初步停火外，还设法控制美国对乌克兰军事卷入程度，避免美国的冒险主张点燃战争导火线。默克尔总理在慕尼黑安全会议上公开反对美国给乌克兰当局提供"杀伤性武器"，并专程赴美说服美方不要放手武装乌克兰。2015年2月5日，法国总统奥朗德在基辅新闻记者招待会上明白无误地宣称，处理危机的要旨是"防止在欧洲门口引发战争"。但是欧洲国家大多为北约成员或合作伙伴，它们也得参加北约的各项军事行动。欧盟特别是其中有责指点大事的德、法两国，既需恪守北约成员职责，又要特别留心维护欧洲和平大局，必得左顾右盼，极费斟酌。

（二）美国因素加重危机对应的复杂性

欧盟与美国就争夺乌克兰、压制俄罗斯势力范围有共同追求。欧盟要尽力巩固与美国的盟友关系，避免俄罗斯利用欧美矛盾，加之在与俄罗斯争夺中也需以美国为首的北约在军事上撑腰。但是，欧盟拉住美国的同时，还要防住美国不顾欧洲安全大局的冒进，不能唯美国马首是瞻，把自己绑在难以控制的美国的战车上。另外，美国对俄罗斯也有硬软两手，美、俄间维持就解决乌克兰等国际危机的磋商，在有关欧洲的问题上能否与欧盟充分协调与通气，很令欧盟疑心。欧盟不愿冷战时美国忽视欧洲利益与意见、越顶与苏联打交道的单边主义重现。

（三）对抗俄罗斯力度需仔细衡量

欧盟坚守冷战后建立以己为主的"统一、自由欧洲"的战略，立意促推乌克兰新生政权的西化，阻止俄罗斯重返控制乌克兰的地位，并且力求打掉俄罗斯拿回克里米亚行动，以防俄罗斯"片面改变欧洲国家边界"形成恶劣先例，破坏欧洲秩序，在危机中与俄罗斯尖锐对立。冷战后欧、俄间建立的多项合作机制瘫痪，替代以外交、政治、经济乃至军事领域的对峙。但是欧盟特别是德、法大国为保持欧洲的长期和平、稳定，还需与俄罗斯共事，不想把冷战后与俄罗斯的合作一笔勾销，不愿把俄罗斯推上一世为敌的不归路。欧盟在西方与俄罗斯的对峙中，主要负责在经济、外交领域实行制裁，在做出有关决定时保持一定克制，有意表明可视俄罗斯的态度减力或取消执行，给俄罗斯留有改变政策的余地。

（四）内部政见分歧，对外缺失合力

分别在两个公共场合，欧洲理事会主席图斯克谴责俄罗斯空袭"伊斯兰国"是轰炸叙利亚温和反对派，批评德国与俄罗斯的天然气合作管道不符合联盟利益，处处反俄；而欧委会主席容克则呼吁尊重俄罗斯，与俄罗斯保持务实合作。波兰、立陶宛批评容克对俄罗斯态度软弱。欧盟内部对应危机立场的差异可见一斑。

欧盟内的不同意见大致有稳健与强硬之分。持稳健主张者以德国、法国、意大利等资深成员为主。它们秉承冷战时在两超争霸中维护欧洲自主的经验，在冷战后依然对与美国、俄罗斯两大国关系和欧洲整体利益有较清醒认知。

另外，希腊、塞浦路斯、匈牙利等欧盟成员或因种族、信仰与俄罗斯亲近，或因惯于与欧盟总部唱对台戏，也对欧盟与俄罗斯对抗持一定保留态度，坚持维系和俄罗斯的往来。来自新成员国的捷克总统泽曼不顾美国阻拦，赴俄罗斯参加庆祝战胜法西斯活动，发出欧洲新生的呼吁公正对待俄罗斯的声音。

强硬派以波兰、波罗的海沿岸国等前苏联势力范围内国家为骨干。它们具有不同于前一类国家的历史经验。冷战结束，苏联解体，它们的感受是在长期被"压迫"后终被西方"解放"。它们对苏联继承者——俄罗斯政策的"基因"是对之前历史的记恨，是现在对俄罗斯的高度怀疑与警惕。它们积极参加北约针对俄罗斯的军事备战，站在与俄罗斯近距离军事对峙的前线。其中，波兰更越过北约与欧盟，单独与美国订立双边军事合作协议，走得更远。这类国家强调与俄罗斯思想意识的对立，推动对俄罗斯政策强硬化。新近，欧盟又设立抗击俄罗斯"毒化宣传"的机制，加重对俄罗斯舆论攻势是一表现。

欧盟两种主张并存，使得对外关系时常显出一个联盟两个政策现象，就"东方伙伴计划"的分歧外露是一例证。波兰和瑞典为着力压缩俄罗斯势力范围，于2009年5月积极推动以欧盟名义出台此项计划，强化对乌克兰、摩尔多瓦、格鲁吉亚以及亚美尼亚、阿塞拜疆和白俄罗斯等次地区六国拉拢，特别是支持一心西化的前三国。而德国、法国则认为，欧盟已有总体周边政策，波兰、瑞典出头加码不但多余，还干扰了两大国在遏制俄罗斯这样重大又敏感问题上的带领作用。再者，该计划围剿俄罗斯的意图过于激进、露骨，不符合欧盟应有的渐进步骤，因而计划从初始就有所保留。

2014年6月24日，欧盟在与俄罗斯争夺态势中，与乌克兰、摩尔多瓦、格鲁吉亚三国签订了与欧盟的联系协定。2015年5月22日，欧盟东方伙伴里加峰会召开，乌、摩、格三国尤其是乌克兰设想，会议将沿着与俄罗斯争斗路线，正式肯定它们入盟要求应顺理成章。但是，德、法两国则论断，当前欧、俄争斗已然紧张，不宜再承诺接受乌克兰等入盟，不必助燃紧张局势；同时，欧盟因扩员背上沉重包袱，已决定暂停东扩并严把入盟关，而三国中的乌克兰现状无比混乱，满足入盟条件遥遥无期，更不能轻易许诺接过这烫手的山芋。两国由此出面阻止会议做出有如此内容的决议。2015年5月，奥朗德总统在欧盟东方伙伴里加峰会期间指出，"东方伙伴不应是与俄罗斯冲突的一个新源泉"。默克尔总理也表示，东方伙伴是与欧盟接近，还不是参加欧盟。在德、法两国干预下，会议如媒体评论那样，因为"联盟对扩员的疲惫和对俄罗斯反击的担心"，未在最后声明中明确支持有关三国入盟要求，与三国意愿相悖。乌克兰要求谴责俄罗斯"侵略"的字眼也未列入决议。但图斯克主席明示，会议就此曾有激烈争论。

二、难民潮来势汹涌，欧盟艰难应对

2015年伊始，二次大战后全球最严重的难民大流动骤然袭击欧洲。来自叙利亚以及其他战乱地区的难民一年中就从十几万人不容分说地增至百万人。他们扶老携幼流荡于欧洲国家间，恳求收容，而其中上千名赴欧求庇护者甚至未及登陆便在大海中船翻人亡。一场空前规模、空前严重的人道主义大危机给欧盟带来空前严峻的挑战。

（一）初期手足失措，仓促应对

欧盟此次应对难民问题，秉承了对受害平民施于救助的传统精神，但面对汹涌如潮的难民，善心的指导精神与已有的应对机制却无力应对。欧盟由各成员国分配接受难民的首批对策乱了阵脚：一是等于开闸迎洪却不拦后续洪水，有极大缺欠；二是缺乏可操作性。匈牙利等难民主要途经国不接受欧盟计划，而无序流动的难民也不会纳入分流计划。

难民潮由此给联盟带来一阵混乱：一是欧盟与反欧盟决策的维谢格拉德集团国家争论不休；二是匈牙利带头、其他途经国陆续跟进，各自采取边境拦截举措，拒难民于自家门外；三是难民流动目的地德国与奥地利在看门迎客和关闭边境两种决策间摇摆，无所适从；最后是难民与拦截措施冲突和所到国中反难民力量对难民营地的袭击等暴力事件增多。2015年11月2日，默克尔总理在德国达姆斯达特市集会上甚感忧虑地称，"看起来很远的冲突已来到我们家门口"。

（二）清醒对策随后出台

欧盟之后陆续推出一些有针对性的对策：一是致力于前期拦阻难民，与非洲首脑会晤允诺以财援，换取他们阻止本国人外流，给难民进入欧洲前的集散地——土耳其和到达欧洲后的首站——希腊提供援助，请两国在当地设立居留点，改善难民生活条件，拦住他们不赴欧洲或不去欧洲内地；二是充分阐明难民政策的严肃性，力争打掉难民来欧的盲目性，首先讲清只为改善生活，特别是来自欧洲本土巴尔干地区的人根本无权求助，并且求助者只有极少数可通过严格筛选被接纳为难民，绝大部分将被遣返；三是加强各欧洲国家间及对外边境检查，控制难民的无序流动；四是继续加强海上巡逻，打击非法人口贩运，防止海难发生。

（三）对策的实施进程坎坷

第一，前期阻拦难民来欧难获理想效果。非洲国家对欧盟的要求基本上无力满足。欧盟《都柏林协议》规定，难民到达的首站国家有义务对其掌控，不能随意放行，而希腊缺乏执行这一规定的意志与能力。土耳其也难达到欧盟要求。同时，索取土耳其的协助时以重开与土耳其入盟谈判做交易，成本过高，谈判极难导致土耳其入盟，给土耳其这点甜头不能持久生效。

第二，欧盟内部分歧继续发酵。匈牙利、斯洛伐克等国向欧洲法院控诉欧委会强行安排成员国接受难民名额，滥用职权。英国、丹麦表示将独立地接受难民，不要欧盟安排。欧委会酝酿成立联盟领导的欧盟外部边境巡逻队，不受有关国家主权管辖，又引起异议。

第三，德国领衔作用突出，但受到制约。德国在联盟中救助难民的意识和能力最强，为本次难民流动主要目的地，已经收容了抵欧难民的多数。默克尔总理对难民的态度尤为宽容，被誉为"难民之友"。但是，联盟一些成员国抱怨德国，尤其是默克尔总理就难民问题沽名钓誉，一味显现仁慈，鼓励了难民潮的失控，增加了联盟集体处置的难度。再有，德国国内从执政的基民党到反对党、再到政府各部门与地方当局，因大量收容难民的困难与日俱增，要求限制接受难民。国内舆论的质疑声音更强。默克尔最终以德国要敢为人先、"勇于做大事"的大道理，说服本党达成共识，就有关问题立场定为削减接受数量，但不提设"上限"。不过，默克尔与本党达成共识，绝不说明她热衷的宽容主张会无障碍推行。近日，她联络欧盟中几个志同道合的国家，酝酿组织小集团，单独采取与全联盟不同的、更开放的难民政策，又引起欧盟其他成员的反感。

欧盟就难民潮这一大事的政策分歧难以弥合。默克尔的高调难民政策定将经受颠簸，未来方向难以预测。

三、恐怖袭击重创法国，欧洲安全再敲警钟

2015年11月13日夜里，恐怖主义分子在巴黎多处公众场所发动系列袭击，残暴杀害正在周末休闲的百余名无辜平民。巴黎经历了二战后没有过的血腥夜晚。这也是"9·11"事件以来西方发达国家遭受的最严重的恐怖主义打击。全球为之震惊，欧洲恐怖威胁压力千斤重。

（一）法国强烈反应，树立反恐决心

从震惊中清醒的奥朗德总统即刻投入紧急应对。2015年11月17日，他在法国议会发表讲演，宣布法国遭受着"史上最大规模的恐怖主义袭击"，"进入战争状态"，指出此次恐怖主义袭击为"一支'圣战部队'的战争行动"，"在叙利亚策划，在比利时组织，有法国当地的同谋"，命令全国进入紧急状态、封锁边境，号召人民"面对恐怖主义冷静、团结"，对恐怖袭击"野蛮、邪恶"的罪行"将以清醒的决心"在国内外都"给予决定性的迅速反击"，扬言"敌人并非抓不到的，并非可逃脱回击的"。

（二）推出全面反恐举措

奥朗德明确指定极端恐怖主义的"伊斯兰国"为对法国恐怖袭击的策划者，称它们的罪行"加强了法国将其消灭的战斗决心"，决定参与空中打击"伊斯兰国"，并派"戴高乐"号航空母舰至叙利亚海面进行支援。

在国际层面，奥朗德总统促动安理会通过国际社会共同打击"伊斯兰国"的决议，并会晤俄罗斯总统和美国总统，以图促成"不管政策有何不同的国家"的反恐大联盟。法国为此引人注目地调整了叙利亚政策，把打击"伊斯兰国"设为"优先目标"，对巴沙尔政权态度有所松动。在法国倡导下，英国和德国都决定不同程度地参加打击"伊斯兰国"的军事行动。欧盟国家还加强了反恐斗争合作，包括协助追拿巴黎袭击罪犯，分享有关信息，共同决定将申根协定的执行注入反恐戒备内容，等等。

在国内层面，除延长戒严期、大规模追捕罪犯、加强边界警戒外，更长期的举措为：（1）减少裁军规模，从预算中筹资，两年内扩招5000名宪兵和警察，5年内使这一职务拥有10000人；（2）修改宪法，使其有权剥夺犯罪分子的法国国籍，尽快驱除威胁国家利益和公共安全的外国人，有关戒严时期授予全权的条款也需修改；（3）强化对"危险群体"的监控，迅速取消进行极端思想毒化的组织和宗教场所，加强学校无神论的教育。

（三）恐怖主义肆虐根源深刻

法国不同宗教与种族共居程度之高为欧洲罕见，为恐怖主义可以开发的肥沃土壤。法国力保非洲、中东一些有历史渊源地区成为其战略后援地，对来自这些地区的移民采取开放态度。如此，法国已经拥有650万穆斯林裔居民。法国主流社会受博爱价值观濡染，主张宗教信仰与种族间不要排斥与歧视。但是，国家坚守的世俗政体与宗教习俗的矛盾依然存在，平民百姓对外来移民也有反感的一面。不同宗教、文明的真正融合不但并非易事，还难以避免产生摩擦和冲突。萨科齐执政期间就曾将在法国游荡的吉普赛人驱除出国。而法国一些极端西方意识的知识分子以"言论自由"为借口，对伊斯兰教崇拜的先知放肆嘲弄，更给恐怖主义提供了发泄的渠道，酿成年初的查理杂志社惊人血案。

后冷战时代，国际恐怖主义阴影蔓延欧洲，法国首当其冲。中东地区恐怖组织通过宗教团体和网络向法国青年尤其是移民后代灌输极端主义、无政府主义思想，招兵买马。受"圣战"思想蛊惑者或赴中东，或在本国与恐怖主义组织挂钩，接受指派与训练，获得武器，然后在本国发动恐怖袭击。尽管法国当局多方加强防备，但是法国穆斯林裔居民中一半人拥有双重国籍,犯罪分子往返中东和本国,回国后散居于各地平民之中,都有合法身份,容易潜伏,突发作案往往无法提前制止。

(四)反恐措施贯彻艰难

法国社会有关反恐的认知相当分裂。政府决策在维护信仰自由和抵制极端思想传染、安全戒备与保护公民隐私之间很难两全。从极右翼、右翼到左派、极左派以及独立政治人士等派别,或因宣扬自身观念,或受扩大政治影响需求驱使,政见纷纭,甚至相互攻讦。巴黎恐怖袭击后,当局制定的反恐举措难得全国一心,不易贯彻。

2015年11月17日,奥朗德总统在巴黎恐怖袭击事件后在法国议会发表讲演,澄清反恐"不是文明间战争",声称难民是恐怖主义受害者而非恐怖主义,法国仍将完成接受三万难民任务,主张高屋建瓴。但是,右翼领袖萨科齐立刻批评奥朗德的表态软弱,未点名指责极端宗教主义。极右翼头目勒庞则以维护国民安全名义,胁迫政府拒绝接收难民。近日,一群暴力分子洗劫了一个伊斯兰教徒祈祷场所,显示反恐决策屡受干扰。

新的反恐措施(包括修改宪法,加进在法国出生的双重国籍享有者如被判恐怖主义罪行便被剥夺法国国籍的条文)在2015年年底引起一场大争论。社会党及其他一些左翼人士批评政府主张既无益威慑恐怖分子产生,也显示对双重国籍的不公平待遇,是受极右翼国民阵线主张的挟持。

另外,新措施中的扩充军警队伍,对国家本来紧巴的预算产生压力。瓦尔斯总理已请欧盟放宽对其压缩财政赤字的要求。

作为欧洲恐怖主义的重灾国,法国反恐决心与设计存在,但政治、经济上的牵扯造成的反作用力不容忽视。

四、拷问欧盟对外战略的缺失

近年来,欧盟应对多重外来挑战的艰难指向欧盟对外战略中多年积累的问题。

（一）一统欧洲战略有碍共建欧洲稳定与和平

欧盟认为，摆平与苏联继承者——俄罗斯的关系是冷战后新秩序安排的首要。欧盟与俄罗斯寻求合作；同时又致力东扩，压缩俄罗斯的势力范围。两条看似矛盾的线路来源于欧盟将冷战终结视为"以和平方式战胜专制"的胜利，意欲巩固和扩大冷战成果，一统以己为核心的欧洲。欧盟明白，俄罗斯不会情愿纳入这一进程，与俄罗斯的关系必得包含对其监管与规范。欧盟前高官索拉纳称，要"协助俄罗斯在欧洲新框架内找到适合位置"，即俄罗斯战后的位置要"适合"，不能与欧盟利益相悖；并且要在欧盟"协助下找到"，即俄罗斯要被摆于从属地位，一语道破欧盟对俄罗斯的基本战略考虑。

欧盟东扩对俄罗斯来说虽似较北约"温和"，但俄罗斯并非对欧盟一个个将东部国家纳入自己麾下无动于衷，也加强了对周围战略要地如乌克兰等国的争夺。在乌克兰抉择近俄还是近欧的关键时刻，欧盟与俄罗斯潜在的利益冲突公开爆发，点燃了欧洲空前大危机。欧盟在安排欧洲新秩序时，既要安抚俄罗斯，又不愿真正平等对待俄罗斯，将俄罗斯也当作欧洲事务的一位主人，其欧洲战略失去合理性和有效性。

（二）国际作用迷失方向，新干涉主义回潮

欧盟明确宣布要以输出规则、价值观对国际事务发挥"主导与示范作用"，但它政治视野基本上拘禁于西方狭窄视角，其追求的国际作用并非处处具有积极意义。2010年9月欧盟首脑会议专题研究"变化中的世界"上的联盟对外战略。范龙佩主席2010年9月14日在欧洲理事会上发言称，国际格局中"新角色的涌现带来新的利益、风貌与世界观"，"权力正从老迈的西方向东、向南转移"，欧盟要在世界范围内"在对等、互利原则下，以更加坚定的态度维护欧洲的价值观和利益"。夺回因新兴力量崛起而失去的地位，强调归属西方阵营，淡化多边主义等思维更多揉进欧盟对外战略。

2003年曾坚决反对美国入侵伊拉克、同情弱者的法国，2011年却掉过头来，与北约盟友一起，大举军事干涉利比亚，以七个月的空中打击，强

力推翻了一个主权国家政权，丢下了一个各派武装分割、恐怖主义滋生的乱摊子，随后又一味支持推翻叙利亚政权，造成该国变成四分五裂的屠杀场，一半居民外逃求生。欧洲有识人士已经指出，欧洲中东政策的错误是导致难民潮的一个根本原因。欧盟输出价值观的外交是否如其自诩的那样足可救世，受到质疑。

（三）对本土文明融合外来移民的能力过于自信

欧盟国家宽容的政策与发达的经济和福利待遇安置了大量外来移民，但不同信仰、文化的融合异常困难，官方政策总体宽容，但本土社会对外来宗教与种族的歧视仍旧存在。法国、丹麦等国的少数蔑视他人的知识分子肆意践踏伊斯兰信仰，造成宗教冲突。不少国家中移民后代因对主流社会发泄怨恨制造暴力事件，甚至成为恐怖主义招募对象。默克尔总理近期公开承认欧洲移民政策的不成功，反映了欧洲国家普遍的困惑。

当前欧盟内部确认对外战略缺欠的论调上升，提出了战略二次创新口号，似有意对其加以梳理、整顿。但欧盟对其价值观外交的盲目虔诚，对其地位的过度高估，对其教育他人习惯的难改，使得人们对其外交战略能否真的焕发新意不抱大的期望。

2015年欧洲安全形势严峻

张林初[①]

内容提要： 2015年是欧洲"多事之秋"的一年，内忧外患，危机一场接一场。乌克兰危机打破了欧洲相对稳定的安全态势，北约乘机加强在中东欧地区的军事部署，欧俄关系出现了一些缓和迹象，欧美围绕欧洲安全事务主导权的较量更趋复杂。欧洲接连发生恐怖袭击，大量欧洲籍伊斯兰极端分子回流欧洲，成为欧洲安全的最大威胁。二战结束以来最严重的难民潮冲击欧洲，再次撕裂欧盟的内部团结，严重影响欧洲的安全和稳定。欧洲多重危机叠加，安全形势十分严峻。

关键词： 欧洲安全形势　乌克兰　恐怖袭击　难民

在国际体系和国际秩序深度调整、国际力量对比深刻变化的大背景下，对于经历了六年债务危机的欧盟来说，2015年是"多事之秋"的一年，内忧外患，危机一场接一场。乌克兰危机尚未解决，希腊又爆发退出欧元区的危机。希腊退欧问题刚有所缓解，二战结束以来最严重的难民潮又冲击欧洲。难民危机还没有解决，巴黎再次遭遇史无前例的恐怖袭击。欧洲多重危机叠加，安全形势十分严峻。乌克兰危机、恐怖主义威胁和难民潮，是当下欧洲面临的主要安全挑战。

[①] 作者系中国国际问题研究基金会研究员。

一、乌克兰危机牵动欧洲安全全局

2013年底爆发的乌克兰危机,特别是克里米亚的"脱乌入俄",打破了欧洲相对稳定的安全态势,欧俄地缘安全矛盾凸显,欧盟与美国一起对俄罗斯采取一系列制裁措施,欧俄关系骤然紧张,陷入冷战后的低谷。然而,经过一年多的战略博弈,特别是俄罗斯自2015年9月底对叙利亚极端组织"伊斯兰国"实施空中打击和2015年11月13日巴黎发生连环恐怖袭击后,欧洲安全格局出现了一些新的变化。

首先,欧盟与俄罗斯的关系出现了一些缓和迹象。乌克兰危机爆发后,欧盟追随美国进一步挤压俄罗斯的战略空间,俄罗斯则采取一系列反制措施,双方围绕乌克兰问题展开激烈的政治较量和战略博弈。乌克兰危机的实质是欧美与俄罗斯争夺势力范围的一场新较量。随着乌克兰决意西靠,要求加入北约,双方有可能走向全面直接对峙,德、法等西欧国家担心战火扩大,威胁欧洲自身的安全,反对美国向乌克兰政府军提供致命性武器,主张用和平方式解决乌克兰问题。德、法还不顾美国的不悦,出面撮合,建立"诺曼底协商机制",2015年2月德、法、俄、乌四方还签署了《新明斯克协议》。《新明斯克协议》实际上将美国撇在一边,明确认同俄罗斯一直坚持的它不是乌克兰东部冲突的交战一方;乌克兰中央政府允诺就东部德涅斯克和卢甘斯克地区的自治问题与该地区的武装力量直接商谈;对克里米亚回归俄罗斯问题只字未提。随后,有关各方多次召开会议,敦促全面落实《新明斯克协议》。乌克兰危机虽然至今仍是一个"烂疮",危机的解决尚需时日,但将慢慢淡出人们的视线。

自俄罗斯2015年9月底对叙利亚极端组织"伊斯兰国"实施空袭后,叙利亚局势发生了重大变化。欧洲人觉得现在俄罗斯正在重点处理叙利亚问题,而叙利亚问题又与困扰欧洲的安全问题、反恐问题、难民问题息息相关,离开了俄罗斯这些问题都解决不了,欧盟不应再故意纠缠乌克兰问题。2015年11月13日巴黎发生连环恐怖袭击后,法国率先调整对叙利亚的政策,强调极端组织"伊斯兰国"是头号敌人,并与俄罗斯加强情报交流，联手打击极端组织"伊斯兰国"。

俄罗斯是欧盟不可选择、无法回避的强邻和绕不开的地缘安全对手，又是欧盟的重要能源供应者和贸易伙伴。战略对峙和经济制裁对欧盟自己的打击和束缚不亚于对俄罗斯。或许，巴黎恐怖袭击事件是欧盟与俄罗斯改善关系的"催化剂"。2015年11月25日，法国前总理菲永在议会发言时已呼吁欧盟取消对俄罗斯的制裁，他说："当欧洲还在对俄罗斯实施制裁时，我们能与其并肩战斗吗？回答是不。"

其次，北约加强在中东欧地区的军事部署。乌克兰危机爆发后，特别是克里米亚"脱乌入俄"后，以美国为首的北约以此为契机，利用中东欧国家的恐俄心理，不顾1997年签订的《北约和俄罗斯联邦相互关系、合作与安全基础文件》，在2014年9月北约威尔士峰会上，决定"建立一支几天之内能投送的快速反应部队，以应对可能的挑战"，"在中东欧盟国建立指挥与控制机构和相应的部队"。2015年，北约加快落实威尔士峰会的相关决策，其主要措施为：一是加强决策的效率和快速反应能力。2015年2月5日北约国防部长会议批准"先期计划"方案，加快北约的政治和军事决策效率；决定组建5000人的"高度戒备联合特遣部队"，并对其作战能力进行测试。2015年6月24日至25日的北约国防部长会议决定将快速反应部队的兵力由1.3万人增至4万人。二是建立和强化指挥控制和作战能力。已在波兰和罗马尼亚先后建立"东北欧多国军团"司令部和"东南欧多国快速反应部队"司令部，分别负责两地区部队的训练、演习和作战；9月，北约正式启用在波兰、罗马尼亚、保加利亚、爱沙尼亚、拉脱维亚和立陶宛等六国组建的"多国指挥单元"，配合北约部队在该地区实施快速部署，并展开军事行动。2015年10月8日北约国防部长会议又决定在匈牙利和斯洛伐克部署快速反应部队和组建小型司令部。三是提高后勤保障和协同能力。已成立新的联合后勤司令部，以实现必要物资装备的快速运输。2015年11月20日波罗的海三国同意在其国土上部署更多的北约盟国部队和装备。四是频繁举行军事演习。2015年北约从波罗的海到黑海不断举行军事演习，在向俄罗斯施加压力的同时，重点提高与中东欧国家军队的协同作战能力。值得一提的是，北约于2015年10月底至11月初在西班牙、意大利和葡萄牙举行"三叉戟接点"联合军演，共有28个成员国和9

个和平伙伴关系国的3.6万名官兵、140余架战机和60多艘舰艇参加演习，其规模为十多年之最，除演练解救人质、反击假想敌等科目外，演习重点检验"高度戒备联合特遣部队"的可行性。

第三，欧美围绕欧洲安全事务主导权的较量更趋复杂。在处理乌克兰危机中，美国推动北约主导打压俄罗斯，罔顾德、法等国化解矛盾的努力，屡屡挑动危机升级，分化新老欧洲国家，力推北约对俄罗斯示强，意在强化美国在欧洲安全事务中的主导地位，迫使欧洲重新加大对其安全的依赖，迟滞欧盟的共同防务建设。德、法等欧洲国家借北约为自身安全保底的同时，推动欧盟与乌克兰签署联系国协定，建立"诺曼底协商机制"，签署《新明斯克协议》，极力为欧盟争取欧洲安全事务的主导权。然而，欧盟军事实力不足的短板愈加凸显，顾此失彼，捉襟见肘。欧盟深感提高自身防务能力的重要性和迫切性，努力推动成员国为欧洲安全承担更大责任，推进共同防务建设。2015年欧盟防务建设小步前行。一是在总体规划上，欧盟批准《长期系统防务合作政策框架》，为成员国合作发展防务能力提供指导；修订《军事快反概念》，提出快反行动中军事力量的应用范围。二是在能力建设上，欧盟批准《网络防御政策框架》，法国、德国、意大利等国启动欧洲中空长航时无人机研发项目。三是在对外军事行动上，针对地中海难民偷渡活动的增多，欧盟开展"地中海欧盟海上力量"军事行动。迄今，欧盟仍在境外实行6项军事行动和11项民事行动，共约7000人参加行动。

引人注目的是，巴黎发生"11·13"恐怖袭击事件后，法国在11月17日召开的欧盟国防部长会议上，援引欧盟《里斯本条约》共同防务条款，向欧洲盟友寻求军事援助。欧盟外交政策专员莫盖里尼会后说："欧盟成员国一致表示全力支持法国，并准备为其提供所有必要的援助。"至今，德国已为实行打击极端组织"伊斯兰国"的法军提供包括6架侦察机、1架加油机和1艘护卫舰在内的1200人的支援部队。英国也已派军机参与打击在叙利亚的极端组织"伊斯兰国"。荷兰亦表示有意支援法国打击极端组织"伊斯兰国"。法国此举让人感到意外，它没有向北约求援，而是向欧盟求援。这是在欧盟历史上首次援引共同防务条款。这从一个侧面反映了欧美围绕欧洲安全事务主导权的较量和法、德等国推动欧盟防务一体化建设的努力，意义深远。

二、恐怖袭击接连发生

2015年11月13日，法国首都巴黎再次遭遇恐怖袭击，造成130人死亡和352人受伤，堪比美国的"9·11"事件，欧洲陷入恐慌，全球为之震惊。法国总统奥朗德随即宣称：极端组织"伊斯兰国"在巴黎制造的系列恐怖袭击是向法国发起的"战争行为"，宣布法国进入全国紧急状态。巴黎"11·13"恐怖袭击事件，是2015年欧洲接连发生恐怖袭击事件中最为严重的一次，是极端组织"伊斯兰国"有计划、有预谋的一次恐怖袭击。《沙尔利周刊》称恐怖袭击案是恐怖分子针对"亵渎"伊斯兰而发起的攻击行为，而11月13日的恐怖袭击则是针对平民的肆意暴行，它不仅攻击了代表言论自由的法国，更冲击了欧洲各国的生活方式。欧洲反恐斗争和社会安全面临严峻考验。

当前，欧洲面临两大恐怖威胁。

第一，大量欧洲籍伊斯兰极端分子回流欧洲，成为欧洲安全的最大威胁。2015年1月8日，出生在法国的两名阿尔及利亚裔法国人袭击法国巴黎讽刺杂志《沙尔利周刊》总部，造成12人死亡和11人受伤。两天后，巴黎犹太人商店又遭恐怖袭击，造成5名人质丧生。三天内巴黎接连发生两起重大恐怖袭击，震惊世界。1月11日巴黎举行百万人反恐大游行，法国政要和40余位外国领导人以及一些国际和地区组织负责人参加了游行，强烈谴责恐怖袭击。随后，比利时、丹麦等国先后挫败欧洲籍恐怖分子实施的恐怖袭击事件。4月8日，西班牙加泰罗尼亚警方逮捕11名极端组织"伊斯兰国"成员，其中5人是西班牙国籍。发动巴黎"11·13"恐怖袭击事件的9名恐怖分子中，5人是法国国籍，组织者是摩洛哥籍比利时人。这表明欧洲的反恐前线已经从中东移到了自己家门口。据有关情报称，目前欧洲有5000多人在伊拉克和叙利亚为极端组织"伊斯兰国"效力，其中1700多人是法国人，已有800多欧洲人从"圣战"前线潜回欧洲，欧洲反恐形势更趋严峻。更令人担心的是，欧洲议会2015年12月初公布的一份报告称,"极端组织'伊斯兰国'可能正计划在未来的袭击中使用生化等大规模杀伤性武器"。

第二,毗邻欧洲的中东和非洲的反恐形势依然严峻,严重影响欧洲的安全。近年来,国际社会虽对恐怖组织进行了严厉打击,但中东的极端组织"伊斯兰国"和"基地组织"以及索马里的"青年党"、北非的"伊斯兰马格里布基地组织"和尼日利亚的"博科圣地"等恐怖组织仍然十分活跃。更为严重的是,极端组织"伊斯兰国"的势力越来越大,已经渗透到非洲。2015年2月15日,极端组织"伊斯兰国"分子在利比亚杀害了21名埃及人质;3月18日,突尼斯巴尔杜博物馆遭极端组织"伊斯兰国"分子袭击,造成22人死亡和50多人受伤。6月26日,突尼斯海滨城市苏塞一家酒店遭袭,导致38人死亡。10月31日,俄罗斯客机在埃及西奈半岛上空爆炸,造成224名旅客和机组人员全部丧生,亦系极端组织"伊斯兰国"所为。11月12日,恐怖分子在贝鲁特发动连环恐怖袭击事件,造成43人死亡和240多人受伤。11月20日,马里首都巴马科遭遇北非"纳赛尔主义解放运动"袭击,造成21人死亡。这些恐怖组织不仅严重影响欧洲国家在中东和非洲的利益和人员的安全,而且还从中东和非洲发起对欧洲国家的恐怖袭击。据法国国防部人士2015年12月初称,极端组织"伊斯兰国"已在利比亚沙漠地区组建了两个训练营地,利比亚与欧洲近在咫尺,欧洲面临更加严峻的反恐形势。

在欧洲本土接连发生一连串恐怖袭击事件,有着深刻的历史与现实原因。首先,欧洲国家与伊斯兰世界有着密切的联系,一些欧洲国家曾是许多伊斯兰国家的宗主国。很多欧洲国家有大量穆斯林民众,特别是在法国有600万穆斯林民众,约占法国总人口的10%。这些外来移民,民族文化无归属感,宗教无认同感。其次,排外和反移民的法国国民阵线、英国独立党、奥地利自由党和丹麦人民党等极右势力近年来发展迅速,它们认为欧洲面临的最大威胁是伊斯兰,欧洲经济困难、失业率高都是外来移民造成的。

第三,外来移民受歧视,贫富差距大。2015年3月丹麦雇主联合会的一份报告指出,10多年前来丹麦的难民,其中有3/4目前处于无工作状态。法兰西战略机构2015年3月1日公布的一份研究报告揭示,在法国25岁以下年轻人就业人口中,非洲移民后代的失业率高达42%,而欧洲裔移民子女或法国人子女仅为22%。歧视阻碍了移民子女的经济融入,加剧了贫富差距。

第四,随着欧洲国家国际地位的相对下降,欧洲的开放性和包容性下降,自我保护意识上升。特别是面对愈演愈烈的难民潮,很多国家讨论制定一些针对外来移民的排斥性政策和相关措施。2015年12月8日,奥地利宣布已经开始在与斯洛维尼亚边界处兴建围墙,以减缓难民涌入。

三、难民危机愈演愈烈

从2015年初开始,特别是从8、9月起,来自西亚北非地区的大批难民涌入欧洲,让挣扎在债务危机中的欧洲雪上加霜。据联合国难民署统计,截至2015年10月至少已有65万名难民进入欧洲,比2014年的21.9万名增加3倍,仅10月一个月就有近22万名难民抵达欧洲,其中绝大部分来自叙利亚。欧盟委员会2015年12月初估计,2015年和2016年将共有300万难民涌入欧洲。2015年12月14日,德国总理默克尔在基督教民主联盟年度代表大会上称,二战后最大难民潮的爆发让人们看到,叙利亚冲突、极端组织"伊斯兰国"崛起等看似遥远的事情已来到欧洲的家门口。目前,这场难民危机仍在持续发酵,严重影响欧洲的安全和稳定。

为了化解难民危机,欧盟曾多次召集会议,商讨解决的办法,甚至还与土耳其、非洲举行峰会,提供资金援助,试图从源头上减少难民。但是,由于欧盟成员国的利益和立场各不相同,难民问题再次加剧了欧盟内部的矛盾和分歧。

首先,加大了一线国家与二线国家之间的矛盾。面对源源不断涌入的难民,意大利、希腊等一线国家不堪重负,根本无力应对难民的涌入,因此对难民北上欧盟其他国家采取放任的态度。法国严厉批评意大利和希腊没有负起监管难民的责任,放任难民在欧洲流窜。意大利和希腊则把矛头对准西欧和北欧富裕国家,不满它们袖手旁观。难民途经的巴尔干半岛国家和匈牙利等东欧国家对德国的做法十分不满,认为大批难民来欧洲是受到德国的吸引，德国欢迎难民的做法不仅不能从根本上解决难民问题，反而会进一步加剧难民危机。在不堪重负的情况下，匈牙利率先于9月关闭边界，并在其与塞尔维亚的边界线上修建了铁丝网。如此一来，大批难民便被迫穿越塞尔维亚进入克罗地亚。克罗地亚原以为，难民会很快离开本国前往斯洛文尼亚，然后去奥地利和德国。但由于斯洛文尼亚也关闭了边境，几天之内便有3万多名难民"淹没了克罗地亚"。塞尔维亚批评匈牙利的做法"让人想起冷战的铁幕"。克罗地亚则指责匈牙利在"未事先获得许可"的情况下，将难民送过来是"侵犯领土主权的行为"。

其次，撕裂了东西欧国家之间的关系。希腊、意大利和匈牙利等国是受难民危机影响最严重的国家。欧盟试图通过转移安置难民，分担这些国家的压力。于是，欧盟委员会在德国、法国的支持下，依据人口、国内生产总值等因素，以摊派的方式安置业已经甄别的16万名难民，并扬言不接受的国家将予以惩罚，但同时又允许英国、爱尔兰、丹麦因特殊理由（实因未参加《申根协定》）不参加摊派。捷克、斯洛伐克、匈牙利、罗马尼亚等中东欧国家坚决不同意摊派的做法，对东西欧国家不一视同仁的做法十分恼火，公开表示抗拒摊派。由于协商不成，欧盟内政部长会议被迫举行投票，并以多数票通过这项摊派难民的方案。但捷克、斯洛伐克、罗马尼亚和匈牙利在会上投了反对票。捷克将摊派方案视为是"一个糟糕的决定"，并称将"尽一切可能予以抵制"。2015年12月初，斯洛伐克和匈牙利已向欧洲法院递交诉讼状，反对欧盟按照配额强制分摊移民。

第三，难民潮给欧洲带来严重的安全问题。德国内政部2015年12月7日宣布，至2015年11月底已有96.4万名难民进入德国，预计2015年全年将超过100万，北欧的瑞典也将达20万。数量如此庞大的难民涌入，不仅将加剧经济依然低迷的欧洲国家的财政负担和就业压力，而且会带来严重的安全问题。在德国一些地方，接连发生在难民营外聚众闹事、攻击难民和焚烧安置难民设施等事件。据德国联邦刑事犯罪调查局统计，2015年1~11月，已有789起攻击难民营地的暴力事件，其中65起为纵火事件。东欧国家一直保持着相当高的种族同质性，经济又较脆弱，所以不愿接收难民，对难民带来的安全隐患持有警惕心理。斯洛伐克、匈牙利等国公开提出，只接收基督教难民。捷克则声称"大规模移民对欧洲和欧盟的稳定会构成根本的威胁"。德国《图片报》2015年10月11日公布一份民调显示，48%的德国人认为默克尔打开国门接纳逃离战争的外国难民是错误的。在巴黎"11·13"恐怖袭击事件中发现有一名恐怖分子疑似叙利亚难民后，难民将给欧洲带来严重安全问题的声音越来越大，反移民的极右组织则借题发挥。法国国民阵线领导人玛琳娜·勒庞直呼，恐怖分子已经趁难民潮混入欧洲，"难民已经渗入到法国的城市和乡村，法国正处于危险中"。

第四，难民将改变欧盟的政治生态。在欧洲经济依然不景气和失业率居高不下的情况下，难民潮导致一些欧洲国家的民族主义情绪和极右排外势力进一步抬头。在2015年12月举行的法国大区首轮选举中，法国极右政党国民阵线再次取得历史性突破，在本土13个选区中的6个选区取得领先，得票率高达27.96%，领先中右翼政党共和党（26.65%）和执政党社会党（23.33%），延续了该党在2015年3月法国省议会首轮选举和2014年欧洲议会选举中的强劲势头。主张限制移民的德国右翼政党新选项党成立还不到两年，已经成为德国的第三大党。纵观欧洲，近年来众多极右政党在各国崭露头角，英国独立党、奥地利自由党和丹麦人民党等极右势力发展迅速，这将全面挑战欧洲主流政治力量，甚至可能重塑欧洲的社会体系和欧洲的政治格局。

欧洲难民危机是美欧推行新干涉主义造成的恶果，欧盟咎由自取，搬起石头砸自己的脚。

首先，难民潮是西亚北非地区持续动荡的结果。自2011年初"阿拉伯之春"风暴刮到叙利亚之后，叙利亚局势动荡不定，武装暴力冲突不断。为了躲避战乱，人口只有2250万的叙利亚已有1160万人背井离乡，沦为难民，其中400多万被迫流落到国外，成了全球最大的难民来源国。2011年10月实现"颜色革命"的利比亚也已成了北非难民的主要输出地。正如欧洲议会主席舒尔茨在2015年11月欧盟—非洲难民峰会所说："产生难民问题的深层根源是冲突和贫困。"

其次，美国推行新干涉主义是造成这场难民危机的重要根源。冷战结束后，在西亚北非地区推行西方式民主，成为美国西亚北非政策的组成部分。2011年"阿拉伯之春"后，美国更加积极地通过"民主改造"中东计划，影响阿拉伯国家的发展进程，或明或暗地支持中东的"颜色革命"，对不听美国使唤的政权扣以"无赖"、"邪恶"等帽子实施打击,甚至不惜借助武力更迭政权。"阿拉伯之春"颠覆性地破坏了西亚北非地区的脆弱平衡,不仅旧的热点问题没有得到解决,反而冒出许多新的热点问题,如叙利亚危机、也门危机等。地区大国的较量和世界大国的介入,又给这些新的热点问题的演化进程增加了更多复杂因素和不确定性。

第三,欧盟追随美国推销"民主"造成的灾难。2011年"阿拉伯之春"爆发后,欧盟一反常态,背弃了一贯奉行的南方"睦邻"政策,把西亚北非地区的动乱视作加速地区"民主改革进程"、推行欧洲民主模式的机会。一些国家发生动乱后,欧盟对这些国家的动乱推波助澜,甚至进行赤裸裸的政治、军事干涉,从而进一步加剧了这些国家的局势动荡。叙利亚爆发动乱后,欧盟不断施加政治和外交压力,加大制裁力度,威逼巴沙尔下台。欧盟对叙利亚危机的干涉政策,致使叙利亚危机愈演愈烈,难民越来越多,欧盟难辞其咎。

展望2016年,在国际秩序继续调整和国际形势持续动荡的大背景下,欧洲安全仍将面临诸多挑战,经济复苏缓慢,一体化难有大进展,恐怖主义威胁和难民潮将继续发酵,乌克兰危机的解决也尚需时日。

欧洲难民危机的困境与出路

崔洪建[①]

内容提要：难民问题在2015年成为几乎席卷整个欧洲、至今仍在继续发酵的重大危机。中东北非地区持续动荡导致进入欧洲的难民数量大幅增长以及欧盟应对乏力、成员国各自为政，是导致难民问题酿成危机的主要内外因素。难民危机反映出欧洲当前在经济、政治、社会、外交和安全各领域面临的多重困境，一体化进入步履维艰的阶段。为应对并解决难民危机，欧洲必须在对内落实危机管理措施和对外维护周边稳定之间谋求平衡，并做出艰难的战略和政策调整。

关键词：难民危机　欧洲困境

一、难民问题酿成危机

难民问题对欧洲的影响由来已久。出于接受部分劳动力以缓解老龄化问题的经济考虑，也出于树立自身"道义形象"的政治考虑，以及对周边地区施加影响的外交及安全考虑，欧洲国家历年均接受一定数量来自周边国家和地区的难民。在2011年前，每年向欧盟国家申请难民登记的人数稳定在20万~30万，欧盟经过甄别、审核后最终接受的难民数量基本控制

[①] 作者系中国国际问题研究基金会欧洲研究中心执行主任，中国国际问题研究院欧洲研究所所长，研究员。

在每年 10 万人以内。① 自 2012 年起,由于叙利亚、利比亚等中东北非国家持续动荡,难民人数增长很快,当年欧盟接收难民人数首次超过 10 万。随着"伊斯兰国"肆虐中东,2013 年和 2014 年欧盟国家接收的难民数量分别上升为 13.5 万多和 18.5 万,仅 2014 年向欧洲国家提出难民申请的人数就高达 66 万,难民问题开始凸显。② 意大利、希腊等南欧国家因地理位置接近北非地区,处于难民进入欧洲的前沿地带,首先感受到了难民问题的巨大压力。仅 2014 年,经由意大利到达欧洲的难民、非法移民人数就超过 11 万,在难民偷渡地中海的过程中还发生多起海难,数千人因此丧生。而根据欧盟国家的《都柏林公约》,应由前沿国家承担接收和安置难民的主要责任,其他国家通过欧盟给予财政支持。在不堪重负的情况下,前沿国家向欧盟施压,要求修改《都柏林公约》,以便让其他成员国更多参与解决难民问题,不仅要出钱还得出力。但由于应对债务危机和乌克兰危机是当时欧盟主要的政策优先,难民问题没能在欧盟层面得到应有的重视和处理,还一度造成意大利与欧盟和其他成员国之间的关系紧张。③ 2015 年伊始,进入欧洲的难民人数呈爆炸性增长的态势。据联合国难民署统计,仅上半年经地中海进入欧洲的难民人数就接近 14 万,到 9 月底则已超过 50 万,远超 2014 年全年的总数。④ 难民潮压境使欧盟原有的难民接收机制和

---

① Asylum decisions in the EU28-EU Member States granted protection to 135 700 asylum seekers in 2013//http://ec.europa.eu/eurostat/documents/2995521/5173390/3-19062014-BP-EN.PDF/5adae441-47f4-4669-b9a3-a44b29c64e24.

② Asylum decisions in the EU-EU Member States granted protection to more than 185 000 asylum seekers in 2014//http://ec.europa.eu/eurostat/documents/2995521/6827382/3-12052015-AP-EN.pdf/6733f080-c072-4bf5-91fc-f591abf28176.

③ 意大利总理伦齐曾于 2014 年 5 月公开指责"欧盟方面对获救难民的安置工作置之不理",意大利政府官员还公开威胁称将开放其边界,让难民"自由流动"到其他欧盟国家。而其他成员国则指责意大利对难民"监管不力",没能遵守欧盟规章,给其他国家"带来了很大负担"。意大利指责欧盟在安置非洲难民问题上不作为//http://news.china.com.cn/world/2014-05/16/content_32407132.htm, 2014-05-16. 意大利人道营救偷渡客吃力不讨好,被指责向欧洲输出难民//http://news.163.com/14/0902/18/A55I7L1100014SEH.html,2014-09-02.

④ 2015 年上半年地中海危机:难民和移民数量飙升//http://mt.sohu.com/20150701/n416002643.shtml. 联合国:2015 年至今已有超过 50 万难民进入欧洲//http://world.people.com.cn/n/2015/0929/c157278-27648817.html,2015-09-29.

规则难以应对，并开始引发欧盟内部的各种矛盾。难民问题开始演化成全欧洲面临的危机。

在难民人数急剧增加的情况下，欧盟的应对无力和成员国的各自为政拖延了难民问题的解决，最终酿成了危机态势。在2015年上半年难民人数开始暴涨并发生多起偷渡引发的死亡惨剧后，欧盟方面才有所行动，开始"三管齐下"应对难民危机：首先是加强对难民入境的防堵，包括提议打击组织非法移民犯罪、加强边境管控、为前沿国家提供资金建立收容站并遣返非法移民等主要措施。其次是军事和外交行动：争取联合国授权开展军事行动以打击人口走私；加强对难民主要来源国家的外交和经济影响以遏制偷渡潮。如欧盟与土耳其重开入盟谈判并提供援助，希望土方能限制难民的流出。最后，欧委会提出名为"欧洲移民行动计划"的移民和难民分摊配额方案，包括成立应急机制，在2年内向其他成员国转移安置4万名非法入境意大利和希腊的难民等。[①] 欧盟的上述方案看似面面俱到，但在落实和执行过程中困难重重。在加强防堵和管控方面，现有的欧盟边境管理机构无力进行边境管控，只能由各国根据自身情况实施，但各国对于难民危机的性质和影响判断不一。作为主要难民中转国的中东欧国家不愿承担难民过境带来的经济压力和社会负担，纷纷以关闭边境、驱离难民等方式应对，导致部分国家之间边境形势紧张，加剧了难民的无序流动。在军事行动方面，由于欧盟提出要深入到北非国家领海水域打击犯罪，在遭到这些国家的拒绝后也难以获得联合国授权，军事打击方案始终仅停留在口头上。欧盟内部对于强制摊派方案的争议和分歧更大，各方争吵不休。除德国和部分西欧、北欧国家支持摊派外，已有离心倾向的英国公开反对，匈牙利、捷克、斯洛伐克和波兰组成的"维谢格拉德四国集团"也抱团反对摊派方案，称政府首先需要保护本国民众权益，因此难民问题涉及各国主权和安全，只能依靠成员国自身解决。匈牙利还率先停止接收难民、关闭本国边境，在其他一些国家引发连锁反应。

在9月初发生叙利亚小难民溺亡海滩事件后，欧盟各国民意对难民的

---

① 背景资料：欧盟国家应对难民危机的对策与举措 //http://news.xinhuanet.com/world/2015-09/14/c_1116559795.htm，205-09-14.

同情上升，欧盟也面对来自国际社会要求其"人道应对难民危机"的巨大压力。德国随即决定执行对难民的"欢迎"政策，允许大批难民入境。英国、法国、芬兰等国也跟进宣布接收更多难民。欧盟趁热打铁，随即提出难民安置的强制性方案，将修建更多难民安置点并将安置人数扩大至16万，并在内务部长会议上强行表决通过。尽管有了多数决议，以匈牙利为代表的中东欧国家仍坚持其立场，反对硬性摊派难民。匈牙利还通过法律修正案授权军警在必要情况下使用杀伤性武器处置难民越境问题。[①] 欧盟层面的整体解决方案依然无法有效推进。

根据联合国难民署和国际移民组织的统计，2015年通过海路和陆路进入欧洲的移民和难民总数已超过100.6万，其中德国接收了逾100万，是欧洲接收人数最多的国家。[②] 但截至12月，欧盟计划安置的16万难民中只有不到200人得到安置。计划修建的11座难民接收点只有2个投入运营。在欧盟承诺向土耳其支付30亿欧元以换取难民事务合作后，仅12月从土耳其进入希腊的难民人数仍高达日均4000人左右。[③] 尽管各国都已意识到难民危机需要整体应对方案来解决，但在中东北非地区动荡这一根源未见缓解、各国无法就解决路径达成共识之前，难民危机仍将持续。

二、难民危机反映欧洲多重困境

难民问题在欧洲发展、激化并酿成危机，客观上反映出当前欧洲面临的诸多困境。

首先，欧洲不景气的经济和财政状况削弱了欧盟国家应对难民危机的能力和意愿。尽管欧洲经济自2014年开始走出衰退并在2015年维持缓慢

[①] 匈牙利新移民法生效 警方封锁边境抓捕60名难民//http://news.xinhuanet.com/world/2015-09/16/c_128235148.htm，2015-09-16。

[②] 2015年，那些和抵欧难民有关的数字//http://news.sina.com.cn/w/2015-12-24/doc-ifxmueaa3742016.shtml，2015-12-24。

[③] 大峰会套小峰会 欧盟全力应对难民危机//http://gb.cri.cn/42071/2015/12/18/6611s5201740.htm，2015-12-30。

复苏，但欧元区债务危机的负面影响仍未消退，一些国家如希腊、意大利和法国的债务风险依然很大，失业率居高不下，经济复苏脆弱且不平衡。因此在面对难民危机时，各国政府和民众首先考虑的是继续接收并安置大量难民对本国经济、财政和就业形势产生的负面影响。在多数国家财政状况依然吃紧的情况下，难民的大量涌入将进一步加重财政负担。欧盟计划在今后两年花费92亿欧元用于应对难民危机，为此已对财政预算进行三次调整。但这一预算目标被认为是杯水车薪，难以满足实际需求。难民危机还有可能恶化欧洲经济形势，因为"人口激增伴随经济疲软不振成为非常危险的组合"。① 庞大的难民数量也不可避免地给接收国带来沉重负担。按德国方面2014年的统计，安置20万名难民需花费24亿欧元，接收100万名难民将支出120亿欧元。另一重要难民收容国瑞典在未来4年也需支出201亿美元难民经费。② 尽管这些支出分别只占德国、瑞典两国当前GDP的0.3%和0.84%，但难民的安置、就业等问题不是仅靠花钱就能解决的。据德国方面估计，随着上百万难民入境，其供应系统"有可能面临崩溃"。③ 在就业方面，难民危机将使欧洲失业风险上升并影响民众消费信心，从而增加欧洲经济复苏的脆弱性。即便在2015年失业率降至历史新低、在欧盟国家中表现最好的德国（5%），就业市场也承受巨大压力，由于大量难民登记失业，预计2016年德国失业率将出现反弹。④

其次，欧洲近期的政治和社会变化迫使欧盟和各国政府谨慎应对，削弱了解决难民危机的政治和社会资源，限制了制定和执行政策的空间。在经济低迷、就业不振的情况下，多数欧洲国家的疑外、排外情绪日渐严重并蔓延，以"反移民、反欧盟"为口号的政治力量上升，对主流政党和民

---

① 难民危机持续发酵考验欧洲经济//http://jjckb.xinhuanet.com/2016-01/04/c_134973751.htm, 2016-01-04.

② 以瑞典大概2.5%的经济增长率计算，其未来4年的GDP总和约为24,000亿美元。人道的成本——从经济角度看难民问题//http://www.chinanews.com/hb/2015/10-15/7571458.shtml, 2015-10-15.

③ 大峰会套小峰会 欧盟全力应对难民危机//http://gb.cri.cn/42071/2015/12/18/6611s5201740.htm, 2015-12-30.

④ 难民潮考验德国经济//http://bjrb.bjd.com.cn/html/2016-01/08/content_343619.htm, 2016-01-08.

意构成挑战。这集中反映在2014年5月极右翼政党在欧洲议会选举中力量壮大，并在包括英、法、德在内的多数欧洲国家势力增强。在难民问题凸显后，极右翼政党借机向主流政党发难。主张退出欧盟的英国独立党认为，难民中混杂着更多想到欧洲来"插队"、"抢饭碗"的经济移民，应当仔细甄别；法国国民阵线领导人勒庞将难民比作"第四个世纪的野蛮入侵"，该党凭借其反移民反难民的主张在法国地方选举中多有斩获；德国极右翼政党"德国新选择党"（AfD）称难民是社会福利的"寄生虫"，将直接威胁到德国的生活素质和文化，并因其反难民主张一度在民调中成为仅次于德国执政两党的第三大党。另一德国极右翼组织"欧洲爱国者抵制西方伊斯兰化运动"（PEGIDA）则不断在各地发起反难民游行示威活动。在跨年夜德国各地发生大规模性侵、盗窃案后，极右翼势力更为活跃，直接提出了要求"默克尔政府下台"的主张。① 同时，中东欧国家提出"只接受基督徒难民"也被认为是欧洲政治"向右转"的表现。②

由于涉及切身利益并受极右翼政治宣传的影响，欧洲民意在难民问题上出现巨大分歧，不仅批评接收难民政策的声音越来越多，而且表现为具体行动。在接收难民最多的德国、瑞典等国，针对难民安置点的袭击事件从未中断。据德国内政部统计，仅2015年上半年德国就发生202起攻击难民营事件，其中173起具有右翼极端主义动机，到10月已超过500起。瑞典2015年1至10月发生12起针对难民的纵火和攻击事件。③ 在德国等地发生难民参与的性侵事件后，民意转而支持更为严厉的难民政策。在极右翼势力和民意变化的夹击下，欧洲国家政府不得不竭力保持平衡，难以在难民政策上作出大的调整，也难以在欧盟寻求统一解决方案时做出更大

---

① 从最左到最右，欧洲各派如何看待难民？//https://theinitium.com/article/20151003-opinion-chanyuenyung-refugee，2015-10. 巴黎恐袭或致难民危机恶化　欧洲会否"向右转"？// http://finance.chinanews.com/gj/2015/11-16/7626123.shtml，2015-11-16. 反对难民涌入　德国爆发大规模排外示威//http://news.ifeng.com/a/20151021/45840885_0.shtml，2015-10-21.

② 斯洛伐克称只接收基督徒难民//http://news.gmw.cn/2015-08/25/content_16802369.htm，2015-08-25.

③ 德国收容40万难民 攻击难民事件激增至近500起//http://www.chinanews.com/gj/2015/10-11/7563146.shtml，2015-10-11. 瑞典发生针对难民营纵火案//http://world.people.com.cn/n/2015/1022/c1002-27729206.html，2015-10-22.

让步。

最后，与难民相关的安全问题日趋严重，进一步恶化了欧洲的内部安全环境和解决难民问题的政治环境。随着难民危机的持续，欧洲的内外安全环境进一步恶化，反过来又加大了解决难民危机的难度。在难民危机爆发前，欧洲已经对乌克兰危机和恐怖袭击引发的安全问题头痛不已。在难民危机爆发后，与此相关的恐怖袭击和有组织犯罪问题又成为欧洲必须面对的安全挑战。一些欧洲国家反对接受更多难民的原因之一，就是担心主要来自叙利亚、伊拉克等地的难民群体极易被"伊斯兰国"或其他恐怖组织渗透，给欧洲带来新的安全风险。2015年11月巴黎恐怖袭击事件中的作案者之一据传就是以难民身份入境欧洲的。在科隆性侵案后德国警方对难民点的盘查中，又有消息称巴黎恐怖袭击的一名嫌犯就藏身于北威州的Recklinghausen难民营。[①] 将恐怖主义威胁与难民危机相联系，已成为欧洲各国民众的普遍担忧和反难民势力的主要理由。更让欧洲各国头疼的是，难民危机激化了族群矛盾，针对难民的犯罪行为接连不断，恶化了治安环境。德国内政部长德麦齐埃特地指出，"参与攻击难民的德国人多达2/3没有犯罪前科"。[②] 在德国等地发生以难民为主体制造的性侵事件后，欧洲面临的安全问题更为复杂。如果事件经查实与移民群体的有组织犯罪相联系，将进一步增加本土民众对移民和难民群体的不信任感和不安全感，如被本土极端势力加以利用，将形成族群对抗、社会撕裂的局面。欧洲国家要想继续保持以往对难民开放的政策将面临更为恶劣的舆论、民意和政治环境。

三、欧洲能否走出难民危机？

欧洲难民危机是内外因素共同作用的结果，在内外环境出现较大改善

---

① 外媒：巴黎恐袭一名嫌犯被指藏身德国难民营//http://finance.chinanews.com/gj/2016/01-10/7709384.shtml，2016-01-10。

② 德国收容40万难民 攻击难民事件激增至近500起//http://www.chinanews.com/gj/2015/10-11/7563146.shtm，2015-10-11。

之前，难民危机仍将持续。展望2016年，加强管控以避免危机升级仍是欧洲应对难民危机最为现实的目标。从目前各方政策趋势来看，其目标是通过收紧难民政策、管控共同边境来稳定并逐步减少难民流入，提高难民安置效率以减少无序流动，加强安全管理，寻求国际合作并维护周边稳定。

首先，采取务实立场收紧难民政策并提高难民安置效率，减少难民无序流动给各国边界带来的冲击，正成为各国和欧盟的共同方向。原本坚持对难民开放政策的北欧三国瑞典、丹麦和挪威从2016年开始启动难民管控机制，通过严查入境难民身份、遣返无证难民等措施控制难民流入。在经历性侵事件后，迫于国内民意压力，德国默克尔政府也通过修改难民政策加大了对违法难民的遣返力度。[①] 加上此前已经采取措施的国家，加强边境控制、收紧难民政策实际上已经成为多数欧盟国家的共同选择，此前一味追求"开放、自由道义制高点"的难民政策在现实问题的冲击下，实质上已难以为继。各国在难民问题上各自为政的主要原因是对难民问题的认识、政策和行为存在差异，导致难民在申根区内无序流动，对各国边界形成冲击，进而威胁到欧盟内部边境的开放。因此，在采取更严格难民政策的同时，欧盟将加大对现有难民的甄别、安置和遣返力度，缩小各国的立场分歧，为有效的欧盟统一解决方案创造条件。

其次，加强共同边境管控，同时确保内部边境管控的"临时性"和"低限度"，以维护申根区自由流动原则。根据法国、德国的主张，欧盟在2015年底已提议建立常备性边防部队和海岸警卫队来取代现有的欧盟边境管理局职能，以加强对欧盟国家共同边境的管控，从而"拯救"濒临失败的申根区自由流动原则。该提议主张欧盟委员会可以不顾成员国反对，对边防武装力量部署的时间和地点拥有最终决定权，因此提议一旦得以通过并付诸实施，将是欧盟成员国"自单一货币欧元创立以来实行的最大主权让渡"。[②] 由于涉及主权让渡，欧盟各国目前对该提议仍存在较大分歧，

[①] 难民危机将压垮欧洲？北欧三国环环相扣启动难民管控机制//http://marx.cssn.cn/hqxx/tt/201601/t20160106_2813787_1.shtml，2016-01-06。默克尔提出修改德国难民政策：若判监禁将被驱逐//http://news.china.com.cn/world/2016-01/10/content_37540235.htm，2016-01-10。

[②] 欧盟拟成立共同边境部队加强申根区管控//http://www.ftchinese.com/story/001065242?full=y，2015-12-11。

但有效控制难民危机、加强共同边境管控将是欧洲解决难民危机的必然趋势。在承认成员国加强内部边境管控合理性的同时,为避免其长期化和高门槛最终破坏申根区自由流动原则,欧盟也一再强调各国应"临时性地、最低限度地"实施边境管控,以免申根区自由流动原则遭到破坏。①

第三,加强对难民的管理,降低安全风险,同时着眼于国内政治局势,避免因族群对立和文化冲突影响政治稳定。随着恐怖主义威胁加剧和与难民相关的安全问题增多,欧洲国家在管控难民危机时将面临更复杂的政治和安全环境。一方面,各国需要加快对难民的甄别、安置和遣返工作,以避免难民安置地点长期化,增加被攻击的危险。为此将倒逼欧盟加强其内部的内务和司法合作。另一方面,在性侵事件发生后,欧洲国家还需要加强对难民的管理,避免类似事件再次发生,成为内部族群对立和文化冲突的刺激因素。2016年是欧洲主要大国的重要政治节点,英国将决定是否在年内举行退欧公投,德、法两国2017年将举行大选,各国执政党都希望难民危机能得到有效控制,相关的政治和安全问题不被反对党或极右翼政党所利用。

最后,通过经济、外交手段寻求国际合作以稳定周边局势。追随美国奉行对外干涉政策、不顾中东北非国家的实际情况搞"民主输出",难民危机的爆发很大程度上是欧洲自食其果。欧盟正在反思其对中东北非地区的传统政策,试图更多通过经济、政治和外交手段来发挥其影响力。同时,欧盟仍将继续就难民危机寻求国际合作,主要包括三个方面:一是在联合国框架内寻求难民事务合作,要求相关机构提供更多支持;二是加强与大国合作,包括在反恐和叙利亚问题政治解决进程中与美国、俄罗斯的合作;三是加强与地区国家的合作,包括向土耳其、黎巴嫩和约旦等难民流出国提供经济援助,与沙特、伊朗等国就地区政治和安全事务进行协调等。

如果2016年涌向欧洲的难民人数维持在2015年的水平甚至有所降低,安置工作取得进展使得难民减少在欧盟国家间的无序流动,与难民问题相关的政治和安全风险下降或得到有效管控,那么,欧盟就实现了对难民危

---

① 欧盟将实施"最低限度"边境管控 不会动摇一体化//http://www.legaldaily.com.cn/international/content/2016-01/08/content_6437542.htm?node=34042,2016-01-08。

机的有效管控。但要从根本上解决难民危机，不仅需要欧洲国家敢于面对并着手解决更深层次的政治、社会和文化矛盾，切实推进一体化，还需要中东北非地区能够出现较长时间的稳定局面。但这些条件显然不是欧洲目前的能力所能提供和创造的，即便今后难民危机会有所缓解，但未来一段时期欧洲仍将因此饱受煎熬。

德国是怎样实现重新统一的?

梅兆荣[①]

内容提要：德国的分裂和重新统一是欧洲二战后历史上具有转折性意义的事件。本文主要根据新近翻译出版的《德国统一史》(第四卷)，对德国重新统一的过程和内幕作了概述。主要是叙述科尔政府如何抓住1989年11月9日柏林墙倒塌后提供的历史性机遇，利用民主德国群众对当局的强烈不满、民主德国领导层的危机以及苏联的经济财政困境和戈尔巴乔夫的"新思维"，依靠布什政府有条件的大力支持，一步一步化解法国、英国对德国统一的疑虑和阻挠政策，通过对苏联的软硬兼施和恩威并重，促使戈尔巴乔夫节节后退，从高调反对德国统一到最后拱手出让民主德国，使联邦德国以最小的代价实现重新统一德国的大业。

关键词：东欧蜕变　柏林墙倒塌　统一机遇　十点纲领

2015年是德国重新统一25周年，回顾德国重新统一的真实过程，将给我们提供不少启示。

1949年德国分裂为两个独立的主权国家，是二战结束后苏、美、英、法四个战胜国分区占领、共同管制德国期间美、苏争夺势力范围的产物，也是欧洲分裂为两大政治、经济、军事阵营的重要标志。40年后，随着柏林墙的倒塌，意识形态和社会政治制度不同、分属于北约和华约的两个德意志国家又在四大国的博弈和妥协中重新实现了国家统一，为欧洲回归统一创造了条件，也成为东西方冷战宣告结束的一个重要标志。可以毫不夸

---

① 作者系中国国际问题研究基金会高级研究员，中国前驻德国大使。

张地说，德国的分裂和重新统一是欧洲二战后历史上具有转折性意义的重大事件。

从1989年11月9日柏林墙倒塌到1990年10月3日凌晨联邦德国领导人在柏林前帝国大厦的平台上宣告德国重新统一，前后历时仅329天。德国重新统一需要解决内外两部分错综复杂的问题。内部问题指联邦德国（西德）和民主德国（东德）之间要就实现统一的方式和步骤，包括建立经济、货币和社会联盟取得一致，使两部分在政治、经济、法制以及社会保障上重新合二为一。外部问题指如何解除四个战胜国对德国作为整体和柏林的特殊权利和责任、统一后德国的联盟属性、确认德波边界的永久性以及苏军从东德撤离等问题。这么复杂而浩大的工程如何得以在不到一年的时间里顺利完成，不愧是国际政治中的一个奇迹。

笔者时任中国驻西德大使，从当时的西德临时首都波恩密切跟踪了德国重新统一的全过程，深感统一是东德和西德广大民众的共同愿望，但在这么短的时间内得以实现归因于当时有利于德国统一的所有必要条件同时存在的偶然性。早一年，由于一些条件尚不成熟而不可能；晚一年，很可能因外部环境发生变化而使这一机遇丧失。在这个意义上，德国的重新统一可以说是必然性和偶然性巧合的结果。这一论断几年后得到了在德国统一过程中曾扮演重要角色的时任联邦财政部长、基督教社会联盟主席魏格尔先生的认同。

那么，1990年前后德国统一的国际、国内背景或者说框架条件是怎样的呢？不久前，社科院组织出版了有关德国统一的五部著作中译本，特别是其中阐述德国统一外部问题解决进程的第四卷提供了详细、真实的情况。正如该书作者指出的，欧洲政治的"框架条件革命"始于20世纪80年代初的"波兰团结工会运动"。而后戈尔巴乔夫的"新思维"和"改革"在东欧集团内蔓延，1989年初这股潮流也明显地到达东德这个"前沿国家"。处于西方宣传强烈影响下的东德民众对生活状况和统一社会党执政者的不满日益增长，群众性的抗议活动不断，成千上万的人想方设法西逃；东德国家领导人昂纳克日益受到戈尔巴乔夫的冷落，东德统一社会党领导层一片混乱；社会上供应匮缺，国家财政极为困难。这一切表明，东德统一社会党的统治地位已处于风雨飘摇之中。而紧跟波兰推行改革的匈牙利，1989年9月突然开放与奥地利的边界，不再履行阻止东德人经过匈牙利逃亡西德的"国际主义义务"，之后又出现了东德人以旅游者身份到波兰、捷克向西德使馆申请"避难"的轰动事件，使东德阻止逃亡的政策措施失灵。正是在这种背景下，东德统一社会党中央决定"有序地"松动阻止东德人去西德的隔离措施，但在混乱中却因"失误"而变成了柏林墙的无序开放，引发了局势的突变。

柏林墙的倒塌出乎西德领导层的意料，但科尔总理预感到形势将发生急剧变化，要充分利用这一难得的机遇。当时人们对德国统一的前提有三点考虑，即必须符合东德和西德人民的意愿，四大国必须同意并保证欧洲大陆所有国家的安全，统一范围限于两个德国和柏林，必须承认德波奥得·尼斯河边界的永久性，即放弃已归入波兰的东普鲁士地区。鉴于柏林墙开放后出现的混乱局面，科尔首先与美、法、英三国领导人沟通，一方面通报柏林墙打开后的形势，另一方面探听西方三国领导人的反应。科尔在通话中强调，德国扎根于西方（即欧共体和北约）是为了稳住西方盟国，同时也是显示尊重战胜国的权利，暗示三大国不要采取什么行动，相信联邦政府有能力处理好这突如其来的变化。

对柏林墙倒塌后的新形势，有关各方反应不一。戈尔巴乔夫强调，两个德国并存的现实不能改变，战胜国的权利不容损害，这主要关系到柏林的地位、盟军的驻扎、德国的边界以及东西德的结盟状况。美国意识到可能出现德国统一问题，强调不可避免的事情要"审慎地演变"，要维护美国在欧洲的主导地位，防止美国在欧洲的地位被边缘化，确保德国留在北约和美国在欧洲的驻军不受影响。法国的对德政策目标是防止德国成为强权政治因素和欧洲安全风险，主张通过欧洲一体化控制西德，通过把西德融入北约和美国在西德驻军使西德处于两大军事集团交汇处的"前沿地带"，确保法国处于"二线"，因此，法国虽口头上赞成德国有自决权，但主张维持现状，不赞成德国统一。英国强调均势，主张法德和解和美军长期驻留欧洲大陆，并把西德维系在西方联盟，认为西德作为北约忠实成员不可替代，但又担心德国主导欧洲或陷入对苏依赖，从而危害欧洲均势和安全。北约首任秘书长英国人伊斯梅爵士有句名言，说北约的功能就是"将美国人拉进来"、"将俄国人挤出去"、"将德国人摁下去"。撒切尔夫人认为德国统一会对欧洲稳定带来危险，主张建立一个"拒绝阵线"。东德总理莫德罗主张固定两德并存局面，坚持东德的社会主义制度和国家主权的合法性，并忠于华约和经互会的国际义务，建议两德之间建立"条约共同体"，开展"史无前例的紧密合作"，但拒绝任何统一的思想。

面对上述形势，西德的态度是反对"固定两德并存"，要求东德统一社会党放弃垄断领导地位，否则不予援助。注意到东德人逃亡浪潮无法阻止，东德群众游行示威的口号从"我们是人民"转向"我们是一个民族"。苏联虽在公开表态中反对单方面改变东德和西德并存，私下里却放风可以考虑建立"邦联结构"。联邦政府决策圈决定亮出自己的主张先声夺人，以稳住不安全感日益增长的公众，引领局势走向和国内外舆论。1989年11月29日，科尔总理抢在联合执政的自民党以及反对党和外国伙伴之前提出"十点纲领"，对保持现状的主张提出另一种选择。该纲领组合了人们熟知的联邦政府的主张和措辞，提出了两德建立"邦联结构"的建议而未用"邦联"这个措辞，但指出最终目标是实现统一。之所以用"纲领"而未用"计划"这个措辞，是为了表明不设时间表，不用"邦联"也是为了表明最终目标是实现德国统一。为了保密和取得惊人效应，科尔在向联邦议会宣布该纲领之前未与联合执政伙伴自民党商议或通气，仅在发表前六小时向美国总统布什做了通报，而且故意只发德文而未译成英文，目的是让布什晚一点看到通报。

对于科尔的"十点纲领"，戈尔巴乔夫的反应是强烈"愤怒"，指责西德未予磋商或预告就提出"具体的统一行动计划"。美国关注该纲领未提及德波边界问题和未来德国的联盟属性，对此科尔作了解释，说明未讲明联盟属性是出于策略考虑，实际上这两个问题都不成问题。随后美国提出了对德政策四点原则：奉行自由的自决原则；统一的德国必须保持为北约和欧共体成员；统一必须有步骤地、和平地进行；现存边界的不可侵犯性必须得到尊重。英国首相撒切尔对"十点纲领"表示"反感"，强调德国重新统一不在议事日程上。法国的态度介乎保留和反对之间，担心德国统一后会反对欧洲统一。为此，密特朗决定1989年12月6日访问基辅，希望借助戈尔巴乔夫反对德国统一的态度确保德国不可能很快统一，这样法国无需过于冷落德国；12月20日又访问东德，以示承认东德作为主权国家的存在并支持其继续存在的愿望。值得注意的是,科尔在密特朗访问东德前一天访问了东德德累斯顿市,受到当地群众的热烈欢迎,成了西德决心加速统一进程的转折点。

柏林墙倒塌六周后,科尔政府对不同的利益格局有了较为全面的了解:与西德和美国主张德国统一相对立的,是法国和英国的怀疑派和煞车派集团以及公开反对统一的东德和苏联。但东德的形势持续恶化。1989年11、12月两个月就有约18万人逃离东德,1990年开始每天约有2000人移居西德,这对东德经济动脉意味着大出血。鉴此,科尔政府得出结论,必须使统一的目标具体化并争取所有参加方认同。为此需要做三方面的工作:一是消除苏联的安全疑虑,二是使西方盟友放心,三是听任东德瓦解,拒绝莫德罗提出的条约共同体建议。同时,对苏联领导人有针对性地做工作,软硬兼施、恩威并重,因为取得苏联的原则同意是解决问题的关键。为解决四大国对德国的特殊权利和责任以及德波边界问题,需要确定一种谈判机制。经过多方试探、商议和权衡利弊,最后确定同意美国国务院提出的"2+4谈判"机制,即两个德国和四个战胜国的六方会谈。

1990年初,苏联内外交困局面凸显,主要是供应困难,一些加盟共和国闹独立,一些地方出现暴动,加上东德政治经济形势进一步恶化,国家处于解体过程,苏联领导不得不面对现实。是年1月7日,谢瓦尔德纳泽外长向联邦政府试探提供食品援助的可能性,科尔当即表示同意并于2月中旬以2.2亿马克联邦补贴资金提供14万吨食品以及大量衣物和日用品。这一慷慨之举产生了积极的政治效果。1月底戈尔巴乔夫召开顾问会议讨论德国问题,结论是除了军事行动之外任何选择均可考虑,决定在德国政策上全面后退。嗣后戈尔巴乔夫改变调门,声称德国统一原则从未被怀疑过,两个德国的产生有其历史原因,现在要加以修正不能在大街上解决。东德莫德罗政府只好跟着宣布自己的统一计划,但仍以较长时间为出发点。戈尔巴乔夫原则上批准莫德罗的统一构思,但强调统一后的德国应实行中立,不得加入北约。尽管如此,科尔政府为戈尔巴乔夫在德国统一问题上的转变深感鼓舞。

1990年1月31日,苏联驻西德大使克维钦斯基转交戈尔巴乔夫邀请科尔于2月10日去莫斯科作非正式访问的信函。科尔在访苏前夕收到了美国总统布什的信件，除表示支持德国统一外，还表达了对美军驻留德国以及未来东德安全地位的关切，并通报了国务卿贝克的访苏印象，指出苏联接受德国统一已不可避免，只是对统一的后果有担忧，主要涉及欧洲安全与稳定和现存边界的可靠性，苏联不接受北约东扩，但暗示可以接受德国留在北约。科尔据此在访苏期间有针对性地做了戈尔巴乔夫的工作。首先是大肆描述东德的困境和国家解体状况以及苏联40万驻军及其家属面临的问题，以说服戈尔巴乔夫接受统一；同时针对戈氏对安全、边界、统一范围、未来德国的联盟属性以及裁军等问题的疑虑进行游说，表示"北约当然不能东扩到今天的民主德国版图"。会议结束时，戈尔巴乔夫表示："很可能可以断言，在德意志民族统一问题上，苏联、联邦德国和民主德国之间不存在意见分歧。简而言之，我们在最重要的一点上是一致的，就是德国必须自己做出决定。"这表明，这次会晤清除了德国统一道路上的最大障碍。但这时苏联和东德仍以种种方式尽量拖延谈判，美国则大力支持西德，英国、法国部分地赞同拖延德国统一进程，各方围绕几个实质性问题仍争论尖锐，主要涉及德波边界问题、统一的模式、未来德国的联盟属性、东德地区的军事地位以及二战后苏军占领期间决定的东德地区财产制度（如土改和没收战犯财产）等。

1990年3月，东德地区举行民主选举，结果是科尔支持的基民盟获大胜，这对科尔"在建立德国统一的道路上采取迅速而坚决的行动"又是一大推动。对科尔政府来说，东德局势越是恶化、逃亡人数越多，就越能证明加快统一进程的必要性。当时东德外债高达400亿马克，解决这个问题也是苏联利益所在。于是，科尔便以未来的德苏关系将比现在更好来引诱戈尔巴乔夫，承诺德国将与苏联扩大经济合作，不把苏联排斥在欧洲发展之外。为消除戈氏在安全问题上的担忧，科尔从多方面做工作：说明未来德国保持北约属性也符合苏联利益，因有利于改变北约性质；德国愿承担苏军撤离东德的部分费用；通过裁军和覆盖全欧的安全结构将使北约的继续存在和全德的北约成员属性"相对化"；德国无意排斥苏联于欧洲发展之外，承诺将与苏联更紧密地扩大经济合作。

法国一直心态矛盾：东德人民的情绪和移民潮使密特朗感到德国统一不可阻挡，戈尔巴乔夫态度的转变又使他意识到不可能指望借助苏联阻止德国统一。因此，唯一可能延缓德国统一进程的办法是借德波边界问题做文章。这使科尔十分恼火。但科尔意识到一切取决于美国和法国的支持以及和苏联合作，于是决定在依靠美国支持、全面帮助戈尔巴乔夫的同时，尽可能地迎合密特朗。主要在以下几个方面做法国的工作：（1）强调欧洲统一与德国统一并不矛盾，相反，没有德国合作就没有欧洲未来；（2）提醒法国注意波恩条约规定的西方大国义务，即共同实现德国统一的目标，而现在是第一次出现通过和平途径避免欧洲和德国分裂的可能；（3）德国的家园必须在欧洲的屋檐下建设起来，欧共体的统一将因德国统一而得到推动；（4）承诺西德无意将德国统一与移动现存边界联系起来，两德统一后将有约束力地承认德波边界的永久性。（5）指出东德国家解体、移民潮不断恶化对经济产生灾难性后果，证明了统一的必要性。同时，对法国利用德波边界问题做文章的伎俩作出了强烈的反应。形势的发展使密特朗得出结论，必须适应现实。特别是东德社民党在选举中失利使密特朗进一步认识到，德国统一已是大势所趋，于是不得不发出与德国和解的信号。

从1989年11月柏林墙开放到1990年5月5日"2+4外长会晤"开始，半年时间内东德和西德之间已开始商谈建立经济、货币和社会联盟，并筹备全德选举，苏联已表示同意两德按《联邦德国基本法》第23条实现统一，即东德加入基本法适用范围，但对统一德国的北约属性仍持拒绝态度，而西德和西方三个盟国已商定必须在是年11月欧安会峰会之前结束德国统一的国际谈判。这时，戈尔巴乔夫又面临一个难题，即在1990年7月之前如果没有西方资金流入，苏联将丧失国际支付能力，需要总额为近200亿德国马克的贷款。为此，谢瓦尔德纳泽又向科尔提出贷款请求，而科尔也当即作出积极回应，因为他明白："一个请求其他政府提供财政援助的政府不会奉行持续冲突的方针。"这时，"2+4外长会晤"的议程已定，即边界问题、政治军事问题、柏林问题、最终的国际法解决以及解除四大国权利与责任问题。会晤将分别在波恩、东柏林、巴黎和莫斯科举行。科尔认识到，使苏联让步关键要解决两个问题：一是针对苏联的经济困境，通过财政刺激促使苏联就范；二是针对苏联的安全疑虑，推动美国对北约做必要的改变。他认为，苏联只有有了安全感和平等感，才能对德国统一说"同意"。

科尔对1990年初对苏食品援助的政治效应记忆犹新，指示其外事顾问特尔切克偕德意志银行和德累斯顿银行的总裁于5月15日飞赴莫斯科作秘密访问。苏联部长会议主席雷日科夫在会谈中先是提出急需15亿~20亿卢布可自由使用的财政贷款，以确保即时支付能力，接着希望西德以优惠条件提供100亿~150亿卢布的长期贷款。特尔切克表示，联邦政府原则上同意提供援助，但必须是一揽子解决德国问题的一部分。谢瓦尔德纳泽以微笑作了确认。之后戈尔巴乔夫接见了特尔切克等三人，以示贷款援助要求是苏联最高层的行为，并提出优惠贷款的利率应是1.5%~2%而不是6%，苏联不仅需要优惠贷款，而且需要食品等实物贷款，总金额需要150亿~200亿马克，7~8年内偿还。戈氏还表示，愿与科尔直接谈判双边伙伴关系条约，并强调必须使苏联人民确信自己的安全没有受到危害，不允许任何一方强加于另一方。特尔切克表示，所有这些都可以意见一致地解决。双方还就一些原则问题进行了沟通，主要是：在双边和多边会谈中搞一揽子方案，包括签订全面的面向遥远将来的双边条约，初定科尔于7月或8月访苏。5月22日，科尔致函戈尔巴乔夫确认特尔切克与苏方所谈内容。戈尔巴乔夫6月9日给科尔回信，虽未确认德国银行贷款与解决德国问题挂钩，但重申德国人民有自决权以及"2+4"谈判可以在11月欧安会峰会前结束，并重申邀请科尔7月下半月访苏，"为我们关系的未来进行深入对话"。

科尔为争取美国的支持和配合，与布什总统多次通话，相互通报情况并商议对策，他们决定再给戈尔巴乔夫一些甜头，主要是利用伦敦西方防务峰会建议华约与北约成员国之间签订互不侵犯条约，以示北约的变化。戈尔巴乔夫和谢瓦尔德纳泽曾明白暗示：在北约发生变化、对苏联提供经济和财政援助以及提供适当安全保证的情况下，苏联强调的自决权道路就是全德可以成为西方联盟的成员，但西方要为此付出一定的代价，苏联迫切需要可以展示与西方合作成果的证据。针对这一暗示，布什总统为支持德国统一，发表了九点保证，但仍不足以令苏联满意。正当西方无计可施之时，苏方又提供了启示：如果西方联盟进行"彻底的转变"，苏联在北约问题上即可作出松动。据此，7月6日的伦敦北约峰会在布什总统的力主下发表了《伦敦声明：转变中的北大西洋公约同盟》，宣布了北约新的战略特征，提出了十点建议，都是针对莫斯科的利益诉求所作出的反应，主要是解决三个中心问题：（1）强调北约的防御性质，主张结束敌对和放弃侵略，从政治上对德国的东部邻国特别是苏联提供安全保证；（2）赞成裁军谈判应取得进展，支持建立一个更少武器的世界，提出包括常规和核武器的削减建议；（3）响应苏联的建议，主张建设欧洲新的安全大厦，并使欧安会机制化。对此，谢瓦尔德纳泽表示"令人满意"，戈尔巴乔夫同意谢瓦尔德纳泽的这个评价。在此情况下，戈尔巴乔夫明确邀请科尔去其家乡访问。

1990年7月14日，科尔率团访苏，目标是排除德国统一道路上的所有障碍。当时，戈尔巴乔夫已在苏共党代会上继续当选为总书记，地位有所加强，但仍面临着内政上反对派的牵制，经济形势和供应状况恶化，通胀压力巨大，国家财政大量亏空，人们期望统一的德国将成为苏联最重要的贸易伙伴和外汇供应者，双边经济合作会扩大和深化，从而在政治上起稳定作用。在此背景下，科尔对未来德苏关系准备了一系列设想，包括经济合作和睦邻关系条约，主要是使苏联相信科尔不仅关心"2+4"谈判成功，而且谋求德苏保持良好关系，为戈尔巴乔夫提供足够的证明和承诺，使其经受得住党内反对派的批评指责。两人单独会谈的结果是：（1）1990年11月欧安会峰会前解决德国统一问题；（2）德国统一与实现完全主权并行；（3）德国统一后有自由选择联盟的权利，具体指的就是北约，但不予明说；（4）统一后北约的保护可延伸到东德地区，未纳入北约的联邦国防军可以进驻，在苏军撤离之后才可进驻属于北约的联邦国防军，德国放弃核武器；（5）苏军在东德的留驻期限为3~4年；（6）统一后德国的武装力量限额37万人，此点应作为裁军谈判的结果公布。作为回报，德方承诺德苏关系将出现新导向，向苏联提供经济与财政援助，具体细节主要是金额另议。

1990年7月17日，在巴黎举行的"2+4"外长会晤在波兰外长参加下就波兰西部边界问题达成了五点原则谅解，解决了德国最终承认奥德尼斯河边界的问题。这五点协议是：（1）统一德国的范围是东德和西德和整个柏林，德国外部边界随着"2+4条约"的生效而永久确定；（2）统一的德国和波兰应通过签订具有国际法约束力的条约确认两国之间现有的边界；

（3）德国现在和将来都不对其他国家提出领土要求；（4）德国统一后的宪法不会有任何违背上述原则的规定；（5）四大国确认知悉缔结双边边界条约的意图，声明随着条约的实现确认统一德国的边界具有最终性质。

细节决定成败。在涉及细节的谈判中，苏、德双方讨价还价激烈。1990年8月27~28日，已升任苏联副外长的克维钦斯基向联邦政府提出了苏方诉求的清单，要求德方为苏军撤离东德提供运输费，为安置苏军军官建房，为苏军在东德的驻留提供经费，否则苏军内部会发生"暴动"，并称在3~4年内撤离无法做到。关于签订德苏合作与伙伴关系条约问题，提出德方须在安全与放弃武力问题上作出特别清楚的承诺，否则难以获得批准。在未来经济技术合作方面，必须强调苏联将享有优惠条件。此外，还要解决东德与苏联签订的条约继承、苏军在德国的墓地以及纪念碑的维护和保护、苏军在占领东德期间实施的法律不可否定等问题。核心问题是要"钱"。在具体谈判中，德方允诺提供总额为60亿马克，苏方则要185亿马克，还要加上补偿苏联将在东德放弃的不动产。德方谈判代表、财政部长魏格尔称苏方的要价是"幻想"，只好交由双方最高领导层决定。9月7日，科尔与戈尔巴乔夫通话，就上述费用总额再次讨价还价。科尔出价80亿马克，戈尔巴乔夫断然拒绝。戈氏的反应表明，如双方不能就费用问题达成协议，9月11日"2+4会谈"最后文件就不可能签署。德方经内部商议后，决定把开价提高到100亿马克，在极端情况下可加至120亿马克，外加允诺提供30亿马克无息贷款。9月10日，科尔再次与戈尔巴乔夫商谈，戈氏把要价降至150亿~160亿马克，科尔最后把120亿马克补偿费和30亿马克无息贷款悉数放到桌面上，总共150亿马克，双方终于拍板成交。9月11日，"2+4会晤"在莫斯科签署《最后解决德国问题的条约》，解决了三大问题：德国的完全主权得以建立；统一德国可以自由选择联盟属性；苏军撤离东德及其具有约束力的时间表。至此，德国统一的外部问题全部解决。9月13日，德国和苏联草签了《睦邻伙伴和合作条约》，并于11月9日戈尔巴乔夫访问统一德国时正式签署。10月12日德国和苏联签署了关于苏军在联邦德国有限期驻留的条件与有计划撤离的方式的条约和《过渡措施》协定。德波边界条约于11月14日签署，但德波《睦邻友好合作条约》于1991年6月17日才签署。

总的来看，德国实现了科尔"十点纲领"中指出的目标，不仅实现了国家统一、获得了完全主权，而且确保了北约属性和植根于西方的国策理念，并维护了欧洲统一。与此相比，以150亿马克的经济和财政援助作为向苏联支付的代价显得微不足道。美国从一开始就支持德国统一，是以德国满足美国的要求为条件的，即统一的德国保持为北约的完全成员，美国保持为一支欧洲力量。法国的利益得到了应有的顾及，确保了德国在政治、军事上属于西方集团，承诺致力于欧洲一体化并最终承认德波边界不可改变。英国尽管以强硬的言辞进行干扰，但在实际操作中不起多大作用，其维护西方防务联盟和保持德国与西方持续挂钩的目标未受影响。对苏联来说，满意的理由最少，戈氏从原有的诉求节节退让，得到的只是全德武装力量的限额、德国的和平"保证"、一些经济支持和财政援助以及"德苏关系新导向"的"前景许诺"。

大国动态和大国关系

中美俄关系：态势·特点·影响

俞 邃[①]

内容提要：要在全球背景下观察中美俄三角关系。中美关系最为重要，在曲折中发展；中俄关系最为密切，在深化中发展；俄美关系最为复杂，在较量中发展。中美俄之间，客观上存在国际影响力之争，既相互借助又彼此防范，但侧重点存在明显差别。中美之间可能构建新型大国关系，但难度较大，过程将是曲折的。中俄关系堪称新型大国关系的典范，表现为政治上互信，经济上互补，军事上互动，文化上互通，外交上互商。俄美之间紧张对峙，但两国关系不会一成不变，仍存在缓解的余地。美国对中国和俄罗斯同时施压，是缺乏理智的表现。

关键词：三角关系　中美关系　中俄关系　俄美关系

2015年的历程再度证明，大国关系带来国际形势乃至世界格局的变化，而中美俄三角关系之影响尤巨，受到国际社会的格外关注。本文选择宏观角度，而不限于2015年具体事件本身，就中美俄三者关系的架构及其相互作用，侧重从理论上做一次综合性梳理。

中美俄三角关系基本评估

首先遇到定位问题。其一，美国为最大的发达资本主义国家，中国是

[①] 作者系中国国际问题研究基金会高级研究员，国际自然和社会科学院院士。

最大的发展中国家，俄罗斯是最大的转型国家。换个说法，美国是守成大国，中国是新兴大国，俄罗斯是从原先守成大国苏联坠落、演变而来的新兴大国。其二，美国仍为唯一超级大国，标志是导致国际形势复杂多变的依然是美国政策影响下的地区热点，在很大程度上左右世界安全环境的依然是以美国为主要矛盾方面的大国关系。其三，俄罗斯具有超常的世界大国因素，标志是拥有与美国相当的核武库，拥有世界上22%左右的丰富资源（仅贝加尔湖淡水就占世界1/4），拥有世界第一的版图，但经济总量远称不上世界大国。中国成为世界第二大经济体，但人均GDP排在世界80位之后，邓小平说过，中国既是大国又是小国。中国和俄罗斯可称作具有世界影响力的超地区大国。当今中美俄三角关系仍是"不等边"的，并非有人所说的美中"等腰三角形"。切勿被某些国际媒体的"G2"恭维论忽悠。

要放在全球背景下观察中美俄三角关系。其一，世界政治格局在变，突出的是"一超"美国实力下滑与维护其世界霸主地位的反差越来越大，这从2015年美国在叙利亚反恐中的被动处境可以进一步看出。其二，经济全球化态势在变，自从全球金融危机发生以来，八国集团（如今暂又回到当初的七国集团）的作用逐渐被二十国集团取代，其中金砖国家的地位凸显。其三，世界安全环境在变，"伊斯兰国"的出现与膨胀使得反恐变得更加艰难，恐怖主义已从地区性威胁逐渐上升到全球性威胁。这三大领域的变化都涉及中美俄三角关系。近年来呈现这样的态势：美国是麻烦制造者，俄罗斯是举世瞩目者，中国是备受尊重者。在当今世界大国关系中，相对而论，中美关系最为重要，在曲折中发展；中俄关系最为密切，在深化中发展；俄美关系最为复杂，在较量中发展。

中美俄三者都处于时代主旋律的支配之下。和平与发展时代主题的确定与某种程度的共识认同，决定了中美俄之间并非天然的敌我对抗关系。有人引用毛泽东的话"谁是我们的敌人？谁是我们的朋友？这个问题是革命的首要问题"来鉴定大国关系，特别是怀疑甚至否定中国与美国构建新型大国关系。这就涉及对时代主题意义的认识。在以战争与革命为主题的时代，必须首先考虑与谁打仗、革谁的命。但在当今，如果我们接受和平与发展的时代主题观，那么首先考虑的应为谁是我们的合作伙伴，而不是去寻找敌人。当然，合作伙伴有真假之分，有全心全意与半心半意之分，对于虚假的甚至怀有敌意的合作伙伴，要予以防范，要与之适当斗争。就美国而论，它在二战期间曾与中国和苏联结成同盟，是合作伙伴。今天，对其霸权主义行径仍要坚决抵制和反对，但不能因此就认定它压根儿就是敌人而不能搞合作。合作共赢原则应适用于包括美国在内的所有国家。中美俄三者之间不仅因其某种矛盾性影响着世界，而且其难以摆脱的依存性亦即有时表现出的"合力"，对世界事务更会产生重大影响。三者相互间依存性加深，同时竞争性加剧；自主性加强，同时互补性日增。时代主旋律决定，它们调整相互关系的前提乃是谋求、协调和平衡经济基础上的战略利益。

中美俄三家都曾表示彼此要构建战略伙伴关系。主要原因是，冷战结束以来各家几乎无例外地都在奉行对内自强不息、对外竞争共处的方针。对内，将经济建设与变革置于首位，借助科学技术推动经济发展，以提高综合国力。对外，力求改善自己的处境，赢得尽可能有利的战略地位，为本国的发展创造良好的外部条件。当然，对于美国而论，还有一个维护霸主地位的问题。中俄之间形成全面战略协作伙伴关系，中美之间酝酿新型大国关系，这些情况人们比较熟悉。而俄美关系被关注的，往往更多是两家如何争斗。其实，俄美之间早已提出构建战略伙伴关系。2001年11月俄罗斯总统普京访问美国和2002年5月美国总统布什访问俄罗斯，先后发布两国"新关系"联合声明和"新型战略关系"联合声明。其中宣称，俄罗斯与美国"已经克服了冷战的残余，任何一方都不把另一方视为敌人或威胁的来源"；俄罗斯和美国摈弃已被证实无效的、只会加剧该地区冲突的"大国"竞争模式。美俄将进入关系友好的新时代，进入一个新纪元。这些话虽有危言耸听之嫌，却也在很大程度上反映了它们的真实需求，只不过由于各自的利害冲突使之一再落空罢了。

中美俄大三角之间，客观上存在国际影响力之争，既相互借助又彼此防范，但侧重点存在明显差别。美国对俄罗斯的防范要多于借重。俄罗斯亦然。美国对中国的防范与借重往往注意保持平衡，中国对美国则尽量做到彼此借重；中国和俄罗斯可以说是相互倚重。美国对俄罗斯、对中国都具有强势，但在三角关系中相对处于弱势。三角关系虽不应联合一方反对另一方，但客观上存在利用矛盾为己所用的问题。中俄关系与中美关系既不取决于俄美关系，也不排斥俄美关系。美国对中国和俄罗斯同时施压，"两个拳头打人"，是缺乏理智的表现。俄美关系也不会一成不变，双方互有需要，在反恐尤其是应对"伊斯兰国"、防止核扩散、削减战略武器以及其他全球性问题方面，美国仍需要俄罗斯的配合。

中美俄三者关系的发展趋势与特点截然不同。这不仅基于各自国情的差别，更取决于当局奉行的方针政策，取决于政治意愿或者说政治互信。意识形态因素对于中美俄三角关系的作用其实有限。就意识形态而论，现今俄罗斯与中国并不比俄罗斯与美国贴近。俄罗斯以民族精神强烈著称，这成为俄罗斯国内各派政治力量的重要结合点。美国国际政治学者约瑟夫·奈2015年5月17日在《读卖新闻》发表题为《衰退让俄罗斯变得更危险》的文章说："最终普京总统推进的是以怀疑西欧的文化和理性的特征的'新斯拉夫主义'"，"俄罗斯的领导层大多是极端民族主义者"。前一句让人难以认同，后一句则显然说过了头。

中美关系的特点及其对俄罗斯的影响

中国和平发展对于世界格局、国际秩序和发展模式三方面产生影响。发展模式是美国要搞"颜色革命"的对象，其国际积极影响当然最让美国生畏。如今中国备受外界尊重，国际处境良好，一是得益于外交出彩，尤其是互信包容合作共赢理念抓住时代的本质特征，发挥作用力；二是提出"一带一路"等战略主张，与其他相关国家的利益契合，引起强烈共鸣，至今已有20多个国家表示积极参与。对此，美国心存疑虑，若明若暗加以阻挠，而俄罗斯从推进"欧亚经济联盟"与之对接考虑，积极予以配合。

中美之间构建新型大国关系存在可能性，但难度较大，过程将是曲折的。中国方面表现了诚意。第一步，阐述必要性，指出中美新型大国关系的实质内涵，用了三句话——不冲突不对抗、相互尊重、合作共赢。第二步，阐述可行性，指出构建新型大国关系的有利条件，用了五句话——政治意愿、经验积累、机制保障、民意基础、合作空间。第三步，阐述务实性，针对美国方面提出的"坐而言不如起而行"，提出构建新型大国关系应从哪些重点方向运作，用了六句话——加强高层沟通和交往，增进战略互信；在相互尊重基础上处理两国关系；深化各领域交流合作；以建设性方式管控分歧和敏感问题；在亚太地区开展包容协作；共同应对各种地区和全球性挑战。后来，中国方面又进一步提出，保持高层和各级别密切交往；拓展和深化经贸、两军、反恐、执法、能源、环保、基础设施建设等领域务实合作；密切人文交流，厚植支持两国关系的社会基础；尊重彼此在历史文化传统、社会制度、发展道路、发展阶段上的差异，努力使之成为相互借鉴和共同进步的动力；继续就亚太地区事务深化对话合作；共同应对各种地区和全球性挑战，充实中美关系战略内涵，为国际社会提供更多公共产品。这些主张实际上回应了美方试图纠缠的一些内容。中美构建新型大国关系不可能一蹴而就，但只要在坚持中砥砺前行，终将推动中美关系再上新台阶，对全球的和平发展产生深远影响。

美国当局对构建新型大国关系态度暧昧。究其根本原因，这无异于要它放弃冷战思维，收敛霸权主义。美国从变相否定到勉强应承，至今仍在犹豫过程之中。现今我们面临的任务是，如何通过说理斗争，让互信代替互疑，管控分歧代替扩大争执，消除麻烦代替制造事端。总之，优化中美关系，如习近平主席所说，事在人为。

中国要与美国构建新型大国关系的意图以及会遇到哪些障碍，俄罗斯心知肚明。俄罗斯固然不希望中国和美国过于接近，但也知晓中国方面不会以损害俄罗斯作为与美国发展关系的筹码，美国想借助中国遏制俄罗斯也根本行不通。俄罗斯除个别媒体有时就中美关系说三道四外，官方并未对构建中美新型大国关系公开表示非议。

美国无论是民主党还是共和党当政，对华政策始终表现为"接触加遏制"的两重性。这与它对俄罗斯的政策颇为相似。这种缺乏远见的政策成为促使中俄接近的一个重要外部因素。俄美之间矛盾深厚，能坐在一起协商对话就很不错了，很难看到它们构建新型大国关系的前景，尤其是在普京时代。

美国不能恪守良性互动规律，致使中美关系曲折发展成为一种常态，俄美关系更是难以达到中俄关系那么高的境界。所谓良性互动规律，指的是既要维护自身利益又要尊重对方利益,缺一不可;合作与竞争同在,摩擦与妥协并存,合作要诚信,竞争要守规矩,摩擦要不导致对抗,妥协要适度;结果不是零和也不是哪一家获益,而是互利共赢。

中俄关系的特点及其对美国的影响

中俄关系是不断提升的。20世纪90年代,自1992年12月之后,中俄关系从相互视为友好国家、发展建设性伙伴关系到1996年确立平等信任的、面向21世纪的战略协作伙伴关系,被称作连续上了三个台阶。2001年7月16日签署《中俄睦邻友好合作条约》,将中俄关系所达到的水平与各领域的合作共识以法律的形式确定下来。这个以"世代友好、永不为敌"为核心的条约,是中俄关系史上乃至整个国际关系史上的辉煌篇章。如今,中俄关系进一步提升为全面战略协作伙伴关系。

中俄关系之所以能不断深化发展,多亏两国领导人具有远见卓识。两国都在致力于目标类似的国家振兴,改革的着眼点都是以扩大同国际社会的联系为方向,力求提高经济效益和科技水平,并在此基础上发展生产力,增强综合国力,优化人民的生活质量。两国都需要良好的稳定的外部环境,却又都受到来自美国的种种压力。

中俄关系堪称新型大国关系的典范。表现为政治上互信,经济上互补,军事上互动,文化上互通,外交上互商。特色是不结盟而又实行战略协作(结伴不结盟),关系密切而不存在依附性,维护各自尊严和利益而不怀损害对方之心,根据是非曲直处理国际事务而不搞双重标准,有利益分歧而能通过平等协商解决。中俄关系影响力巨大,源于两国之间"四同":同气相求、同心协力、同仇敌忾、同舟共济。

中国和俄罗斯的国家利益和意识形态是存在差异的。对待国家利益差异——协调之,对待意识形态差异——超越之,处理得当,并没有造成国家关系的扭曲。两个大国之间的合作,既有共性问题也有个性问题。在协作过程中发扬共性、尊重个性,尽量将个性融入共性之中,这正是中俄关系精髓之所在。

中俄关系发展有强大动力,也有不少阻力。动力来自彼此国家安全利益与发展利益的诉求,阻力主要来自美欧大国与俄罗斯的复杂关系。中国外交既要珍惜、强化与俄罗斯的关系,这是基轴;又要不因与俄罗斯友好而影响与美欧合作相处,这就要求高超的外交艺术。

中俄之间能做到的事情,中美之间照理也应该能够做到。中国正是参照中俄关系的经验,推动构建中美新型大国关系。美国在构建中美新型大国关系问题上态度逐渐有所变化,从实质否定到目前似乎开始注意落实,这跟中俄关系坚挺有关。

俄美关系的特点及其对中国的影响

俄罗斯要走向振兴,需要与美国合作而不是对抗。但俄美"战略伙伴关系"的基础脆弱,一是缺乏像美国与北约盟友之间建立起来的那种军事政治领域的长效合作机制,二是没有像俄罗斯与中国之间那样的经济合作基础,三是俄美双方对恐怖主义威胁、核扩散等问题的认识有所不同,反恐重点和处理核问题上也不完全一致。

普京的言行常常令美国震惊和反感。如上台之初《世纪之交的俄罗斯》一文明确提出不走欧美道路;接着高呼"给我20年,还给你一个强大的俄罗斯";随后指出苏联解体是20世纪最大的地缘政治悲剧,说"谁不为苏联解体而懊恼,谁就没有良心;谁想再回到苏联,谁就没有头脑";后来又提出构建"欧亚联盟"的战略构想。加之,针对美国的霸道行径,普京一再有力抨击。美国和西方一些大国必欲置普京于倒地而后快,却事与愿违。普京提出要弘扬俄罗斯的思想和价值观,包括爱国主义、强国意识、国家作用和社会团结,提出要从经济和道德两方面振兴俄罗斯,并竭力付诸实践。看来这些成为他的有力支撑点。

俄罗斯国家振兴的前提是确保国家统一,确保经济增速,确保政局稳定。美国的对俄政策恰恰有损这三个"确保"。冷战结束以来,美俄之间犹如演奏一部题为"较量"的交响乐,主旋律为"难得互信",分为北约东扩、"颜色革命"、在东欧部署反导系统乃至扩大驻军的"三乐章"。普京对美国态度强硬,很大程度上是美国逼出来的。常说北约、欧盟"双扩",其实还要加上推行所谓民主政治亦即"颜色革命",构成"三扩"。美国支持欧盟东扩、制造乌克兰危机,既是要挤压俄罗斯,打破普京的"欧亚联盟"构想,又是要激化欧盟与俄罗斯的矛盾,为其所用。

鉴于俄罗斯是一个欧亚大国,无论美国的战略重点仍在欧洲或是向亚洲方向延伸,俄罗斯始终摆脱不了作为重点防范和打击的对象。俄罗斯说自己属于欧洲文明,要回归欧洲,但同时强调自己是一个欧亚大国,把对本国亚洲部分的开发提上日程,加强对亚太地区的注意力,特别是与中国和印度形成了战略协作伙伴和全面合作关系。这种状况在很大程度上是把美国的注意力吸引到亚洲方向的一个重要原因。

俄美之间互有战略需要,既彼此借助,又相互排斥,其主次之分将随着条件的变化而变化。彼此借助的因素是有条件地发挥作用,互相排斥的因素则是长远起作用。借助因素若占上风,则合作协调的趋势明显;排斥因素如起主要作用,则矛盾斗争方面突出。这种态势在2015年叙利亚反恐过程中得到了进一步印证。从长远看,民族利益、大国地位和世界影响等因素在俄美关系中将起根本性作用,这就决定了排斥面可能要大于借助面。

俄美关系紧张致使双方都想增强与中国的合作。这种局面固然对中国有利,但中国光明磊落,从来不做乘人之危、幸灾乐祸的事。中国认为,包括俄美关系在内的世界局势缓和才符合中国和平发展、充分利用20年战略机遇期的需要,因而乐见并助推俄美关系改善。普京所说"给我20年,还给你一个强大的俄罗斯"旅程过半,不无焦急。俄罗斯并不希望与美国的关系无限期地紧张下去。奥巴马总统任期已为时不多,也未必愿意在自己手里留下一个剑拔弩张的美俄僵局。可见,俄美关系缓解仍存有较大的回旋余地,而不会像有的媒体渲染的那样多少年也缓不过来。

中美俄大三角关系的现状和走势

石 泽[①]

内容提要：中美俄三角关系地位的提升和演变可谓是2015年国际形势的一个突出特点。如果说此前拉动三角关系的主线是美国国家战略的调整及中国综合国力提升的话，那么近期俄罗斯在国际舞台上的强势出击为中美俄三角关系注入了新的变化因素。中美俄三角关系的影响和走势再度引起国际社会的广泛关注。中美俄三方作为独立的双边关系，他们之间的联系互动、相互影响以及政策取向和客观能力，都在相当程度上左右着全球的安全环境。这一点也为2015年度国际形势的发展所证实。

关键词：中俄美三角关系 现状 特点 走势

中美俄三角关系作为国际格局的基础性架构，其相互关系的亲疏及演变始终被视为当今国际形势走势的晴雨表。冷战之后中国、美国、俄罗斯形成的三角关系既有其相对恒定的内涵，也随着国际大环境的变化处在演变之中。近些年来，随着多极化进程加快，时起时伏的大三角关系再度进入新的活动周期。尤其是俄罗斯外交的强势反弹，大三角关系再度回归国际社会的视野。

[①] 作者系中国国际问题研究院国际能源战略研究中心主任，研究员。

中美俄三角关系的态势

当今的中美俄关系与冷战时期截然不同。中美俄三方都处在和平发展的时代主旋律支配之下。这也就决定了三方之间并非必然的敌对或对抗关系。但三国综合力量对比的失衡,使美国无可争议地在中美俄三角关系中处于权重的一方。美国战略和政策取向在相当大的程度上决定着俄美、中美关系的走向。冷战至今,权倾世界的美国凭借强大的军事经济力量和盟国的支持,动辄推行意识形态渗透,对外实行干涉主义,力图垄断国际事务。美国国际战略的核心内容就是防范包括俄罗斯、中国在内的其他力量中心挑战美国的霸主地位。然而,美国的霸权行径在军事上因其四处伸手树敌过多,在代价高昂的同时也使自己背上沉重的包袱,难以自拔。因次贷危机的爆发美国经济实力逐渐缩水,综合国力的相对衰减已使其独霸地位难以为继。与此同时,国际格局的演变、原有的国际治理结构失范、国际恐怖势力、防扩散、地区热点、气候变化等问题,迫使独木难支的美国寻求与中国和俄罗斯等其他力量中心开展合作,共同应对全球面临的新挑战。美国战略野心和实力之间的反差正是美国调整对外战略、对俄罗斯和中国奉行遏制与合作两面政策的现实基础。

中美关系总体相对稳定,但动力与麻烦交织。美国和中国作为世界最大的发达国家和最大的发展中国家,尤其是近年来中国成为紧随美国之后的第二大经济体,在应对全球经济危机,维护全球经济稳定方面负有共同的责任。中美作为最主要的经济伙伴,经济合作规模大,经济融合度高,两国经济合作的空间宽厚。然而,在经济合作给双方人民带来福祉的同时,两国政治关系依然存在麻烦。美国依然坚持冷战思维,认为中国的快速发展已对美国构成挑战,对华政策表现出焦虑和敏感。美国全球战略向亚太倾斜,强化美日同盟,高调介入南中国海争端,意在遏制中国的发展。中国坚持和平发展道路,希望与美国成为伙伴而不是敌手,在平等、互利的基础上开展合作,共享发展成果。习近平主席前不久对美国的访问表明,双方再次重申在"不冲突、不对抗、相互尊重、合作共赢"的基础上推进中美新型大国关系。双边关系机制化程度的提高，对管控危机和冲突、保障两国关系稳定进展将发挥积极作用。中国和美国在战略安全利益上存在不确定性，而经济利益的高度融合又在发挥稳定器的作用。近期以来，虽然中美关系的竞争增加，麻烦不少，但双方并非必然走向武装对抗，发展合作的基本面仍将在困难中前行。

俄美关系在"重启"失败后，近年来陷入恶斗不断升级的怪圈。虽然双方关系降到冰点，总体上依然未改变竞争与合作的框架。普京重返克里姆林宫后，走强国之路，在与美国实力明显处于劣势的条件下，整合国内资源，巧妙利用多年积淀的丰富大国外交经验，强势出击，针对因乌克兰事件引发的西方制裁，以打恐为机在叙利亚果敢出手。此举更加凸显了俄美竞争加剧的现实。遏制与反遏制、挤压与反挤压、制裁与反制裁，成为俄美战略利益冲撞的基调。俄罗斯提出维持战略稳定，要求美国平等相待，美国则力图保持对俄罗斯优势，视俄罗斯为异己。双方围绕战略平衡、独联体事务、国内政局及地区热点问题紧张博弈。从地缘政治角度看，如何处理冷战后欧洲地区秩序和结构问题依然是俄美争夺的实质。然而，俄美对抗虽不断升级，剑拔弩张，但双方仍然互有所需，在不少重大国际问题上都不可能绕开对方单独行事。俄美竞争的一面突出，对抗加剧，合作面明显收窄，不确定因素叠加，当下俄美发生直接武力碰撞的可能性不大，但很难从僵持对抗的怪圈中走出来。

与俄美渐行渐远、中美挑战增多的状况相比，中俄关系平稳地向前发展。中俄关系经过多年的磨合已走上健康发展的快车道，并开启全面发展的新时期。在多极化发展的新形势下，诸多因素促使双方建立全方位的战略协作伙伴关系。在国际舞台上，美国推行的强权政治，挤压俄罗斯和中国发展，固然是双方携手抗压的原因，但中俄关系的持续发展也有自身的坚实基础。作为具有漫长边界的两个大国，战略诉求相近，经济互补潜力巨大，各自都视对方为优先的合作伙伴。尤其是进入21世纪后，在总结历史经验的基础上，双方建立在"不结盟、不对抗、不针对第三方"，平等相待，互利共赢，共同发展原则之上的睦邻友好关系不断迈上高位。随着政治互信加深，合作领域拓宽，两国的共同利益也在延伸。首先，中俄关系的内生动力更为强劲。在外部经济环境严峻的形势下，双方都有开展务实经贸合作、实现经济结构转型的强烈需求。其次，金融和投资合作成为进一步拉动双方合作的新亮点。中国的融资优势与俄方需求的互补更为明显。第三，丝绸之路经济带与欧亚联盟的对接为中俄全方位合作创造了新的历史机遇。健康的中俄关系的成熟性还在于，各自对伙伴关系都有理性的认识，都能够客观地面对双方利益和需求的差异，了解彼此的潜力和限度。更为可贵的是，双方在出现分歧时坚持平等协商和沟通，在互谅互让的基础上化解歧见。与两国不断深化的政治关系相比，经贸合作至今仍然是两国关系的短板。中俄贸易在各自对外贸易中占比都不算高，合作的广度和深度都有待发掘。尤其在经济危机冲击的现实环境下，保持经贸合作的规模和提高质量、防止下滑，是亟待解决的问题。

当前中美俄三角关系的特征

从近期中美俄关系的态势看，全球和地区形势波动和变化，三角关系亦表现出不同以往的新特征。

俄美对抗升级成为国际局势和三角关系的聚焦点。如果说此前拉动三角关系的主线是美国国家战略的调整及中国综合国力提升，那么近期俄罗斯在国际舞台上的强势出击为中美俄三角关系注入了新的变化因素。中美俄三角关系的影响和走势再度引起国际社会的广泛关注。俄罗斯在国力纤弱、腹背受敌的情况下，抓住时机，果敢在乌克兰危机、叙利亚等问题上出手，打乱了美国的战略节奏，俄美攻防态势出现逆转。俄罗斯的主动出击迫使美国及西方更多地关注和处理与俄罗斯关系，逆势上扬的俄罗斯因素有助于三角关系向更为均衡的方向发展。

国际恐怖势力的暴行使奉行双重标准的美国处境两难，美国对外战略面临制俄或是打恐的重大选择。"伊斯兰国"的崛起已上升为威胁国际安全的突出因素。美国的欧洲盟友在经济发展遇阻、难民潮汹涌、暴恐频发的压力下，开始与俄罗斯进行有限合作。俄罗斯抢占道义高点，倡议组建国际反恐联盟，而执意主张对俄罗斯以压促变的美国，心态复杂，处境尴尬。在国际社会普遍要求联合打恐的压力下，美国的对俄罗斯政策走向值得关注。

  国际治理中的规制之争成为中美俄"柔性较量"的新角力点。面对多极化趋势和国际格局加速演变，在国际治理结构调整、全球贸易和投资变革、新一轮区域经济合作浪潮等方面美国已抢先出手，在构建新的国际治理规则方面频频发力。美国在贸易和金融规则、网络规则、海洋规则、气候变化规则等领域抢抓话语权和主导权。美国推动签署"跨太平洋战略经济伙伴关系协议"，试图以新的贸易规则打乱东亚经济一体化的节奏。俄罗斯以推动欧亚经济一体化进程作为应对之策。中国则以包容理念参与世界政治、经济事务，影响国际规则的演变和制定。这也是中国提出和推动落实"一带一路"倡议和亚洲基础设施投资银行等举措的背景。中国积极发挥引导作用，联合地区国家探索既符合东方国家发展的模式又体现全球整体利益的区域合作范式，力图在跨区域的经济合作中走出新路。中国、俄罗斯和其他新兴国家联手打造金砖国家银行、丝路银行等金融平台，都将会在积极推动国际金融规则的变革、国际力量和格局的均衡化、更好地维护发展中国家利益等方面产生积极的影响。在当前世界政治和经济的议程中，围绕着合理公正的国际治理结构的重塑，规制之争愈益成为中美俄这三个各具影响力的大国在多边领域博弈的重要舞台。

中美俄三角关系的未来走势

  中美俄三方作为独立的双边关系，都有其内在发展和演变的轨迹。在作用和影响三边关系的诸多因素中，既有力量对比等较长周期的因素，也受到既定国际战略和政策取向、可借重的外部资源、互动和各方内部环境的演变等因素的拉动。就综合力量对比而言，中美俄具有的大国禀赋虽各有所长，形成三足鼎立，但总体上仍将保持美强于中、俄的不对等状况。美国是当今世界唯一的超级大国，拥有最强的综合国力，领衔着一手组建的西方军事、经济联盟，对世界的掌控能力尚无二者与其匹敌。俄罗斯具有与美国抗衡的军事实力，经济发展虽面临困难，但幅员辽阔，资源丰富，潜力巨大。俄罗斯参与国际事务的经验丰富，并且由拥有超强人气和凝聚力的领导人坐阵，其推行的强势外交在国际舞台的影响力不断提升。中国以经济发展为基石，综合国力大幅提高，经济体量已跃居全球第二，且后发优势明显，近年来已逐渐进入国际舞台的中央，对外部世界的吸引力和影响力骤增。从战略和政策取向看，在可预见的未来，美国不会改变充当世界领袖的霸权政策，不会放弃对俄罗斯和中国的遏制和防范。对坚持独立自主、维护发展利益的俄罗斯和中国而言，这决定了他们与美国竞争的复杂性。美国同时对俄罗斯和中国挤压，双拳出手，迫使俄中联手抗压，置己于两面受制的地位。美国国力已相对衰减，主导国际事务的能力下降，其干预外部事务的能力将更多地受到包括俄罗斯、中国在内的其他力量中心的牵制。反过来，美国也会更多地利用其他力量中心来牵制俄罗斯和中国。未来中美俄三角关系制衡中，三方以外因素的平衡和影响都将会增长。这种趋势将会为多极化发展的势头助力。未来俄美关系仍主要聚焦在欧洲及欧亚事务上。不断升级的俄美对抗更多地起因于冷战之后该地区地缘政治的遗留问题。双方在欧洲及欧亚地区未来秩序和结构的安排方面，战略利益迥异，在政治、安全、经济上歧见讳深。近年来，俄罗斯在美国的挤压下强势反弹，双方冲突面有增无减，俄美关系的发展前景存在不确定性。中美关系与俄美关系不同，双方冷战后遗留的难题不多，更多体现在守成大国与上升大国的矛盾。实质是中国快速发展被美国视为挑战，给美国带来战略焦虑和敏感。双方博弈主要集中在涵盖中国周边的亚太地区。中国和美国有经济合作的动力和良好基础，但在战略利益上存在不同，因此，中美关系合作和竞争的两面都在凸显。如何平衡合作与竞争关系，将成为中美两国难以逾越的突出问题。在新的国际环境中，中美关系中存在的战略矛盾不会因相互合作而消失，也不会因相互博弈和较量而改变彼此合作的态势。共建新型大国关系是中美未来的一面旗帜，如实现平等相处、求同存异、共谋发展合作，双方有可能走出守成大国与后起大国必然冲突的定律，开创大国关系的新范式。中俄关系已在健康的轨道上运行多年，双方关系的成熟性历经严峻考验，基于共同利益和诉求的扩大，基础扎实。但双方仍需要在发展利益上磨合，提升在中亚、东亚的战略协调。中俄关系不存在逆转的基础和条件。随着理念的磨合和全面合作的深化，有充分理由对两国关系可持续的健康发展持乐观预期。

总之，中美俄三边关系的稳定性和轨迹存在差异和不同：中俄关系热度不减，结伴而不结盟的双边关系将平稳健康发展；中美关系有暗礁，竞争增多，但仍以合作为主；俄美冲突面扩大，不确定因素添加，转圜难度大。未来的三角关系仍将处在演变的过程中，三方关系的态势仍将不同。从中期前景看，中俄关系的基础要强于俄美关系和中美关系，而美国政策的取向仍在相当大的程度上决定着俄美关系和中美关系。中俄联手制衡美国的局面也将取决于美国的战略安排。未来的三角关系中，各方均有所长，力量对比的起伏、相互间的博弈和牵制虽使三角关系更为复杂，但总体上仍将保持相对均衡的状态。这也是维护全球战略平衡和确保稳定的基础。

中美关系与地区秩序

陶文钊[①]

内容提要：当前的亚洲秩序，基本上是两种秩序的复合体：一种是冷战遗留下来的以美国为主导的轴—辐结构，另一种是在亚洲一体化过程中自然产生、中国努力加以推动的结构。前一种结构已经几十年了，但也在冷战后不断地进行修正、补充；后一种结构尚未定型，正在形成过程当中，这两种秩序的并存和相互作用将是一个长期的现象。以后中美两国的博弈主要体现在秩序问题上，美国主要通过维护现存秩序，来维护其主导地位和利益；中国的利益也会体现在对现存秩序的补充、改革和完善上。亚洲秩序的演进主要取决于中美两国的关系。

关键词：地区秩序　中美关系　轴—辐结构　合作共赢

当前的亚洲秩序，基本上是两种秩序的复合体。一种是冷战遗留下来的以美国为主导的轴—辐结构，另一种是在亚洲一体化过程中自然产生、中国努力加以推动的结构。前一种结构已经存在几十年了，在冷战后不断地修正、补充；后一种结构尚未定型，正在形成过程当中，这两种秩序的并存和相互作用将是一个长期的现象。以后中美两国的博弈主要体现在秩序问题上，美国主要是通过维护现存秩序（包括世界秩序，尤其是亚洲秩序）来维护美国的主导地位和利益；中国的利益也会体现在对现存秩序的补充、改革和完善上。亚洲的秩序主要取决于中美两国的关系。

---

① 作者系中国国际问题研究基金会美国研究中心研究员，中国社会科学院荣誉学部委员。

美国为主导的轴—幅结构

关于这种轴—幅结构,学者已经作了许多研究,各人的说法稍有不同,但以美国为轴是一样的。[①] 笔者认为,冷战结束以后,从老布什以来,历届政府的政策有所不同,但美国的亚太秩序观基本没有变化,这就是以美国为轴心的、由三个同心圆组成的轴—幅结构。最靠内的圆是美国的同盟体系,美国与日本、韩国、菲律宾、澳大利亚、泰国的同盟体系无疑是以美国为主导的地区秩序的"骨干",是美国的依靠力量;稍靠外的圆由发展中国家、新兴经济体构成,那是美国的伙伴关系,是美国团结、争取的对象,也是美国可能需要限制的对象,如中国;这两个圆显然还不能把所有的国家、所有的问题都包括进去,那就需要最靠外的圆,这就是现存的地区的安全和经济机制,诸如亚太经合组织、东亚峰会、东盟地区论坛、湄公河下游行动倡议等。这也就是美国学者多年来津津乐道的"轴—幅"结构,所有的国家都围绕着美国转,美国是本地区事务的主导者。虽然冷战结束后历任美国总统对地区秩序侧重不同,但这个"轴—幅"结构和美国的轴心地位是不曾改变的。在这个结构中,美国赋予两个国家特别重要的意义,这就是日本和印度。

同盟体系是美国安全架构的基轴、支柱,其中美日同盟具有无可比拟的重要性。冷战结束以来,美国历届政府都十分重视美日同盟,在各种文件中强调美日同盟是美国亚太战略的"基础"(foundation)、"基石"(cornerstone)、"支柱"(linchpin)、"中心环节"(centerpiece),等等,不一而足。20多年来,三位美国总统对美日同盟进行了三次重要的调整,[②] 表现了共和、民主两党政策的高度一致性。每次调整都扩大了美日同盟的适用范围,使同盟从最初的专守防卫扩大到"周边事态",再进一步拓展到"维护国际和平与安全",彻底解禁集体自卫权,这个双边的同盟被赋

---

① 吴心伯.美国与亚太地区秩序//上海市美国问题研究会.研究与参考, 2013, (6). 周方银.美国的亚太同盟体系与中国的应对//世界经济与政治, 2013, (11).
② 陶文钊.冷战结束后美日同盟的三次调整//美国研究, 2015, (4).

予了全球的意义。随着同盟一次一次地被再定义，日本在地区和全球事务中的地位得到了提升，美日关系的非对称性和不平等性也有所纠正，至少从形式上两国更加平等。但美国不会放松对日本的控制和影响，不会容忍日本真正走上独立自主的道路；日本也离不开对美国的依赖。民主党首相鸠山由纪夫执政时期提出"对等的日美关系"和"美亚并重"的外交理念变革，掀起民主党的"平成外交维新"之风，结果遭到美国的无情打压。此后无论民主党还是自民党执政，依然推行一边倒的亲美路线。① 冷战后美日同盟的调整过程使日本领导人领悟到，日美同盟是日本成为全球大国的一条必经之路。日本前防卫厅事务次官西广整辉说："就日本而言，日美安保是通向国际社会的护照。"② 这个同盟"美主日从"的基本结构在可预见的未来不会改变。同盟的调整体现了美日两国利益高度的一致性，因此，不论美国和日本国内是哪个党执政，加强同盟关系是一个长期趋势。奥巴马政府提出了再平衡战略，但美国其实不可能增加对本地区的投入，于是就要多多实行"离岸平衡"，特别要倚仗日本发挥更大的牵制和平衡中国的作用。当然，这并非说两国之间没有矛盾。凡是两个大国，总有不同利益。在关于二战历史问题上，美日之间就有不同看法。美国对安倍执意参拜靖国神社表示"失望"，对他在慰安妇问题上的模糊态度以至导致与韩国顶牛也感到不满。在钓鱼岛问题上，日本一口咬定是"日本领土，在主权归属问题上没有争议"；美国主张中国和日本通过外交谈判解决主权争议，两者立场显然有差异。尽管美国承诺安保条约适用于钓鱼岛，但日本对一旦有事美国能否向其提供充分保护信心不足，感到"必须提升自身在地区的防卫能力"。③ 与两国的共同利益相比，这些只是一两个指头的问题。

美国还特别重视与印度的关系。印度对美国有三重重要性。首先，印度体量大，领土广袤，人口众多，又是新兴经济体，以印度在亚洲制衡中

---

① 李家成. 冷战后美日同盟的三重战略指向//日本研究，2013，(4):107.

② 据曾任外务省国际情报局长的孙崎亨的粗略估计，冷战后的日本首相中，凡是奉行相对自主的对外路线的，除了个别人，任期都不长，下台原因均直接间接与美国干涉有关。而推行亲美路线的首相往往能稳坐江山。孙崎亨. 日美同盟真相. 郭一娜，译. 新华出版社，2014:后记.

③ 杨伯江. 美国战略调整背景下日本"全面正常化"走向探析//日本学刊，2013，(2).

国最合适；其次，从地缘战略上考虑，印度洋长期与东亚分隔，往来很少，战略价值没有得到充分的发挥，印度在地区和世界上的影响力也没有充分展现出来。奥巴马政府的"亚洲再平衡"战略不仅限于狭义的东亚，而是把西太平洋、南太平洋和印度洋结合在一起的，即所谓印太地区（India-Pacific Oceans）。在这一地缘战略背景下，印度的战略重要性就大大提升了。再次，印度是最大的民主国家，在美国的价值观外交中可以发挥影响。但在冷战的长时期中，美国顶多把印度看作一个没有发挥潜力的执拗的第三世界国家，甚至把它看作苏联的被庇护者。小布什政府看到了印度的战略重要性。使印度成为美国战略伙伴的强烈愿望促使布什政府不顾军控团体的强烈反对，同印度达成了民用核合作协议。[1]

奥巴马政府基本继承了布什政府的政策。2009年11月，奥巴马访问中国以后，立即邀请了印度总理辛格对美国进行国事访问，这是奥巴马任内外国领导人对美国的第一次国事访问。奥巴马对辛格说，美国和印度是"天然盟友"，美国"欢迎和鼓励印度在塑造一个稳定的、和平的和繁荣的亚洲中发挥领导作用"。[2] 奥巴马也表示要充分实施2005年美印核合作协议。两国还签署了一系列的经济、教育、卫生合作协定。2010年6月美国与印度战略对话期间，希拉里·克林顿鼓励和敦促印度"向东看"，"发挥领导作用"。[3] 2010年10月奥巴马访问了印度，美国第一次公开表示支持印度成为联合国安理会常任理事国，美国和印度建立了全球战略伙伴关系，双方表示要完全实施民用核合作协议。2013年6月，克里访问印度，盛赞印度是再平衡战略的"关键部分"，"美印伙伴关系现在比过去任何时候都重要"，尤其在安全问题上，印度是一个"异乎寻常的伙伴"，并表示美国与印度要实现"防卫系统的共同制造、共同发展"，印度将比美国以外的任何国家拥有更多的C-17战略军用运输机。他也支持印度"向东看"

---

[1] Ted Galen Carpenter. Fading Hopes for India as a Strategic Counterweight to China // http://www.china-usfocus.com/foreign-policy/fading –hopes- for- india- as –a- strategic -counterweight -to –china, 2013-10-04.

[2] 希拉里·克林顿的"美国的太平洋世纪"透视//http://news.xinhuanet.com/world/ 2011-10/18/c_122167538.htm.

[3] John Pomfret. Obama hails Manmohan Singh, hails India's regional role//http://www.washingtonpost.com/wp-dyn/content/article/2009/11/24/AR2009112403522.html,2009-11-25.

的政策，并称，在使从高加索到日本海这一整个大陆变得更加和平和繁荣的事业中印度是美国的伙伴，"这是一个伟大的责任，美国欢迎有机会与印度这样一个伟大的国家分享负担和责任"。① 在国防部2012年1月正式出台的亚洲再平衡战略的报告中也特别提到，美国将对长期的战略伙伴印度进行投入，支持印度作为地区经济和泛印度洋安全之锚的能力。②

2014年5月，人民党候选人莫迪（Modi）在大选中胜出。奥巴马政府立即向他示好，邀请他9月对美国进行国事访问。克里在7月底去印度参加战略对话前在美国进步中心发表讲话称，美印关系是21世纪最重要的双边关系，是美国关键的双边关系之一，是决定21世纪性质的伙伴关系。新政府的成立也带来了新的机遇，美国决心与印度一起创造新的战略和历史机遇。印度应该成为"全球领导"，美国支持印度成为安理会常任理事国，并提出了发展美印关系的多项建议。③ 8月，国防部长哈格尔又去印度访问。9日，哈格尔在印度观察家研究基金会发表演讲指出，"一个更强固的美印关系不仅对于亚太地区，而且对于全球的和平和繁荣都是至关重要的"。他强调，印度的"向东看"与美国的"再平衡"异曲同工，表明两国在整个印太地区的共同利益比以往任何时候结合得更加紧密。他强调两国的军事合作，力推"美印军事贸易和技术合作计划"，称这一计划正把美印之间的军事合作从简单的买卖关系转变为共同生产、共同开发和技术的自由交流，美国要帮助印度建立一个强大的自给自足的国防工业的基础，具体提出了美国愿与印方合作的几十个项目，并称美国与所有别的国家关系中都没有这种项目，这是美印关系中所特有的。④ 据《印度时报》网站2014年8月13日报道，2011~2013年印度军购总花费8345亿卢比，其

---

① John Kerry. Remarks on U.S._India Strategic Partnership//http://www.state.gov/secretary/remarks/2013/06/211013.htm, 2013-06-23.

② Department of Defense, United States of America. Sustaining US Global Leadership: Priorities for 21st Century Defense//http://www.defense.gov.news/Defense_Strategic_Guidance.pdf.

③ Remarks by Secretary of State John Kerry at the Center for American Progress' India: 2020//http://translations.stated.gov/st/English/texttrans/2014/07/20140729304574.html#axzz3AQYL9Ut5,2014-07-28.

④ Chuck Hagel's Remarks to the Observer Research Foundation//http://www.defense.gov/transcripts.aspx?transcriptid=5478,2014-08-09.

中美国占3261卢比,高于俄罗斯的2536亿卢比。

2014年10月,莫迪访问美国。奥巴马和莫迪异乎寻常地在《华盛顿邮报》上发表联名文章《复兴的美印21世纪伙伴关系》,盛赞两国关系是"天然盟友",是"全球伙伴","战略伙伴关系",是"被相同的价值观和共有利益联系在一起的",这种关系"欣欣向荣、牢不可破、经久不衰,而且还在不断扩大"云云,① 几乎把所有可以称赞两国关系的动听词汇都用上了。这次访问特别值得注意的一点是,如前面哈格尔所说的,两国决定深化防务合作关系。两国同意从2015年起延长美印防务合作框架协议10年,并在印度共同发展和制造先进的美国武器系统,包括新一代"轻标枪"便携式反坦克导弹、MH-60R直升机和无人机等。2015年6月,美国防长卡特为落实元首共识访印。驻新德里的美国大使馆表示,这次访问是美国"再平衡"战略的一部分。美、印防长正式签署了新的十年防务合作框架协议,美国将帮助印度建造国产最大航母,联合研制喷气发动机。两国的国防工业将建立防务伙伴关系,包括根据"印度制造倡议"从事生产制造,两国总体战略伙伴关系得以加强。

但是,印度是不结盟运动的发起国,历来有独立自主的外交传统。印度领导人对印度的国家利益有着很现实的认识,对美国的"再平衡"战略也有自己的看法。

在地区一体化进程中出现的新秩序

冷战后,亚太地区是最富有活力的地区。活力带来了变化,也带来了地区秩序的新特征。

首先,多极化的趋势从未获得如此之大的发展势头。核安全峰会、二十国峰会、金砖国家机制、联合国框架下后京都议定书国际气候变化治理机制,这些正是多极化的突出表现。这种趋势势必影响到亚太地区。正

---

① A renewed U.S.-India partnership for the 21st century//http://www.washingtonpost.com/opinions/narendra-modi-and-barack-obama-a-us-india-partnership-for-the-21st-century/2014/09/29/dac66812-4824-11e4-891d-713f052086a0_story.html,2014-09-29.

在进行的区域全面经济伙伴关系协定（RCEP）谈判，就是一个明显事例。它必然对以美国为轴心的轴—辐结构造成冲击。

其次，美国的努力与过去十几年亚太地区的一体化趋势是格格不入的。东亚地区一体化有两个显著的特征：中国的崛起和东盟的主导作用。中国已经成为周边国家或最大或重要的经贸伙伴，这个地区在过去三十多年里也享受了中国崛起所带来的红利，尤其是中国与美国盟国的经贸关系的发展对美国的同盟体系形成了某种渗透、分化的作用，中韩关系就是一个例子。中国与本地区的许多国家已经成为或正在发展成为利益共同体，这种在过去三十多年中锻造而成的经济纽带不是可以轻易割断的。有些国家即使对中国崛起还有担心，但也绝不愿意错过中国高速发展这班车，更不愿意在美国与中国之间选边站，尤其在中国的经济实力相对增强了的现今更是如此。

几十年来，东盟在地区一体化进程中发挥着主导作用。东南亚是一个充满多样性与多元化的地区。从1967年8月马来西亚、菲律宾、泰国、新加坡和印度尼西亚五国决定成立"东南亚国家联盟"以来，东盟一路摸爬滚打，很不容易，尤其是1997年的东亚金融危机更是一次大的冲击。但坏事变好事，危机成了促进东盟合作的催化剂。东盟着力构建以自己为核心的大国平衡格局，即由原来的对大国的依赖转变为平衡、利用，在大国之间扮演缓冲、平衡和调和的角色。东盟地区论坛（1994）、"10+3"机制（1997）、东亚峰会（2005），都是以东盟为核心的地区一体化进程的产物。东亚的一体化是小国集团带动大国的独特运行机制，与德国、法国推动欧洲一体化进程很不一样。这是一种新的多边主义，东盟模式的多边主义。它以协商一致的方式，通过建立经济、社会文化和政治安全三位一体的区域共同体，实行地区和平和繁荣。东盟这种多边主义的实践是成功的，并愈来愈赢得国际社会的普遍认可。即便奥巴马政府宣布"重返亚洲"，东盟领导人也发表声明强调坚持其核心地位不变。

再者，美国的同盟体系是在冷战时代美苏争霸的情况下建立起来的，是"冷战的遗产"，而不是后冷战秩序，显然不能把它接受为新的安全秩序的基础。

中国顺应历史发展的潮流，提出了新安全观。在2002年7月的东盟地区论坛上,中国代表团向大会提交了《中国关于新安全观的立场文件》,阐释了"新安全观"的政策主张和理念。"新安全观的实质是超越单方面安全范畴,以互利合作寻求共同安全","新安全观的核心应是互信、互利、平等、协作"。在2013年10月的东亚峰会上李克强总理就此作了阐述。在2014年5月的亚洲相互协作与信任措施会议上,习近平主席进一步阐述了"共同、综合、合作、可持续的亚洲安全观",倡导"搭建地区安全和合作新架构,努力走出一条共建、共享、共赢的亚洲安全之路"。① 这正是多极化和国际政治民主化的大趋势在亚洲安全架构上的体现。自然,要建立平衡、可持续的安全架构不是一朝一夕的事情,新的地区安全秩序的建立是一个漫长的过程,一个循序渐进的演变过程,这个过程中充满了各种观念、力量、利益的交融、升降、更替,各种力量都希望维护现存体系中对自己有利的部分,改变对自己不利的部分,但中国和美国两大力量的博弈将决定亚太安全秩序的未来。

也要客观地估计到,中国推进新秩序的建设可能遇到困难。

首先,美国地位的相对衰落是一个历史过程,美国在亚洲经营多年,它的同盟体系总体上还没有显出衰减之势;在今后数十年里美国仍然要竭力维护其主导地位。奥巴马实行"亚洲再平衡"战略,以后的总统也会继续重视这一地区,不管是不是用这个说法。美国将越来越多地扶植可以平衡中国的国家,如日本、印度、印度尼西亚等。其次,亚太国家对中国的心态相当复杂。既有搭乘中国经济发展列车的需求,又对中国的战略意图抱着提防心理。随着中国与东南亚国力差距的扩大,这种提防可能增加,而不是减少。中国与一些邻国在价值观方面缺少共同语言,也加大了邻国对中国的疑虑。第三,中国与一些邻国在东海和南海的领土和海洋权益的争端难以在短时期内解决,这将使中国的力量长期受到牵制,也造成中国与邻国关系的障碍。由于这些困难,在今后相当长的时间里,在亚洲只能是原有秩序和新秩序因素的复合体。两种秩序的博弈将是长期的、缓慢的过程。

---

① 习近平.积极树立亚洲安全观,共创安全合作新局面——在亚洲相互协作与信任措施会议第四次峰会上的讲话//http://news.xinhuanet.com/world/2014-05/21/c_1110796357.htm, 2014-05-21.

亚太地区新旧秩序交替是个长过程

亚太地区新旧秩序的博弈能否避免冲突和对抗，关键取决于中美关系。如果中美两国能不断拓展合作，建设性地管控分歧，那么两种秩序的博弈过程可以是和平的，亚洲仍将是世界上最稳定的、繁荣的地区。

这里就如何处理好中美关系提几点建议。

第一，中美两国智库要认真研究两国如何相处，如何互相适应、互相顺应。双方都要作出一些让步、一些妥协，双方都是有取有予。美国著名学者蓝普顿提出，"无论是中国还是美国，顺应和妥协这两个词语都不应该被赋予贬义。"① 笔者赞同这种说法。要避免中美之间的冲突与对抗，不可能没有顺应（accommodation）与妥协（compromise）。前副国务卿斯坦博格在《战略再保证与决心》一书中提出，当中国的军费增长到美国军费一半的时候就不要再增长了，以免双方的军备竞赛。② 卡内基国际和平基金会的史文在最近的报告《超越在西太平洋的主导地位：美中稳定均势之必需》中提出，为了避免两国冲突，"在常规军备方面，至少在第一岛屿链之内美国的军事优势地位应当为美中两国真正的力量均衡态势所取代"。③ 不管上述这些建议有多少可取之处，至少说明了一点：美国学界有人在认真考虑如何避免两国冲突。我们要打开思路，广开言路，从不冲突不对抗的角度出发，为中美两国长期和平共处出谋献策。

第二，发展中美关系最基本的是拓展合作，增进共同利益，这是三十多年来两国关系的基本经验。中美关系是利益驱动的。现在两国不仅在双边、而且在地区和全球层面都有许多共同利益，这几年的战略与经济对

---

① David Mike Lampton. A Tipping Point in U.S.-China Relations Is Upon Us//http://www.uscnpm.org/blog/2015/05/11/a-tipping-point-is-upon-us-part-i.

② James Steinberg and Michael O'Hanlon. Strategic Reassurance and Resolve. Princeton University Press, 2014: 209.

③ Michael Swaine. Beyond American Predominance in the Western Pacific: The Need for a Stable U.S.-China Balance of Power//http://carnegieendowment.org/2015/04/20/beyond-american-predominance-in-western-pacific-need-for-stable-u.s.-china-balance-of-power.

话、2013年的庄园会晤、2014年的"瀛台夜话"、2015年的"白宫秋叙",都在拓展合作方面取得了长足进展。伊朗的核问题获得政治解决,巴黎气候峰会达成协议,这是中国和美国在全球治理中合作的范例,是非常给力的。这两国协议的落实更需要两国的合作。中国和美国也在一度尖锐分歧的网络安全问题上取得了共识,正努力把这个分歧领域变为合作领域。自然我们绝不能忽视两国之间的分歧,建设性地管控分歧与扩大合作是两国关系的两条腿,缺一不可。

在国际关系中,不是要追求绝对安全,不是要追求一国完胜,而是要寻求互利共赢。双方之间的妥协、磨合、顺应是经常发生的,只要自己的核心利益得到了捍卫,重大关切得到了照顾,牺牲一些次要的利益是在所难免的。在经贸谈判中这一点体现得最明显。

第三,以伙伴关系制约美国的同盟体系。伙伴关系是冷战后国际关系中新出现的一种国家关系模式,是推动国际合作的一种新型工具。伙伴关系不要求彼此在国际问题中选边站队,使每个国家都保持了很大的行动自由,但又在有共同利益的领域进行合作,相互帮助、相互借重;它可以突出某一特定问题、特定领域,也可以是全面合作的关系;它不像结盟那样是军事性质的,但可以在安全问题上采取一致立场和共同行动;它不是排他性的,一个国家可以与许多国家结成伙伴关系;它的参与者可以是国家行为体,可以是工商企业,也可以是民间组织,具有最大程度的包容度。冷战结束以来,所有国家都在发展这种伙伴关系。中国奉行独立自主的和平外交政策,奉行不结盟政策,把伙伴关系搞得风生水起,使其名实相符。事实上,中国在本地区的伙伴关系已经对美国的同盟体系起到了一定制约作用,一个明显的例子是中韩关系。中国和韩国从1992年建交以来,从合作伙伴关系到全面合作伙伴关系(2003年)、再到战略合作伙伴关系(2010年),两国关系实现"三级跳"。随着2015年自由贸易协定的达成,两国关系提升到了新水平,确实达到了历史最好时期。虽然美国和韩国仍然保持同盟关系,但韩国在许多问题上都有自己的选择,比如在东海和南海问题上没有随美国的指挥棒起舞;美国想要在韩国部署萨德导弹,中国强烈反对,韩国拒绝了美国的要求;韩国不顾美国反对加入了中国倡议的亚洲基础设施投资银行(AIIB);朴槿惠总统出席了中国纪念抗战胜利70

周年的庆典，而美国、日本和主要西方国家领导人都没有来。

即使是美国的同盟关系，现在与冷战时期相比已经发生了巨大的变化，各个盟国都在追求各自的国家利益，而不是为了维护同盟的利益来牺牲自己的利益，甚至在一些重大问题上同盟国家之间立场也可能产生分歧。法国和德国反对小布什发动伊拉克战争就是一例。美国亚洲盟国的情况差别也很大。泰国是美国的盟国，但在政治上泰国一直寻求走中间路线，十分看重中泰关系，不管国内是哪个党执政，中泰关系都很好。

第四，继续发展与周边国家的睦邻关系，发展与日本正常的国家关系。日本是第三大经济体，是亚洲的重要国家，没有稳定的、健康的中日关系，亚洲新秩序的构建是困难的。中日之间有历史问题，我们要以史为鉴，超越历史，开创未来，不能被历史问题绊住了脚。我们纪念抗日战争胜利70周年，并不是要延续仇恨。我们铭记历史，是为了使历史的悲剧永不重演，是为了人类永远不再经历战争的惨祸和灾难，是为了永续和平。"抵制日货"一类的口号可以喊得很响，但现在不是19世纪末，不是"五四运动"时期，中国和日本的相互依存已经非常深入，真要做起来，只能是"斩敌一千，自损八百"。当然，日本在历史问题上不能模模糊糊，要干干脆脆与历史决裂。中日之间有钓鱼岛争端，但这不是中日关系的全部，况且现在解决争端的时机还不成熟。由于2012年以来的事态发展，现在全世界都知道了，这是中国和日本之间有争议的领土；中国和日本已经于2014年11月达成四点共识，现在钓鱼岛问题也已降温。应该积极推动中日自贸区及其他各种正常国家关系项目的进行，用"扶正祛邪"的办法培育积极因素，压倒邪恶势力。

第五，注意疏解国内的民族主义情绪，媒体要注意为中美关系增加正能量，不能不分主次，对两国的合作视而不见，对两国的分歧津津乐道；学者更应该以平常心来冷静地看待中美关系，不要轻率地说"中美已经陷入修昔底德陷阱"，"新冷战"已经拉开序幕，两国只待战略摊牌了。这种说法多了，真有可能成为"自我实现的预言"。

2015年中美博弈及未来走势

卞庆祖①

内容提要： 在今年多半时间里，美国舆论在南海问题和网络安全等方面频频对华发难，负面影响突出。美国政府官员高调批评指责中国，两国在地缘政治和国际秩序等方面的博弈加剧，致使中美紧张关系升温。9月"习奥会"成果丰硕，达成多项共识，稳定了中美关系。两国关系未来发展趋势可能从原有的"问题领域"，向地缘战略和国际秩序观等方面扩展。中美关系有新变化，矛盾冲突风险将增大，但"不开战"是两国底线。然而，中美仍会在"竞争与合作"关系中继续前行。

关键词： 中美博弈　地缘政治　国际秩序　底线　共识　合作

2015年，美国舆论在南海问题、网络安全、人民币汇率等方面对华频频发难。美国政府官员高调批评中国，提高对华指责施压的调门。两国在南海问题上的斗争不断升级，成为中美关系的焦点。中国和美国在地缘政治、国际秩序和经贸规则制定等方面的矛盾分歧日趋激烈，中美博弈的领域也越来越宽。所有这一切导致"中美紧张关系的升温"，②对两国关系发展前景投下阴霾。2015年9月"习奥会"成果丰硕，达成多项重要共识，"为双边关系螺旋下滑按下暂停键"。③今年中美关系不平静，挑战空前。两国关系的现状及未来走向，引起中国和美国及国际社会的广泛关注。

---

① 作者系中国国际问题研究基金会研究员，中国人民对外友好协会前秘书长。
② [美]华盛顿邮报，2015-05-14.
③ [美]财富，2015-09-28.

一

（一）在南海问题上的矛盾分歧升级成为中国和美国博弈的焦点

美国政府官员2015年一直在南海问题上说三道四，大放厥词。美国总统奥巴马亲自出面挑拨南海纠纷。他在4月指责中国将菲律宾"挤到一边"，"利用绝对的块头和肌肉迫使其他国家屈服"。6月在会见外国代表团时说北京"推肘排挤别人"。他还在11月亚太经合组织会议举行前和在东亚峰会上，公开要求中国停止在有争议地区填海造岛、修建新建筑和军事化。美国副总统拜登批评中国在南海的行动是挑战"航行自由"，"引发地区紧张"。美国国防部长卡特发"狠话"，要求中国"立即和永远停止在南海造岛"。美国助理国务卿拉塞尔指责中国的陆域吹填工程是破坏南海和平稳定。如今，美国在南海问题上赤膊上阵，咄咄逼人，已经不再遮遮掩掩而从幕后走向台前，并在行动上介入了南海主权争端。美国使出了舆论围攻、外交挑头以及军事示威挑衅等招数，形成了中美直接角力。美国军方人士发出各种煽动性言论，"搅浑"南海局势。他们炒作"中国威胁论"，鼓吹中国是"亚洲最大威胁"，欢迎印度进军南海，邀日本自卫队巡逻，还建议东盟联合巡逻。美国鹰派政客和学者在谈论南海问题时，甚至提出包括动用军事手段可能性的向中国摊牌方案。5月，美军军机"侦察永署礁等三个岛礁"。7月，美军太平洋舰队司令斯威夫特乘侦察机巡逻南海七个小时。特别是在习近平主席对美国进行国事访问后不久，美军"拉森"号导弹驱逐舰10月27日强行进入中国南沙群岛有关岛礁附近海域。对此，中国军舰依法对美国军舰严密跟踪监视。中国通过多个渠道向美方提出严正交涉，要求停止这种错误行径和危险举动。但美军宣称将继续进行南海巡航，计划今后每季度派军舰到南海航行两次，使其例行化。11月8日，美国继"拉森"号后再度挑衅，美军两架B-52战略轰炸机飞近中国南海岛礁，中国地面控制人员两次发出口头警告。美军B-52飞近南海岛礁和向南海岛礁12海里内派遣舰只"巡航"，违反国际法，是对中国主权的严重挑衅。它损害南海地区的和平稳定，使南海紧张局势实质性升级，并可能将中美推入危险的漩涡。南海问题已成了中美关系中"一个越来越疼痛的点",①被演化成中美两国斗决心拼意志的试验田,有可能成为中美较量的爆发点。英国《每日电讯报》说,这为"本来就一触即发的南海局势火上加油"。

美国政府官员的言行表明,美国已放弃中立立场,直接挑战中国的核心利益,完全站到了中国的对立面。南海问题升级的根本原因是美国有危机感,担心失去在国际社会尤其在亚太地区的主导权。为此,美国发动新一轮"强硬攻势",对华强硬的一面清晰凸现。美国除调整在亚太军力,确保其军事"存在",空军的60%海外部署力量已经在亚太,还加强了亚太地区的前沿部署,强化与亚太各国的同盟与伙伴关系。美国将向亚太派遣"最先进和最尖端"的武器装备,美军P-8侦察机(新一代海上巡逻机)于12月在新加坡部署。将在2016年或2017年在太平洋地区部署最先进的隐形战机F-35。还计划在2020年前,把60%的海军力量部署在亚太地区。美国高调拉域外力量介入南海问题,美日两国修订《美日防卫合作指南》,把钓鱼岛纳入《美日安保协定》,明显针对中国。美国把南海作为其"亚太再平衡"战略的重要抓手,制衡中国发展。

此外,2015年美国热炒网络安全问题,制造中美关系的杂音,干扰中美战略互信,给两国战略沟通造成不必要的障碍,致使中美之间围绕网络安全的争执和冲突再次凸显。美国在上半年说美国人事管理局大规模个人信息泄露事件是"中国黑客所为",后又称2010年来"中国黑客"在窥探美国高级官员的个人邮箱。②事实上,美国一直制造"中国网络威胁"的社会舆论,拿网络安全说事。就在中美元首9月会晤之前,美国媒体还迫不及待地把"黑客攻击"抛出来,称华盛顿准备对通过网络攻击窃取商业机密的中国企业实施经济制裁,对中国施加政治压力。在美国众议院关于全球网络威胁的听证会上,"来自中国的威胁"成为关注焦点。美国国家情报局总监克拉珀妄称,中国的网络间谍活动瞄准广泛的美国利益。有美国媒体说,中美正陷入一场具有冷战意味的争执。③ 网络安全问题越来越

---

① 英国广播公司,2015-10-29.

② 和平与发展,2015,(1):58.

③ [美]纽约时报,2015-09-09.

成为中美关系的一个核心问题。

（二）"问题领域"的范围和程度扩大，TPP、亚投行成新议题

"3T"（Trade、Taiwan、Tibet）长期来一直是影响中美关系的"问题领域"。美国对台军售，不尊重中美三个联合公报。美国国家领导人多次会见达赖。美国利用"3T"遏制和分裂中国，严重干扰中美关系，"从未顾忌过"挑战中国国家核心利益。美国政府12月中旬宣布对台18亿美元军售。奥巴马成为唯一一个任内四次对台军售的美国总统。人权问题是美国攻击中国的重要工具。美国在意识形态方面时常公开指责中国，念念不忘对中国进行"和平演变"。由于近年来美国对华焦虑感上升，对华防范的领域逐步增多，从台湾问题扩大到太空疆界，防范的区域从台海扩大到南海，乃至整个太平洋和印度洋。

近年来，中国和美国围绕亚太地区经贸主导权，展开了越来越激烈的竞争。[①] 美国强力推进"跨太平洋战略经济伙伴关系协议"（TPP），希望通过这一合作机制抢先制定"下一代"贸易规则，掌握全球贸易规则制定的主导权，削弱中国在地区经济中的中心地位。为对冲中国崛起在亚太的影响，美国倡导TPP，但排斥中国加入。负责TPP的一位美国官员说，"TPP是一个只禁止中国入内的俱乐部"。[②] 中国积极推进的亚太自由贸易区（FTAAP）和区域全面经济伙伴关系协定（RCEP），被视为美国主导TPP的竞争对手。对于中国倡导成立的亚洲基础设施投资银行（亚投行），美国则尽力说服其盟友进行抵制，但是英国、以色列、韩国、澳大利亚等一些美国最为亲密的盟友却不听从美国，成了亚投行的创始国。中国的"一带一路"倡议和成立亚投行、金砖国家银行等机构，表明中国已准备承担更多的全球和地区责任。美国认为，中国积极有为会损害美国及其盟友利益，挑战美国在亚太地区和全球的领导地位，中国西进会形成"北京的欧亚大陆势力范围"，并把这些称作"中国正在建设一系列替代制度"，以此建立另一种国际秩序。事实上，中国既没有意图也没有能力挑战现存

---

① ［韩］韩联社，2015-11-18.
② ［新加坡］联合早报，2015-10-06.

的国际体系。中国无意把美国排挤出亚洲，而愿意看到美国在亚太地区发挥积极作用。中国近年来在国际事务中积极进取，并非与美国竞争，而是推动国际秩序更完善有效，更好推动全球共同利益。2015年，不仅南海问题和网络安全，亚投行和TPP等也都成了中美关系的新焦点。两国之间的"问题领域"不仅增多了，而且范围和程度不断扩大，这使得中美关系更加复杂多变。

（三）面对中国迅速崛起，美国心态失衡

中国在国际事务中发挥建设性作用，更坚定地维护中国的主权、安全和发展利益，美国对中国发展的新常态很不适应。美国对中国崛起尤其是中共十八大以来进取态势的焦虑前所未有，美国的情绪相当纠结。对于中国外交的"三箭齐发"（在政治上提出"亚洲安全观"，在经济上倡导建立亚投行，在安全上加快在南海填海造岛的力度和进度），[①] 美国朝野一些人感到吃惊，极为不安，感受到严重的挫败。在美国眼里，中国外交趋于咄咄逼人，似乎已放弃"韬光养晦"，而只追求"有所作为"。在他们看来，中国崛起可能导致一次全球实力均衡的大洗牌。中国是有史来国家实力最接近美国且令美国无力拉开距离的崛起大国。其实，这些都是美国对中国外交的误读，也是对中国认知的误区。美国似乎无法痛下决心抑制中国发展，但也找不到应对中国走强的办法。中国崛起"引发华盛顿担忧"，给美国社会带来持久的危机感。[②] 美国对华怀疑和消极面非常突出。美国心态失衡是其唯我独尊的陈旧思维作祟。美国霸权心态决定了其难以容忍和接受中国的崛起。美国心底里仍未接受与中国平等对话。奥巴马总统曾称，美国将继续引领世界100年。美国著名中国问题专家包道格认为，美国政府并未做好和中国平起平坐的打算。不做老二是美国的国家信仰。正如基辛格所说，美国有"美国特例论"，视己为独一无二，可以做任何想做的事情。

焦虑是美国对中国崛起的过激反应。在美国社会整体焦虑的背景下，

---

① 国际网, 2015-07-06.
② 环球时报, 2015-08-29.

两国彼此对对方的看法正变得愈加负面。① 面对中国作为崛起大国的强势表现,美国作为守成大国还表现出了恐惧。2015年,在美国有一场深度空前未有的思想辩论,辩论主题是"我们该拿中国怎么办"。在美国大选临近和对华政策大辩论的气氛中,"中美关系正在发生显著变化"。② 美国两党精英已形成共识,中国是唯一有潜在可能性取代美国的国家。美国战略界基本主张调整改变对华战略方针,把中国当成美国长远的头号挑战对手。从美国在政治、军事、经济上与中国硬顶来看,美国的对华战略可能要发生变化。事实上,中国不会在战略上挑战美国,但美国要在战略上尊重而不是害怕中国。面对新兴大国中国的崛起,美国难以适应,需要一个心理适应的过程。

(四)"习奥会"亮点多,对中美关系起着稳定作用

在美国国内关于中美关系的负面声音频现和政治气候不佳的背景下,习近平主席对美国进行的国事访问,虽面临困难挑战,但还是取得圆满成功,不仅为2015年双边关系"螺旋下滑按下暂停键",阻止了两国关系恶化,而且有助于推动中美关系继续朝积极健康的方向发展,具有重要历史意义。此次会谈向外界释放出中美关系发展的积极信号,为推动中美关系不断向前发展注入了新动力,将载入中美关系的史册。在这次"习奥会"中,两国最高层愿意正视分歧,探寻彼此对中美分歧的理解和管控分歧的方法,在人文、经贸、能源、气候变化、环保、金融、科技、农业、防务、航空、基础设施建设、地区和国际事务以及热炒的网络安全等诸多领域达成重要共识。在双边务实合作、国际与地区问题等领域达成了49项成果,为中美新型大国关系的构建充实了具体的合作内容。其中,在经贸领域双方同意"强力"推进双边投资协定(BIT)问题的谈判,以达成一项互利共赢的高水平投资协定。在两军关系方面,同意继续就"重大军事行动相互通报信任措施机制"的其他附件进行磋商。在网络安全问题上,同意建立打击网络犯罪及相关事项高级别联合对话机制。在气候变化领

---

① 2015年9月2日美国著名中国问题专家杰弗里·贝德接受《环球时报》的专访。
② [英]金融时报,2015-05-11。

域，继2014年"习奥会"后又发表了《中美元首气候变化联合声明》。美国还宣布停止抵制中国倡导创立的亚投行，希望恢复正常的经济关系。

二

（一）中美关系从原有矛盾向地缘战略和国际秩序观之争扩展

21世纪的国际体系正经历权力和影响力的转移。中国在亚太地区的战略目标是维护领土主权和海洋权益，保持南海的和平稳定。美国的战略目标是维持它的海洋霸权和在亚太的影响力，牵制中国。中国和美国"互为对手"是由它们在亚太地区的不同目标引发的。澳大利亚著名学者怀特认为，中国和美国在南海问题上的分歧，归根结底是对亚洲领导权的争夺。随着美国"亚太再平衡"战略的深入，中国和美国在亚太地区的摩擦增加，彼此的抱怨也越来越强烈。中国军力和经济实力的增强，加剧了美国对中国崛起的不适应和不协调。美国在亚太地区制衡中国的力度在增强，方式也更多样化。在此情况下，中美关系正在从原有的"3T""核心利益导向"关系，越来越多演变成"地缘战略竞争导向"关系。[①] 美国近日派军舰闯南海的事件，是双方在南海的利益碰撞和在南海的秩序和规则之争。有媒体文章说，中美关系当前处于全面竞争状态。[②] 错综复杂的利益冲突可能是当前中美关系的特征。

今天，亚洲秩序正面临极大的改变压力。"中国迅速崛起影响了原有的世界秩序。"美国希望未来世界秩序仍由其主导确立，担心以中国为代表的新兴国家崛起，挑战甚至颠覆现有的规则，将影响美国和西方主导的国际秩序。奥巴马说过："我们一定要让美国来制定全球经济规则。否则中国就要去制定。"奥巴马在2015年"习奥会"和TPP达成协议后还发表声明表示，美国不能让中国等国家书写全球贸易规则。中国则强调，各国内部事情由各国解决，国际社会共同事情由世界各国人民一道解决。为

---

① 国际网，2015-05-11.
② [香港]南华早报网站，2015-06-11.

此，中国率先提出合作共赢、命运共同体和新型大国关系等一系列顺应时代发展的新理念，但美国囿于霸权思维，不希望有一个大国与之分庭抗礼，不希望国际秩序的话语权被中国掌握。中国提出的"一带一路"和亚投行等，客观上形成了对由美国主导世界经济秩序和美国领导力的挑战。中国积极推进并加速亚太自由贸易区，与韩国和澳大利亚签订双边自贸协定，似乎对美国产生了竞争压力。美国倡导的TPP作为亚太贸易新网络体系，成为美国对付中国的新地缘经济和政治工具。美国人士认为，TPP成功与否，将决定未来数十年是由美国还是中国主导全球经济的基本规则。2015年7月发表的《美国国家军事战略报告》把中国和俄罗斯称为挑战现行国际秩序的"修正主义国家"。中美关于"亚洲地区秩序的观念互不相让"，[①] 两国在国际秩序和经贸规则等方面竞争逐渐显现，这是一场权力斗争。[②] 南海问题成了"中美地缘政治竞争的焦点"。

（二）中美关系有新变化，摩擦冲突风险增大

中美两国社会在双方关系未来走势的问题上，表现出不同的认知和感受。2015年"习奥会"之前，美国媒体和战略学界对华的负面情绪广泛严重，狠话频出，甚至有人认为中美关系到了临界点。中国社会的公开表态相对积极，评论和看法多数较为平和。中国和美国在力量对比、战略态势、战略基础和战略环境等方面发生的变化，因中国没有出现美国所期待的改变而使"美国对中国的战略容忍或许正在演变"，[③] 致使中美关系的格局出现变化。[④] 承认中美关系有新变化，不是消极悲观，而是要有新思路和新框架来指导变化了的中美关系。2015年的美国对华战略大辩论，是在中美关系出现变化的背景下展开的。它既影响中美关系的健康平稳发展，也影响美国公众对中国的好感和信任。美国有关对华的战略大辩论表明，美国对中国未来走向没有底，正在对中美关系重新进行反思和评估。相当强势的观点认为美国过去对华评估有误，主张重新审视和调整美国对华政

---

① 西班牙中国政策观察站，2015-09-09.
② [英]金融时报，2015-03-17.
③ [日]外交学者，2015-12-02.
④ 环球时报，2015-12-04.

策的呼声明显上升,"人们开始寻找新路径"。① 这是在2015年大辩论中占多数的观点。他们虽然认为应继续对华"接触加遏制"政策,但主张要加强防范和遏制的力度,重点"是抗衡中国力量的崛起,而不是继续帮助其占上风"。值得注意的是,美国政学界大佬布热津斯基,过去一向反对美国学者米尔斯海默"中美对抗冲突难以避免"的观点,而现在开始认为美中关系有可能进入"修昔底德陷阱"的危险。一些曾坚定支持中美合作的团体现在逐渐调整立场,支持对华强硬。反华势力更是积极鼓吹对华全面遏制,加剧中美战略博弈。美国军方和政府对中国的看法都变得强硬。②美国锁定中国为其"霸权的头号挑战者",主动挑起中美博弈,在意识形态、经济金融、地缘政治、军事领域等方面对中国采取一系列行动。

在分析中美关系未来趋势时我们要清醒看到,由于中美竞争态势上扬,不确定性将继续困扰两国关系。美国要当世界老大而中国不断发展壮大紧追其后,中美关系的结构性矛盾依然存在。美国追求绝对安全和维持在亚洲的军力优势与中国维护日益扩大的安全利益的矛盾,也在逐渐尖锐。如今,越来越多美国官员和分析家敦促政府采取更强硬行动。中美双方信任赤字严重,战略互疑突出,战略互信减少。中美战略竞争"已成为新常态"。可以预估,中美关系相对稳定的局面将一直持续到奥巴马政府任期满为止。2015年,基辛格在与傅莹对话时说,对美中关系进行根本性哲学评估只能留待下一任美国政府。从中长期看,美中关系可能会有大的挑战,有不确定性。今后5~10年是美中关系未来走向的关键时段,因为美中两国虽在经济和社会方面联系紧密,但在政治上和战略上是敌对的。双方战略利益是有冲突的。③ 中美战略竞争因素不时主导了两国的主体气氛。双方会互相测试战略心理的底线,在行动上充满冲突风险。将来无论共和党和民主党谁入主白宫,美国都会做出对华政策的调整或修改,总体将趋于强硬,甚至可能推行"全面对华强硬"的政策,④ 从而使两国关系

---

① [英]金融时报,2015-06-25.
② [美]国家利益,2015-07-07.
③ [香港]凤凰网,2015-02-27.
④ [日本]ZakZak网站,2015-11-12.

未来往新冷战方向发展的可能性加大。① 英国《金融时报》专栏作家斯蒂芬斯文章称，若中美未来或爆发冲突，最好的局面是"冷和平"。美国原先以"防"华为主可能转为突出"抗"华的一面。美国对华政策经常在"战略伙伴关系和绝对遏制政策之间摇摆"，摇摆过程就是冲突的过程。

（三）"不开战"是中美两国底线，但存在偶发事件的可能性

我们既对两国关系稳定发展抱有信心，持积极态度，又对现实中突出的矛盾和冲突冷静分析谨慎处置。展望未来趋势不必悲观，但要有忧患意识。

一方面，中美两国社会对"不可能开战"的信心相当坚实。双方有强烈共识，绝对不能正面冲突。"不开战"是两国的一条底线。在2015年"习奥会"中，中美两国元首都表示拒绝"修昔底德陷阱"，这等于宣布中美不会走向"修昔底德陷阱"所指的战争。中国发展经济及解决国内问题的任务十分繁重，不可能把全面挑战美国定为国家目标，中国对美战略将长期是防御性的。美国外交的一个基本目标是避免中美发生直接冲突。在奥巴马政府任内，美国将继续试图稳定中美关系，通过完善危机管控机制，尽可能降低同中国发生战争或战略碰撞的风险。尽管在保守势力鼓动下美国军方正加紧应对可能的冲突的准备，一些高级军官有打仗冲动，但美国政治领导人会尽量避免中美重大军事冲突或战争。中美两国不会走上对抗的不归路，更不可能发生大规模军事冲突。布热津斯基认为，中国和美国避免发生冲突符合两国利益。中美两国需要相互妥协避免对抗。选择与中国战略摊牌的后果是中美双方都难以承受的。在当今核武时代，两个大国之间的战争不仅没有赢家，而且会给世界带来巨大灾难。美国布鲁金斯学会中国问题专家波拉克认为，美国历史上从未与任何有核国家发生武装冲突，既然战争选项不在桌面上，奥巴马清楚他必须找到与中国和平相处之道。

另一方面，也应该看到中美关系的宽松度在减少。寻找外部的竞争对手，是美国的必需品。总有些美国人把中国说成敌人。美国国防部长卡特11月还称中国和俄罗斯是"世界潜在威胁"。中国和美国在南海问题上立

---

① 人民网，2015-06-06。

场对立,将成长期趋势。美国在南海问题上挑衅不断,而中国也不示弱。美国在南海的"挑衅行为可能导致擦枪走火"。[①] 如中美关系的紧张酿成一场危机,危机则可能演变到失控地步。[②] 如第三方因素处置不当,也可能将中美两国拖入对抗的局面,颠覆整个中美关系。[③] 有国际媒体认为,未来美国以军事手段打断中国崛起的可能是存在的。美国中央情报局前副局长莫雷尔教授接受采访时竟称,美中两国爆发战争的风险"绝对"存在。美国太平洋舰队司令斯威夫特狂言,美国已做好准备应对南海出现的任何偶发事件。美国主流媒体《华盛顿邮报》甚至刊出了《为(中美)下一场战争准备》的文章。因此,我们对中美关系未来,既要避免热战,又要有忧患意识,从思想到行动对偶发事件有所准备。

(四)中美关系重要性上升,两国会在竞争与合作中继续前行

目前,美国政府对华战略没有发生根本变化。美国对华基本政策"接触加遏制"不可能改变,其政策的两面性也不会出现180°大转弯。在美国既不甘心完全接受中国崛起,又不愿意承担与中国全面对抗的情况下,中美关系"竞争与合作"交错共存的"新常态"将会长期存在。[④] 中美"竞争与合作"的关系,不仅为两国社会所接受,而且也为国际舆论认可。法新社援引奥巴马政府一位高级官员的话,"在任何时候,两国都是既合作又竞争,我们一直在争取的是确保竞争不能定义为双边关系"。更重要的是,中美两国历届领导人都高度重视中美关系,致力于推进中美关系的发展。仅中共十八大以来,习近平主席和奥巴马总统已通话5次,会谈6次。近年来,中美两国领导人在双边和多边外交场合保持了频繁接触,双方除元首和外长热线外,还建立有中美战略与经济对话、人文交流高层磋商、商贸联委会、科技联委会等数十个对话磋商机制。2014年两国贸易额5550亿美元,人员来往超过430万人次,中美双向投资存量超过4200亿美元。这些都是两国关系走向成熟的一种体现。

---

① 英国广播公司,2015-10-30.
② [美]国家利益,2015-02-18.
③ 和平与发展,2015,(2):34.
④ 国际网,2015-07-06.

中美关系从来就不一帆风顺。自1972年中美和解交往以来，两国关系跌宕起伏时有波折，但总体上是不断向前发展的。时至今日，中美两国相互依赖程度之高、共同利益之大、交流之密切、双边关系影响之广，可谓前所未有。中美之间矛盾分歧在上升，但两国之间的合作也在上升。中美竞争摩擦的地方不少，然而合作领域仍然很多。中美在几乎所有重要的全球性问题上都保持着紧密合作，两国都离不开对方。[①] 中美关系呈现出重要性和复杂性都上升的双重特点。两国社会的主流共识是"中美合作则双赢、冲突则双输"。为此，中美双方一直试图就两国关系的发展方向进行定位，探索和平相处合作共赢的路径。积极推行中美新型大国关系，保持中美关系稳定发展，符合双方长远利益，也是我们对美工作的重要目标。中美关系是世界和平、发展和繁荣的柱石，也是战争与和平的问题。中美关系稳定不仅对中国自身发展有利，还承担整个世界和平的责任。基辛格认为，中美关系的发展方向将在我们这个时代发挥决定性作用。中国和美国一直是"别扭的合作伙伴"，两国仍将继续在"磕磕绊绊"的合作中前进。现在，摆在两国面前的挑战是，不应任由分歧主导双边关系的重要议程。无论如何不让局部竞争变成全面竞争，不让竞争变成对抗，中美需要考虑如何在缺乏互信的情况下进行合作。美国长期对中国俯视，而现在才开始学习平视中国。相信美国正在慢慢适应崛起的中国。

---

① [美]国家利益，2015-09-10.

影响美国对华政策四大因素

杨成绪[①]

内容提要：美国总统奥巴马在结束他总统任期前，政治上进一步内向，致力于改善国计民生，保证经济稳定发展；对外力保对国际事务的主导权，掌控制定国际规则的倡导权；反对国际恐怖主义，重视维护美国国内安全；少干预，尽量不出兵，避免陷入中东漩涡战争；美国为中国的兴起而焦虑不安，期盼及时谋取对策。

中美面对四大问题：中美难免一战吗？中国兴起对美国是祸是福？中美意识形态之争影响如何？中美能保持核战略稳定吗？

关键词：美国地位下降　中国兴起　中美面临重大问题

2015年似乎是处在十字路口上的中美关系关键的一年。有不少美国知名学者纷纷撰文和讲话，认为中国正在超越美国，势不可挡。如果美国再不做出决策，坚决遏制强势的中国，美国最终将失去唯一超级大国的地位，再也不能对国际事务发挥领导作用。

在这种情况之下，美国舆论界和学术界确有一些学者主张美国应及时遏制中国，否则美国将失去在亚太和全球的霸主地位。也有的学者认为，中国国内危机重重，难以超过美国。更有不少学者和前政要担心美中关系恶化不利于世界和平和稳定，主张美中两国采取措施防止出现对抗。

[①] 作者系中国国际问题研究基金会高级研究员，中国前驻外大使。

一、美国应该及时遏制中国，防止中国和美国争夺领导权

美国前大使布莱克维尔和罗伯特在美国《国家利益》杂志撰文称：过去30年的经济成功使中国累积了强大的力量，成为最新主导亚洲的国家。由于历史、战略文化和国内政治等方面的深刻差异，美国和中国对未来亚洲力量平衡有着截然相反、互不相容的看法，因此，美国有必要从根本上改变对华战略。

中国针对美国的大战略很清晰，取代美国成为亚洲头号战略角色；削弱美国的地区同盟体系；削弱亚洲国家对美国的信心；利用经济力量拉拢亚洲国家向中国的地缘政治靠拢；增强军力，以提高对美国军事干预的威慑；让人们对美国的经济模式产生怀疑；确保美国民主价值观不会削弱中共权力的掌控；避免今后十年与美国发生重大冲突。

长期以来，美国的大战略主要是着眼于获得并维持针对对手的优势。面对不断崛起的中国美国却未能运用好此战略。华盛顿急需在地区采取新的行动方案；制衡中国力量的上升，不再协助其崛起。①

2015年7月初，美国中国问题专家陆伯彬教授更进一步指出，美国国内正在进行的讨论，主要反映了美国各界对2009年特别是2001年以来中国明显而持续的外交强势的广泛关切。这种外交强势对地区稳定和美国亚太同盟体系构成影响。到目前为止，没有足够的迹象表明中国准备放缓攻势。因此人们主要讨论的是，美国应如何同中国打交道，以牵制中国在地区的雄心。在这场讨论中，没有多少人认为是美国导致了地区局势的不稳定和中国对外政策的变化，也没有多少人把主要精力用来强调美中相互适应的重要性。②

也有的学者认为，中美两国矛盾加剧，责任在于双方采取不利于对方的政策。2015年5月13日，中国问题专家蓝普顿教授在亚特兰大发表

---

① 罗伯特和布莱克维尔等发表在2015年4月13日美国《国家利益》杂志的文章。
② 安刚."我对中美关系的忧心因何而生"——专访美国波士顿学院政治系教授、哈佛大学费正清中国研究中心学者陆伯彬.世界知识, 2015, (15).

演说称:"自从2010年以来,中美关系发生了戏剧性变化,打破平衡的临界点。"他认为:(1)美国精英不再认为中国的改革近期向积极方向发展;(2)美国对中国国际地位的提高没有给予正面反应,反而强调重返亚洲的战略,这让中国更加相信美日联合亚洲盟国围堵中国;(3)中美在军事外交等领域的竞争日趋激烈;(4)受各自国内政治因素和利益集团的影响,美国和中国力图将自己国家内部产生问题的根源归罪于对方。蓝普顿教授担心美中两国的主要矛盾可能发生变化,而这将导致美中关系性质的变化。

二、质疑中国发展前景,预言中国将早日崩溃

质疑中国发展前景的美国学者当属华盛顿大学教授沈大伟,早在2015年初他就在《华尔街日报》撰文宣称:"中共统治的最后阶段已经开始"。沈大伟对近年来中国内政外交的发展十分失望。他认为,中国外交强硬,对内镇压自由派,中国很难和美国社会政治趋同,美国不应高估中国的作用。20世纪80年代曾预言日本将成为世界第一,但不久日本陷入30年停止期。2015年,更应清醒质疑中国成为世界第一的前景。

三、不希望中美冲突加剧,影响世界和亚太平衡

美国哈佛大学教授约瑟夫·奈在牛津大学发表讲话后,应《中国社会科学报》的邀请,发表了专访谈话。约瑟夫·奈表示,他在20世纪90年代曾经写过中国的崛起可能会带来冲突。但是如今他觉得这不可能,尽管一些分析家断言中国不会和平崛起,还有人将这种情况类比于一战期间德国工业超过英国。但是,正如修昔底德所警告过的,相信冲突不可避免往往就是最终造成冲突的主要原因。他力主美国和中国是既竞争又合作的关系,两国应当加强合作,共同处理一些全球问题,如何避免出现混乱无序的合作状况是关键所在。

美国前总统国家安全事务顾问基辛格提出:美国与中国会共治亚洲新

秩序，前提是美国保持其在亚洲占主导地位的统治，认可中国崛起后的地位。走向中美共同演进的太平洋共同体，亚洲秩序问题的核心是中美关系。美国和中国应坐下来认真地讨论亚洲秩序，提出各自底线，确定双方核心利益的边界。美国和中国必须不断扩大合作领域，深化合作内容，展现合作成果，才能使亚洲国家对未来秩序有信心。建立亚洲秩序的关键在于确保和平方式解决争端，美国和中国都希望保持本地区稳定，这是共同建立地区秩序的基础。为了避免本地区出现新的冷战局面，美中双方应改变在安全和经济领域相互排斥的做法，构建美中共同参与的亚太地区多边经济合作机制和安全合作机制。

澳大利亚前总理陆克文预见未来整个印度洋—太平洋地区的战略与经济格局以及在更广阔范围世界的秩序都将由中美关系未来的变数所决定，而这也将从根本上持续地影响其他重要的全球事物。陆克文客观地论述了美国等西方国家对中国的战略意图并且概括为孤立中国、遏制中国、削弱中国、从内部分化中国和破坏中国的领导层五个方面。陆克文并没有阐明美国等西方国家对中国的战略意图，他的重点在于，建议中美两国采取邓小平在推行中国改革政策时提出的"摸着石头过河"的做法，探索如何建立中美之间的战略合作和互信。

更有不少美国学者主张，美国政府始终应遵循历届政府推行的建设性接触政策。蓝普顿建议美国重新思考对"主导权"的定位。迈克尔·斯温认为，美国在西太平洋的优势地位是"不可持续的"，主张美中应相互适应国内外形势的变化，寻求建立平等力量对比关系，降低冲突的风险和加大合作的机会。

四、美国对中国的疑惑和失望

美国各界有不少人长期以来都认为，一个新兴大国的崛起必然挑战现存大国的领导地位，相互之间的不信任，从矛盾加剧到冲突不断，最终导致一场战争。美国一方面认为中国赶超美国即将成为现实，另一方面又认为中国难以克服国内存在的种种问题，终究有一天会崩溃。长期以来，美国深信中国奉行市场经济政策,经济不断发展势必改变其政治制度,成为和美国一样的"自由、民主国家"。但是,随着近年来中国经济超越日本、又向居于世界第一的美国逼近,世界普遍议论西方的模式正在衰落,中国的模式对发展中国家是否可行。这使美国处于不知如何对付的窘境。美国对美中关系发展的前景有乐观者,也有悲观者,更有不少人不知所措。中美经济关系不断发展成为维护两国关系重要的因素。但对此持有怀疑的也大有人在。中国和美国是都拥有威慑对方的战略核武器,这种力量并不平衡,中国虽然仍处于弱势,但是已经具备了威慑美国的初步力量。中美经济上的相互依存,核战略的相互威慑,是否促使中美两国寻求加强合作,增强互信,防止对抗和冲突加剧避免走向战争的前景。这是中国和美国、也是全世界关心的重大问题。

中国和美国难以避免一场战争,这一"进攻性现实主义的国际政治理论",像幽灵一样始终在美国国际政治学术界、舆论界和美国政治精英的头脑中游荡。今天,在美国代表这一理论最具有影响的莫过于米尔斯海默。他早在2001年撰写的《大国政治的悲剧》一书强调,无论哪个国家在21世纪崛起,取得和美国相等的实力,就会对美国构成威胁。他认为,中国将是21世纪兴起的大国,必然挑战美国全球霸权地位,对美国的安全构成威胁。中国将比美国在20世纪面临的任何一个负责任的霸权国家更强大、更危险。

2009年10月在奥斯陆和平研究所的研讨会上,约翰·米尔斯海默教授再次预言"中国持续的相对崛起将会导致巨大的战争风险","唯一防止这种战争风险的因素,就是中国经济发展放缓,"美国很快就需要放弃其对华接触战略,防止中国经济的崛起。

早在2002年,约翰·米尔斯海默教授在采访中就力主联合日本、越南、韩国、印度、俄罗斯等共同遏制中国,米尔斯海默固然早已设想中国有可能成为地区霸权国家,甚至超过美国,但是,他没有预料到中国在不到20年的时间内已经超过日本,位居世界国民生产总值第二。[①]

---

① 唐小松.大国政治悲剧与国际关系理论的悲剧//[美]约翰·米尔斯海默.大国政治的悲剧.王义桅,唐小松,译.上海世纪出版集团,2008.

所谓新崛起大国必然挑战现存的大国,这两个大国会走向战争,这就必然产生所谓的"大国的悲剧"。近年来,随着中美关系出现的种种矛盾,"修昔底德陷阱"之说在国际关系学术界成为热议的大题。修昔底德系古希腊的历史学家,他的成名著作《伯罗奔尼撒战争史》论述公元5世纪海洋国家雅典和陆地国家斯巴达之间的战争。在修昔底德的笔下,雅典的崛起和成为古希腊文明中心引起了斯巴达巨大的疑虑与恐慌。此时斯巴达已经主宰古希腊一个世纪之久。随着雅典的崛起,斯巴达采取种种措施压制雅典,双方从对立到谋求改善关系,加强相互信任。但最终未能冰释前嫌,导致了一场战争。近年来,随着中国的崛起,国际学术界有不少学者认为,美国是海洋大国,有着全世界的影响。中国是陆地大国,随着国力增强,正在不断向海洋扩展。这势必触犯美国的利益。美国重返亚太,目的是围堵中国,防止中国影响进一步扩大。

美国哈佛大学设立"修昔底德项目",其研究结果认为,在以往的500年间一共发生的世界权力大转移有16次,有12次发生了战争。美国学者认为,中国的崛起挑战今天美国在亚洲的主导地位和世界的主导地位,这是构成当今"修昔底德陷阱"最为主要的原因。

中国并不认同美国的这一看法。美国有不少人对中国改革开放以来取得的巨大进展始终抱着怀疑和不信任,充满着敌意。事实上,早在2000年美国大选期间小布什就表示,美国面对的主要威胁是崛起的中国。只是在2001年"9·11"事件后美国调整了全球战略,将反恐作为美国主要战略目标,美国过于相信利用军事力量可以实现美国任何目标。阿富汗战争和伊拉克战争使美国身陷战争泥潭十余年之久,但是美国将欧洲、亚洲和中东波斯湾视为其最重要的战略基点。美国始终没有改变过这一战略全球目标。美国决定开始从阿富汗和伊拉克撤军后,将战略目标集中在亚太,集中力量对付中国。

当然,这并不意味着中国和美国必然走向对抗。美国一再表明,美国并不把中国看成敌人,也不能说现在美国政策的出发点必然会导致美中两国必然重蹈"修昔底德陷阱"的覆辙。

从2015年美国学术界、舆论界、对中国估计的变化,担心中美两国正在走向从相互冲突的临界点。这说明约翰·米尔斯海默的"进攻性现实主义的国际政治理论"的影响正在加强,当然这在很大程度上还在于如何估计中国今后发展的前景,按照这种"进攻性现实主义的国际政治理论",其中最大的因素取决于中国经济发展能否逼近甚至超过美国的水平。

五、中国的兴起对美国是福还是祸

从经济总量看,继2009年超过日本成为世界第二大经济体后,中国经济总量稳步攀升,2014年达到636139亿元(约合10.4万亿美元)占世界的份额达到13.3%,比2010年提高4.1个百分点。2011~2014年对世界经济增长的贡献率超过1/4。

此外,中国人均GDP也稳步提高。2014年,中国人均GDP为46629元,扣除价格因素,比2010年增长33.6%,年均实际增长7.5%。根据世界银行数据,中国人均国民总收入由2010年的4300美元提高至2014年的7380美元,在上中等收入国家中的位次不断提高。

中国改革开放30多年以来,经济迅猛发展,举世瞩目。1986年,美国的GDP为中国的15倍还多,28年后的2014年美国的GDP为中国的1.7倍。1991年日本的GDP为中国的8.3倍。2014年中国的GDP比日本的2倍还多。

今后十多年内,不论以市场汇率计还是以购买力平价计,中国的国内生产总值(不是人均)均将超过美国,位居世界第一。

2009年,中国成为世界上最大的出口国,中国超越美国成为世界第一大制造业国家。2011年,中国制造业增加值增至2.3万亿美元,占世界的比重达到20.8%,而美国这两个数据分别为1.86万亿美元和16.6%。2013年,中国成为世界第一贸易大国和世界第二进口国,是仅次于美国的全球第二直接投资目的地。中国是128个国家的最大贸易伙伴,超过美国的76个国家。来自中国的直接投资总量排名世界第三,仅次于美国和日本。2030年中国对外资本流出总量将占全球的40%,超过美国和欧洲的总和。①

中国对全球经济增长的贡献大于美国。目前，中国对世界经济增长的贡献是美国的1.5倍。未来中国经济增长放缓。但据估计，到2025年，中国经济对全球经济增长的贡献仍然能达到1/3，其分量远超其他任何国家。中国国际总储备远大于美国。中国国际总储备自2006年以来已连续七年稳居世界第一位。到2013年年底达到38800亿美元，美国同期为4485亿美元。目前，美国是世界上最大的债务国，而中国是世界上最大的债权国。

中美两国人均国内产值的差距仍然巨大。中国的制造业、经济竞争力、科技创新仍然远远落后于美国。2014年，中国国内生产总值达到10.3万亿美元，人均7581美元，居世界第79位，同年，美国国内生产总值17.4万亿美元。人均56700美元，占世界第13位。美国人均产值大于中国7倍多。

中国和美国在科技创新方面始终存在巨大差距。美国具备将科技成果和关键技术转化为产品的完善体制和机制。美国鼓励持续发展科技创新能力，掌握一批关键技术。据统计，按照2011年的相关数据进行综合比较，在全世界科技指数排名中，美国名列前茅，中国排名为第18位。

中国是制造业大国，但不是强国，工业竞争力在全球价值链中处于中端或中低端环节。中国出口的高科技产品尽管多于美国等发达国家，但是中国出口高技术产品的附加值和收益远远低于美国，而且生产多为低附加值的部件，美国仍然掌握核心业务，占据国际分工和产业链的最高点。

中国的竞争力处于中游或者中上游。而美国基本上名列前茅。根据洛桑国际发展管理学院"世界竞争力的排名榜"，中国在2013年名列第21位。美国除了2009年以外始终高居榜首。②

中美之间的差距在30年来确实缩小了很多，但是两国的差距依然存在，这不仅表现在人均国内生产总值，而且更多的表现在整体国家经济、科技、国防、创新、金融等方面。而更为重要的是，尽管中美两国领土面积较为接近，但中国人口13亿多，而美国仅有3亿多，随着中国经济的发

---

① 参见陆克文2014年10月1日在美国国际战略中心兹比格涅夫·布热津斯基学会成立仪式上以"习近平治下中美关系的可能未来"为题发表的讲话。

② 甄炳禧．从大衰退到新增长．首都经济贸易大学，2015: 342-349.

展,势必面临难以想象的困难。特别是从地缘政治来看,中国显然远远逊于美国,美国是横跨大西洋和太平洋的超级大国,通过两大洋与欧洲和亚洲建立了密切的关系。美国北依加拿大、南临墨西哥,从地理环境看,处于进可攻退可守的有利地位,而中国处于亚洲中心地带,周边与20多个国家相邻,既有友好交往的历史,也有相互争斗交恶的历史。特别是与不少周边国家还存在着领土争端,这牵制中国很大力量。2015年11月,基辛格在北京的一次会议上讲,美国从来没有强大的邻国,安全感很强,中国从来不缺强大的邻国,经常面对外来的侵略和威胁。

中国经济迅速发展,加快了赶超美国的速度,引起美国各界的疑虑和担心。"中国威胁论"在美国比以往任何时候都有市场。美国前财政部长劳伦斯·萨默斯撰文称,"对于抱何种目标看待中国的发展全球缺乏共识",他提出,究竟是乐见中国经济上取得成功,还是从经济上遏制中国和削弱中国,从而降低中国对全球造成威胁的能力,这是一个重大问题。萨默斯担心美国主导建立跨太平洋战略经济伙伴关系协议(TPP)目的在于提升美国相对于中国的竞争力,并将削弱中国在决定全球在规则上的影响力。美国未参与亚投行,美国国会未批准中国在国际货币基金组织的投票权问题,很难说这是什么吉祥之兆。①

随着中国实力的加强美国不断渲染"中国威胁论",而中国实力的加强对美国对世界带来的巨大的经济利益,这往往受到忽视。这可能是美国舆论界和学术界时下流行的一股潮流。

中国的经济发展无疑是符合中美两国的基本利益。2015年11月4日美国商务部公布的数字显示,2015年1~9月中国货物贸易额达到4416亿美元,这是自从1985年以来中国超过加拿大、首次成为美国最大的贸易伙伴。中美双方均认为,中美两国经济贸易的持续发展是维护中美关系的"压舱石",无论"中国威胁论"在美国多么甚嚣尘上,中美两国在对待国际上重大问题(如气候变暖问题、维护核不扩散问题以及涉及一些地区的和平问题)上始终存在着共同利益,这是双方在维护中美关系、确保不受干扰不能不考虑的重要因素。

---

① [英]劳伦斯·萨默斯.美国应该充分理解中国崛起的现实//金融时报,2015-11-11.

六、意识形态价值观的异同，中美分歧重要内容

美国始终视民主和自由为立国之本，并以传教士的精神到处布道，希望影响世界，建立一个和美国等西方国家一样的社会制度，意识形态、价值观甚至全盘接受西方的文化传统观念。

同样，美国对华政策的一个重要内涵，是寄希望于中国随着改革开放的深入也会走向美国同样社会政治制度的道路。中国不断发展，不仅位居世界第二，并且正在赶超美国。但是，中国的社会制度并没有像美国所期望的那样改变，这引起美国的极度失望。所谓中美关系已经到了"临界点"，其中最重要的一点，就是美国对中国从满怀希望、不断失望到终极绝望的地步。按照美国的说法，"美国对中国的看法已经出现本质的变化"。

美国的中国问题专家、美国国防政策顾问白邦瑞2015年出版新书《百年马拉松：中国取代美国成为全球超级大国的秘密战略》。白邦瑞表示，美国40年来一直低估中国的野心，对中国有不切实际且一厢情愿的幻想，误认为中国迟早会"民主化"，会演变成美国式资本主义社会，并融入既有的国际社会秩序，但等到中国壮大为世界第二大经济体且开始向既有秩序挑战时，已经来不及阻止了。[①]

事实上，随着中国的兴起，对中国模式的研究已经成为世界各国的一个重要课题。进入21世纪以来，"9·11"对美国的恐怖袭击、阿富汗战争、伊拉克战争、从欧亚到西亚北非的"颜色革命"，其造成的结果是美国衰落，广大亚非地区人民生灵涂炭，经济陷入停滞不前的困境。数以百万计的难民逃亡欧洲，震撼欧洲。而在这种情况之下中国正在稳步发展，其奥妙之处何在？今日的中国，不是昔日的苏联，中国不想挑战美欧社会。新加坡国立大学李光耀公共政策学院院长马凯硕撰文称，"与以前的苏联领导人不同，中国领导人没有证明共产主义优越性的打算，他们的

---

① "美国鹰""中国龙"，未来谁主沉浮 // 美国之音电台网站，2015-04-24.

想法很简单,只是想复兴中华文明。"①

"历史终结论"作者弗朗西斯·福山2014年说过,中国构成了对"历史的终结"这个观点最重要的挑战。"如果中国成功化解各种压力,并且在下一阶段继续保持强大和稳定的状态,那么,我认为中国确实成为自由民主制以外的一个真正的替代性选择。

当然,福山对此有很大的怀疑。福山说:"长远来看,这种体制是否可持续,我是抱有很大的怀疑。"无论如何,福山仍然看到今日中国的社会具备其他发展中国家难以具备的优势。世界上有不少人期望中国持续发展,避免不少国家沿着穷途末路走下去。福山认为,只要中国经济持续发展,人民生活不断提高,中国保持一个稳定的社会是可能的。但是,一旦中国经济受到挫折,生产下滑,人民生活水平下降,中国能否经受得住这一变化还有待观察。②

福山的这一看法显示了世界各国学者正在探讨中国模式的特点。中国模式之所以存在的内部原因,它对各国是否有借鉴作用,这将经历一个长期的观察和研究过程。

中美之间对不同意识形态、价值观、社会制度和文化传统的争论将持续下去。普通人民只是希望这种争论不会给两国的基本利益带来严重的损害,时间和实践成果将作出最好的判断。

七、确保中美相互的核威慑

中国和美国保证互不使用核武器、互不攻击对方,是稳定中美关系的重要因素。在联合国安理会五个常任理事国中,美国和俄罗斯是最强大的两个核国家。相比之下,英国、法国、中国只拥有少量核武器,对比力量悬殊。

斯德哥尔摩国际和平研究所《SIPRI年鉴2013》称,2012年美国拥有

---

① [新加坡]如果中国成为全球头号强国会怎么样//海峡时报网站,2015-04-24。
② 时尚先生Esquire, 2014-12。

7700枚核弹头,俄罗斯8500枚,英国275枚,法国300枚,中国150枚。

中国一向遵守自己的承诺:中国不首先使用核武器,中国的核能力将保持在国家安全所需的最低水平。

众所周知,美国和苏联两个核大国在冷战期间处于相互脆弱性状态。不论谁先动手,都无法消除对方第二次打击的能力。在这一状况下,美国和苏联都具有相互确保摧毁对方的能力,从而消除双方先发制人的动机,避免了一场核战争。如何持续保持这一状况,如何做到核军备竞赛的稳定性,是至关重要的。

中国和美国始终处于核力量对比悬殊的状态。中国保证不首先使用核武器,在占领核军备道义战略高地的同时,面对美国咄咄逼人的核武战略,处于不利的地位。因此,中国始终没有公布自己拥有多少核武器。毋庸讳言,尽管中国在中美非对称关系中处于较弱的一方,但是中国具有第二次核打击的能力,这将在一定程度上缓和美国对中国核打击的动机。中国正在研发新型核武器,保证不断强化具备第二次核打击能力的可信度。

中美两国在防扩散、反对核恐怖活动以及核安全、核安保方面,面临共同威胁,有着良好合作关系,中国期望和美国保持核战略稳定性,这始终是中国追求的前景。

中美难免一战,这绝不是中美两国人民的共同愿望,迄今为止,只是美国舆论界和学术界以耸人听闻的方式大声鼓噪,意在影响美国决策人对中国采取强硬的政策。但是,中美之间有着相互依存的经济贸易关系,即使从国内生产总值绝对数来讲,中国有可能超过美国,但是,就中美两国整体国力而言,中国依然处于劣势。"中国威胁论"在今天来说,有可能增加对中国的几分疑虑,但不会改变现实世界的基本状况。中美之间价值观、社会制度、意识形态在可以预见的未来不会产生任何足以影响大局的变化。中美经济贸易关系不断发展是保维护中美关系的"压舱石",保证中美核战略的稳定性,无疑也是维护中美关系的一个"稳定器"。

2016年是美国大选年,中美关系将经受严峻的考验。考虑到长期交往过程中风波不断,中国和美国将保持畅通的渠道,加强双方沟通,迎难而上,承认分歧,防止加剧,真正为符合中美两国根本利益而有所作为。

俄罗斯在全球化世界中的地位

盛世良[①]

内容提要：俄罗斯学术界领袖激烈争论本国定位。格拉济耶夫提倡"三极世界"，中国和美国各为一极，俄罗斯引领印度、巴基斯坦等国，构成第三极；卢基扬诺夫主张俄罗斯和中国结成"东方伙伴"；卡拉加诺夫主张俄罗斯和中国形成"大欧亚"；特列宁认为俄罗斯和中国应成为"协约国"，构筑从上海到彼得堡的"大亚洲"，以大国协商取代美国霸权；费年科认为1945年确立的雅尔塔—波茨坦体制迄今未大变，能对抗美国的仅俄罗斯一国；马拉申科认为俄罗斯只能成为带极权因素的威权主义国家，同发达国家的差距加速扩大。

关键词：俄罗斯　国家定位　发展前景

俄罗斯政治家和学者有关本国定位的争论，从未停息过。几年前争论的是"重返欧洲"还是"前进亚洲"，是融入西方还是"东顾西盼"。2015年争论的焦点是，俄罗斯是同中国结伴还是自成一极。俄罗斯总统顾问格拉济耶夫、外交和国防政策委员会主席卢基扬诺夫，该委员会名誉主席卡拉加诺夫，莫斯科卡内基中心主任特列宁，俄罗斯国际事务委员会专家费年科，莫斯科卡内基中心学术委员马拉申科，各有自己的看法。唯有一点"英雄所见略同"——俄罗斯难以融入西方，不会成为"自由世界"的一部分。

[①] 作者系中国国际问题研究基金会研究员，新华社世界问题研究中心研究员，国务院发展研究中心欧亚社会发展研究所研究员。

一、格拉济耶夫：三极世界

俄罗斯总统一体化问题顾问谢尔盖·格拉济耶夫主张，俄罗斯应该加快前苏联国家一体化，联合印度和越南等传统伙伴，建立中、美之外的全球第三极。①

（一）中美各为一极

国际金融体制的核心因素就是美国垄断世界货币发行。

中国着手人民币国际化，触犯了美国在国际金融体系的主导地位和美元作为唯一世界货币的垄断地位。

在这场博弈中，对国际金融寡头来说最危险的莫过于中俄合作。当前美国围绕俄罗斯所做的一切，主要目的是为消灭中国这一主要竞争对手创造条件，把俄罗斯作为政治工具，同时不损害美国利益。

在第一阶段，中美对抗的主要战场是世界金融市场，武器是美元和人民币。美国有众多北约盟友支持，中国缺乏强大而亲密的盟友，难以独立对付西方。唯一的出路是与俄罗斯结成密切的军事政治盟友关系，而俄罗斯当前也需要中国。

但是，俄中结盟会产生同样不稳定的、必然引起对抗的两极世界，虽能推迟，但无法消除战争威胁。

保证持久和平的最合理方案是三极世界结构，即世界分成三个独立的金融货币区，实际上是分为三个文明类型。第一极的主导者是东方的领袖中国，第二极的主导者是西方的领袖美国，第三个区域暂时缺乏公认的领袖，可以由那些宁可在第三区域当平等伙伴而不愿在头两个区域当"小兄弟"的诸多国家形成集体领袖。

这种世界结构的好处是：三方都希望维持既定平衡，因为一旦平衡破

---

① [俄]格拉济耶夫. 全球反俄混战条件下经济领域的必要措施//伊兹博尔斯克俱乐部. 俄罗斯战略, 2014,(10).

坏、一极消失,其余两极必然彼此对抗;一旦某一极的实力过于膨胀,其余两极就会联合起来迫使其克制,恢复平衡;这将是一种能够自我维持的结构,三方都愿意处于均势。

(二)俄罗斯领导第三极

对第三极而言,最有前途的是拥有丰富资源和战略核武器的俄罗斯同拥有13亿人口和数十年粗放发展潜力的印度这两国达成协议。这两国的潜力足以建立自在自为的力量中心,足以跟其余两极竞争。

考虑到这一组合比其余两极有更强的民主性,很快就会有巴西、伊朗和南非等实力雄厚的国家以及不愿成为美中卫星国的国家归附。

由此可见,在当前条件下,能够毫不流血地恢复全球均势并能拯救世界和平的国家唯有俄罗斯。俄罗斯在新世界中的最佳角色是成为第三文明的倡导者,如果处理得当,还能成为第三文明的非正式领袖。

为了成为全球第三极,必须把传统伙伴吸引到欧亚一体化进程中来。应该尽快与越南签订自贸区协定,与印度、叙利亚、伊朗、土耳其以及南锥体和玻利瓦尔联盟展开相关的谈判。

欧亚一体化是一项全球性倡议,目的是恢复世代共生存同发展的各国的共同空间,最终形成从里斯本到符拉迪沃斯托克、从彼得堡到科伦坡的共同空间。

"第三文明"应该提出自己独特的世界观,可包含如下原则:(1)在社会和经济中恢复个人主义和集体主义、竞争机制和合作机制、恢复市场和社会关系之间的平衡;(2)恢复自由和公平、自由和责任之间的平衡,自由并不是为所欲为,不体现社会正义的所谓倡议必然导致社会分裂和异化;(3)恢复消费和消费经济模式同创造和建设之间的平衡;(4)注重发展,以恢复政权、经济界和人民这个三角关系的平衡与和谐。

二、卢基扬诺夫:"东方伙伴"

费奥多尔·卢基扬诺夫自从担任俄罗斯外交和国防政策委员会主席以

来,在政治上一直紧跟克里姆林宫,但对华态度比较审慎,近来转为积极。在他看来,中国才是俄罗斯真正的"东方伙伴"。①

欧盟"东方伙伴计划"的用意是破坏俄罗斯在后苏联地区的一体化计划,俄罗斯的应对之道是向欧盟"东方伙伴计划"的覆盖国提出建立欧亚经济联盟。

当前,欧盟发现自身在政治和经济上能力有限,欧亚经济联盟则注定无法把乌克兰拉进来,不得不改变成员国范围和发展方向,东方成了未来发展的唯一方向。

乌克兰危机为力量对比增添了新因素——中国。俄中协作加速发展,提出了俄罗斯主导的欧亚经济联盟同中国的丝绸之路经济带倡议相对接的任务。原先以为这两个倡议彼此排斥,俄中将为争夺中亚而相互搏击。现在发现,两者可以彼此相容,中国的强项是资金和基础设施建设,俄罗斯的强项是保证地区安全,在规则和法律上实施统一。

振兴后苏联地区工业,应该借助于既善于自力更生又善于为己谋利的中国。

中国进入欧亚,既可能造成潜在的冲突,也可能成为缓和现有矛盾的因素。中国不希望俄罗斯同欧盟尖锐对立,因为这有损于中国向西发展。跟普遍流传的说法相反,中国的主要兴趣不是俄罗斯的自然资源,而是获取进入欧洲和地中海市场的通道。在这条通道上最好不要有梗阻,不要因乌克兰危机而出现东西方隔离墙。因此,中国的利益在于推动俄罗斯同欧洲国家的经济合作。

中国不仅不想跟任何一个一体化计划竞争,而且是极力避免竞争,希望为大家提供一个共同的"屋顶"。俄罗斯同欧盟毫无意义地争夺后苏联边缘地带,中国的超脱更显得高调大气。

北京的"东方伙伴"方案更符合经济利益原则。这一原则在社会主义阵营、计划经济和意识形态对抗结束后,在世界上占了上风。

---

① [俄]费奥多尔·卢基扬诺夫.真正的"东方伙伴".2015-05-22.

三、卡拉加诺夫：俄中"大欧亚"

俄罗斯最高经济学校世界经济和世界政治系主任、俄罗斯外交和国防政策委员会名誉主席谢尔盖·卡拉加诺夫是欧洲中心主义论者，曾被俄罗斯政治学界看作"亲西方自由派"，认为俄罗斯和欧洲是"第一西方"、美国加拿大是"第二西方"、中国可以成为"第三西方"。最近五年来，他开始重视远东和中国，主张以俄中密切合作破解俄罗斯的"欧洲危局"。[①]

俄罗斯同西方关系恶化，俄罗斯领导人不得不加紧行动。"习普会"使俄中关系实现了突破。

当前正在形成的全球性经济政治集团有三个：以美国为中心的集团，美国想通过TPP和TTIP拴住老盟友；正在摆脱美国霸权的拉美集团；"大欧亚"集团，俄中发表的关于欧亚经济联盟和丝绸之路经济带对接的声明，可以看作这一集团的成立宣言。

这一集团不仅避免了欧亚经济联盟同丝绸之路经济带的竞争，还促成两者良性互动，激活处于半休眠状态的上合组织，并可借用上合组织已有的机构设置助推互动。

俄罗斯看重亚洲投资银行，还将鼓励上合组织开发银行的设立，以形成自己的支付系统和储备货币。俄罗斯重视大欧亚物流运输网络的发展。

中国将发挥领先作用，但不是主导作用。俄罗斯和中国作为大欧亚的核心，同哈萨克斯坦和上合组织其他成员协作。潜在的协作对象有印度、巴基斯坦、伊朗和韩国，还可包括以色列和土耳其。东盟国家将徘徊在美国集团和大欧亚集团之间，日本则将继续倾向于美国集团。

"大欧亚"向欧洲开放，吸收欧洲的金融、技术和创新能力，符合俄中两国的利益。"大欧亚"有利于缓和中印和印巴两对矛盾。

俄罗斯西伯利亚和远东的竞争优势前所未有：丰富的淡水资源和能源、前景无限的绿色食品生产能力、独一无二的高耗能和高耗水产品生产

---

① [俄]谢尔盖·卡拉加诺夫.欧洲危局的欧亚出路(报告). 2015-05-25.

潜力，面临广阔的亚洲市场。远东应该发展亚太地区最有销路的商品的生产，振兴物流——港口、运输走廊，而且不局限于东西走向。

俄罗斯过去由于在战略上害怕中国。"黄祸"威胁是苏联自己制造的，后来被人为炒作，现在则是美国人强加的。这样的威胁根本就不存在。

原先相互竞争的两个大战略——欧亚经济联盟和丝绸之路经济带，现在协调发展。几个月前，中国人还不想考虑两者对接，因为他们喜欢同俄罗斯及其盟国保持双边关系，而不是同整个欧亚经济联盟建立关系。

四、特列宁：俄中协约国

莫斯科卡内基中心主任德米特里·特列宁被认为是亲美派，他本人认为自己是自由派。他一向重视美欧超过重视亚太，在亚太则重视日本和印度超过中国。从乌克兰危机开始后，他的观点发生渐变，主张俄中结成"协约国"，以大国协商取代美国霸权。

俄罗斯同西方的关系因乌克兰危机而恶化，有深远的地缘政治后果。俄罗斯恢复了处于东西方之间的欧亚大国定位，在美欧政治经济压力下正在倾向中国。这并不意味着俄会形成新的集团，但俄罗斯与西方的一体化时代无疑已经结束。俄罗斯将致力于扩大和加深同非西方国家的关系，把注意力集中到亚洲。①

（一）从上海到彼得堡的"大亚洲"

俄罗斯转向亚洲始于乌克兰危机前，但乌克兰危机后趋势更加明晰，部分是由于中国是未进入制俄联盟国家中的第一经济大国。俄中关系由"各为私利的婚姻"变成更为密切的伙伴关系，合作领域囊括能源、基础设施和军工。

从上海到圣彼得堡的"大亚洲"，取代了普京由欧盟和欧亚经济联盟

---

① [俄]德米特里·特列宁.从大欧洲向大亚洲？中俄协约国(报告莫斯科卡内基中心). 2015-05.

构成的从里斯本到符拉迪沃斯托克的"大欧洲"概念。

在20世纪的俄罗斯和中国对抗时期"面对面",冷战后"背靠背",今天"肩并肩"。在北京同华盛顿日益激烈的竞争过程中,俄罗斯现在更有可能支持中国,这将加强中国的地位。

俄罗斯自西向东转,恰逢中国外交进取性加强,在习主席领导下的中国采取了更能推进和捍卫本国利益的立场。

(二)"协约国"

俄中"协约国"的特点是协调行动而没有统一的"指挥中心"。它将对世界格局产生深远影响。

了解情况的美国人对俄中接近与其说是惊慌,不如说是好奇。欧洲政治家则认为,俄中两国很快会彼此疏远,俄罗斯会"开倒车",重返欧洲之根。

俄美对抗和俄欧反目,使俄中关系处于全新的战略背景。在今后几年内,俄中关系将显著加强,将接近于准同盟或准一体化。在俄中组合中,北京将成为越来越强大的一方。将出现现代史上从无先例的情况——欧亚地区内部加强联系。亚洲大陆有相当大一部分国家将卷入经济一体化和拉近政治关系的进程,欧盟将不得不同从圣彼得堡到上海的统一经济空间打交道。

从政治上说,莫斯科贴近北京甚于柏林。中国在欧亚范围内变成更重要的大玩家。中国在北方不仅获得了绝对可靠的后方,而且获得了巨大的战略纵深。俄罗斯有了中国支持,就不再担心被美国及其盟国孤立。

俄罗斯具有极强的自身认同感,在文明和文化上迥异于中国,在对华经济政治接近的同时,完全能捍卫主权,不依附于北京。

美国退出中亚和阿富汗,收缩对中东事务的参与,越来越重视从日本到新加坡的亚太国家,杜绝中国在亚太称霸;呼吁北约欧洲盟国支持乌克兰和后苏联地区亲西方国家。这实际上意味着美国在"欧亚大棋局"20年的统治地位结束。

日本同欧洲一样,错失了密切对俄关系的时机,不得不面对中俄进一步靠近,俄罗斯对日本可能采取更为敌对的立场。

克里米亚回归俄罗斯,中俄结成"协约国"关系,预计俄罗斯今后将支持中国对台湾地区采取的任何措施。

在南海争端中,俄罗斯多半将坚持比对钓鱼岛争端更严格的中立。

受俄中加深一体化影响最大的是亚洲内陆——阿富汗、蒙古和中亚五国。"一带"与欧亚经济联盟对接的结果,将是形成从上海到圣彼得堡的"大亚洲"——以中国为火车头,包括欧亚中、北和东部的共同贸易投资区。

(三)以大国协商取代美国的世界霸权

俄美对抗将有助于缓和俄中竞争,主要有利于中国。但这并不意味着中国在俄中组合中将成为霸主,莫斯科会设法与中国伙伴建立"特殊关系"。

考虑到中国的经济实力和俄罗斯的"大国经验",金砖国家集团作为平行的"世界治理"中心,将越来越积极地对西方七国集团提出挑战。

上海合作组织接纳印度和巴基斯坦,逐渐变成亚洲大陆在发展和安全问题上的主要论坛。

利用发展同非西方国家的关系,俄罗斯将积极推行自己的世界秩序观念,以削弱美国的世界霸权,代之以大国协商。

五、费年科:世界力量对比未变,唯俄罗斯能对抗美国

俄罗斯国际事务委员会专家、莫斯科大学世界政治系副教授费年科认为,"美国不解决'俄罗斯问题',其全球计划就注定要搁浅"。[①]

(一)世界没有发生质变

尽管有种种变化,我们依然遵照战胜国1945年确定的规则生活在雅尔塔—波茨坦秩序中。世界秩序的四项基本原则没有变:联合国形式上的

---

① [俄]阿列克谢·费年科.世界正在形成对大规模军事冲突的需要//观点报,2015-09-27.

主导作用、安理会五大常任理事国、俄美战略均势、调节世界经济的布雷顿森林体系。日本和德国这两个战败国的主权依然受限。只要这些条件不变，世界就没有发生质变，就依然是"1945年世界"。

但是，雅尔塔—波茨坦秩序经历了两次转变。第一次是20世纪50年代中期苏联和美国瓦解了大英帝国和法兰西帝国的殖民体系。由此开始了苏美真正的集团对抗和在第三世界的制度性竞争，争夺英、法两大帝国的遗产。第二次是20世纪80年代末"社会主义大家庭"和苏联解体。

跟20世纪70年代的苏联相比，俄罗斯的地位明显削弱。但是，俄美力量对比没有发生根本变化。俄罗斯维持了安理会常任理事国地位和同美国的导弹核均势。美国明白，在科技实力上跟美国能一拼的只有俄罗斯，中国和印度暂时不具备这种实力。

（二）美国"单极世界"三大障碍：安理会、俄罗斯军事实力、不干涉内政原则

"单极世界"实际上从未存在过。要形成真正的单极世界，美国必须做到三点：撤掉目前状态的联合国安理会、消除俄罗斯军工潜力、迫使国际上承认美国干涉他国国内冲突的权力。

为此，在过去这1/4世纪中，美国制造了一系列先例，想确立"人道干涉"、"更替他国政权"和"强制解除（某些国家）武装"的概念。但是，不解决"俄罗斯问题"，美国的全球计划就注定要搁浅。俄罗斯竭力抗争。早在1997年，俄中两国领导人就签署了多极世界宣言，不承认"单极世界"模式。金砖国家的形成，意在宣告"七国集团"之外的经济中心的建立。

俄罗斯还想在独联体实现一体化计划，被美国看作复1991年之仇。俄罗斯收回克里米亚，美国视之为修改苏联解体的结果，因为当今世界秩序是建立在承认1991年结果不可更改之基础上的。

六、马拉申科：俄罗斯日益落后于发达国家

莫斯科卡内基中心学术委员阿列克谢·马拉申科预计俄罗斯将日益落

后于发达国家，被世界"边缘化"。①

（一）国家发展趋势——带极权因素的威权主义

俄罗斯国家发展的主流趋势，甚至可以说是唯一趋势，是带极权因素的威权主义。

俄罗斯之所以"逆向发展"，有六大原因。

一是统治阶级没有改革、现代化和创新的需要，他们觉得现在这样就很好，这辈子自己赚够了，连子孙都够了。谁要提出质疑，就会被看作反俄。凡不利于他们的，都是反俄。他们持之以恒、相当成功地向公民灌输，让人们相信任何改革只会使生活更加恶化。

二是迁怒于外部世界。对十月革命前后的历史全都不满意。气呼呼地坚信"俄罗斯只有两个盟友——陆军和海军"，"沙皇老爷子在钓鱼呢，让欧洲人等会儿，有啥大不了的事！"

三是不会实现正常的经济、社会和政治现代化，只会要么改头换面地保留现有制度，要么"暴动"，随后依然是威权主义和经济停滞。

四是抱怨客观条件不利——"曾长期经受金帐汗国桎梏""国土太大""资源太丰富（资源诅咒）"……

五是借口俄罗斯特殊性（丘特切夫名言：俄罗斯不可理喻），不愿借鉴他国经验，坚持固化落后、永远"赶超"的"本国独特道路"，其变种即为"欧亚主义"，而不问同吉尔吉斯斯坦和亚美尼亚这种依赖俄罗斯为生的国家"一体化"有什么好处。

六是难以摆脱"后帝国综合征"，明明在金砖国家中处于二流水平，还在念念不忘恐吓美国、压倒西方，而中国、印度、巴西等其他金砖国家考虑的是如何同美国和欧洲互利协作。

（二）局势演变的四种脚本

一是无限期惯性发展。尽管油气出口收入越来越少，但是不会出现苏联时期那种贫困饥饿。人们对困难习以为常，以为是形势所迫，只要不打

---

① [俄]阿列克谢·马拉申科.俄罗斯政治、经济和生活总崩溃原因//独立报，2015-09-10.

仗就好。当局将越来越经常以战争恐吓本国人民。政权将维持威权主义,"拜占庭化",暗箱操作,但依然有生命力。残余反对派变成"异见分子"。

二是"宫廷政变"。统治阶级中形成实用主义者集团,搞"宫廷政变",让"强力部门人员"离开政权核心,谨慎地争取公众支持。这在某种程度上是"改革2.0版"。实现这种脚本的可能性很小。一是由于人们对戈尔巴乔夫的"改革"记忆犹新;二是由于俄罗斯看不到有组织的实用主义者集团;三是由于强力部门会扼杀任何反对派苗头;四是由于俄罗斯不存在会为了推翻腐败政权和政策改革派而不顾死活地涌上广场的成千上万"埃及大学生"。克里姆林宫可以放心,这里不会出现乌克兰"独立广场"和"俄罗斯之春"。

三是极而言之,发生"俄罗斯暴动"。将出现比朝鲜和"伊斯兰国"加在一起还恐怖万倍的手持核武器的"叶梅利扬·普加乔夫"(1773~1775年俄国农民起义首领),俄罗斯将毁灭。为拯救地球上的生灵万物,万恶的西方将不得不花大钱支持普京政权。这种可能性几乎为零。

四是俄罗斯步履艰难地走"本国道路",油气价格上扬,危机结束,形势越来越好,人民幸福得不可名状。解读这一脚本的专利,非联邦控制的电视台莫属。

马拉申科的结论是:"四种脚本,说说而已。俄罗斯将一如既往,创新无门。让中国人、印度人、巴西人走在前面吧,我们将继续卖石油天然气,用坦克和其他武器恫吓世界。"

俄罗斯文化人向来居安思危,忧国忧民,有时不免失于悲观。

更加符合俄罗斯实际情况的是普京总统的预见。他于2011年发表纲领性文章,主张俄罗斯依托与前苏联国家结成欧亚联盟(后修正为欧亚经济联盟),成为与中美欧平起平坐的世界一极。

2015年10月22日在瓦尔代年会上,普京总统在回答笔者有关俄罗斯在未来世界定位的问题时明确表示,俄罗斯决不甘当二流国家。

他说:"任何一个国家要想成为强国,关键看经济发展,要看经济是否现代化,是否面向未来,是否为创新型。这里就不说领土、人口和军事力量等要素了,这些也都很重要。基本是看经济,看经济发展的速度,看是否发展新技术。俄罗斯具备成为强国的一切实力。俄罗斯基础科学曾经很发达,现在基础科学在复兴。在许多重要科技领域,俄罗斯有竞争优势,将在世界上发挥重要作用。"

从"IS"的肆虐看美国的反恐战略

顾正龙[①]

内容提要：奥巴马总统针对"伊斯兰国"极端组织的反恐战略，未能阻止这个恐怖组织发动袭击和破坏中东稳定和威胁世界安全的活动。

关键词：反恐战略　奥巴马　伊斯兰国　反恐联盟　地缘政治

2015年是"伊斯兰国"（IS）恐怖活动走向全球的一年。全世界对这个恐怖组织实施的恐怖犯罪的脆弱不堪已暴露无遗。"IS"为了证明自己的行动人员和支持者遍布各地，宣称它制造或鼓动了俄罗斯客机爆炸事件、贝鲁特和巴黎的恐怖袭击事件以及美国加利福尼亚州贝纳迪诺的致命枪击事件。

奥巴马当总统已经七年，他针对"IS"的遏制战略，未能阻止这个恐怖组织进一步发动袭击、破坏中东稳定和威胁世界安全的活动。"IS"的目标是分裂和摧毁中东整个国家制度，现在又瞄准了中东以外的目标。奥巴马的反恐战略不仅使原本硝烟弥漫的中东战场变得越发扑朔迷离，而且使美国国内对恐怖主义的担忧激增。

自授权美军对"IS"发动空袭一年多以来，奥巴马多次强调，其反恐战略是适当、正确和连贯的。为美国的反恐战略背书。但批评人士则认为，其摧毁"IS"的努力并不认真，打击该恐怖组织的策略软弱无力且缺乏连贯性。特别是2015年11月13日法国首都巴黎遭遇了前所未有的连环

---

① 作者系中国国际问题研究基金会研究员，新华社高级记者，新华社世界问题研究中心研究员。

恐怖袭击案以来发生的系列恐袭事件，撕碎了奥巴马试图维护的这一形象。美国舆论开始对政府是否能够阻止恐怖分子在美国本土发动袭击似乎越来越没有信心，奥巴马捍卫反恐战略的最新努力遭到强烈反弹。有分析认为，美国正在从事一场前途未卜的战争冒险，奥巴马的反恐战略是一项危险的战略。

美国要为"IS"崛起承担责任

美国历来自视为世界上最民主的国家，随着美国全球霸权思想的急剧膨胀，美国一直以来在世界各地指手画脚。2003年对伊拉克发动的战争就是美国企图实现全球霸主的结果。美国发动战争推翻了萨达姆政权，却并没有实现美国所设想的结果。战后的伊拉克，步履蹒跚地按照美国设计的"民主路线图"完成了制宪进程和议会选举，但伊拉克的民主化进程并没有按美国的意愿发展，反而从一场危机走向另一场危机，导致该国陷入政局动荡，引发了一系列教派杀戮。2011年美军撤离伊拉克留下安全真空，这意味着伊拉克治安当局在没有美军参与的情况下要自己单独承担反恐安全防务。马利基政府领导的伊拉克安全部队未能有效地填补美军撤离后留下的真空，破坏了原有的力量平衡，造成暴力和恐怖主义加剧，让蛰伏已久的恐怖势力蠢蠢欲动，有机可乘。战争把伊拉克变成了"IS"的前身"基地"组织伊拉克分支的庇护所和招募基地。

2011年西亚北非地区爆发"阿拉伯之春"，中东的地缘政治格局颠覆了传统权力中心。欧美推翻了利比亚的卡扎菲政权。在埃及，穆巴拉克总统被逼下台，后来又驱逐了通过选举上台的"穆斯林兄弟会"。2011年，叙利亚发生民主抗议活动，并很快转变为反政府武装起义。沙特阿拉伯、卡塔尔和土耳其认为，颠覆他们的地缘政治对手伊朗和真主党的关键盟友巴沙尔政权的机会到了。于是开始向叙利亚反对派武装提供武器。随着内战加剧极端组织加入了战局，打击所谓世俗政权，并获得美国及其地区盟友提供的大批资金和武器。由于美国等西方国家在中东展开干预行动，加上沙特和卡塔尔等地区角色的影响，"IS"和"支持叙利亚人民圣战者阵线"

这样的极端组织一直在获得帮助，为之前缺乏坚实群众基础的极端分子、在美国提供物资支持下打造了庇护所，导致叙利亚陷入严重混乱。

中东这一系列变化不仅没有建立起合法政权，甚至连地区最基本的安定局面都没能实现，反而不断上演一幕幕惨痛的失败。美国的"霸权迷思"及其中东政策加快了伊斯兰思潮兴起，在乱哄哄的中东变局中，一个名为"伊斯兰国"（原名"伊拉克和大叙利亚伊斯兰国"，ISIS）的极端武装组织异军突起，在伊拉克和叙利亚发动袭击行动，屡屡得手，势如破竹，武装分子攻城略地直逼巴格达和大马士革，对美国在中东和本土的核心利益和霸权构成威胁，其构成的威胁已远远超出中东地区。

奥巴马一度认为，将美国的战略重心东移，是他为美国优先考虑的"再平衡"政策所做的最大的长期贡献。曾担任奥巴马国家安全顾问的汤姆·多尼隆曾这样描述："我们接手了这样一个世界：对中东投入过多，而对亚洲投入过少，现在是实施'再平衡'政策的时候了。"奥巴马提出，美国的长期经济利益和繁荣取决于如何应对中国的崛起。言外之意，中东地区是一个经济累赘和军事负担。美国举棋不定的中东政策使"IS"有可能浴血崛起。美国迄今为止没有明确的战略，以对付极端分子和应对他们宣布的在伊拉克和叙利亚要建立的国家。美国所做的一切是，只要是反对派就支持，就制造动荡，让冲突继续，极端分子可以利用叙利亚冲突和伊拉克的宗派紧张局势集结起更多的战斗力量，在有战略意义的地区夺取并控制比其他任何恐怖组织都多的地盘，从客观上帮了"IS"忙。

另外，由于奥巴马不愿意直接卷入叙利亚内战，"IS"得以比较容易地整顿人马并获得战斗经验。"IS"的崛起在一定程度上是"基地"组织的失败所致。自美国发生"9·11"恐怖袭击以来，"基地"组织一直没有取得任何重大胜利。与此同时，在与叙利亚政权的战斗中经受磨炼的"IS"武装人员在伊拉克发动闪电般军事袭击，把伊拉克安全部队打得溃不成军。在"IS"的势头盖过"基地"组织的过程中，美国的反恐战略无意中帮了忙。

美国反恐战略受到质疑

奥巴马2015年12月14日在五角大楼主持召开美国国家安全委员会会议时表示,"IS"自夏季以来没有在战场上取得一次像样的胜利,且战且退。美国未来将进一步加大对该组织的打击力度。奥巴马会后向媒体介绍打击"IS"行动的最新进展时称,刚刚过去的11月是美国对该组织空袭次数最多的一个月。在美国的持续压力下,"IS"在伊拉克和叙利亚境内的控制范围正不断缩小,并呈现出且战且退的态势。同时,"IS"内部也出现松动,曾发生过成员变节、逃跑的情况。他强调:"'IS'的势力没有壮大","从一开始我们的目标就是首先遏制,而我们已经遏制了他们。我们还没有做到的是完全摧毁他们的指挥和控制结构"。

奥巴马在讲话中推翻了他在两年前作出的论断,承认"9·11"事件以来美国一直在进行反恐战争。而2013年奥巴马曾宣布全球反恐战争已经结束。奥巴马还表示,在美国加强对海外恐怖分子施压的同时,恐怖主义威胁正发生演变,进入了新的发展阶段。奥巴马称,美国更善于应对"9·11"事件那种复杂的袭击,但恐怖分子转而采取不那么复杂的恐怖行动,如大规模枪杀,而这种行为在美国社会十分常见。奥巴马重申了此前打击"IS"的政策框架,包括加大空袭力度,与英、法、德等盟国加速摧毁"IS";为数以万计的伊拉克和叙利亚武装力量提供训练和装备,派出更多的特种作战官兵;努力切断"IS"的资金来源和招募外国武装分子的渠道,挫败其任何恐袭图谋;与国际社会一道推进结束叙利亚内战的停火与政治解决方案。

然而,批评人士表示,尽管"IS"控制的领土范围没有显著扩大,但它继续在开展毁灭性的袭击,并在整个地区吸引追随者。该组织2015年11月还策划了俄罗斯飞机坠毁以及黎巴嫩自杀式炸弹袭击事件。这两起事件均造成数百人伤亡。"IS"组织目前在阿富汗、利比亚和西奈半岛有分支。

曾在多届美国政府任驻阿富汗和伊拉克等国大使的瑞安·克罗克指出,奥巴马最初说他要"削弱并击败'IS'"。他说,"在我看来,我们的战略不是削弱和击败，而是遏制，我认为这非常危险。'IS'超越地区的战略威胁可能标志着该组织的转折点，我们需要搞清楚怎么对付它。我认为我们目前还没有想出办法。"他强调，近来的恐怖袭击被理解为"恐怖主义的反噬"，如果奥巴马意识不到他的花言巧语是无法取代现实的话，还会有更多人死亡。

美国一项调查发现，民众对奥巴马反恐政策的认可呈现长期下滑的态势，支持率从其上任之初的近60%下降至2015年11月的40%。美国人对本土发生重大恐怖袭击的关切显著增加，认为未来数月美国可能发生恐怖袭击的民众比例从年初的43%激增至83%。调查还发现，大多数美国人对政府阻止本土恐袭案没有多大信心，15%的受访者表示完全没有信心，40%的人只有一定的信心。与此同时，美国民众对奥巴马打击"IS"战略的信心也一路走低。美国哥伦比亚广播公司的民调显示，2014年10月，超过1/3的美国人认为奥巴马有清晰的打击"IS"策略，而上个月最新调查结果显示，持此看法的人跌至不足1/4。

分析人士指出，奥巴马希望通过讲话让焦虑的美国人相信他的政府有战胜"IS"的战略，能够保护美国人免于本土恐怖主义的威胁。但他的一系列讲话凸显了挑战之巨大和白宫选择之匮乏。奥巴马没有给出瓦解"IS"的新理念或方案，再次排除出动大规模地面部队到中东作战，而是出动更多的特种部队、实施更多无人机空袭，更多的联邦调查局（FBI）调查，进行长期斗争而非速战速决。报道称，奥巴马近来并不缺乏说服美国人相信他有战略击败"IS"的机会，11月13日巴黎袭击以来，他对记者谈话不下30次，包括4次以反恐为主题的发布会。这等于承认他的话并未说服人心。

鉴于奥巴马对乌克兰、叙利亚危机的处理已导致其对外政策在国内饱受诟病，他可经不起再次遇到重大挫折了，因为他的第二个任期还剩几个月，其政治遗产也呼之欲出。美国加大打击恐怖主义组织的介入力度的压力会越来越大。但显然可以预见的是，美国无法阻止恐怖分子的肆虐，它所能做的就是努力限制这一趋势的负面影响。奥巴马面临的危险是，美国正在被拖回这场纷争，但几乎没有什么可选择，更不用说好的选项。

国际反恐多元联盟难以形成合力。2015年夏秋之际，针对俄罗斯、西欧和阿拉伯国家的一系列恐怖袭击事件证明了建立打击"IS"及类似恐怖组织的广泛联盟的必要性。尽管互相都有需要，这样的合作也仅仅限于战术性合作，而非战略层面的合作。以美国为首的西方与俄罗斯的国际反恐联盟加上沙特阿拉伯最近宣布成立的由35个伊斯兰国家组成的反恐联盟未必能成形。其原因是：

第一，从美国的战略考量，如果出现这样的反恐联盟，美国及其伙伴将不得不改变自己对俄罗斯在世界版图上的定位。如果接受俄罗斯，欧洲国家就得承认俄罗斯影响力的范围，承认自己在乌克兰问题上与俄罗斯对抗的失败，这样的对抗在很大程度上正是地位之争。

第二，俄罗斯与西方在打击谁的问题上有矛盾。法国总统奥朗德宣布要建立一个打击"IS"的庞大国际联盟。意大利总理伦齐也发表了类似的声明。但是俄罗斯不想仅仅打击"IS"，在莫斯科看来，全球反恐联盟的目标应是所有恐怖分子，而不只是"IS"的恐怖分子。

第三，莫斯科要求联盟的行动不能威胁到叙利亚的国家体制和政权，美国人和欧洲人很难完全接受这样的方案。对他们来说，美国和西方伙伴"不寻求所谓叙利亚政权更迭，让叙利亚人民决定叙利亚的未来"已经是让步的极限了。

第四，正值西方加强与俄罗斯合作以打击"IS"呼声日益高涨之际，西方领导人在土耳其二十国集团峰会上仍一致同意将对俄罗斯的制裁延长六个月至2016年7月，这是因为俄罗斯对乌克兰的干预而对其实施的制裁。这表明西方国家对俄罗斯依然心存疑惑。

第五，巴黎发生致命血案后，奥巴马和奥朗德呼吁俄罗斯加入国际反恐行动，奥朗德原本可能要敦促奥巴马放下与俄罗斯的一些分歧，建立新的联盟打击极端主义。不过，奥朗德的任务很快因俄罗斯战机被土耳其击落事件而陷入了复杂的局面。

第六，从沙特组建的伊斯兰联军成员国构成上来看，我们似乎可以将新成立的伊斯兰联军理解为沙特主导的逊尼派国家联盟。然而由于成立仓促、成员过多，伊斯兰联军的缺陷也是显而易见的。

35个成员国虽然都是逊尼派伊斯兰国家，但他们没有共同的威胁，即缺乏对共同战略目标的认知。沙特仓促成立军事联盟并未得到所有成员国的认可。令人啼笑皆非的是，巴基斯坦和马来西亚的外交部门均声明并未完全同意加入该联盟，对沙特突然宣布联军成立表示错愕。而埃及军方知情人士则表示，埃及不会参与伊斯兰联军的行动，并对土耳其和卡塔尔的反恐姿态表示质疑。

因此，伊斯兰联军不可避免地成为沙特等少数大国主导的松散联盟。沙特副王储穆罕默德·萨勒曼表示，该联盟将协调各国力量在伊拉克、叙利亚、利比亚、埃及打击恐怖分子。目前尚不清楚联军如何能在没有上述国家许可的情况下入境展开军事行动，联军如何界定恐怖分子。对于这两个问题，中东各国都有自己的答案。

分析人士指出，近期多国遭遇恐怖袭击，国际恐怖主义威胁明显上升。反观国际社会，虽已形成联手打击恐怖主义的浓厚氛围，但一时还难以推出强有力的实际举措。"IS"的肆虐与美国的政策有着很大的直接关系，但美国认为"IS"并未对美国本土构成实质性的重大威胁，因此，并不愿意投入更多资源，承担起应有的责任，反而要求其盟友加大投入。但各国在军事打击上都是慎之又慎，排除了直接派出地面清剿部队的可能，而仅凭借空中打击难以重挫"IS"。美欧表面和谐，实则矛盾加剧。欧洲是中东乱局的最大受害者，却无力主导解决地区乱源，对美国不全力反恐多有不满。

随着越来越多的国家介入乱局，中东局势变得更加复杂。美国、俄罗斯对叙利亚立场相悖，以反恐为手段加紧争夺地缘政治利益，俄罗斯军事介入叙利亚后，美国多次拒绝俄罗斯提出的加强合作反恐的提议，美俄总统11月30日在巴黎举行会谈，就加强反恐信息交流的必要性达成共识，但对于合作行动"并未做好准备"。双方的博弈更趋激烈，中东地区相关国家也开始重新站队。

中东各国各怀心思，并未将打击"IS"列为头等要务。沙特虽然担忧"IS"威胁，但更担心伊朗借打击"IS"强化地区影响力；土耳其反对美国、俄罗斯军事援助库尔德武装打击"IS"，对于俄罗斯强势介入叙利亚心有不甘，以致发生了击落俄罗斯战机事件。

从短期看，国际反恐合作涣散无力、各取所需、矛盾重重，目前难以形成有效的打击合力。

综合比较中美实力
协力构建新型大国关系

李长久[①] 周世俭[②]

内容提要：2014年，中国GDP突破10万亿美元，相当于美国GDP的60%。但中国的经济实力与美国相比还有很大差距，经济发展处在不同阶段。美国经济基础雄厚，中美科技水平和研发投入差距较大，人均GDP差距悬殊。我们要冷静观察，脚踏实地搞好现代化建设，努力缩短中美之间的差距。

中美经贸合作的依存度在加大。2015年，中美互为最大贸易伙伴，中国对美投资增长迅速。中美要推动投资协定谈判，早日达成协议；在国际多边关系中加大合作力度，以合作共赢推动中美新型大国关系的发展。

关键词：经济实力 科技水平 研发投入 经贸合作 投资协定 合作共赢 新型大国关系

2014年中国的GDP首次突破10万亿美元，经济规模仅次于美国。但中国的经济实力乃至综合国力与美国相比还有很大差距。中国已是世界第二大经济体，但仍然是发展中国家。我们既要重视中美关系，又要加强与其他大国和广大发展中国家（特别是周边国家）的关系，将构建中美新型大国关系延伸为建立中国与各国的新型国家关系。

---

① 作者系新华社世界问题研究中心研究员。
② 作者系清华大学中美关系研究中心高级研究员。

综合比较中美经济实力

进入21世纪以来,中国经济持续快速发展。2000年中国GDP首次达到1万亿美元,相当于美国当年GDP的11%,两国差距为30年(1970年美国GDP为1万亿美元)。2005年中国GDP2.23万亿美元,相当于美国同年GDP12.94万亿美元的17.8%。2010年中国GDP5.88万亿美元,相当于美国同年GDP14.66万亿美元的40%。2014年中国GDP10.36万亿美元,相当于美国同年GDP17.42万亿美元的60%,与美国的差距缩短为12年(2002年美国GDP10.45万亿美元)。世界主要研究机构普遍预测,2025~2030年中国的经济规模有望赶上或超过美国。

必须指出,2005~2014年中国经济规模迅速扩大中有一个因素不容忽视,那就是人民币升值的因素。2014年中国GDP以人民币计算为636463亿元,按当年汇率6.143元人民币计算为10.36万亿美元;若以2005年7月20日1美元兑8.27元人民币来计算,2014年中国GDP为7.69万亿美元,只相当于美国2014年GDP的44%。根据国际清算银行测算,2005~2014年10年里人民币名义汇率升值35%左右,以美元来计算中国的GDP增长了35%左右。

美国经济基础十分雄厚

自1894年美国经济规模超过英国和德国而居世界首位至今已长达122年。两次世界大战都发生在欧洲和亚洲,美国大陆未受到战争的破坏,反而大发军火财。

自1840年鸦片战争以来,100来年世界几乎大大小小的帝国主义国家都侵略过中国,对中国实施了疯狂的掠夺和残酷的剥削。1949年10月1日新中国诞生后,中国人民才获得了解放。1950~1965年的16年和1978~2015年改革开放的38年里,总共54年的建设和发展才换来了今天位居世界第二大经济体的荣耀。

二战后，美国大企业特别是跨国公司林立，长期以来雄踞世界第一位。进入21世纪以后，中国的大企业才得以涌现。据美国《财富》杂志公布的数据，2000年进入世界500强的大企业中，美国拥有178家，占1/3强，中国只有11家；到2015年美国降为128家，占1/4强，中国（含香港地区和台湾地区）猛增到106家，占1/5强。但企业的科技水平、生产效率、创新能力和盈利情况相比，中国与美国企业之间还有相当大的差距。

科技水平和研发投入差距巨大

二战后，美国的科技水平雄踞世界霸主地位。当代60%以上的高新技术发源于美国。全球62%的明星科学家、70%的技术移民和70%的诺贝尔奖集中在美国，从而使美国的创新能力一直居于世界领先地位。

长时期以来，美国的教育投入占GDP的7%，年度教育经费上万亿美元；中国的教育投入2000年仅占GDP的2.87%，2006年达到了3.01%，2012年至今达到了4%，年度教育经费4000亿美元（这里且不比较人均教育经费）。

长期以来，美国研发投入占GDP的2.8%~3.0%，年度研发投入达5000亿美元，占世界研发总投入30%左右。中国的研发投入占GDP之比，2000年仅为0.90%，2008年上升到1.54%，2013年占2.01%，2014年占2.05%，年度研发投入2000亿美元。但是仍未达到十二五提出的占GDP2.2%的目标。2015年11月10日，联合国科教文组织发布报告，2014年，美国研发投入占世界总投入28%，中国占20%，超过欧盟和日本，仅次于美国。今后10~15年，中国追赶美国的征程中最大的掣肘可能就是教育、研发、创新的投入不足。

投资移民、技术移民、特别是留学生大量流向美国导致"中国人才赤字"越来越大。2013~2014年度，在美国高校的各国留学生近90万，中国留学生达27.4万，占30%。获得科学和工程博士学位的中国留学生近90%留在美国，而中国最缺的正是科技创新的领军人才和大国工匠。根据中国第六次人口普查数据，中国制造业从业人员中具有大专及以上文化程度的人占9.8%，美国高达32%，制造业高级技工缺口每年达400余万人。中国技术对外依存度高达50%以上。我们必须广开招贤之路，广纳天下英才，特别是吸引大批滞留海外的精英回国开发创业，大力提高自主创新能力。

据瑞士洛桑国际管理学院竞争力排名，2013~2015年美国均排在首位，中国则排在第21~23名。众所周知，国与国之间的竞争归根到底是竞争力的竞争、科技的竞争、人才的竞争。

人均GDP差距巨大

人均GDP或人均收入是界定发达国家与发展中国家的标志。2014年中国人均收入7589美元，相当于美国人均收入54597美元的13.9%，即相当于1/7，仍排在世界第80位以后。按照世界银行划分的界限，人均收入高于4000美元、低于12000美元属于中等收入水平。2014年中国的人均收入刚好处于中等收入的中间线上。

按中国年收入低于2300元的标准定为贫困人口，到2014年底中国农村贫困人口尚有7017万人，若按世界银行人均贫困线的标准，中国还有近2亿人口尚待脱贫。到2020年要实现全部贫困人口如期脱贫、全面建成小康社会，需要付出艰苦的努力。

经济发展处在不同阶段

美国正处在从工业化、去工业化到再工业化的阶段。2009年2月，奥巴马总统签署了"美国复苏和再投资法案"，2011年发布"美国创新战略"和设立了白宫制造业政策办公室，协调各政府部门之间的产业政策，实施再工业化战略。

美国实施再工业化战略的实质是改造传统产业和大力发展高新技术产业，重振制造业和扩大出口。自2009年以来，美国制造业产出增加了30%

以上，高端制造业占私营企业研发投入的90%，美国专利总数的85%。在出口商品中，高端产品占60%。国家间竞争越来越体现为企业间的较量。美国跨国公司多、核心竞争力强。世界经济论坛2015年8月4日从数百家参选企业中评选出全球49家最有前景的科技先锋企业，其中美国企业占2/3。美国以跨国公司为载体，以全球市场为舞台，进行跨越国家和地区界限的生产要素和资源的优化组合，控制全球产业链高端，实现全球利润最大化。几年来，美国高新技术产品和核心零部件出口已占全球相关产品出口总额的20%，跨国公司从全球获取利润超过国内企业利润之总额。

中国仍处在工业化中后期，在国际产业分工中处于中低端。工信部的数据显示，90%的高档数控系统、80%的芯片、几乎全部的高档液压件、密封件和发动机都依赖进口。产业发展所需的高端设备、关键零部件、元器件和关键材料大多依赖进口。世界知识产权组织等机构发布的《2015年全球创新指数报告》中，中国在141个经济体中排名第29位，虽居发展中国家首位，但与美国相比仍有不小差距。

在中国工业现代化的发展进程中遇到了环境污染的大问题，严重的污染已经到了不治理将严重影响社会经济发展的地步。雾霾严重，不动真格不行了。清华大学、北京大学、耶路撒冷希伯来大学和麻省理工学院的联合调研报告称，严重雾霾相当于每个人一天至少吸40根烟，一年至少有160万人提早死亡，淮河以北的中国人平均缩短5年半寿命。[①] 我们要金山银山，但更要绿水青山。

2014年9月，中国社科院的研究显示，2012年中国二氧化碳排放量达到92.1亿吨，占当年世界排放总量的26.7%，人均6.82吨，远超过世界人均4.89吨的水平。

总之，为了中华民族的永续发展，必须下最大的决心节能减排，治理污染，实现绿色发展。

从以上的分析对比中不难得出结论，中美两国的综合经济实力差距依然巨大。不能简单地比较GDP规模。我们要冷静观察、客观分析、脚踏实地搞好现代化建设，中国的目标是，到新中国成立一百年时建成富强、民

---

① [英]金融时报网站，2013-07-08.

主、文明、和谐的社会主义现代化国家,实现习近平主席提出的中华民族伟大复兴的中国梦。但是,届时与美国相比仍有差距。2015年7月1日,李克强总理在经济合作与发展组织总部发表的演讲中表示,我们要清醒认识所面临的挑战,下最大的决心努力,到21世纪中叶现代化达到中等发达国家水平。

以合作共赢推动中美新型大国关系发展

近两年来,中国和美国在南海问题、网络安全和人权问题等方面摩擦增加,进入了多事之秋。但双边的经贸合作的依存度在加大,相互的依赖在加深。

虽然中国经济增长下行压力加大,但中美贸易依然保持了增长的势头。2014年,中方统计的双边贸易额为5551亿美元,比上一年增长6.6%;按美方统计,双边贸易额5907亿美元,比上一年增长5.0%。2015年1~10月,中方统计双边贸易额4611亿美元,同比增长了1.8%;按美方统计,双边贸易额4973亿美元,同比增长了2.8%。需要特别指出的是,从2012年起,美国超过欧盟成为中国出口最大的市场。2015年1~10月,按中方统计,中国对美国出口3398亿美元,占中国总出口额的18.31%;按美方统计,美国从中国进口4019亿美元,占中国同期出口总额的21.66%。同期,中国对欧盟出口2923亿美元,占中国出口总额的15.76%;按中方统计,2015年1~10月,中欧贸易额4654.6亿美元,仅比同期中美贸易额4611.4亿美元多43.2亿美元。随着美国经济的强力复苏,2015年或2016年,中美贸易额有望超过中欧贸易额,美国将重返中国最大贸易伙伴国地位。

无独有偶。据美方统计,2015年1~9月,美中贸易额首次超过了美加贸易额,1~10月美中贸易额4973亿美元,占美国外贸总额的15.8%,超过了占美国外贸总额15.5%的美加贸易额,主要是因为油价暴跌,而石油是加拿大的大宗出口商品。

中国对美投资快速增长。2015年5月20日,美国荣鼎咨询公司和美中关系全国委员会的研究显示,2000~2014年的15年里,中国对美投资总量已达460亿美元。中国投资者收购了1583家美国公司，雇佣的全职人员超过8万名。2015年9月23日该公司公布，2015年上半年中国对美投资额为64亿美元，累计总额为524亿美元。该公司预测到2020年中国对美投资将达到2000亿美元。很明显，中国对美投资的增长速度超过了美国对华投资增长的速度。据中方统计，到2015年6月底，美国对华投资763.8亿美元。

2008年金融危机以来，越来越多的中国大型企业显示了对美投资的积极性。美国拥有健全透明的法治环境、先进的技术、训练有素的工人、充足而廉价的能源供应、完善的基础设施和一流的研发能力，最重要的是有着庞大的消费市场。中国的外汇储备充裕，对外投资迅速增长。2002年中国对外投资近27亿美元，2014年猛增到1231亿美元，13年间增长了45倍。2005~2014年的10年里，对外投资累计5921亿美元，进入了高速增长阶段。从2012年起，位居美国和日本之后，中国成为世界第三投资大国。在2014年11月的亚太经合组织峰会上，习近平主席宣布未来10年里中国对外投资将达1.25万亿美元。也就是说，到2025年中国将成为仅次于美国的第二投资大国。

自2008年金融危机以来，美国吸引外资呈现下降趋势。据美国商务部统计，2008年美国吸引外资3063.7亿美元，2012年降为1605.7亿美元，2014年下降到860亿美元，居世界第三。奥巴马总统提出的吸引万亿美元投资的五年计划（2010~2014）只完成了8559亿美元。作为世界最大的经济体，美国需要世界的资金来支撑其经济的强劲复苏。

中美投资协定（BIT）谈判于2008年正式启动。在2013年中美战略与经济对话中，双方确认以准入前国民待遇和负面清单为基础展开谈判，2014年底已完成投资协定的文本谈判。2015年初开始负面清单谈判，9月下旬"习奥会"大力推动了谈判进程，有望于2016年达成协定。投资协定是中美经济关系中重要的组成部分。达成一个高标准的投资协定将有助于中美两国建立更紧密的经贸联系，提高两国经济贸易合作的质量，向建立中美自由贸易区迈出极为重要的一步。

总之，中美两国日益紧密的经贸合作使双方成为互为举足轻重的经济伙伴，谁也离不开谁，在中美建设新型大国关系中充分发挥压舱石的作用。

中美加强合作的影响越来越大

中美关系的影响已经大大超过了双边范围，中美加强合作将对缓解地区热点危机和应对全球性挑战发挥越来越大的作用。

中美与其他大国协力推动达成伊朗核问题全面协议。巴黎气候大会前，中美发表了联合声明，国家主席习近平和奥巴马总统在出席巴黎气候大会期间举行会晤，就中美关系和共同关心的问题深入交换意见，达成不少新共识。奥巴马表示，美方愿同中方保持密切协商，推动气候变化巴黎大会取得成功。巴黎气候大会2015年12月12日晚通过《巴黎协定》，为2020年后全球应对气候变化行动做出安排。这一内容丰富的协议被认为是全球气候治理进程中的重要里程碑。12月14日，中美领导人再次通电话，习近平主席指出，联合国气候变化大会成功通过了《巴黎协定》，这是一件造福世界人民的大好事。中美两国及有关各方保持密切沟通，共同为巴黎大会成功作出了积极贡献。巴黎大会是应对气候变化国际合作的新起点，中方愿与包括美方在内的有关各方保持协调合作，确保《巴黎协定》有效实施。奥巴马总统赞扬中国在巴黎气候大会中发挥的重要作用。

美国前财政部长亨利·保尔森2015年4月底出版的《与中国打交道——一位知情人揭秘新的经济超级大国》一书中指出："在情况日益复杂、相互联系日益紧密的当今世界，我们面临着艰巨的挑战。如果美国和中国能够共同合作或采取互补方式，几乎所有挑战都会更容易应对。如果世界上两个最重要的经济大国彼此对抗，我们的任务就会更难完成。"美国是世界上最大的发达国家，中国是最大的发展中国家，中美GDP已占世界GDP的1/3，两国都是最大的投资和贸易市场。中美经济如果保持现有增速发展，对世界经济发展的贡献率将在50%左右。中美协力推动各领域务实交流合作，以建设性方式管控分歧和敏感问题，确保中美关系朝着构建新型大国关系的正确方向发展，中美将对维护世界和平、推进各国经济协同和走向共同繁荣发挥越来越大的稳定器和助推器作用。

周边动态

2015年中越关系回顾及相关思考

李家忠[①]

内容提要：2014年，越方对中方钻井平台进行暴力干扰导致中越关系出现大幅度起伏。后越方采取缓解措施，2015年交往恢复正常。习近平主席访问越南是2015年内中越关系最大亮点。访问增进了彼此政治互信，为推动双方务实合作注入了新的动力。2015年内双方各领域合作取得积极进展，中国连续11年成为越南最大贸易伙伴。南海争议仍是两国关系中最大的不稳定因素。中方遵照以邻为伴、与邻为善的周边外交方针和亲诚惠容的周边外交理念，继续推动两国关系稳定健康发展。

关键词：中越关系 南海争议 稳定周边

2014年，由于众所周知的原因，中越关系曾出现大幅度起伏。2015年，在双方共同努力下，中越关系呈现平稳发展的局面。

一、习主席访越是年内中越关系最大亮点

2015年中越关系的突出表现是两国领导人保持了经常接触和沟通。2月11日，越共总书记阮富仲与习近平总书记通电话，互致春节问候，并对越中两党两国关系表示良好祝愿。4月，越共总书记阮富仲率领包括四名政治局委员的高级代表团访华。7月，张高丽副总理赴越南访问。9月，

[①] 作者系中国国际问题研究基金会研究员，中国前驻越南大使。

越南国家主席张晋创来华出席中国人民抗日战争暨世界反法西斯战争胜利70周年纪念活动。特别是11月5~6日中共中央总书记、国家主席习近平对越南进行国事访问，这是习主席担任中国党和国家最高领导人以来第一次访问越南，是一次重大的外交活动，也是2015年中越关系中最大的亮点。

越方对习主席到访期待已久，极为重视。阮富仲总书记亲自主持欢迎仪式，在礼宾上采取了许多特殊安排，如打破多年惯例鸣礼炮21响；组织女青年在习主席走向主席府的红地毯上撒放鲜花瓣；安排习主席同越共总书记阮富仲、国家主席张晋创、总理阮晋勇、国会主席阮生雄分别会谈会见，与几乎所有越共政治局委员都见了面，并请习主席到越南国会发表演讲，等等。越方还特意安排在此期间公开出版发行越文版的《习近平谈治国理政》一书。越南党报《人民报》称，习主席受到了越方给予到访外国元首的"最高礼遇"。中国外长王毅说，习主席在越南受到了"超高规格的接待"。

访问增进了两党两国的政治互信。双方一致认为，中越传统友谊是两国人民的宝贵财富，应共同继承、维护和发扬，落实好"长期稳定、面向未来、睦邻友好、全面合作"十六字方针和"好邻居、好朋友、好同志、好伙伴"四好精神，牢牢把握中越友好的正确方向，加强战略沟通，增进政治互信，在相互尊重、平等互利基础上推进各领域合作，管控和妥善处理分歧，推动中越全面战略合作伙伴关系健康稳定发展。习主席表示，无论国际风云如何变幻，中、越两党两国都要守望相助、携手前行，做互助互信的好同志、合作共赢的好伙伴、相亲相望的好邻居、常来常往的好朋友，确保中越关系沿着正确轨道前进。习主席的这些看法和主张得到越南领导人的高度认同。王毅外长说，这些重要共识体现了双方领导人着眼大局、立足长远、抓住根本、把握主流的战略眼光，"奏响了中越友好合作的主旋律，为引领和推动中越关系发展注入强大动力"。

关于海上争议，双方表示要认真落实《关于指导解决中越海上问题基本原则协议》，用好中越政府边界谈判机制，坚持通过友好协商和谈判，寻求双方均能接受的基本的和长久的解决办法，积极探讨不影响各自立场和主张的过渡性解决办法，包括积极研究和商谈共同开发问题。双方一致认为，海上问题不应成为两党两国建立政治互信的障碍。

访问期间，双方签订了包括党际交流、经贸投资、基础设施建设和人文交流等流域的一系列合作协议。双方发表《中越联合声明》，一致认为习主席的访问"取得了圆满成功，为巩固中越传统友谊、深化全面战略合作、促进本地区乃至世界的和平、稳定与发展作出了重要贡献"。

二、务实合作取得积极进展

经贸关系方面，在2014年年两国贸易额达到836亿美元、同比增长28%的基础上，2015年头九个月两国贸易额为470亿美元，同比增长9.2%，每月的同比增速均超过10%。全年贸易额可望达到900亿美元。双方表示力争到2017年使两国贸易额达到1000亿美元。迄今中国已连续11年成为越南第一大贸易伙伴。越南也成为中国在东盟中的第二大贸易伙伴。

投资方面，截至2015年9月，中国在越南直接投资项目为1193个，协议投资金额为82.4亿美元，在101个向越南投资的国家和地区中排名第九，涵盖冶金、电力、机械、纺织等领域。一批投资超过1亿美元的大项目陆续投产，为促进越南产业结构调整、增加社会就业作出了积极贡献。中方投资17.55亿美元的中越永新火电厂于11月在河内举行了开工仪式。中国企业承包的总投资额达4亿美元的北江氮肥厂改扩建项目于4月完成了性能考核。此次习主席访越期间，双方商定将共同兴建几个具有代表性的大项目。此外，中国开发银行同越方签订了2亿美元的贷款协议，中方帮助在河内修建高架铁路。双方还决定加紧制定老街—河内—海防的标准轨铁路线路规划。与此同时，中国还在经贸、农业、交通、旅游等方面为越南培训了数千名技术人员。为进一步推动双方经贸投资合作，于4月成立了基础设施合作和金融与货币合作工作组，5月在重庆设立了首个贸易促进办公室。

越南驻华大使邓明魁说，越南和中国经济互补性很强，合作前景广阔。加强双方经贸合作符合两国利益，重点就是要落实双方达成的一系列共识和协议，维护双边贸易稳步发展，增强大项目的合作。中国驻越南大使洪小勇说，两国就"一带一路"建设与"两廊一圈"发展规划对接以及共同推进产能合作达成共识，无疑将进一步挖掘双方合作潜力，拓展合作空间，为新形势下两国务实合作的进一步发展注入强劲动力。

三、中越关系中的美国因素

2015年7月7~10日，越共总书记阮富仲应邀对美国进行正式访问。这是越南最高领导人首次以共产党总书记的名义访问美国，且适值越战结束40周年、越美建交20周年，被称为"历史性的访问"。

美方对阮富仲的到访给予了高规格接待，奥巴马总统破例在白宫椭圆形办公室同阮富仲进行了会谈。越南媒体称会谈是在"友好、坦诚和具有实质性"的气氛中进行的。

双方一致认为，建交20年来越美关系取得了积极的和快速的发展。2000年两国签订了贸易协定。2013年双方确定建立全面合作关系。2014年10月美国部分解除对越武器销售禁令。20年来双边贸易额增长了130倍，达到350亿美元。越南在美留学生达到1.7万人，是东盟十国中在美留学生最多的国家。双方决定继续深化可持续的和务实的双边关系，加强高层交往和贸易、投资、科技、环保、执法等领域的合作，扩大政治和外交磋商。越方希望美方照顾越南的具体情况，采取灵活态度，争取早日结束越南加入"跨太平洋战略经济伙伴关系协议"（TPP）的谈判。阮富仲邀请奥巴马访问越南，奥巴马接受了邀请。

对于阮富仲此次访美，中国人普遍关注的有两个问题，即此访对中越关系的影响和越美对南海问题的动向。

如何在对华和对美关系上定位，是越南决策层始终面临的问题。为此，阮富仲在启程前就对记者表示："中国和美国都是越南最重要的经济伙伴。因此，促进与中国和美国的互利友好合作关系是越南对外政策的头等优先。"美国在其"亚太再平衡"战略中把越南视为遏制中国的一个支点。越南对中国的快速发展也抱有复杂的心态，同时也深知，一个是山水相连的邻邦，一个是大洋彼岸的昔日侵略者；一个是双边贸易额超过800亿美元的第一大贸易伙伴，一个是双边贸易额只有350亿美元的超级大国；一个是共产党执政的社会主义国家，一个始终没有放弃对越南进行和平演变。越南政府已公开宣布，不与任何国家结盟，不让任何国家在越南领土上建立军事基地，不依靠任何国家去反对其他国家。故可以认为，越南不会投靠美国而同中国为敌。

在南海问题上，此次阮富仲访华期间双方发表的《联合愿景声明》指出：维护南海和平稳定和航行自由是地区和国际社会的利益所在和共同责任。双方支持通过和平办法解决争议，严格落实《南海各方行为宣言》，早日签订"南海行为准则"，不使用武力威胁，不单方面使南海局势复杂化。显然，这些表述是针对中国的，表明美国介入南海问题和越南希望借助美国的力量在南海同中国抗衡的立场没有变化

四、中越关系中的日本因素

2015年9月15~17日，越共总书记阮富仲对日本进行正式访问，这期间同日本首相安倍和天皇明仁进行了会谈、会见，双方还发表了联合公报。

关于双边关系。双方认为，自2009年建立战略伙伴关系和2014年建立"致力于亚洲和平与繁荣的广泛战略伙伴关系"以来，越日关系取得了"全面、强有力和实质性的发展，两国在经济、政治、外交、安全、国防等各领域的合作都取得了深入和实质性成果。政治互信得到有力巩固和增强"。阮富仲表示，越南始终将对日关系置于头等优先地位。安倍则表示日本将帮助越南发展经济，优先考虑向越南提供官方发展援助（ODA）。此次访问期间，日本承诺再向越南提供286亿日元（约合15亿美元）的官方发展援助。

关于南海问题。双方对近期南海局势的"复杂演变"、尤其对大规模填海造岛活动表示"严重关切"，声称这些活动"加剧了紧张局势，破坏了信任和信心，威胁到地区和世界的和平稳定"，强调应严格恪守国际法和1982年联合国海洋法公约以及《南海各方行为宣言》，尽早制定"南海行为准则"。安倍承诺日方将帮助提高越南的海上执法能力，并向越方提

供可用作海上巡逻的二手船舶,以提高越南的海上警卫能力。有消息称,日本正在研究向越南提供新建造的巡逻船。

对于历史问题。多年来,每当中国和韩国等亚洲国家强烈谴责日本领导人参拜供奉有甲级战犯的靖国神社时,同样遭受过日本侵略的越南却始终默不作声。此次访问期间,安倍阐述了日本关于历史问题的观点和对地区安全问题的主张。阮富仲则表示,越南对日本已就历史问题吸取了教训并承诺走和平发展道路给予确认和"高度评价",越方支持日本在国际事务中发挥应有的作用。特别是正当广大国际舆论对安倍8月14日就二战结束70周年发表缺乏诚意的谈话表示强烈不满的时候,阮富仲却对安倍的表态给予"高度评价",这耐人寻味。

五、中越南海争议仍将长期存在

2014年越方出动大批船只对中国在西沙群岛附近海域正常作业的钻井平台进行暴力干扰,越南中部和南部22个省市相继发生对中资和其他外资企业的打砸抢烧恶性事件,对越南经济造成重创,导致众多中资和外资企业停产撤资,仅平阳省就有6万人失业。越南计划投资部部长裴光荣承认,越南"过去20年打造的投资形象正变得非常丑陋"。经过反思,越南当局于8月派出特使来华,谋求缓和紧张局面。越南外交部发言人对发生上述打砸抢烧事件表示遗憾和痛心,承诺将对受害者给予补偿,并将派团到中国慰问受害者。10月16日,正在意大利米兰出席亚欧首脑会议的李克强总理会见越南总理阮晋勇时说:"经过双方共同努力,两国克服了前段时间遇到的困难,双边关系逐渐恢复。"2015年5月在新加坡举行香格里拉对话会期间,越南国防部副部长对中国人民解放军副总长孙建国表示,越方愿就南海问题同中方进行"同志式"的交换意见。

1975年越战结束后,越南乘机先后抢占了中国南沙群岛的29个岛礁,并同50多家外国公司签订合同,在南沙海域大力开采石油和天然气。越南陆地面积只有33万平方公里,其中2/3为山脉和高原,人均耕地只有0.11公顷。为此急于在海上寻找出路。越南自认为属于它的海洋面积等于其陆地面积的三倍，拥有巨大发展潜力。基于这种判断，越共于2007年制定了海洋战略，提出了大力发展海洋经济的战略目标，计划到2020年使海洋经济的产值占全国GDP的53%~55%，使越南成为海洋大国。而所谓海洋经济，首要内容便是海上油气的开发。截至2012年11月，越南从南沙海域开采了1.4亿吨石油和1.8亿立方米天然气，获利350亿美元，成为南海争议中最大的既得利益者。但越方并不满足于现状，继续同西方公司合作开采石油和天然气。在这种情况下，尽管双方曾签订了《关于指导解决两国海上问题基本原则协议》，其中提到要就南海问题寻找一项"双方均能接受的基本和长久的解决办法"，但迄今却看不到达成这样解决办法的前景。海上争议的存在将始终是中越关系中最大的不稳定因素。

六、结束语

党的十八届五中全会描绘了中国全面建设小康社会的宏伟蓝图。为实现这一战略目标，必须抓住全会指出的"可以大有作为的重要战略机遇期"，为中国营造一个和平稳定的国际环境。稳定周边在中国外交全局中始终占据首要地位，因此，如何维护一个和平稳定的周边环境，就显得尤为重要和紧迫。

拥有9000万人口的越南是中国南疆重要邻国。半个多世纪来，为了越南而牵动中国全党全国工作全局的事情就有两件，一是20世纪60~70年代的援越抗美运动，一是90年代的对越自卫还击。毛主席、周总理等老一辈领导人为支援越南抗法、抗美和培育中越友谊付出了巨大心血。客观地说，越方从切身利益出发也希望为国家的发展建设营造一个和平稳定的国际和周边环境，也懂得对华关系在其外交全局中的重要战略地位。2015年越共总书记阮富仲先访华后访美、日，显然是经过慎重考虑后做出的决定。尽管当前两国关系中存在这样那样的分歧和争议，中方仍应遵照以邻为伴、与邻为善和睦邻、安邻、富邻的周边外交方针，以及亲诚惠容的周边外交理念处理中越之间存在的分歧和争议。20世纪90年代我出使越南期间，始终秉承三句话的理念开展工作，即大力促进双方互利合作，当然不可避免会有一些交涉和斗争，但交涉和斗争的目的不是要把关系搞僵、而是要把关系稳定住。我认为这三句话至今对于处理中越关系仍然适用。2013年6月，习近平主席同到访的越南国家主席张晋创会谈时指出："中越互为重要邻邦和合作伙伴。两国关系60多年走过的历程留给我们最重要的启示是，不管遇到任何问题和干扰，中越双方都要朝着友好合作的道路坚定不移地往前走。"我想，这就是我们处理对越工作的根本指导思想。

2015年南海形势特点及走向

刘新生[①]

内容提要：近年来，伴随着域外大国的深度介入，南海问题已由当事国间岛礁主权和海域管辖权的争议逐渐演变为争端方和有关利益攸关方围绕地缘政治竞争、海洋资源开发及航道控制的复杂利益博弈。同时，南海争议多边化、国际化和复杂化态势持续深化，并已发展成为涉及政治、外交、军事、经济等领域的重大难题。鉴此，中国需要从国家总体发展战略全局出发，通盘考虑国际和国内影响因素，长远谋划妥善处理南海问题战略和战术决策，确保整体利益最大化。

关键词：南海形势特点　走向　思考

2015年来，受美国全球战略调整等多重因素的影响，南海争端国不断加大权益声索和实际管控力度，域外大国强势介入，南海问题持续升温。中国在南海一线维权局势愈益复杂，面临挑战愈加严峻。

一、当前南海形势特点

2015年南海形势总体稳定可控，但面临的问题和挑战增多，域外大国介入南海由暗转明，域内外势力联手"搅局"势头日益明显，南海问题长期性、复杂性和多变性更加突出。一年来，南海形势呈现如下特点。

---

① 作者系中国国际问题研究基金会研究员，中国前驻文莱大使。

（一）美国逐步从幕后走向台前，形成中美直接角力

近年来，美国日益从幕后走向台前，其南海政策基调也逐步从"不介入"到"有限介入"、再到"深度介入"。

一是高调反对中国填海造地。2015年5月，美国国防部长卡特警告中国，立即停止在南中国海填海造地，扬言美军将继续按照国际法在国际海域和空域执行任务。他呼吁涉及南海主权纠纷的各方不要继续把问题军事化，通过和平方式解决争端。紧接着，卡特在5月的香格里拉对话会上继续责难中国，声称中方填海造地规模和速度"史无前例、超过其他声索国总和"；中方在南海的行动与国际准则和规范"不合拍"；美方对南海岛礁军事化前景及可能带来的误判和冲突风险"深感忧虑"；声言"将水下岩礁变成机场不能获得主权"，还貌似公正地呼吁"各方立即停止填海造地"，强调将继续行使与保护"航行和飞越自由"，急不可耐地催促中国与东盟2015年就"南海行为准则"达成一致。① 卡特同时高调宣布美国国防部将开启"东南亚海事安全倡议"。与会的共和党鹰派议员、美参院军事委员会主席麦凯恩透露了该倡议的细节，即未来5年拨款4.25亿美元，为菲律宾、越南等国提供"武装配备、训练和小型军事建设"，以必要时"对抗中国的领土挑战"。

二是强化在南海地区的军事存在。2015年10月27日，美军导弹驱逐舰"拉森"号非法进入中国南海南沙群岛有关岛礁邻近的12海里水域，并同时派出P-8A侦察机到渚碧礁及美济礁一带水域巡逻，P-3猎户座侦察机也参与。11月5日，美国海军CVN-71"罗斯福"号航母驶入南海敏感海域并与"拉森"号汇合。11月8~9日，美军B-52战略轰炸机连续两天飞越中国在南海人造岛礁附近海域。11月21日，美军太平洋司令部司令哈里斯公开声称，美国将再次派遣军舰赴中国南海岛礁周边12海里内航行。12月7日，美国在新加坡首次部署P-8侦察机。美国军方透露，P-8侦察机在新的部署预计将会变成"常规"，可能每三个月一次。此外，2017年底前美国在新加坡海军基地再部署2艘濒海战斗舰，此类舰只在该地区数

---

① 陈向阳.美国南海寻衅，"喧宾"难以"夺主"//大众日报，2015-06-01.

量升至4艘。美联社称，美军将先进装备部署到新加坡，制衡"中国在南海活动"的意味明显。①

三是拉拢菲律宾、越南等声索国共同对付中国。自2014年底以来，美国军方多次在公开场合鼓动东盟国家联手对付中国，表示美国将与东盟站在一起，强调美国有保护亚洲盟友的义务。同时，美国以南海航行自由为借口，挑唆菲律宾、越南等南海争端国家与中国展开面对面的对抗，纵容、协助菲律宾将中国告上联合国海事法庭。为营造奥巴马总统参加在菲律宾举行的亚太经合组织会议氛围，白宫正式宣布：为了加强东南亚盟国的海上安全能力以应对各自海域的威胁，为该地区更大范围提供海上安全，美国在2015年、2016年拨出2.59亿美元，用于协助菲律宾、越南、印尼和马来西亚等国提升海上安全，而菲律宾将获得其中的7900万美元，成为获得最多援助的东盟国家。不仅如此，奥巴马到达马尼拉后即在菲律宾国防部长陪同下登上了菲律宾军舰参观。他在舰上说："我来访问强化了我们（美菲）要维护本区域水域安全及航行自由的承诺。"② 他还表示美国将坚定保护菲律宾这个盟友。

（二）日本处心积虑搅局南海，拉帮结伙向中国施压

2015年来，日本或明或暗地发力，四处煽风点火，竭力推动南海问题国际化。其战略目标就是在南海海域联合周边国家对中国形成"合围"之势，进而遏制中国发展海上实力，主要体现在政治、经济、军事三个层面。

第一，政治上，日本卖力拉拢西方和东盟盟友，借助多边平台抹黑中国，以此抵消中国的影响力。在6月的七国集团（G7）峰会上，安倍主动挑起有关中国的话题，并在中国南海等问题上极力渲染"中国威胁论"。在日本的推动下，七国集团峰会发表的联合声明对东海、南海地区紧张局势表示关切，并宣称"强烈反对包括大规模填海造岛等，意图改变现状的任何片面举措"。③ 在8月举行的东盟外长会议上，日本伙同菲律宾、越南等国将南海问题提上日程，日外务省副大臣妄称"中国改变了南海现状"，

---

① 美在新加坡部署侦察机意在牵制中国？//环球时报，2015-12-09.
② 美两年拨3.6亿新元 助东南亚盟国加强海防//[新加坡]联合早报，2015-11-18.
③ G7峰会宣言关注东海南海//观察者网，2015-06-09.

指责"中国通过填海造陆活动使局势升级"。① 这种偏离主题的干扰，导致原定于8月5日完成的《联合公报》推至6日晚才出炉。由于涉及南海问题的内容不能达成共识，东盟内部分歧不得不被公之于众。《联合公报》最终写道，"一些国家外长"对南海的填海造陆活动"表达了严重关切"。

第二，经济上，向越南、菲律宾提供大量援助和投资，以此为日本同东盟国家的政治关系增加筹码。截至2013年，日本向越南提供官方发展援助（ODA）多达210亿美元，2014年又出资14亿美元在河内兴建新的国际机场。2015年9月越共总书记阮富仲访日时，安倍表示日本将继续帮助越南发展经济，优先考虑向越南提供官方发展援助，承诺再向越方提供286亿日元（折合15亿美元）的官方发展援助。另一方面，菲律宾也是日本方面重点拉拢的目标之一。2015年5月，日本与菲律宾签署一项总值11.2亿日元（约合886万美元）的援助协定。8月，日本承诺提供约20亿美元的低息贷款，用于升级菲律宾破旧的铁路系统，这是日本对菲律宾最大的一笔资金支持。如今，日本已经成为菲律宾最大的官方援助来源。

第三，军事上，通过军事援助和组织联合军演加强同南海周边国家的合作。日本计划向越南捐赠3艘巡逻艇，价值总计400万美元，其中一艘已经交付。2015年8月日本外相访越期间，又决定向越方提供6艘船只。11月初日本防卫相访越，双方就日本自卫队舰艇可能造访金兰湾基地达成协议。不仅如此，日本还计划向菲律宾赠送三架装备侦测雷达的TC-90"空中之王"双发螺旋飞机，以帮助菲律宾增强南海巡逻能力。此外，日本还计划参与美国在东盟组织的联合军演以及计划派遣自卫队参与美国组织的巡逻活动。可见，日本这个非南海周边国家大有"唯恐南海不乱之势"，竭力把水搅浑，使南海区域难得安宁。

（三）菲律宾铁心傍美联日抗华，不断挑战中国主权

2015年，菲律宾在南海问题上大肆炒作，耍尽了各种花招。

一是公开乞求美军飞机巡逻南海为其撑腰。鉴于阿基诺政府对华挑衅政策的巨大危害性，东盟其他国家不愿被菲律宾所绑架。阿基诺坦陈：

---

① 蒋天.美日借东盟外长系列会议插手南海//中国青年报，2015-08-08.

"菲律宾只有两个战略伙伴，美国和日本。"① 他完全不顾中菲关系大局，通过从美方购买军事装备、与美方进行联合军事演习、向美方提供军事基地、欢迎日本介入南海事务等手段，执意挑战中国底线。8月，菲律宾国防部长向到访的美国太平洋司令部司令哈里斯请求，希望美军能够向南海部署空中巡逻机，以帮助保护菲军向其侵占中国的一些南沙岛屿运送军队和补给。

二是积极寻找新的盟友。与中国存在海洋领土争端的日本成为菲律宾重点拉拢的对象。为了讨好日本，阿基诺在6月访日期间称日本政府充分修复了侵略战争给二战受害国带来的"历史创伤"，高度肯定日本就"慰安妇"问题的"道歉"。日本对菲律宾同样是"投桃报李"。2015年1月底，菲律宾防长访问东京，与日本签署安全协议，"双方的安全合作进入新的阶段"。5月，菲律宾与日本在马尼拉湾举行首次海上军事演习。一个月后，菲日再次举行海上演习。而在此次联合训练中，菲律宾军机还与一架日本侦察机在南沙群岛邻近海域上空盘旋。

三是增加军事预算，提升军事实力，拉拢美军入伙。菲律宾空军将领称，菲律宾将在未来13年提高军备，投入200亿美元用于军队现代化，"以对抗中国在南海争议海域的野心"。② 菲律宾军方还决定，2年内增召4000名官兵加入海军，以扩充海军力。与此同时，菲律宾空军计划将12架全新FA-50"金鹰"攻击机部署在南海附近三处空军基地处。一些菲律宾官员说，一旦苏比克湾的军事基地重新启用，将更方便美国海军使用。

四是强力推动南海仲裁案开庭。菲律宾违背与中方多次确认的共识和在《南海各方行为宣言》中的承诺，强行推动南海仲裁案开庭。7月初，海牙仲裁法庭举行南海仲裁案首场听证会。在听证会未开始菲律宾就宣告"对海牙法庭接受菲方主张信心满满"。③ 为了凸显对南海仲裁案的重视，菲律宾政府派出一个高规格代表团赶赴海牙，出席南海仲裁案首场听证会。10月底，海牙常设仲裁法院声称有权受理菲律宾就南海问题对中国提出的诉讼。这意味着菲律宾挑起的"状告中国"闹剧可以继续演下去。菲

---

① 宋德星. 阿基诺的算盘//环球，2015-06-24.
② 菲欲投入200亿美元提升军力//环球时报，2015-07-08.
③ 南海仲裁法庭听证会今举行，菲方嘴硬：能够说服法庭//环球时报，2015-07-07.

律宾希望通过对南海仲裁案的炒作抹黑中国,争取美国等域外国家的对菲律宾的重视和支持。

五是借助媒体或在国际场合炒作"中国威胁论",混淆视听。2015年6月阿基诺访问日本期间,将菲中之间的紧张局势与1938年纳粹德国与捷克斯洛伐克之间就苏台德问题引发的争议相提并论,渲染中国"以大欺小""以强凌弱",树立菲律宾的"受害者"形象,以博取国际社会的同情。① 此外,菲律宾还企图推出新版菲律宾国家地图,将中国的黄岩岛等若干南海岛屿标明为菲律宾领土,并为这些岛屿标注其在西班牙殖民统治时期的名称。不仅如此,菲律宾国家电视台6月还播出一部针对南海问题的纪录片,借公众人物之口就南海问题发表混淆视听的言论,公开煽动民众反华情绪。

(四)越南搞政策平衡,以维护在南海的既得利益

随着美国推行重返亚太战略、南海局势趋于复杂等地缘政治变化,越南采取一整套大国平衡策略,以图在南海问题上占据有利位置。

一是与美国走近,依靠美国力量制衡中国。2015年7月,越共总书记阮富仲选择在越南战争结束40周年、越美建交20周年之际对美国进行访问,是出于多方面的考虑。从实用角度出发,越南是想在与中国关系紧张的时候借助美国的力量进行平衡,其主要手段就是淡化与美国在政治上的分歧,并在安全和经济方面加强合作。与美国在安全方面加强合作,有可能对南海局势造成影响,进而对中国在本地区的龙头地位形成威胁。而讲究"实用主义"的美国,为缓和并改善与越南这个曾经激烈交战的敌国之间的关系,正要利用越南在亚太及南海的地缘优势对中国进行牵制,两相情愿。

二是向日本靠拢,拉拢日本介入南海局势。越南在与美国走近的同时,除了与菲律宾抱团在南海对抗中国外,还拉日本这个美国的盟友入伙。2015年9月,越共总书记阮富仲访日,两国首脑在会谈后发表了联合声明,对中国在南海填海造岛、推进设立军事基地"表示严重关切"。两

---

① 宋德星. 阿基诺的算盘//环球,2015-06-24.

国还签署了由日本无偿向越南提供用于海洋巡逻的二手船舶和雷达的协议。联合声明针对中国就南海问题呼吁"停止单方面行动"和"按照国际法原则解决问题"。声明还提出,两国将在安全保障和防卫领域加强合作。越方就日本国会正在审议的安全保障相关法案评价称:"欢迎日本为了地区及世界的和平与安全进行建设性立法。"①

三是与华既斗也交,维持正常的国家关系。越南在南海与中国保持对抗不让步的状态下,也意识到对正在崛起的中国不能无视,同时越南的经济长期依赖中国,中国是越南最大贸易伙伴,越南是中国在东盟国家中的第二大贸易伙伴。不与中国撕破"脸皮",维持与中国的正常关系,从根本上是符合越南的国家利益的。为此,在中越建交65周年之际的2015年4月越共中央总书记阮富仲率团访华。9月,越南国家主席张晋创来华出席中国人民抗日战争暨世界反法西斯战争胜利70周年纪念活动。11月初,习近平主席对越南进行国事访问。两国高层互访频繁,有助于加强政治互信,推进务实合作,但南海问题未解决,仍将是两国关系中的不稳定因素。

二、未来南海形势走向

南海争议既涉及国家主权核心利益,同时也攸关各方政治、经济和地缘战略,任何争端国都不会轻易做出让步或放弃。未来相当长一段时间内,南海面临的"多事之海"态势亦可能持续下去。

一是美国将进一步强化在亚太地区的军事和政治主导地位,加大介入南海问题。为落实"亚太再平衡"战略,美国已经增强了在该地区的同盟和伙伴关系。美军目前在亚太地区已部署超过35万名军事人员,近2000架飞机以及180艘舰船。未来还将部署F-35联合战斗机。海军计划2020年将60%的舰船部署在该地区,目前55%的水面舰艇已经部署到位。前不久,美国军舰到中国管辖岛屿12海里巡逻,实际上是一个战略转折点,用军事行动反制中国在南海维权将会成为美国的主要手段,但中美双方发

---

① 外媒:中美元首相继到访 越南小心翼翼"走钢丝"//参考消息,2015-09-17.

生大规模军事冲突和战争的可能性不大。对于美国等域外国家而言,维持南海问题"悬而不决"可以分散中国的注意力和战略资源,并最终达到牵制目的,符合有关域外大国在该地区的利益最大化和长远战略。鉴此,在可预期的时期内南海问题仍将陷于僵局,中美之间围绕南海问题的"遏制"和"反遏制"地缘政治竞争也必将常态化。

二是南海问题法理斗争将日益成为争议升温的突出因素。南海法理斗争的核心是南沙岛礁主权之争。中国虽拥有更为充分、更具优势的历史和法理依据,但有关争端国企图扬长避短,极力促使南海法理斗争核心从南沙岛礁主权问题归属向岛礁法律地位与法律效力问题偏移。在美国的怂恿和支持下,菲律宾单方面就菲中南海争议提请仲裁。2015年7月,海牙仲裁法庭举行南海仲裁案首场听证会。10月底,海牙常设仲裁法院声称有权受理菲律宾就南海问题对中国提出的诉讼。中国虽依法采取"不参与、不接受"的合理立场,但未来仲裁案判决仍将是中国南海维权和外交的巨大挑战。另一方面,菲律宾、美国等域内外国家推波助澜,力推签署"南海行为准则",域内外势力借"南海行为准则"对华发难态势基本成形,未来围绕南海争议的法理较量将愈加复杂激烈。

三是南海问题国际话语权将进一步成为各国较量的重点。回顾2015年的南海海外舆情,全年热点不断,从岛礁建设、修建灯塔、香格里拉对话、海牙仲裁法庭南海仲裁案、美军舰巡航南海海域、亚太经合峰会期间的南海讨论等,南海问题事实上已经朝着全面国际化、争端化、军事化、准军事结盟的方向不断发展,对中国的南海维权形成更大的挑战。无疑,南海问题已成为当今国际社会关注的热点之一,然而西方媒体批评和指责中国在南海的正常生产活动,并要求中国放弃"咄咄逼人、对外示强"的外交和安全政策。尤其是菲律宾等部分争端国利用美国和日本加大介入南海问题的契机,不断在国际上抹黑中国形象,渲染"中国南海威胁论",以此博取国际舆论的同情;美国更是利用其国际舆论宣传的绝对优势,积极策应菲律宾等当事国,以航行自由为借口积极向中国施压。看来,短期内中国面临的舆论态势不会改变,南海问题国际话语权争夺仍然是中国未来外交工作的一项重要任务。

三、南海问题几点思考

当前南海形势发展的大背景是美国进一步强化在亚太地区的军事和政治主导地位，加大、加紧介入南海问题；菲律宾、日本等区域内外国家乘机浑水摸鱼，企图通过司法仲裁、舆论宣传、加强海洋合作等手段联合干扰和阻止中国在南海主张和积极作为。总体而言，目前中国在南海主要面临着维权、法理、舆论和海上规则制定等多种挑战。南海问题已成为中国不得不长期应对的地缘战略和国家安全的紧迫课题，急需中国积极谋划，多策并举。

统筹国内与国际、维权与维稳、周边与大国、南海与东海等四对矛盾，服务国家发展总体战略布局。南海问题涉及领土主权和国家核心利益。中国需要统筹协调，抓住重点，妥善处理好四个方面的关系：（1）中国既要加强南海维权和开发的实际作为，维护国家战略利益，维护国民情感和民族尊严，同时需要有效应对周边国家的戒备和猜疑心理及国际舆论的疑虑和指责。（2）中国要巧妙运用和平外交手段和海上力量建设，以维权为主、维稳为辅，同步推进南海维权和维稳，力求在维权中积极保持南海地区的和平稳定，在维稳中维护中国的海洋权益。（3）应重视东盟的安全利益关切，加大地区公共产品的供给力度，增强彼此政治和安全互信；并着力促进中国和美国在南海问题上的良性互动，互相照顾彼此在南海地区的利益关切，确保南海航行安全与自由，减少双方战略猜疑和误判。最后，中国应着力防止美国、日本、菲律宾等南海和东海有关争端国加速联动，继续开展积极的周边外交工作，稳定南海局势，赢取在东海方向集中精力着力应对的时空和精力。

着力打造中国对东盟的新战略维度。中共十八大之后，新一代领导集体逐步建立起了升级版的中国—东盟关系，提倡建立"中国—东盟命运共同体"，从政治、经济、安全、人文等方方面面进一步深化中国—东盟关系。特别是在海上合作方面，提倡发展海上合作伙伴关系，推动海洋经济尤其是渔业、海上互联互通、海上环保和科研、海上搜救等领域务实合作，共同建设21世纪"海上丝绸之路"。中国与东盟国家之间休戚与共、荣辱相连的理念已逐渐深入人心，将在未来得到更多东盟国家包括中国南海周边国家的认可，这将成为中国南海问题的制动阀和降温器，从思想层面保证这一地区的和平稳定。未来中国需要在这一地区发挥更大的引领和推动作用，积极有所作为，以亲、诚、惠、容的理念稳步推进各项合作倡议，主动提供更多的"思想公共产品"，真正实现中国和地区各国的理念相同、利益相容、行动相向，实现包括思想层面和实物层面的全面"互联互通"。这将为中国未来在中国南海的战略运筹提供更大的运作空间。

高度重视发展海上军事力量和执法力量。捍卫和平需要硬实力、维护主权更不能没有硬实力。在南海问题上，我们除了要保持必要的战略思维和战略定力之外，还应重点加强海上力量建设。当前，中国周边的威胁主要来自海上，争议争端的热点问题也来自海上。中国要实现海洋强国的中国梦，首先应该是一个海军强国。同时，还要重视发展海上执法力量建设，整合边防、渔政、海监等部门，成立新的海警局。要加快海警局的建章立制、人员培训、装备建设等工作步伐，尤其是人员培训、装备建设可以依托海军现有的教育资源和军工资源，一体筹划、统筹安排，走军民融合的道路，加快海警局的建设步伐。

加快推进南海问题长期法律斗争和话语权争夺的准备。随着南海问题法律化趋势日益凸显，中国应正视南海问题法律化的发展趋势，并尽早筹划应对。在争议法律化方面，中国应重视对中菲"仲裁案"的研究，加强国际海洋法领域的人才队伍建设，建立南海问题法理斗争的长期应对方案，充分利用国际法规则维护中国南海权益。与此同时，在国际舆论引导层面，针对美国在国际学术研究、国际传媒等领域的优势，中国应积极探索建立以民间学术交流为主的"一轨半"或"二轨"沟通对话渠道，加强国内智库同区域内外智库的交流与合作，有力阐释中国南海主张的历史和法理依据，澄清国际社会因信息不对称而产生的对华主张的错误认知，促其回归公正合理的立场，增强中国国际话语权的争夺力量，打破美国、菲律宾等国在舆论上对华围堵。

结束语

南海对于中国的重要性不言而喻。它既是中国国家安全的天然屏障，也是中国重要的出海口和战略通道，将来更有可能成为中国重要的能源接续区和资源基地。南海直接当事方都是中国周边国家和地区，也基本都是发展中国家和地区。近年来南海争端的发展特点表明，南海问题进一步多边化、地区化、国际化的趋势不可避免。因此，无论从现实还是长远角度看，南海问题已涉及中国外交总体布局的方方面面。值得指出的是，它是中国"亲、诚、惠、容"周边外交理念和与发展中国家构建"命运共同体"愿景能否得到实践面临的重大挑战，也是中美建设新型大国关系的重要试金石。南海问题关系到中国战略机遇期的维护与延长，关系到中国海洋强国建设与中华民族伟大复兴中国梦的实现。随着南海争议在中国战略安全格局和总体外交中的地位不断上升，南海问题已成为我们不得不长期应对的重大问题，必须做好打"持久战、消耗战"的准备，防止战略失误。

安倍经济学不会促使日本经济回升

徐长文[①]

内容提要：2012年安倍晋三就任日本首相后，为摆脱困扰多年的日本经济通缩，提出了安倍经济学的"三支箭"，即大胆的金融政策、机动的财政政策和经济成长战略。同时出台了增加海外游客人数、刺激内需促使经济回升的措施，但是经济依然萧条。2015年9月安倍政府强行通过安保法案后，安倍的支持率跌至警戒线以下。为平息公众不满、特别是为2016年参议院选举获胜，安倍又提出新的"三支箭"。事实证明，"安倍经济学"不会促使日本经济回升，安倍政府的目的是修改宪法。

关键词：安倍经济学　三支箭　通缩　日元贬值　旅游

一、"安倍经济学"虎头蛇尾

三年前的2012年9月，安倍晋三打着"摆脱困扰日本经济20多年通缩"的旗号，在日本自民党总裁选举中获胜并就任首相。上任伊始就提出了"安倍经济学"，即所谓的"三支箭"，似乎真要促使日本经济回升。前两支箭——大胆的金融政策和机动的财政政策实施后，日元大幅度贬值，由当时的1美元兑80日元贬值至2015年12月9日的兑122多日元；日经平均股指也由开始时的8000点迅速上扬了一倍以上，至2015年12月9日也已升至18300多点；日本的失业率也明显下降，从2012年的4.3%下降至2015

[①] 作者系中国国际问题研究基金会世界经济研究中心研究员。

年10月的3.1%，实现了所谓的全就业。"安倍经济学"的第三支箭，即成长战略虽然也提出来了，并准备在2013年的临时国会上通过，甚至还把那次国会定名为"经济成长战略实行国会"，但是安倍却未在国会上提及经济成长战略，而将"特定秘密保护法案"提了出来并强行表决，由于日本国会是自民党一党独大，"特定秘密保护法案"在国会上获得通过。在此之后，安倍政府又采取把2015年国会会期延长245天的办法，强行通过了新安保法案，为行使集体自卫权扫清了法律障碍。致使第三支箭即经济成长战略无声无息了，所以，"安倍经济学三支箭"也被称为虎头蛇尾。

但是，日本政府和媒体却大肆鼓吹说"安倍经济学"已获得成功。2015年6月发表的日本内阁府编写的《2015年经济财政白皮书》也强调说，"持续了1/4世纪的通缩已实现经济的良性循环"。白皮书发表之后的第二季度，经济出现三个季度以来的首次负增长，按年率换算增长–1.3%，这是对日本政府和媒体的极大讽刺。

更重要的是，日本宣布实现了经济良性循环，实际情况却是经济并未明显增长。安倍就任首相后（2012年第四季度至2015年第二季度）的两年零三个月（11个季度），GDP实际增长年率为0.9%。与民主党执政时期（2009年第三季度至2012年第四季度）的三年零两个月（14个季度）的GDP实际增长年率1.7%相比，只相当于民主党执政时期经济增长率的1/2。即使将安倍执政时期提高消费税因素考虑在内，在经济增长方面安倍政府也没有值得夸耀的地方，更没有理由宣扬经济实现良性循环。而且日本很多民众都表示并未感觉到经济好转。

2014年下半年以来，日本政府和媒体又预测称，2015年经济增长将在2%左右，但是近来学者和民众大多认为经济增长只在1%上下。据日本政府12月8日发表的数据，扣除物价因素，第三季度国内GDP比上年同期只增长1.0%。虽然改变了连续两个季度经济增长率的下滑，但是消费和出口恢复依然乏力，人们普遍未感觉到经济在增长。特别是从库存仍未减少看，今后的生产也很难实现增长，全年日本经济依然不看好。

日本银行总裁黑田东彦2013年上任之初，为应对通缩曾宣布两年内实现物价上涨2%的目标，两年已经过去，尚未能实现2%的物价上扬。而日本的物价却持续低迷，何谈摆脱通缩。2015年10月30日，黑田总裁将原预测2016年度实物价上涨2%的目标推迟至2017年度实现物价上涨1.8%。如果日本银行只为实现物价上涨2%的目标而忽视广大民众增加收入，势必影响普通民众的生活改善。在少子高龄化时代，必须把人均GDP增加放在第一位。① 日本经济萎缩、市场销售下滑与全球性的资源、能源性商品价格持续下降密不可分，不是日本中央银行可轻易改变的。

安倍执政以来，日本经济未明显增长却实现了所谓全就业的原因主要是：（1）日本人口的高龄化致使劳动力供应数量减少；（2）日本企业为弥补劳动力不足，只有增加女性及高龄劳动力，从而导致生产率下降、经济增长乏力。所谓实现了全就业，正是由于劳动力供应不足与生产率下降这两者相互作用而导致的日本经济的不幸。安倍政府将此作为执政"成果"加以宣扬，更是日本社会的不幸。

安倍的日元持续贬值政策也是不可持续的。安倍政府原以为日元贬值可促进日本出口增加，拉动经济回升。所以上台之后，运用大胆的金融政策推动日元贬值了30%多，但是并未改善日本的贸易收支状况。原因也很简单。近年来日本的贸易结构已经发生了根本性变化，在过去的日元升值时期，日本具有代表性的制造业企业几乎全部将工厂转移在国外生产并在国外销售。如今的日元再贬值也无法促进日本的出口大幅度增长。而进口方面，又因日本在海外投资企业将其生产的产品、食品等源源不断地返销国内市场，与近邻的亚洲国家、地区生产的产品、食品等的对日出口，在日本市场上产生激烈竞争，被迫削价竞销。周边国家和地区批评日元贬值政策已经造成了"近邻的贫困化"。

日元的贬值加速了日本地方经济衰退。日元的贬值只为在大城市中的大出口企业带来了丰厚利益，而占日本企业总数99%以上、而且多数在地方的中小企业，原本就是人少、资金有限的小本经营，其所需的原材料等又多依赖国外进口，日元贬值致使它们雪上加霜，也是日本地方经济一蹶不振的主要原因。

日元汇率的剧烈波动，也使全球各国、地区企业、金融机构及居民不愿持有日元，而争相将原来手中持有的日元换成美元、欧元、英镑及人民

---

① 新三支箭的评价//日本经济新闻，2015-10-15。

币等硬货币。这也是2015年8月人民币超过日元，成为仅次于美元、欧元和英镑之后的第四大支付货币的主要因素之一。日元持续贬值已经影响到了日本政府的日元国际化战略，是不可持续的。

二、"安倍经济学"的新"三支箭"难以为继

安倍政府强行通过安保法案后，激起了广大民众与在野党的强烈不满，在日本各地出现大规模的示威游行活动，安倍政府的支持率也大幅跌至警戒线以下。为争取民意支持，特别是为了争取明年夏季的参议院选举获胜，2015年9月24日安倍连任自民党总裁后，安倍政府提出了"经济优先"的口号，表示要把重振日本经济作为今后的主要目标。接着又提出了"安倍经济学"的新"三支箭"，即强势经济（GDP增长600万亿日元）、支持人口生育（出生率达1.8）、充实社会保障（护理零离职）。日本媒体评论说，新"三支箭"提出要建设"一亿总活跃社会"与原先提出的"三支箭"似乎毫无关系，表明"安倍经济学"不会促进日本经济回升，经济将持续低迷。日本金融市场对于安倍的新"三支箭"反应最为敏感，发表后仅30分钟日经平均股指骤降近100点。

日本民众对"安倍经济学"的新"三支箭"多持怀疑态度。如认为第一支箭即名义经济（GDP）增长600万亿日元很难实现。2014年日本名义经济（GDP）为491万亿日元，2020年要达到600万亿日元，即经济规模要增加1.2倍以上，未来5年日本经济年均名义增长率必需保持在3.4%以上水平。近20年来日本从未实现3%以上的名义增长率。[1] 20世纪80年代经济增长1.2%，2000~2014年经济年均增长-0.9%。目前日本经济的潜在增长率只在0.5%上下，可预测的经济增长率尚不足2%。因此，将经济（GDP）达600万亿日元作为目标，是可望而不可即的。

第二支箭是支持人口生育，将出生率提到1.8，目的是防止未来人口减少。但是，目前人口出生率下降，今后即使实现出生率达到1.8，也难

---

[1] [日]GDP600万亿日元的疑问//经济学人，2015-10-13.

以维持人口1亿的目标。据预测，至2030年日本人口要保持在1亿水平，出生率必须提高到2.08水平。1984年日本的出生率曾经达到1.8，2014年只有1.42。可见，日本人口出生率要达到1.8的目标非常艰难。

第三支箭是关于社会保障问题，即建设"一亿总活跃社会"。安倍对此的解释是"护理零离职"。使人安心工作，不要因生育或护理等问题而辞职。① 但是将日本每年10万多人因生育或护理而离职，采用建设"一亿总活跃社会"的社会保障制度是不够的，有些问题尚需在劳动就业中解决，所以"一亿总活跃社会"短期内难以实现。

在汹涌澎湃的国际化大潮中，日本"一亿总活跃社会"具有很强的民族主义色彩。日本应积极引进外资和国际人才，推动"跨太平洋战略经济伙伴关系协议"（TPP）、"区域全面经济伙伴关系协定"（RCEP）和亚太自贸区（FTAAP）建设是日本的使命。

人们多认为，安倍的新"三支箭"和"经济优先"只不过是口号，与三年前上台时提出的"三支箭"一样，不过是"忽悠"民众而已。安倍的真正目的是在他担任首相期间通过新安保法案、实现集体自卫权，然后修改宪法并使其获得通过。据日本媒体报道，安倍晋三的好友、政府的官房副长官萩生田光一（参议员）和世耕弘成（众议员）曾公开表示："修改宪法是自民党的党事，也是首相作为政治家的志向所归"，"是安倍政权时期一定要实现的"。② 安倍晋三本人最近在公开的讲话中也明确表示，"修改宪法是党事。修改宪法在执政党内已经获得广泛支持，自民党要加倍努力。"③

安倍的策略是，为选举获胜要大力宣传振兴日本经济，选举结束后就进行特别秘密保护法案、新安保法案等另一套。目前安倍的战略是，使经济回升、政府支持率提高，在2016年7月举行的参议院选举中获胜，继续执政至2020年日本东京举办奥林匹克运动会，在这期间要不顾一切地修改宪法并使其在国会上通过。

修改宪法也是安倍晋三为实现他姥爷岸信介的夙愿。1960年当时的

---

① [日]新三支箭//经济学人，2015-10-13.
② 日本经济新闻，2015-10-20.
③ [日]经济优先隐藏目的将是明年参院选举后修改宪法//经济学人，2015-10-27.

日本首相岸信介为修改日美安保法案在日本社会造成巨大的混乱,被迫下台。岸信介尚未来得及修改宪法。

三、增加外国游客对日本经济影响有限

安倍晋三就任日本首相之后,将增加外国游客到日本旅游作为"安倍经济学"的重要内容。以日元大幅贬值吸引大批外国游客到日观光购物,刺激国内消费,拉动日本经济回升。当时还设定了2020年东京举办奥运会时外国游客人数达到2000万的目标。为了实现这一目标,安倍甚至把2015年秋季参加联合国会议的机会也用来宣传外国游客到日本观光。2015年9月27日,安倍在联合国总部所在地纽约举行的日本料理招待会的致辞中表示积极欢迎各国游客到日本,欣赏日本风光、日本饮食文化。[①]

几年来,日本政府在推动日元贬值的同时,采取放宽旅游签证手续、充实免税消费品种类等措施,促使外国游客大幅度地增加。据日本发表的统计,2014年到日本观光人数比上年增长29.4%,达1341万人次,近3年间增长了2.2倍,日本获得旅游收入2万亿日元。2014年10月日本政府又分别将食品、化妆品、药品等全部作为消费品实施免税措施,极大地吸引了海外游客,消费金额大幅增加。据日本政府观光局发表的统计,截至2015年7月底,到日本的观光人数已经达到2014万人次,超过了日本政府设定的2020年国外游客人数达2000万的目标,[②] 但是日本经济依旧低迷。

2015年上半年国外到日本游客人数又比上年同期增长46.0%,呈加速增长之势。日本将制定新的增加接待外国游客计划,每年要接待3000万~4000万名游客,旅游收入要达到5万亿~8万亿日元,以促进经济回升。

2014年到日本的游客主要来自近邻的国家和地区,前四位是中国台湾地区、韩国、中国大陆和中国香港地区,占日本游客总数的90%以上。国外游客人数的大幅增长,促进了日本零售、食宿、观光业等的繁荣。

---

① 日本经济新闻, 2015-09-28.
② [日]斋藤太郎. 外国游客剧增而效果小//经济学人, 2015-09-15.

据日本观光厅的调查,2015年第二季度,国外旅游消费比去年同期增长82.5%,金额达8887亿日元。另据日本百货店协会统计,零售业对外国游客的销售额持续大幅增长,自2014年10月新增加部分商品免税后,销售额比上年同期剧增2~4倍。特别是来自中国大陆的观光客,人数虽然低于台湾地区与韩国居第三位,但是平均每人的购货额高达23万日元居首位。因此,中国大陆游客被日本媒体称为"爆买"。在日本的旅游收入中,中国游客的消费占到三成以上。

日本部分学者认为,2015年以来中国人民币贬值、经济也进入"新常态",第三季度经济增长6.9%,是6年半以来低水平。加之中国股价下跌,今后到日本的游客人数将减少,对日本旅游业的影响不可低估。但是,多数日本学者认为,中国游客对日本经济影响有限,因为在日中经贸来往中贸易所占比重最大,而日本在中国旅客中获得收入所占比重很小。据日方统计,2014年日本对中国出口12.1万亿日元(约合1265亿美元),是日本从中国游客收入7000亿日元(约合60亿美元)的20多倍。所以,日本学者们认为,与中国改善关系、深化两国的经贸合作,才是促进日本经济回升的关键。

四、深化中日经贸合作促进两国经济回升

中国和日本是近邻,经济互补性强,加强友好往来关系、深化经贸合作不仅有利于两国人民的福祉,也有利于两国乃至亚洲和世界和平、稳定及经济繁荣。

中国和日本互为重要的经贸合作伙伴。据日本财务省发表的统计,自2007年日中贸易超过日美贸易后,中国已经连续八年为日本第一大贸易伙伴。据中国海关统计,多年来中国一直是日本第一经贸伙伴,而日本是中国第二贸易伙伴国。2011年双方贸易额创历史最新纪录,达3429亿美元。但是2012年之后,由于日本"购岛"、日本对二战后历史采取修正主义错误等,两国关系恶化。加之日本经济低迷,中国经济增长放慢,两国经贸合作持续萎缩,目前的中日关系是"政冷经凉"。

按照日本财务省发表的统计,2012年后两国贸易呈下降趋势。2009年后四年中,中国一直是日本第一大出口市场。但是2013年后日本对中国出口均低于对美国的出口水平,中国连续两年低于美国,为日本第二大出口市场。2015年以来,日本对中国贸易继续呈下降趋势,上半年出口比上年同期下降13%,从中国进口也下降13%以上。预计未来几年,双方的经贸合作也难以有较大幅度增长。

中国的第三大经贸伙伴韩国,很可能取代日本成为中国的第二大贸易伙伴国。近五年来,特别是2012年中韩FTA开始谈判后,中韩经贸合作迅速增长,与中日经贸持续下降相比,形成鲜明对照(见下表)。

中国与日本、韩国贸易发展比较

(单位:亿美元,%)

时间	中日贸易		中韩贸易		双边贸易差距
	金额	增长	金额	增长	
2011	3428.9	15.1	2456.3	18.6	972.6
2012	3294.5	-3.9	2563.3	4.4	731.2
2013	3125.5	-5.1	2742.5	7.0	383.0
2014	3124.4	0	2904.9	5.9	219.5
1~11月	2532.9	-11.1	2501.8	-5.3	31.1

资料来源:海关统计(各年)。

2011年中日贸易与中韩贸易相比,差距高达900多亿美元。2012年中日关系急剧恶化后,日本与中国贸易合作急剧下滑,特别是中国从日本进口下降幅度巨大,而中国从韩国的进口却大幅增加,当年中国与日、韩贸易差距减少到700多亿美元。2013年中国从韩国的进口首次超过从日本进口,韩国成为中国第一大进口来源国,当年中国与日、韩贸易差距进一步减至约380亿美元,2014年缩至约220亿美元。2015年1~11月差距仅为31.1亿美元。随着中韩经贸合作的深入发展,特别是中韩自贸协定(FTA)年底生效后,两国经贸合作将进一步扩大。今后一两年,韩国将取代日本成为中国第二大贸易合作伙伴国,中韩经贸合作和两国经济发展将进入新时期。

中日两国应以史为鉴，面向未来，弘扬一衣带水的友好合作情意。两国经济上合作领域广泛、潜力巨大。两国可在环保、节能、资源循环利用；医疗、护理、保健；食品、饮料安全；新型城镇化等领域开展深化合作。目前，大众创业、万众创新正在中国轰轰烈烈地展开。两国应建立以创新为核心的经济增长战略。不仅是技术创新，在制度、人才、企业经营及社会治理等方面都应创新发展。目前在全球市场上，以物联网、大数据、云计算为核心，以制造业为首的各行业在加速构建新的生产形态、商业模式和价值链。这一产业革命的新潮流，对中国和日本都是挑战，需要加强合作，积极应对。

中国和日本在相互投资领域也需深化合作。日本需进一步完善对华投资环境，把先进的计算和商业模式投放到中国市场。近年来，中国企业"走出去"对外投资增长活跃，每年对美国、欧洲、亚洲等地的直接投资年均超过100亿美元，而对日直接投资每年只有几亿美元，中国企业要扩大对日本市场的开发、投资力度。日本也需进一步对中国企业开放市场，互利共赢。中国和日本要深化在知识产权制度方面合作，对于侵犯知识产权的违反行为，司法部门应严肃公正处理。两国的相关部门应共同努力，早日实现中日税收协定的修订和两国社会保障协定的签署，为双方深化合作创造良好环境。

中国和日本应为尽早建立中日韩自贸区而努力，同时合作加速东亚区域全面经济伙伴关系协定（RCEP）谈判进程。中日合作促进包括美国在内的亚太自贸区协定（FTAAP）早日实现。亚太地区是对基础设施需求巨大的市场，两国应共同努力推动亚太地区基础设施建设，合作共赢。

中东格局酝酿着新变化

安惠侯[①]

内容提要：伊核问题达成最终协议影响深远。俄罗斯空袭叙利亚境内"伊斯兰国"，与美国博弈加剧。各大国加大打击"伊斯兰国"力度。叙利亚危机政治解决进程启动，实现解决仍有不少困难。转型国家艰难转型；沙特、土耳其面临诸多困难；利比亚和解进程略有进展。中东格局出现向好迹象，酝酿着新的变化。

关键词：最终协议　俄罗斯空袭　"伊斯兰国"　美国　政治解决　拐点

2015年，叙利亚、伊拉克、也门、利比亚仍处于战乱之中，虽然都有些变化，但要走向稳定仍非易事。正在转型的埃及和突尼斯虽然仍面临恐怖袭击、经济增长乏力等困难，但大规模的群体性骚乱基本平息，政权保持稳定，由乱转治的趋势继续发展。地区其他阿拉伯国家和非阿拉伯国家继续保持相对稳定和正常发展。中东局势总体稳定，局部动乱、乱中有治的态势没有逆转，而且出现一系列向好迹象，中东格局酝酿着新的变化。

一、伊朗核问题达成最终协议影响深远

2013年6月哈桑·鲁哈尼当选伊朗总统。他调整外交政策，向美国示

[①] 作者系中国国际问题研究基金会战略研究中心主任，中国国际问题研究院特聘研究员，上海外国语大学中东所智库理事。

好。美国及时回应，9月23日，美国总统奥巴马联大讲话，在重申不容许伊朗研制核弹的同时表示："我们不谋求政权更迭，尊重伊朗人民和平利用核能的权利。"两国关系开始松动。11月24日，有关六国与伊朗就伊朗核问题达成初步协议，并确定在2014年7月20日前达成最终协议。经过几次延期，伊朗核问题终于在2015年7月14日达成全面协议。美、伊两国都有此需要，国际社会乐观其成。对美国来说，该协议使得伊朗至少在今后十年内不可能制造核武器，从而避免了美国因伊朗发展核武器而不得不对伊朗发动军事打击。此外，协议的达成也使得少有亮点的奥巴马外交取得一项重大成绩。对伊朗而言，协议将导致西方制裁的解除，伊朗与西方关系的改善有利于伊朗发展经济、改善民生、增强国力、巩固政权。对地区和世界而言，该协议拔除了一场潜在战争的引信，有利于和平、合作和发展。伊朗会提升在地区的影响力，使得以伊朗为首的什叶派国家与以沙特为首的逊尼派国家间的力量对比发生一些变化。以色列极力反对该协议，沙特等海湾国家对此心怀疑虑。伊朗与它们间的矛盾还会发展。协议的签订并不等于美伊关系全面改善，美伊间的结构性矛盾仍然存在，博弈还将继续。伊朗经济发展及国力增长速度还会受到其内部强硬派和温和派矛盾能否缓和、对外政策能否与时俱进的制约。

二、俄罗斯空袭叙利亚境内的"伊斯兰国"势力对美国在中东的主导地位形成冲击

2015年8月，俄罗斯提议成立联合国主导的、包括伊拉克和叙利亚政府军和库尔德人武装以及有关地区国家的新的国际反恐联盟，打击"伊斯兰国"，[①]并呼吁国际社会推动叙利亚危机政治解决。同时，俄罗斯开始在叙利亚进行军事部署。9月5日，美国国务卿克里向俄罗斯外长表达了美国对俄罗斯加强在叙利亚军事集结的担忧。8日，美国白宫发言人表示，俄罗斯有关行动会进一步恶化叙利亚局势，导致更多无辜生命死亡，会令难民潮扩大，甚至会有与在叙利亚作战的反"伊斯兰国"联盟发生冲突的

---

① 俄罗斯力推"打击伊斯兰国联盟"//环球时报，2015-08-13。

风险。① 在美国的要求下，希腊和保加利亚禁止俄罗斯载有对叙援助物资的飞机飞越领空。9日，俄罗斯外交部发言人表示，俄罗斯从来不隐瞒与叙利亚的军事技术合作，这是根据已签订的合同并完全符合国际法。如果叙方为进一步打击恐怖组织向俄方提出要求，俄方将会考虑满足。发言人同时承认，确实有俄罗斯军事专家帮助叙利亚军人掌握俄罗斯提供的武器和技术装备。② 俄罗斯飞机取道伊朗领空继续向叙利亚输送军事物资。11日，奥巴马表示，俄罗斯支持巴沙尔战略是个重大错误，注定失败。是巴沙尔投下炸弹毁灭了一连串城市，并在逊尼派和什叶派之间制造了冲突，吸引了来自整个地区的圣战者。15日，普京进行反驳，强调"伊斯兰国"的恐怖活动已经远远超出伊拉克和叙利亚，它们实施大规模杀戮，没有叙利亚政府军的积极参与就无法把恐怖主义从该国以及整个地区根除。美国向叙利亚反对派提供武器使叙利亚冲突不断，而这些武器落到了恐怖分子手中。如果俄罗斯不支持叙利亚，该国局势将比利比亚还要混乱，难民人数会更多。美俄观点针锋相对。

早在2015年7、8月间，俄罗斯与伊朗举行了一系列谈判，达成共识：尽一切必要努力确保巴沙尔政权，以阻止"伊斯兰国"等极端势力向俄罗斯、伊朗及其传统势力范围蔓延。9月26日，俄方宣布，俄罗斯、叙利亚、伊朗和伊拉克四国在巴格达建立旨在协调打击"伊斯兰国"的情报中心。③ 俄方还事先与以色列进行商谈，保证尊重以色列的安全利益，双方组建混委会以保持协调。在做好一切准备后，9月30日俄罗斯对叙境内的"伊斯兰国"目标实施空袭。俄罗斯提前一个小时向美方通报。

俄罗斯发动空袭的原因是：(1) 在"伊斯兰国"和其他反对派武装的压迫下，巴沙尔政府控制的地盘日益缩小，仅占国土的25%左右，在战场上的主动权也在消失。俄罗斯不能听任巴沙尔政府垮台，损害俄罗斯在叙利亚利益。(2) 普京称有4000名俄罗斯人加入"伊斯兰国"，不能坐视"伊斯兰国"壮大，威胁俄罗斯高加索地区以及中亚地区的安全。④ (3) 美西

---

① 美担心俄军事介入叙利亚//环球时报，2015-09-10.
② 同上.
③ 俄来中东国家另建打击IS联盟//参考消息，2015-09-28.
④ 叙利亚局势恶化风险加剧//浙江日报，2015-09-14.

方因乌克兰危机对俄罗斯制裁、打压、孤立,俄罗斯有必要在中东地区显示其影响和能量,倒逼美西方与俄罗斯恢复交往,打破孤立。在俄罗斯对"伊斯兰国"发动空袭并取得成效后,普京在国内的支持率大幅上升,超过88%。

俄罗斯选择了良好时机果断出击。一是,9月是美国主导的反恐联盟空袭"伊斯兰国"一周年。一年来,空袭雷声大雨点小,成效非常有限。"伊斯兰国"的势力不仅没有受到遏制,反而继续扩张。[①] 国际社会对此纷纷予以批评和质疑。人们看到,美国并不真心打击"伊斯兰国",而是让它与巴沙尔政府缠斗,使之两败俱伤。二是,欧洲遭遇二战结束以来最大的难民潮的冲击,难民多数来自叙利亚。[②] 欧洲舆论纷纷指责,美中东政策造成叙利亚以及中东其他国家的战乱是难民潮的根源,却让欧洲国家承担后果;强烈要求尽快政治解决叙利亚危机,从源头上遏制难民潮。

俄罗斯强调它是应叙利亚合法政府的要求出兵,旨在打击"伊斯兰国",不会在地面参战,空袭将有时限,占据了道义和法理的制高点。俄方还多次表示愿与美国以及所有反恐势力合作共同打击"伊斯兰国",占据了主动。俄罗斯打击"伊斯兰国"不到一个月取得了超过美国主导的联盟一年空袭的成效,不仅使美国颜面丢失,还反衬出美国并非真心打击"伊斯兰国"。俄罗斯军事行动打击了"伊斯兰国"的嚣张气焰;增强了巴沙尔政权的实力;避免了叙利亚"利比亚化";推动了叙利亚问题政治解决进程;倒逼美国加大打击"伊斯兰国"力度;使中东反恐斗争由美国独家主导转变为美、俄双轨主导;俄罗斯在中东影响扩大,冲击了美国在中东的主导地位,削弱了美国在该地区的影响力;推动地区国家外交多元化。地区格局酝酿新的变化。

---

① 美国打击"伊斯兰国"收效甚微//人民日报,2015-08-11.
② 难民潮将催生中东新变化?//解放日报,2015-09-15.

三、美国处境被动，极力应对，色厉内荏

2011年，美国决定全球战略重心向亚太转移，对中东投入减少，实行战略收缩，但因中东地区的重要性美国又不愿放弃对中东事务的主导权。为此，美国调整其中东政策：一是，尽量避免直接军事介入地区冲突；二是，积极发挥巧实力作用，利用矛盾玩弄平衡，保持战乱又避免失控，以维持美国在该地区的主导地位。美国在伊朗为首的什叶派国家和以沙特为首的逊尼派国家间玩弄平衡；让"伊斯兰国"与巴沙尔政权缠斗，并牵制伊拉克什叶派掌控的政府，令其两败俱伤。美国政策调整，一方面减少了爆发新的战乱的可能性；另一方面增加了原有战乱解决的难度；同时使一批过去主要依靠美国保护的国家转向外交多元化，积极发展与其他大国的关系，尤其是"向东看"。

美国对俄罗斯空袭"伊斯兰国"内心五味杂陈，既担心俄罗斯另组反恐联盟，破坏美国利用极端势力拖垮巴沙尔政权的策略实施；又害怕俄罗斯空袭取得成效，在地区扩大影响，冲击美国的主导地位。由于俄罗斯出兵是应叙利亚合法政府的要求，旨在打击恐怖势力，名正言顺；加上奥巴马在中东实施收缩政策，美国既无理由也无力量公然采取行动阻止俄罗斯在叙利亚打击"伊斯兰国"。美国也不能让俄罗斯为所欲为，采取了如下应对举措：

第一，指责俄罗斯是借反恐之名行维护巴沙尔统治之实，全面否定俄军事行动，鲜明表示反对。①

第二，拒绝与俄罗斯合作。对俄罗斯多次表示希望与美国合作反恐多次予以拒绝。在俄、美战机在叙利亚领空近距离相遇后，美国才与俄罗斯就两国战机相遇如何避免碰撞举行会谈，并达成一项备忘录。10月15日，普京说，他曾建议向美方派出由总理率领的代表团与美方磋商合作打击

---

① 西方对俄在叙"亮肌肉"很不满//参考消息，2015-10-04.

"伊斯兰国",遭美方断然拒绝。①

第三,调整反恐政策。美国于2015年初制定计划培训叙利亚"温和反对派"武装,为此拨款5亿美元。据悉,美方共培训了约200人,最终向叙利亚派遣60余人,其中一部分被击毙或俘虏,一部分反水或开小差,仅剩5~6人。10月9日,美方承认这一计划失败,今后将转而向经过挑选的地方武装提供武器。②13日,美国国防部宣布向叙利亚反对派空投50吨武器,支持其攻打"伊斯兰国"。27日,美国国防部长卡特宣布对打击"伊斯兰国"战略进行调整,一是加大对叙利亚境内"伊斯兰国"基地拉卡的袭击力度;二是帮助伊拉克部队夺回被"伊斯兰国"占领的具有军事和战略意义的安巴尔省首府拉马迪;三是考虑派出地面部队去叙利亚和伊拉克直接作战。

10月30日,白宫宣布,奥巴马批准向叙利亚派遣少于50人的特种部队,③以加强打击"伊斯兰国"的力量。美此举遭到各方批评和质疑。俄外长指出,美国是单方面做出决定,没有征求叙利亚政府意见。叙利亚议员谢哈德指责美没有征得叙利亚政府同意,派出特种部队是"侵略行为"。

第四,极力主导政治解决叙利亚危机进程。2015年10月23日,在美国的倡议下,美、俄、沙特、土耳其在维也纳举行有关叙利亚问题的四方会谈。与会国虽在巴沙尔去留问题上仍存在分歧,但同意立即启动政治解决叙利亚问题进程。④

出人意料的是,11月24日,土耳其击落一架俄战机。土方宣称俄方战机进入土耳其领空,俄方予以否认。舆论普遍认为土耳其是蓄意而为。俄方要求土耳其道歉、赔偿无果后,对土耳其实行经济制裁。同时增强在叙利亚的军事部署。俄方还揭露土耳其官方参与"伊斯兰国"走私石油,从中牟利。土耳其总统矢口否认。美国在第一时间强调美国与土耳其军事行动毫无干系,并对石油走私事为土耳其辩护,后又要求土耳其关闭土叙边境。有评论认为,土耳其击落俄罗斯战机是因为俄罗斯空袭土耳其支持

---

① 美国拒绝俄总理代表团//环球时报,2015-10-16.
② 奥巴马承认在叙利亚战略失败//参考消息,2015-10-11.
③ 奥巴马授权向叙派遣特种部队//北京日报,2015-11-01.
④ 新一轮维也纳会谈聚焦叙利亚//中国青年报,2015-10-31.

的"土库曼旅",并打击了"伊斯兰国"石油走私车队。也有评论指出,土耳其击落俄罗斯战机是美国授意,美国期待此事引发俄土军事冲突,既可干扰俄罗斯打击"伊斯兰国",又使法国等欧洲国家主张与俄罗斯联手反恐计划落空,还可能导致北约对俄罗斯采取行动,使俄罗斯丧失主动、美国摆脱被动,达到搅乱叙利亚局势和弱俄乱俄的目的。各种分析,莫衷一是。

四、政治解决叙利亚危机进程启动,但要妥善解决叙利亚危机尚须克服许多困难

2015年10月30日,在维也纳举行叙利亚问题有关国家外长扩大会议。应邀出席会议的有安理会五个常任理事国、土耳其、意大利、黎巴嫩、伊朗、约旦、沙特、伊拉克、埃及、德国、卡塔尔、阿联酋、阿曼等17国以及联合国和欧盟代表,会议通一项多点行动计划:(1)维护叙利亚领土完整和世俗性质;(2)维护国家机构;(3)不分种族和宗教,保护所有叙利亚人的权利;(4)保证人道主义援助进入;(5)打败"伊斯兰国"和其他恐怖组织;(6)通过联合国监督的选举建立管理机构;(7)保证由叙利亚人主导政治进程;(8)在全国实施停火。在会后举行联合记者会,美、俄双方均表示,在叙利亚总统巴沙尔未来去留问题上仍然存在分歧,但这一分歧不应阻碍寻求叙利亚问题政治解决方案。① 这次会议有两点令人关注:一是美国及其盟友不再坚持巴沙尔下台是政治解决叙利亚问题的前提条件,二是美国同意邀请伊朗与会。

11月14日,第二次叙利亚问题外长会议在维也纳召开,会议就叙利亚问题政治进程时间表达成共识:2015年12月德米斯图拉提出一份参加政治进程的叙利亚反对派名单,叙利亚政府与反对派在六个月内通过谈判组建过渡政府,18个月内制定新宪法,在联合国监督下举行大选。②

---

① 叙利亚和平微现曙光?//解放日报,2015-11-01.
② 叙利亚问题外长会就叙政治进程时间表达成共识//北京日报,2015-11-16.

叙利亚问题政治解决进程已经启动，国际社会广泛期待。但要实现各方都认可的政治解决尚须克服许多困难。

首先，如何界定恐怖极端势力和美国心目中的"温和反对派"？所谓"温和反对派"就是亲美西方的反政府势力。叙利亚政府认为，所有要以武力推翻政府的势力均为恐怖势力，强调叙利亚政府进行的是反恐战争。战乱之初，一些长期流亡在欧洲的叙利亚异见人士组成反对派"全国联盟"。"全国联盟"得到美西方及部分地区国家的支持，但在国内影响不大。在国内，还有一些要求变革、但不追求推翻政府并为政府承认的反对派组织，以"全国协调机构"为代表。它们不被美西方及部分地区国家认可。当下，叙利亚反政府武装庞杂，除"伊斯兰国"、"基地"组织武装"支持阵线"是公认的恐怖极端势力外，还有从政府军分化出来的"自由军"、库尔德人武装力量、部落武装力量、叙利亚"穆兄会"控制的武装力量、土耳其支持的"土库曼旅"等，它们群龙无首，各自为战，既要推翻巴沙尔政权，又相互争夺地盘和影响。将分散的反对派组织起来、派出确实有代表性的代表团，不是一件容易的事。

第二，叙利亚国内各方意见分歧严重，有关大国以及地区国家主张各异，如何组建过渡政府？过渡政府由谁主导？反对派群龙无首，难以形成统一的力量主导过渡政府。现实的可能是由现政府主导。第一次维也纳外长会议已经确定维护国家机构的原则，由政府主导也顺理成章。这样就等于要求美西方和部分地区国家支持的反对派不仅要放弃推翻现政府，还要加入由现政府主导的过渡政府。美西方、部分地区国家以及这些反对派是否同意作出如此实质性的让步？

第三，"伊斯兰国"和"支持阵线"占据大面积的国土。如果不能将它们歼灭，至少给予毁灭性的打击，政治解决也难以完全实现。美、俄都明白，空袭不可能实现这一目标，必须发动强有力的地面攻击。由什么力量来发动地面攻击？首先是叙利亚和伊拉克政府军、库尔德人武装、伊拉克什叶派民兵和逊尼派民兵叙利亚加入过渡政府的反对派武装等本土力量，也可吸收黎巴嫩真主党武装、伊朗革命卫队、特权部队等邻国势力，或许还可要求部分阿拉伯国家如约旦、埃及出兵。如此庞杂的力量要形成合力，就要求美、俄真诚合作，沙特、土耳其等地区大国积极配合。此事难度很大。

第四,巴沙尔去留是难题。美国国务卿克里的口风略有松动:巴沙尔可以在过渡期间继续担任总统,但以后还得下台。而奥巴马的表态一直严峻。沙特、土耳其等部分地区国家以及各反对派武装仍坚持要求巴沙尔下台。

能否实现叙利亚危机的政治解决,能否打垮"伊斯兰国",在很大程度上取决于美国能否正视现实,作出正确的抉择。17日安理会一致通过旨在切断"伊斯兰国"等极端组织资金来源的决议;[①] 18日又一致通过政治解决叙利亚问题的决议,要求2016年1月初启动由联合国主导的叙利亚各派和谈。[②] 这些积极的步骤令人欣慰。

在第二次维也纳会议上,中国代表强调,解决叙利亚危机应该在反恐、缓解人道局势、政治对话三个轨道上协调推进,政治解决可分"四步走":一是,有关各方立即停火止暴,并承诺打击恐怖主义;二是,在联合国主持下,叙利亚各方开展全面、包容和平等的对话协调,在日内瓦公报基础上尽快出台政治过渡具体安排;三是,加强国际保障,由联合国发挥斡旋的主渠道作用;四是,启动战后重建进程,让叙利亚各方各派看到和平的红利。中方的意见合情合理,极富建设性。[③]

五、难民潮冲击欧洲,恐怖袭击遍及欧、亚、非三洲,中东的热点问题已经危及世界的安全与稳定

2015年8月开始,欧洲遭受自二战结束以来最严重的难民潮冲击,难民主要来自叙利亚及其他战乱中的中东国家。

随后,"伊斯兰国"制造了一系列恐怖事件:俄罗斯民航飞机在埃及西奈半岛上空爆炸,224人死亡;11月12日,在贝鲁特制造袭击,43人死

[①] 安理会决议斩断IS财源//环球时报,2015-12-19.
[②] 安理会通过涉叙决议力争下月和谈//解放日报,2015-12-20.
[③] 中方就政治解决叙利亚问题提出四步走框架思路// http://news.xinhuanet.com/world/2015-10/31/c_128378072.htm, 2015-10-31.

亡，237人受伤；13日，在巴黎制造连环袭击，129人死亡，352人受伤；24日，在突尼斯制造总统卫队乘坐的巴士爆炸，12人死亡，20多人受伤。特别是在巴黎的爆炸惨案，震惊了欧洲，引起欧洲国家的极度恐慌。总统奥朗德宣布法国进入紧急状态，①派"戴高乐"号航母去叙利亚，加强对"伊斯兰国"的空袭，奥朗德走访美、俄，寻求组建国际反恐统一战线。不少欧洲国家纷纷提高安全警戒级别。英国国会批准英国空袭叙利亚境内"伊斯兰国"势力。德国也加入打击"伊斯兰国"行列。奥巴马于12月6日发表反恐政策讲话，发誓要消灭"伊斯兰国"，但并没有提出新的反恐举措，仍强调美方不会参与地面攻击。②

俄、美都认识到空袭不可能歼灭恐怖势力，必须发动地面打击。俄罗斯在叙利亚加强军事部署，似意在增强政府军的攻击能力。美国派出特种部队也是要帮助亲美的反对派打击"伊斯兰国"。值得注意的是，一向坚持巴沙尔必须下台的法国外长11月27日表示，可以让叙利亚政府军参与打击"伊斯兰国"。如何组织地面部队出击，将是下一阶段俄美博弈的重要内容。

从当下的情况看，美国原本并不愿在打击"伊斯兰国"上真正出力，在俄罗斯空袭"伊斯兰国"行动的刺激下才宣布要加大打击力度。法国在遭受袭击后作出激烈反应，更多是为了安抚国内民众和在国际上保持脸面。英国和德国考虑的是在反恐和叙利亚问题上拥有一定的话语权。土耳其担心的是库尔德工人党力量壮大会威胁国内安全。沙特12月15日宣布，组建一个由沙特主导的34国组成的"伊斯兰反恐军事联盟"，以协调在伊拉克、叙利亚、利比亚、埃及和阿富汗的反恐行动，这34国不包括伊朗。③该联盟将如何行动，会有多大作为，又将如何与美国主导的联盟和俄罗斯主导的联盟互动，均有待观察。看来，西方与俄罗斯在空袭方面协调行动，各派武装联手发动地面打击，都不会轻而易举地成为现实。

---

① 奥朗德：这是IS的战争行径//浙江日报，2015-11-15。
② 奥巴马罕见演说安抚美国//环球时报，2015-12-08。
③ 沙特组建伊斯兰反恐军事联盟//北京日报，2015-12-16。

六、地区其他国家处境各不相同

埃及和突尼斯在保持稳定、发展经济、改善民生、巩固政权等方面取得成绩，但仍面临恐怖势力活跃、经济增长乏力、执政集团在青年中支持率不高等困难。对这两国来说，转型要经历长期、艰难、曲折的进程，但由"乱"到"治"的大趋势继续。埃及要恢复对地区的影响力尚须时日。

沙特面临国内政局不稳、财政收入大幅减少、也门战争久拖不决等难题。土耳其经济增速减缓，库尔德人势力发展，恐怖活动增多，对叙利亚政策进退失据，又挑起土、俄争端。这两个活跃的地区大国均面临调整政策、摆脱困境的现实需要。

此外，利比亚对双方达成和解协议；也门政治解决仍不顺利。阿富汗局势仍不稳定，奥巴马撤军计划被迫延期。伊拉克反对土耳其派兵驻扎伊拉克北部地区，也不欢迎美国向伊派出特种部队。巴以冲突再度激化，仍看不到政治解决的曙光。

结 语

美国在中东地区的主导作用进一步削弱，俄罗斯的影响在扩大，地区国家外交多元化趋势发展，但美国的主导地位尚未根本动摇，俄罗斯因国力所限不可能替代美国在中东的主导地位。

在多国联手打击下，"伊斯兰国"将遭受沉重打击。但只要产生恐怖主义的土壤依然存在、西方大国在反恐上继续执行双重标准，恐怖势力就难以根除。对世界人民而言，反恐将是一场长期的斗争。

地区国家民心思稳思治，反战反乱；2015年，中东格局出现向好的拐点。中东地区不可能完全稳定下来，但可保持总体稳定、局部动乱乱中有治的常态。

中东难民危机呼唤全球治理

吴思科[①]

内容提要：始于2010年底的中东国家民众要求变革图新的大变局，迅速被美国等对中东有"民主改造"战略诉求的西方国家所利用，冠以所谓"阿拉伯之春"之名，借以推动中东版的"颜色革命"。"颜色革命"不仅不会带来人民期盼的民主与民生的改善，反而会引发暴力与流血的恶性循环，受害最深的还是普通民众。难民危机和西亚北非乱局警示世人：外来干涉并不能带来民众盼望的和平与发展；西方价值观与体制更不是解决世界各国问题的"金钥匙"；各个国家的前途命运应由各国人民自主决定，只有符合本国国情的发展道路才是正途。

关键词：难民危机　全球治理　中国主张

一、从"阿拉伯之春"到难民潮

2015年以来，源自中东的难民问题举世关注，成为2015年联合国大会上各方关注的中心话题之一。作为中东的近邻，欧洲国家也因难民危机而焦头烂额，欧盟已几次召开首脑会议专门讨论难民问题。据统计，2015年内以各种途径进入欧洲的难民已达100多万人。跨越地中海偷渡欧洲的难民溺亡等灾难频发，已导致3000多人遇难和失踪。这场二战以来最严重的难民危机，对欧洲的政治生态、社会稳定和经济复苏都造成一定冲

[①] 作者系中国国际问题研究基金会研究员，中国中东问题前特使。

击，也撞击人类道德底线，严肃拷问国际社会良知。"自由，多少罪恶假汝之名而行"——222年前法国大革命期间，罗兰夫人在临刑前留下了这句名言。200多年来，这一句式或许被套用了无数次。令人遗憾的是，如今用这句名言形容中东动荡难宁的局势和根源也恰如其分。

始于2010年底的西亚北非地区国家民众要求变革图新的大变局，迅速被美国等西方国家对中东进行"民主改造"的战略诉求所利用，冠以"阿拉伯之春"之名推动中东版的"颜色革命"。以"自由、民主"为旗号的政治干预，以"保护的责任"为理由的军事介入，加上现代网络技术的运用，从突尼斯到埃及，从利比亚到叙利亚，"街头政治"之火不断蔓延，多个政权倒台，多国陷入混乱、战乱，这场政治风暴几乎刮遍整个阿拉伯世界。其规模之大、冲击之广、影响之深，是20世纪中叶民族解放运动以来所未见。美国的一些政客曾欣喜地把他们煽动"街头革命"称作"站在历史的正面"，宣扬要支持"革命之火"一直烧下去。

然而如今，"阿拉伯之春"带给民众的依然是动荡、战乱与逃亡，民众期望的自由、民主没有到来，连生存的空间也被摧毁。北约在利比亚的军事打击以及各国对叙利亚局势的多方位军事干预等，更加剧了叙利亚、伊拉克以及也门等国的武力冲突，民众饱受战乱之苦。仅叙利亚危机就已导致叙利亚1200万人丧失家园，超过半数的国民流离失所。所谓"阿拉伯之春"，已成为名副其实的"阿拉伯之冬"。突尼斯目前仍在宗教与世俗力量对立、社会撕裂中挣扎；被西方用军事手段改朝换代的利比亚更是暴力冲突四起、恐怖暴力事件频发，经济发展倒退几十年，民众"石油发家梦"破碎，国家呈现四分五裂的状况。更为严峻的是，中东地区的局势动荡失序催生了极端恐怖主义猖獗蔓延，叙利亚、伊拉克境内的极端组织"伊斯兰国"异军突起正是这场动乱的结果，这个恐怖组织以极端血腥的杀戮震惊了世界。

伊拉克和叙利亚地处两河流域，有得天独厚的地理位置，有着悠久历史和灿烂的文化，为人类文明的发展做出过杰出贡献。20世纪七八十年代，我曾先后较长时间在这两个国家生活和工作过，那里的文明古迹、优美风光以及社会的稳定、民生的相对富足和民众的热情好客都给我留下深刻美好印象。近两年我又去过这两个国家，已是面目全非，用民生涂炭、满目疮痍来形容毫不为过,枪炮声、爆炸声伴随着人们的生活。联合国难民署2015年6月的统计数据显示,2011~2014年全球的难民总数增加了41%,接近6000万人。据不完全统计,过去4年叙利亚、利比亚、也门3国外逃难民已经超过650万人,而仅约旦、黎巴嫩、土耳其三国接收的叙利亚难民就超过400万人,严重的人道主义灾难令人痛心。

美国着眼于建立由其主导的世界新秩序,中东成为美国实施全球战略的重要环节。美方具有强烈的全球"使命感",要用自己的价值观、文化、思想和制度"一统天下";而穆斯林民众有着强烈的自我意识和反抗精神,竭尽全力抵御所谓的改造和"一统",这就导致中东地区局势持续动荡,各类矛盾进一步激化,地区政治格局重新分化、组合,阿拉伯转型国家举步维艰,叙利亚动乱不已、巴勒斯坦等热点问题持续发酵。美国长期推行的"大中东民主改造"计划如今也陷入困境,复杂动荡的地区局势使美国在中东的主导地位面临挑战,其反恐也面临"越反越恐"的困局。这是美国忽略该地区宗教社会的多元性、一味推行"美式民主政策"的必然结果,也标志着"新干涉主义"与时代潮流背道而驰。

假"阿拉伯之春"之名推行"颜色革命"的后果,已引发了国际舆论的反思。美国《国家利益》杂志等媒体就表示,美国试图支配全球把美式民主强加于其他国家行不通。一些阿拉伯国家有识之士也频频呼吁,中东的未来不应由西方干涉的大手任意摆布。中东国家亟须一条符合自身国情的发展道路。照搬西方发展道路和政治制度模式,不仅不会带来人民期盼的民主与民生的改善,反而引发暴力与流血的恶性循环,受害的最终还是普通民众。

二、欧洲在承受"新干涉主义"的苦果

此次难民潮缘起于21世纪以来的中东变局,而美国外交政策是引发此轮难民潮的主要诱因。正是2003年的伊拉克战争和2011年的"阿拉伯之春"之后对中东国家的肆意干预,造成了今天愈演愈烈的中东国家、地区乃至全球性的灾难和人道主义挑战。

冷战结束后,美国一些人的思维仍停留在冷战状态,热衷于输出其意识形态和价值观,谋求建立全球"单极世界"时代。在这一进程中,美式文化扩张和价值观输出逐渐由自信转变成为傲慢,罔顾世界文化、宗教和信仰的多元性。美国的精英们不断创造出"巧实力"、"流氓国家"、"失败国家"和"邪恶轴心"等名词,以自己的好恶定位不同国家,为推行美式价值观服务。中东地区一些国家的"精英们"不顾本国的历史、宗教、文化特征和国情,一味追随美国并全盘接受美式文化,就导致"水土不服"社会撕裂和动荡,更为恐怖极端势力趁机滋生和蔓延提供土壤。

2003年美国对伊拉克发动战争后,伊拉克爆发了难民潮,数百万人逃往约旦、叙利亚、埃及和黎巴嫩等邻国停留,正因为这些国家发挥了"蓄洪区"的缓冲作用,难民潮同心圆才没有大规模地扩散至欧洲。2011初起,叙利亚、利比亚、也门等更多中东国家不断陷入动荡,加之"伊斯兰国"、"支持阵线"趁乱而起,攻城略地,控制叙利亚一半领土和伊拉克1/4领土,推行"哈里发"制度,造成大量人员外逃。中东地区多个国家民众的生存难以为继,涌现的难民潮超过地区承受能力,难民如破堤之水外溢,才导致新一轮难民潮冲击至欧洲地区国家。

欧洲是美国对中东实行"民主改造"的盟友,打着"保护的责任"推行"新干涉主义",试图趁阿拉伯世界的动荡转型重塑该地区秩序,扩大影响力,维护其传统地位和利益。但与其初衷相悖,大规模的难民潮使原本脆弱的欧洲地缘政治、经济板块雪上加霜,面对中东战乱欧盟国家无法独善其身,难民潮也让人们看清了欧洲一体化进程中"统一边境"安全策略的短板。曾几何时,欧盟国家跟随美国支持叙利亚等国家的反对派以武力推翻现政权,导致武装割据和恐怖主义蔓延,如今引发的难民危机已成为欧盟面临的挑战,而美国迄今只接受了1500名难民,这可谓"美式回报"。政治上,欧洲内部陷入道义之争、党派之争和一体化之争的激烈辩论。欧洲国家能否像它所宣称的那样坚持人道主义和人权价值观,也成为真正考验"欧盟精神"的时刻。外交上,2015年初巴黎《查理周刊》(又称《沙尔利周刊》)总部遇袭事件以及当前欧洲面临的难民危机,使中东形势同欧洲更加紧密地联系起来,促使欧洲不得不深入反思其对外干涉政策,加大对其近邻大中东地区的治理投入。安全上,难民潮为中东极端分子混入欧洲打开了方便之门，欧洲面临的反恐形势更趋严峻。11月13日巴黎发生连环大爆炸，造成200多人死伤，举世震惊，法国为此宣布进入战时状态，整个欧洲因此被恐怖阴影所笼罩。

难民问题也逐渐成为影响欧洲人口结构的敏感因素，可能激化教派矛盾、民族矛盾，打破一些国家内部已脆弱的政治和安全平衡，加剧社会动荡风险。今后较长时期，中东局势仍将动荡难平，地区格局将加速洗牌，地缘争斗、教派对峙、教俗矛盾持续，大国插手和反恐斗争彼此交织，叙利亚、利比亚、也门等国问题还会产生更多难民流。目前仅叙利亚境内就有700万名无家可归者，世界银行估计地区可能产生超过1500万名难民。只要中东动荡一天不停息，欧洲难民危机就难以彻底停歇。

难民危机和中东局势的发展给世人以警示：外来干涉并不能带来民众盼望的和平与发展；西方价值观与体制更不是解决世界各国问题的"金钥匙"；各个国家的前途命运应由各国人民自主决定，只有符合本国国情的发展道路才是正途。

三、解决难民问题必须标本兼治

这场难民危机使众多阿拉伯民众陷入深深的苦难，也拷问着人类良知，加深对当今世界在变小、人类命运密切相连的认识，也是全球治理面临的重大课题。解决难民危机，必须消除产生难民危机的根源，必须从全球治理的高度看待治理中东乱局，有针对性地采取行动，打破中东持续动乱的怪圈。这需要国际社会与地区国家一道努力，特别是要发挥联合国的主导作用。在这场难民危机面前，没有国家能够单独成功行动，也没有哪个国家能独善其身，必须团结一致共同应对。在极端组织"伊斯兰国"（IS）快速攻城略地、肆意扩张的背后，来源于掠夺石油资源交换来的巨额黑金，起到了推波助澜的关键作用。在所控制的大片地区，"IS"垄断了当地石油生产，成为唯一的石油供货商。凭借在叙利亚和伊拉克抢占的多个油田，"IS"不仅获得了数以亿计的黑金，还将手中的石油资源作为重要战略筹码。"IS"的主要经济来源包括七项：石油和天然气、掠夺金融机构、洗钱、人质赎金、苛捐杂税、倒卖文物古董、出售农产品和"外援"等。其中，石油和天然气、掠夺金融机构和洗钱这三项或将严重干扰世界能源、金融等体系的良性、正常运行，甚至直接撼动世界各国的国家基础要素。为此，国际社会如何有效展开合作、全面打击恐怖主义融资，成为目前反恐斗争的重要课题和当务之急。

为此，2015年11月20日，联合国安理会曾通过决议，强调安理会反恐决议必须得到全面落实，各国应共同切断恐怖分子融资渠道和跨境流动等。12月17日，联合国安全理事会召开财政部长会议，讨论并通过一项旨在切断极端组织"伊斯兰国"（IS）和其他恐怖组织资金来源的决议。根据决议，安理会决定将"基地组织制裁名单"更名为"伊斯兰国和基地组织制裁名单"，并表示所有国家均应对"伊斯兰国"、"基地"组织以及相关个人、团体和实体采取冻结资金、禁止入境或过境、武器禁运等制裁措施。此外，决议说，任何参与资助、筹划这些组织所实施的活动，为其供应军火和有关物资，为其招募人员的个人、团体、企业或实体等，均将被列入制裁名单。这项决议释放这样一个强烈的政治信号：打击恐怖组织的融资活动是联合国成员国注重的一件大事，各国都应该采取必要措施。追踪资金来源是探讨有效切断恐怖组织资金来源的方法的基础，也是打击恐怖活动、有组织犯罪和跨国犯罪以及中断非法活动的基本要素之一。极端恐怖主义是人类的公敌，国际社会要秉持一个标准全面反对和协调一致打击恐怖主义。

面对持续多年的中东大变局，中国始终坚持不干涉别国内政的方针，同时积极推动热点问题的政治解决，劝说各方避免暴力行动；明确表示尊重各国人民的选择，相信各国人民有智慧、有能力选择适合自己国情的发展道路，反对外部干涉特别是军事干预。中东大动荡之际，笔者作为时任中国中东问题特使多次赴中东多国访问，就地区局势、叙利亚问题和中东和平进程等与各方进行交流，积极致力于停止暴力冲突、通过对话实现各类争端的政治解决。为缓解难民面临的苦难，自叙利亚发生战乱以来，中国政府已多次向叙利亚及其周边国家提供了力所能及的人道主义援助，缓解难民的生活困难，也帮助这些国家增加接收和安置难民的能力，从源头上减少难民的外溢，也可减轻欧洲国家的压力。

中国对中东的外交活动积极而富有成效，这既是中国一贯外交方针的体现，更是源于中国人民对该地区各国人民的友好情谊，真诚希望他们以和平方式实现社会进步与经济繁荣。中国在中东事务中主持公道、务实平衡、积极负责的形象，凝聚中东和平正能量。中国倡导的共建以合作共赢为核心的国际新秩序的主张，在促进中东热点问题解决方面也发挥着春风化雨的作用。中国同国际社会一道，以信念、共识与行动在和平解决伊核问题谈判等中东地区热点问题上进行了卓有成效的合作，共同开创了以政治方式处理类似冲突的新模式，为维护国际核不扩散体系作出了突出贡献。2015年9月26日，中国国家主席习近平在联合国大会上的讲话中指出："环顾世界，和平与发展仍然是当今时代两大主题。要解决好各种全球性挑战，包括最近发生在欧洲的难民危机，根本出路在于谋求和平、实现发展。面对重重挑战和道道难关，我们必须攥紧发展这把钥匙。唯有发展，才能消除冲突的根源。唯有发展，才能保障人民的基本权利。唯有发展，才能满足人民对美好生活的热切向往。"①

在中东地区，和平与发展两大主题都面临缺失。探索符合中东国家各自国情和文化传统的发展之路，在动荡中谋求变革，在变革中寻求稳定，中东地区还有艰难的路要走。难民危机客观上凸显了政治解决中东热点问题的急迫性。当前，在携手打击恐怖主义的同时，必须推动政治解决热点问题的进程。必须致力于全面推进叙利亚问题的政治解决，使中东地区主要政治力量就政治解决争端达成共识，助力中东地区一些国家走向稳定，发展经济，改善民生。只有从根本上改善脆弱的地区环境，才能彻底铲除"IS"的生存土壤，保障世界各国的长久和平和安宁。

为实现中东和平稳定的核心目标，国际社会应加快推动叙利亚等地区热点问题政治解决进程，标本兼治，消除难民问题的根源；加大国际社会协调合作，支持中东地区国家自主探索发展道路，共同维护中东地区安全和稳定。就对中东国家而言，要以包容之心，以尽早解除民众疾苦为念，推动政治解决进程，实现兼容的政治过渡和社会转型，恢复地区稳定与秩

---

① 习近平在联合国发展峰会上的讲话//http://news.xinhuanet.com/politics/2015-09/27/c_1116687809.htm，2015-09-27。

序，促进共同发展，消除难民问题产生的根源；帮助地区实现经济发展，真正建立起一个和平、包容、自强、繁荣的中东，既为难民重返创造条件，也消除恐怖主义产生和生长的土壤。这将是中东各国人民之福，也是世界之幸。

美国中东战略及其政策调整

刘宝莱[①]

内容提要：2015年，美国中东战略取得了一些成果，主要促成了达成伊核全面协议，军事打击极端组织"伊斯兰国"初见成效，恢复了同埃及关系。但美国也面临诸多挑战，其中难以摆平加速战略东移与继续掌控中东的关系、解决地区热点及难民等问题。对此，美国作了相应的政策调整。

关键词：美国　取得成果　面临挑战　调整政策

2015年，美国中东战略取得了一些进展，但也面临诸多挑战，故对其政策作了相应调整。

一、美国有所得

通过精心策划，多方协调，运用巧实力，2015年美国确有所得。

（一）促成伊核全面协议

伊核问题的背后是美伊关系。伊核问题长期达不成协议是美伊互信缺失的结果。经过36年的缠斗和随着国际、地区形势的发展变化，尤其是中东地区发生变革转型、"伊斯兰国"（IS）异军突起后，美国和伊朗找到了

[①] 作者系中国国际问题研究基金会中东研究中心主任，中国人民外交学会前副会长，中国前驻阿联酋、约旦大使。

利益契合点,并开始认识到对话优于对抗。对此,两国总统鲁哈尼和奥巴马二人态度积极,致使形势急转直下,为双边关系的松动和伊核谈判的进程提供了契机。2015年,是伊核谈判的关键一年。经过艰苦努力,特别是美国国务卿克里同伊朗外长扎里夫直接面对面的谈判和讨价还价,伊核谈判取得了史无前例的突破,相关六方终于修成正果,于7月14日达成全面协议,震撼了世界。该协议的达成是美国和伊朗互有需要、相互妥协的产物,也是谈判有关各方合作共赢的成果。美国对伊朗作出的让步正是伊朗梦寐以求的,主要有:(1)美国承认伊朗伊斯兰政权的合法性及其在中东地区的大国地位;(2)美国承认伊朗拥有和平利用核能的权利;(3)随着伊核协议的实施,联合国、美国、欧盟将逐步解除对伊朗的经济和金融制裁。

10月20日,伊朗最高领袖哈梅内伊批准了伊核协议。伊核协议维护了世界核不扩散体系,有利于缓和中东地区的紧张局势,大大降低了发生一场地区大战的可能;加快了美伊关系缓和的进程;改善了伊朗同欧盟的关系;有利于恢复和振兴伊朗经济;为通过外交、政治解决国际争端提供了一个良好范例,给奥巴马留下了一份可贵的政治遗产。鉴此,该协议达成得到包括伊核谈判有关各方在内的国际社会积极评价和肯定,但招致以色列的强烈不满。当日,鲁哈尼说:"伊朗在核谈判中的主要目标在刚刚达成的全面协议中都已得到实现,伊朗的核权利得到了认可。"奥巴马对协议表示欢迎并称:"国际社会可以确认伊朗不能制造核武器。"[1] 9月联大期间,鲁哈尼称赞该协议说:"我现在可以自豪地宣布,今天,伊朗与世界的关系开启了新的篇章。"[2] 值得一提的是,9月28日,在联合国的一次午宴上,奥巴马与扎里夫握手。这是自1979年伊斯兰革命以来美国总统首次与伊朗高层官员握手。[3]

(二)打击"伊斯兰国"(IS)取得一定成果

自2014年9月以来,美国主导的国际联盟成员国不断增加,对"IS"

---

[1] 成珞.伊核谈判达成历史性全面协议//解放日报,2015-07-15.
[2] 美国之音电台网站,2015-10-01.
[3] [美]朱丽叶·艾尔伯林.奥巴马的多边主义世界观与大国现实相冲突//华盛顿邮报网站,2015-09-29.

实施空袭初见成效。2015年7月6日奥巴马视察美五角大楼时表示，过去11个月针对"IS"发动了"5000多次空袭，致使其失去了在伊拉克占领的超过1/4的居民区"。① 6月3日，美副国务卿布林肯称，九个月来的联军空袭杀死了"超过1万名圣战者"。② 其中包括许多要员和指挥官。10月13日，该组织发言人阿德纳尼证实，该组织的"二号人物库拉希死于美国的空袭行动"。③ 15日，美军空袭击毙"呼罗珊"组织头目纳斯尔。此外，还摧毁了"IS"的部分军事设施、指挥所、军火库、装甲车、火炮、油罐车等，从而打击了其嚣张气焰，基本遏制了其进攻势头。

截至2015年6月9日，驻伊拉克的"美国顾问、教官和辅助人员达3080人"。④ 他们培训伊朗政府军和库尔德武装，提供大量新式武器，基本扭转了战场上屡战屡败的局面。配合伊政府军的春季攻势，美国联军加大对"IS"的空袭力度，有助于伊拉克政府军收复包括提格里特在内的许多城镇。2015年下半年，在美国联军的配合下，伊朗政府军收复了安巴尔省会拉马迪市，迫使"IS"部分武装从摩苏尔撤退，"IS"难以再度发动大的攻势，内部矛盾、斗争增加。美国特种部队配合伊拉克政府军突袭"IS"的一座监狱，救出即将被处死的约70名伊拉克军人。美国加大了对叙利亚"IS"的空袭力度，并派特种部队50人抵达叙利亚北部地区，培训库尔德武装。

（三）恢复同埃及关系

美国一向重视同埃及关系，但曾一度陷入两难的尴尬境地：一方面，从民主价值观考虑，美国反对埃及军事集团废黜民选总统穆尔西，公开谴责其对"穆兄会"的镇压，故而推迟了对埃及军援的交货时间。另一方面，从战略角度出发，美国担心埃及同俄罗斯走得太近对己不利，看到埃及、俄罗斯两国元首互访五味杂陈。美国决不会将埃及推到俄罗斯一边。在此背景下，2015年美国积极加强同埃及关系。从理念上讲，正如西方媒体所

---

① [美]奥巴马承认打击IS进展缓慢//军队时报网站，2015-07-06。
② 美称空袭已杀死万名IS人员//法新社巴黎，2015-06-03。
③ [黎巴嫩]"伊斯兰国"证实其二号人物身亡//阿拉伯祖国报，2015-10-14。
④ [美]美国计划向伊拉克增派数百名教官//华尔街日报网站，2015-06-09。

述,美国将民主价值观让位于战略。3月,奥巴马亲自打电话给埃及总统塞西,宣布美国将继续向埃及交付F-16战斗机、"鱼叉"式导弹、MIAI主战坦克等军事装备。同月,克里国务卿率团出席在开罗召开的"埃及经济发展大会",并强调美国将同埃及加强全面合作。此外,双方已恢复战略对话等多项活动。

事实上,埃及也离不开美国,既需要美国援助,又需要美国支持。故积极配合美国在中东地区的行动:宣布参加美国主导的打击"IS"国际联盟;公开支持伊核协议。

(四)安抚地区盟国取得成效

美国的地区盟国海合会成员国和以色列对美国不满主要有二:一是,美国加速战略东移,减少地区投入,使地区多种矛盾激化,乱象丛生,直接影响他们的安宁;二是,在伊朗核问题上美国对伊朗让步太大,反对达成伊核全面协议。围绕上述两点,美国做了耐心疏导,重申美国"决不会放弃中东"。对伊核问题,美国向盟国晓以利害。在该协议达成前,美国派克里国务卿访问沙特等海合会成员国,通报核谈进展及其发展前景,作出美国向其提供核保护伞的承诺。与此同时,奥巴马同海合会六国举行峰会,继续做高层工作。伊核协议后,美国又派防长卡特往访,重申相关承诺,给他们吃了定心丸。有鉴于此,沙特等海合会领导人对伊核协议表示了程度不同的支持。

以色列总理内塔尼亚胡对伊核问题反应尤为强烈,讲了许多奥巴马不愿听的话,甚至还到美国会发表演讲,鼓动议员们反对伊核谈判。伊核协议达成后他公开表示,伊核协议"对世界来说,是一个历史性错误"。[①] 尽管如此,奥巴马多次派要员访问以色列,说明情况,缓解了同以上层的紧张关系。

(五)地区石油通道畅通,未发生暴恐事件

美国派航母、军舰游弋波斯湾、红海和亚丁湾,维护地区航道的安全,

---

① 成珞.伊核谈判达成历史性全面协议//解放日报,2015-07-15.

打击索马里海盗。一年来,航道运行正常,体现了美国的海上主导地位。

二、美国面临的困难

中东地区的发展变化基本偏离了美国的轨道。目前,美国面临的麻烦多、难题多、挑战多并存在"六不"问题上。这充分反映了美国掌控地区事务的能力明显下降。

(一)不愿充分压以促和

奥巴马经常大谈推动中东和平进程,支持巴勒斯坦建国。然而,因美国一味偏袒以色列,对巴以争端奉行双重标准,根本不可能取得成果。尤其是在美国总统大选即将来临之际,奥巴马执政时日不多,更不愿开罪颇具影响力的美国犹太院外集团,以免影响民主党总统候选人的票仓。因此,巴以争端将持续下去,短期内双方不会恢复和谈。

(二)不可能妥善处理加速战略东移同继续主导中东之间的矛盾

美国表示,21世纪是美国的太平洋世纪。自然要加大投入,且正加紧进行。军事上,美国加快了对关岛军事设施建设和部署;强化同日本、澳大利亚、菲律宾的联盟,企图拼凑"亚洲北约"。美国海军已习惯于把太平洋当作一个"美国的湖"。[①] 促成跨太平洋战略经济伙伴关系协议(TPP),傲视亚太,主导国际贸易规则的制定权;经常拿东海、南海说事,煽动和怂恿日本、越南、菲律宾等国发难,制造事端。最近,美国军舰又到南海活动,无事生非。其目的众人皆知,无非强化其地区老大地位,遏制中国。然而,中东有美国重大核心利益,涉及美全球战略,既要维护以色列、盟国的安全、美元的霸主地位,又要坚持反恐、保持地区"乱而可控"、平衡伊斯兰逊尼派和什叶派两大势力、继续主导地区事务。要做到"鱼和熊掌"兼得,是对美国人智慧的考验。目前,美国东张西望,左右

---

① [英]吉迪恩·拉赫曼. 对美国实力的全球考验//金融时报网站,2015-10-12.

为难，心神不安，决心难下，既怕中东大火，又怕亚太飓风。因此，美国的"再平衡战略"总是平衡不好亚太与中东的关系。俄罗斯军事介入叙利亚问题，重创"IS"，颠覆了美国的"再平衡战略"，使之匆忙应对，又要回过头来加大对中东的投入。

（三）不可能铲除"IS"

一年多来，美国军事打击"伊斯兰国""进展缓慢"，[①]收效有限，甚至连美国媒体也有类似看法。其主要原因：(1)单靠空袭难以解决。美国主导的国际联盟，成员国众多，大都同床异梦，各有各的打算，行动虚多实少，往往"口惠而实不至"，空袭次数不少，命中率不高。此外，美国打击"IS"是"醉翁之意不在酒"，是利用"IS"对付叙利亚政府军和牵制伊拉克政府；(2)不派地面部队，仅靠训练伊拉克政府军、库尔德武装和叙利亚温和反对派武装很不理想。"IS"占据伊拉克和叙利亚国土面积较大，美国不派地面部队无法予以围剿。培训当地武装也存在人员素质和战斗力问题。比如，"IS"武装于2015年5月占领伊拉克安巴尔省会拉马迪市，政府军惨败，被迫撤军，丢弃大批先进武器，伊拉克政府军被西方媒体嘲笑为"IS"的运输大队长；而受美国培训的叙利亚温和反对派武装刚回国就被叙利亚极端组织"支持阵线"缴了械或被击毙，使美国大伤脑筋，不得不停止该计划。(3)不与伊朗和叙利亚合作，排除异己，是美国一大失误。(4)"IS"仍有生命力。目前，伊拉克、叙利亚乱局正是该极端组织生存的土壤和空间。它可利用教派矛盾、权力之争、群雄割据，扩充兵员，增强实力，甚至招募世界多国极端分子前来参加"圣战"。据报道，来自世界104个国家的大约3万人参加了"IS"。[②]

美国要解决"IS"问题绝非易事。奥巴马认为："不会很快解决。这是一项长期的斗争。'伊斯兰国'组织很会投机取巧。……根除他们需要时间，而且必须要靠当地部队。"[③]

[①] [美]奥巴马承认打击IS进展缓慢//军队时报网站，2015-07-06.

[②] [西班牙]国家报，2015-10-02.

[③] 同①.

（四）不可能按美国意志主导解决叙利亚危机

在叙利亚问题上，美国屡屡失误。比如，奥巴马曾宣布，巴沙尔已失去执政的合法性，必须下台。然而，巴沙尔不但未下台，反而通过民选又连任总统，至今仍在台上。在化武危机中，美国宣布只要叙利亚闯化武红线美国即武力打击。而在关键时刻美国犹豫不决，只好接受了俄罗斯化武换和平的倡议，并得到联合国安理会通过，停息了这场风波。对此，俄罗斯引以为豪，美国甘拜下风。美国坚持既打击叙利亚"IS"又推翻巴沙尔政权，并计划培训5000名叙利亚温和反对派武装人员，回国进行"双打"，结果夭折。奥巴马承认美国在叙利亚"战略失败"。[①] 美国布鲁金斯学会副会长琼斯认为"其结果是力争下游"。[②] 而俄罗斯提出打击叙利亚"IS"必须有叙利亚政府参加遭到了美国反对。9月30日，应巴沙尔要求，俄罗斯先发制人，出动战机，对叙利亚"IS"进行空中打击，使美国措手不及，处境被动，不得不同意双方军事高层对话，以避免双方战机相遇，擦枪走火。这是自2014年乌克兰危机后双方停止军事对话以来的第一次。美国防长卡特说："尽管双方在叙利亚政策上仍持不同意见，我们至少应该能够达成协议，尽可能地保证我们飞行员的安全。"[③] 同时，克里国务卿宣布，美国不再坚持巴沙尔必须立即下台。10月9日，西班牙《国家报》网站报道称，在叙利亚问题上奥巴马"仍然没有看到明确的解决方案"。[④]

（五）不可能从阿富汗全部撤军

2015年10月初，塔利班武装攻占了阿富汗第二大城市昆都士，重创政府军。美国着了慌，忙派兵助政府军去灭火，去围歼，去夺回该市。由此，美国看到了问题的严重性。十余年来，美国主导的联军在阿富汗打恐，围剿塔利班武装残余势力，耗资上万亿美元，伤亡近3万人，结果，

---

① [法]奥巴马承认在叙利亚战略失败//法新社华盛顿，2015-10-09.
② [美]朱丽叶·艾尔伯林. 奥巴马的多边主义世界观与大国现实相冲突//华盛顿邮报网站，2015-09-29.
③ [美]路透社华盛顿、波士顿，2015-10-13.
④ [西班牙]国家报网站，2015-10-09.

越打越多,越反越恐,防不胜防。塔利班武装反而壮大了,成了美国人的克星。这是美国人做梦也未想到的。难怪奥巴马10月15日宣布,美国再度放缓从阿富汗撤军计划,将在2016年后再在阿富汗驻留5500名美军士兵。① 阿富汗总统加尼表示欢迎。塔利班反对,认为武装冲突不是解决阿富汗问题的办法,只有外国军队从阿富汗撤军,所有问题都可以通过对话来解决。俄罗斯外交部说,美国暂缓从阿富汗撤军证明美国的阿富汗政策"完全破产"。②

(六)不可能化解欧洲难民潮

近来,欧洲难民潮来势凶猛,强烈冲击欧洲多国,尤其是德国。众人皆知,这些难民大都来自中东。因此,美国负有不可推卸的责任。中东政局动荡,社会治安恶化,民不聊生,流离失所,大批难民外逃,其中叙利亚难民多达400万人。出现如此乱局,与美国推行民主价值观、大搞"颜色革命"息息相关。美国搅乱了中东,但又无力使之平静,只能让欧洲代吞苦果。因此,欧洲媒体对美国指责之声不断,认为美国是此次难民潮的罪魁祸首。德国《镜报》斥责美国"可耻",将难民拒之门外。美国国务院发言人只好表态,说明情况,提出将接收1万名叙利亚难民的计划。这毕竟杯水车薪。德国马歇尔基金会分析师伊恩·勤瑟尔指出:"如果大量难民涌入,而美国坐视不理,可能会分裂跨大西洋关系。因为很多欧洲人都认为难民潮是美国干预叙利亚政策失败的后果。"③

三、美国调整中东政策

面对地区严峻局势和挑战,美国深感处境艰难,力不从心。故而顺势而为,调整中东政策。

---

① 美国缘何放缓从阿富汗撤军//新华社北京电,2015-10-17.
② 同上.
③ 张月.颜色革命:汹涌难民潮的祸因//北京日报,2015-10-13.

（一）调整解决地区热点的方式和思路

由过去主要诉诸武力或以武力相威胁调为着重政治、外交解决。2015年9月28日，奥巴马在联大发言中说："单靠武力不可能维护国际秩序。"① 基于阿富汗、伊拉克、利比亚三场战争的教训，美国"看到了其对中东冲突进行单边干预的危害"，② 不愿再做得不偿失、损人不利己的蠢事，更不愿重陷"长期海外作战"之中。鉴此，对地区热点美国强调政治解决，尽量避免动武，并通过联合国发挥作用。比如，通过谈判达成伊核全面协议；叙利亚实现化武换和平，避免了美国对叙利亚实施军事打击；同俄罗斯一道促成维也纳外长会议，并就政治解决叙利亚问题的时间表达成共识，致使联合国安理会于12月18日一致通过推动叙利亚和平进程决议；支持联合国主导反恐。

（二）调整美国独家经营中东，提出由其主导的大国责任共担

奥巴马认为，全球超级大国对立的时代应该过去，只有广泛的国际联盟才能解决相互联系的世界所面临的危险。他对大国以往的"单打独斗"态度不感兴趣。③ 为此，美国正推行由其主导的大国联合共管中东计划。这样，一可在美国适当放权的情况下为大国提供一定的活动空间；二可使大国参与地区事务和热点问题的解决，增加投入，发挥作用；三可将大国纳入美国的管控轨道。然而，美国的如意算盘能否如愿以偿仍是个未知数。眼下，俄罗斯和美国中东博弈日趋激烈。俄罗斯正同美国争夺解决叙利亚危机的主导权，"鹿死谁手"尚待观察。

（三）调整同伊朗关系

由过去孤立、打击，调为协调、合作。2015年达成伊核全面协议后，双边关系趋于缓和，人员往来增加。美国将伊朗视为平衡地区大国力量和

---

① [美]朱丽叶·艾尔伯林.奥巴马的多边主义世界观与大国现实相冲突//华盛顿邮报网站，2015-09-29.
② 同上.
③ 同上.

维护地区稳定的重要一方,与之加强联系和沟通,推动沙特同伊朗言和,缓和伊斯兰逊尼派和什叶派之间的矛盾,使地区热点降温,同时又放任他们相互争斗,坐收渔利。

(四)暂缓继续推行美式民主价值观,改为支持地区稳定

被美西方誉为"阿拉伯之春"的地区变革,却成了"阿拉伯之冬",使美国大尝苦头,也受到美国媒体对政府的抨击。故美国改变调门,不再提"支持人民变革",而是强调地区稳定,力争使其处于"乱而可控"的局面。然而,实现恐怕也难。美国一家说了算的时代已一去不复返了。

伊朗核问题翻开崭新的一页

唐继赞[①]

内容提要：经过七年的跌宕起伏，伊朗与六国的伊核谈判终于修成正果，于2015年7月14日艰难达成全面协议。伊核全面协议从此进入执行阶段，为伊朗核问题的全面解决翻开了崭新的一页。不过，协议的执行尚存诸多不确定因素，落实过程不会一帆风顺。协议如果得以落实，将为其他国际热点问题的解决提供成功范例，同时必将为中东和世界的和平与稳定作出重大贡献。

关键词：伊朗　美国　伊核问题　全面协议　铀浓缩　核武器

伊朗与六国（美国、俄罗斯、中国、英国、法国和德国）的伊核谈判，终于在2015年7月14日修成正果，艰难收官。联合国安理会20日全票通过的第2231号决议的核可，为协议的落实奠定了基础。继而，国际原子能机构特别理事会12月15日通过决议，决定结束对伊朗是否秘密研制过核武器等问题长达12年的调查。至此，伊朗核问题的解决翻开了崭新的一页。

分析人士认为，作为中东地区一个持续多年的热点问题，伊核协议的达成实属不易。协议的达成和落实必将在中东地区和国际上产生历史性重大影响。

---

① 作者系新华社世界问题研究中心研究员。

一、伊核问题的由来和核谈历程

伊朗核计划始于20世纪50年代。当时，伊朗巴列维王朝与美国等西方国家交往密切，其核技术主要从西方国家引进。1979年，伊朗发生伊斯兰革命，推翻巴列维王朝，翌年伊朗同美国断交。之后，美国多次指责伊朗以"和平利用核能"为掩护秘密研制核武器，并对其采取"遏制"政策。2003年初伊朗宣布发现并提炼出能为其核电站提供燃料的铀后，美国对伊朗核计划提出"严重质疑"，并多次警告伊朗必须停止与铀浓缩相关的活动，甚至威胁将伊朗核问题提交联合国安理会。

与此同时，国际原子能机构通过多项决议，要求伊朗与其合作，终止铀浓缩活动。在西方的压力和国际社会的斡旋下，伊朗采取了一系列积极措施，并于2003年12月正式签署《不扩散核武器条约》附加议定书。之后，伊朗曾一度暂停铀浓缩活动。

但此后不久，伊朗与美国等西方国家在铀浓缩活动等利用原子能的问题上再次出现分歧。2006年1月初，伊朗宣布恢复中止了两年多的核燃料研究工作，伊朗核问题再度升温。当年7月，在美国等西方国家的推动下，伊核问题被提交联合国安理会。为迫使伊朗放弃核活动，安理会先后于2006年7月、2006年12月、2007年3月和2010年6月连续通过四项对伊朗制裁决议。安理会制裁遭到了伊朗的拒绝和强烈反对。伊朗多次声明伊朗的核计划完全用于和平目的，而西方国家则认定伊朗是在秘密研制核武器。

伊核问题被提交联合国安理会后，在做出对伊朗的经济和外交严厉制裁的同时，安理会五个常任理事国与德国等六国官员多次举行会晤，寻求伊核问题解决方案，形成了关于伊核问题的六国磋商机制。六国与伊朗自2008年7月以来举行多轮对话，但由于双方在铀浓缩、制裁等核心问题上分歧严重，谈判一直未能取得成果。

2013年8月伊朗新总统鲁哈尼上台后，伊核问题谈判出现了转机。是年9月26日，伊朗外长扎里夫首次与六国外长就解决伊核问题面对面交换意见。10月中旬，六国与伊朗在日内瓦举行了伊朗新政府成立以来的首轮对话。11月上旬，各相关方再度在日内瓦举行谈判。与此同时，各国领导人还在场外进行了频繁磋商。密集的谈判终于取得了积极进展。2013年11月24日凌晨，伊核问题六国与伊朗在日内瓦就解决伊核问题第一阶段措施达成协议，被称之为初步协议。

初步协议规定，在未来六个月里伊朗不得从事丰度5%以上的铀浓缩活动；5%以上的浓缩铀以稀释等方式进行"处理"，以防用于制造核武器；伊方不得扩建或新建铀浓缩设施；可用于提取核武器材料钚的阿拉克重水反应堆停止建设；伊朗允许国际原子能机构核查人员进入更多设施；与此同时，伊核问题六国不再对伊追加制裁；暂停对伊贵金属、汽车零部件和石化制品的禁运；允许少量伊朗石油出口；解冻伊朗留学生资金；放宽对伊朗食品和药品进口限制。初步协议的签署让人们看到了解决伊核问题的曙光。

然而，初步协议到期之日的2014年7月20日之前，伊核谈判各方未能就一些重大问题达成一致，导致谈判搁浅。其原因有以下几点。首先，美国坚持伊朗必须将阿拉克重水反应堆改建为轻水反应堆，以彻底废止伊朗加工提炼钚的能力；伊朗则坚持在保留重水反应堆的前提下降低核材料的浓度。其次，美国坚持必须废弃伊朗秘密建造的福尔多浓缩铀加工厂；伊朗反对。此外，当时伊朗拥有的1.9万台IR-1型加工浓缩铀的离心机，其中大约1万台仍处于正常工作状态。美国要求伊朗削减至4000台并不得研发新型的IR-2离心机，遭伊朗拒绝。另外，伊朗与西方国家在解除制裁问题上也有分歧。伊朗要求最终协议签订后对伊朗的经济制裁必须一劳永逸地结束，美国则坚持要视伊朗的态度在十年内逐步取消制裁。

谈判断断续续，进展艰难，但有关各方都不愿让已经达成的初步协议付诸东流，遂将核谈先后两次拖入"加时赛"。第一次是2014年7月20日至11月24日，为期四个月；第二次是2014年11月24日至2015年6月30日，为期七个月。第二个"加时赛"分两个阶段进行：3月31日前达成框架协议，6月30日之前签署全面协议。

为实现第二个"加时赛"第一阶段的谈判目标，2015年3月20日伊核谈判有关各方在瑞士洛桑开始新一轮谈判。谈判虽有进展，但进程依然十分艰难。原定3月29日结束的为期十天的谈判,直到4月2日才告结束。从勉强达成的框架协议看,谈判各方特别是美国和伊朗都做出了重大让步。根据框架协议,伊朗将减少约2/3的离心机数量,仅保留6104台,且全部为IR-1型一代离心机;伊朗同意在15年内停止生产丰度超过3.67%的浓缩铀,并且将这一丰度的浓缩铀持有量减少至300公斤;伊朗同意在未来15年不再建造新的浓缩铀设施;阿拉克重水反应堆将重新设计,不再生产制造原子弹的材料钚;福尔多核设施虽然保留,但将被改造成科研单位;国际原子能机构核查人员将对伊朗核设施进行核查,监督其核技术的发展,并将检查核供应链的情况。关于制裁问题,框架协议规定,在国际原子能机构确认伊朗遵守相关承诺后逐步解除对伊朗制裁;如果伊朗无法满足要求,美欧将重新恢复对其制裁。美国和西方国家做出的让步可归纳为:承认伊朗核计划的合法性,同意伊朗有限度地保留核设施和核活动,答应视情况解除对伊朗的金融和经济制裁。

框架协议的达成,标志着伊朗核问题有关各方在尊重伊朗和平利用核技术的权利、限制伊朗将核技术用于军事目的的能力以及解除对伊朗制裁等焦点问题上已取得了基本共识,为全面协议按时达成扫清了主要障碍。

伊朗与六国的谈判一延再延、一拖再拖,终于在2015年7月14日结束,达成伊核全面协议。联合国安理会于7月20日召开会议,一致通过第2231号决议对协议予以核可。全面解决伊朗核问题的谈判终于画上句号。

二、协议达成系伊美妥协的结果

众所周知,伊核问题的实质是伊美关系。因此,伊核谈判虽然是伊朗同世界六大国的谈判,但主要谈判对象自始至终是伊朗和美国。尤其是在终盘谈判的17天,激烈交锋的是伊朗和美国的代表团。其他五大国虽然也以提供智慧、劝和促谈的方式为协议的达成起了不可或缺的作用,但伊朗和美国在一些敏感问题上的相互让步,才是谈判取得成功的关键。

从已经透露出的信息看,伊朗的让步主要包括以下几点:(1)伊朗重申在任何情况下都不会寻求、开发和获得任何核武器;(2)大大削减核能力，把离心机的数量从约1.9万台减少至6104台，至少在10年内不得从事丰度在3.67%以上的铀浓缩活动，把现有的约8.7吨浓缩铀减少到300公斤；（3）重建阿拉克重水反应堆，只用于和平目的；（4）国际社会的武器禁运将再持续五年，弹道导弹技术转让禁令再延续八年；（5）允许国际原子能机构人员进入伊朗境内被认为可疑的地点进行核查；（6）如果伊朗方面违反协议，相关制裁将在65天内恢复。

美国方面的让步主要有三点：（1）承认伊朗在《不扩散核武器条约》相关规定下完全拥有和平利用核能的权利，伊朗的核计划也将与《不扩散核武器条约》其他签约国受到同样对待；（2）国际原子能机构核实伊朗核计划的和平性质后，联合国、美国以及欧盟将解除对伊朗的经济和金融制裁；（3）伊朗有权对国际核查人员的核查要求提出异议，由伊朗和六国人员组成的仲裁机构对此做出裁定。

从以上的梳理不难看出，伊朗将暂时放弃曾经引以为豪的核成果，被迫远离核门槛，但有望因此解除国际制裁，发展经济，并收回约1000亿美元的国外冻结资产。这当然是伊朗最想要的。美国公开承认伊核计划的合法性，解除对伊朗制裁，但削弱和延缓伊朗制造核弹的危险，在今后至少10~15年内无后顾之忧。这自然也是美国等西方国家最想看到的结果。

三、中方为协议达成作出了贡献

中国对伊核谈判十分重视。作为联合国常任理事国之一，中国始终是伊核谈判的坚定支持者和建设性参与方。自2003年伊核问题演变为核危机以来，中国就开始为和平解决这一难题在不同场合进行外交斡旋。2006年伊核问题提交安理会并形成六国磋商机制后，中国积极参与每一轮谈判，为推动谈判焦点和难点的解决乃至达成最终全面协议作出了积极的贡献。在谈判中，中国代表团始终秉持和平解决、公正客观、积极斡旋三大原则。每当遇到困难和关键节点，中国都力图兼顾各方立场，提出中国方案，贡献中国智慧。据悉，在整个谈判过程中，每当伊、美代表团单独谈判争执不下的时候，双方代表总是先找中国代表团寻求帮助。

中国外长王毅曾在多次关键节点亲临谈判现场。仅在最后的两个多星期中就曾三度奔赴维也纳。在谈判出现复杂局面时，王毅出席了中、俄、伊三国外长会晤。他针对谈判形势表示，谈判进程进入最后阶段时形势显得更为错综复杂。在此情况下，各方应保持定力，保持耐心，保持谈判进程，争取如期达成全面协议。王毅还特别提出了推进谈判的四点中方主张，为谈判的成功作出了突出贡献。

中国为伊核全面协议达成所起的作用有目共睹，博得了有关各方的一致好评。美国总统奥巴马7月21日在打给习近平主席的电话中表示，伊朗核问题谈判达成全面协议，中方发挥的作用十分重要。美方感谢中方为达成这一历史性协议所作贡献。美方希望同中方继续协调合作、共同努力，确保全面协议得到实施。美国国务卿克里也在不同场合多次对中国在核谈中所起的作用表示赞许和感谢。

四、协议达成引发部分中东国家不安

应该说，伊核协议的达成，拆掉了伊朗的核引信，避免了中东地区发生核竞赛乃至核战争的危险，显然会有利于地区和平与稳定。然而，透过协议达成后各方的谨慎表态，似乎可以看到地区强国和大国的不安。

以色列是反应最为强烈的国家。伊核协议达成的消息公布后，内塔尼亚胡总理当日下午便发表电视讲话，称伊核问题全面协议是一个"令人震惊的历史性错误"，世界因为这一协议将变得更加危险。他警告说，伊朗在未来十年内会因这一协议得到数千亿美元的资金，却不会改变其对恐怖主义的支持，也不会改变其消灭以色列的政策，以色列将一如既往地保卫自己的安全。之前，内塔尼亚胡也曾多次声称，伊核协议是一个"非常糟糕的协议"，一旦达成以色列不能排除采取军事行动的可能。当然，有美国的管控，以色列还不至于走到这一步。但是，以色列显然会不遗余力地破坏协议的执行。内塔尼亚胡至少可以通过与其有着良好关系的美国国会发挥自己牵制协议顺利落实的作用。2015年3月，内塔尼亚胡曾不顾奥巴马和白宫的反对，在美国国会发表强烈反对伊核谈判的演讲，得到了与其观点一致的美国国会的热烈欢迎。

沙特阿拉伯等部分海湾国家对伊核全面协议的达成忧心忡忡。有报道说,沙特高级官员私下明确表达了他们的担忧。一位政府官员说,该协议对伊朗做出太多让步,将使中东地区变得"更危险"。他还说,如果该协议能成功制止伊朗研制出核武器,那对中东来说应是个"令人高兴的日子",但他担心将适得其反,导致伊朗得以"在本地区兴风作浪"。据报道,沙特更担心结束孤立状态和解除经济制裁后伊朗将更加明目张胆地支持沙特在中东地区的敌人(指叙利亚巴沙尔政权、也门胡塞武装和黎巴嫩真主党)。

中东地区的另外两个大国埃及和土耳其,虽然未对伊核协议的达成过多说三道四,但对伊朗未来的可能崛起不乏担忧。埃及、土耳其、沙特与伊朗均为中东地区大国,这三国一直对伊朗近年来核技术突飞猛进的发展感到忧虑。在它们看来,伊核协议的达成说明国际社会承认了伊朗核计划的合法性。伊朗虽因协议的达成暂时弃核,但其主要核设施还在,只是暂时封存。而伊朗不会真正放弃核追求,只要条件允许会很快恢复,其水平永远是这三国所不能企及的。

伊核协议达成后,以色列和沙特已分别以不同方式表示抗议。为防止中东地区出现盟国危机,美国频频采取措施安抚中东强国和大国。奥巴马亲自打电话给土耳其总统埃尔多安;国防部长卡特遍访以色列、约旦和沙特,承诺美国将同它们一起遏制伊朗称霸中东的野心。

似可预见,在未来的中东地区,伊朗与以色列、沙特等中东强国和大国之间的较量将成常态。互为死敌的伊朗和以色列自不必说,沙特对伊朗的立场恐怕短时也难改变。作为逊尼派大本营的沙特与什叶派强大后盾的伊朗,一直在争夺中东地区的主导权。沙特一直把坐拥8000万人口、先进科技和强大军事力量的伊朗视作地区隐患。此外,沙特还担心,其主要盟友美国在协助伊朗结束孤立状态后可能将不再一味地支持沙特。为解除沙特的疑虑,美国一直在努力做沙特的工作,希望其改变反对伊核协议的立场。及至9月初沙特国王萨勒曼登基后首次访美,奥巴马通过对其威逼利诱,才让国王终开金口"支持"伊核协议。但萨勒曼的表态总有"口是心非"之嫌。

五、协议达成的意义和深远影响

从积极方面看,伊核全面协议的达成将在中东地区和世界层面产生重大而深远的影响。

首先,伊核全面协议达成将为避免中东核军备竞赛和国际核不扩散机制的巩固和加强作出贡献。伊朗核问题是持续了数十年的中东热点和国际焦点。在高速发展的伊朗核计划的刺激下,某些中东大国均在公开或暗中效仿伊朗,核不扩散机制在中东曾面临被突破的危险。伊朗核问题的解决抑制了伊朗核计划的发展,或可遏止中东核军备竞赛的暗流,从而为国际核不扩散机制的维护作出贡献。

其次,伊核全面协议拔掉了伊朗同美国和以色列之间的战争引信,中东安全格局或会发生积极变化。协议如能落实,将有利于伊美关系的改善,无疑会削弱伊朗同美国地区盟国关系的龃龉,从而减少中东发生战争的危险。虽然以色列仍在扬言不排除对伊朗的军事选项,但可预见,在美国的管控下以色列袭击伊朗的可能性将会大大缩小。中东地区保持稳定有利于世界和平。

再次,中东地区经济格局或会有积极变化。伊朗是一个能源大国,其石油储量居世界第三,天然气资源占世界第二。国际制裁解除之后,作为欧佩克重要成员的伊朗,可望迅速回归世界石油市场,发挥其主要石油生产国和出口国的重要作用。这不仅有利于伊朗的经济发展,也能惠及世界经济。

第四,伊核全面协议为政治解决地区和世界热点问题提供了成功范例。当今世界不乏热点,中东至少还有巴以冲突、叙利亚危机和也门危机,国际上还有乌克兰危机、朝核问题等。实践证明,动辄动武的军事解决思路已经过时,热点问题只能通过政治谈判解决。伊核谈判的成功表明,只要对立双方确有诚意并且朝着共同目标相向而行,即使分歧再大,最终也能找到解决的办法。

六、协议落实过程不会一帆风顺

伊核全面协议达成至今已经闯过了两道关，即2015年10月18日开始的"生效日"和12月15日开始的"执行日"，为协议的最终落实铺平了道路。伊朗常驻国际原子能机构代表礼萨·纳杰菲12月15日表示，伊朗可以在近2~3周内兑现自己的承诺，执行伊核问题全面协议；国际原子能机构总干事天野之弥接着表示，国际原子能机构可以在伊朗执行完毕后的几周内完成核实工作。这就意味着，2016年年初伊核全面协议将开始执行，从而为伊朗核问题翻开崭新的一页。

分析人士认为，艰难达成的伊核全面协议执行起来同样面临重重困难。美、伊双方的反对派是否会伺机从中作梗，以色列等地区国家是否会制造麻烦，伊朗能否按时按规定兑现承诺，国际原子能机构的跟踪核查是否会横生枝节，即将于2017年上台的美国新总统对此持何态度，都令人质疑。鉴此，似可断言，伊核全面协议的落实过程不会一帆风顺。

2015年：伊核协议及影响

李国富[①]

容提要：2015年是伊朗核问题谈判取得重大成果的一年。7月14日，"国际六国"与伊朗就全面解决伊朗核问题达成了《联合全面行动计划》（即"伊核协议"）。7月22日，安理会一致通过了第2231号决议，确认伊核协议。10月18日伊核协议正式生效。2016年1月16日，伊核协议正式实施，解除了对伊朗的相关制裁。伊核协议有力地维护了国际核不扩散体系，成功地预防中东地区爆发大规模战争，同时提供了一个通过和平谈判解决重大国际争端的有益经验，得到了国际社会的普遍欢迎和赞扬。伊核协议的签署不仅对美国与伊朗关系今后的走向，同时还会对中东地区政治力量平衡格局，乃至国际政治局势的发展都会产生深远而重大的影响。

关键词：伊核协议　核谈判　制裁　浓缩铀　美伊关系

2015年是伊朗核问题谈判取得重大成果的一年。经过十多年漫长而艰苦的谈判，7月14日，"国际六国"[②]终于与伊朗就全面解决伊朗核问题达成了《共同全面行动计划》即伊核协议。7月22日，安理会一致通过了第2231号决议，确认伊核协议。伊核协议虽遭到美国会共和党和中东地区一些国家，尤其是以色列的强烈反对，但共和党未能在规定的90天内获得足够的议员否决该决议；这期间，伊朗议会以压倒性多数批准了该协议。根据时间安排，10月18日伊核协议正式生效。伊核协议之后的准备阶段

[①] 作者系中国国际问题研究院中东研究中心主任。
[②] "国际六国"指参加伊朗核谈判的联合国安理会"五常"和德国。

进行得较为顺利，伊朗按计划开始逐步减少其离心器；国际原子能机构于12月2日发布了有关伊朗核问题的报告。预计，伊核协议实施可在2016年年初正式启动。

伊核协议有力地维护了国际核不扩散体系，成功地预防中东地区爆发大规模战争，同时提供了一个通过和平谈判解决重大国际争端的有益经验，因此得到国际社会的普遍欢迎和赞扬。此外，伊核协议的重要性和影响已远远超出了核不扩散领域。伊核协议的签署不仅对美国与伊朗关系今后的走向，同时还会对中东地区政治力量平衡格局，乃至国际政治局势的发展都会产生深远、重大的影响。

一、伊核协议好事多磨

美国与伊朗都有达成伊核协议的强烈政治意愿和现实需求。在过去十多年里，尤其是伊朗前总统内贾德执政的八年里，美西方与伊朗围绕着伊朗核问题的斗争日趋白热化。美西方严厉的制裁虽给伊朗经济带来巨大困难，但未能遏止伊朗在核领域快速研发的步伐。[①] 根据美西方核问题专家评估，伊朗距跨过制造核武器的"核门槛"只有两个月时间。[②] 奥巴马总统对伊朗核问题可供选择的方案并不多，对伊朗动武只能推迟和削弱伊朗生产核武器的时间和能力，但不能摧毁伊朗核计划和打掉伊朗已掌握的核能力。而动武的直接恶果可能会促使伊朗下决心生产核武器。在美国国内反战情绪高涨、经济不景气的大背景下，奥巴马不想使美国再次在中东卷入一场更大规模的战争。此外，为应对中国崛起，美国正在实施战略重点从中东移到亚太地区。因此，奥巴马非常希望能与伊朗就伊朗核问题达成

---

① 2005年伊朗前总统内贾德开始执政时，伊朗只拥有164台提炼浓缩铀的离心机，还未提炼出浓缩铀。但到2013年中卸任时，伊朗已拥有离心机19000台（其中包括运行更快的第二代离心机），已提炼出20%纯度的浓缩铀186公斤，3.5%纯度的浓缩铀900公斤。

② 美国认为，伊目前已拥有了制造核武器的能力，但至今并没有做出制造核武器的政治决定。Brllkings. Arms Control and Non-Proliferation Series, Paper 10, March 2014, "PREVENTING AN UCLEAR-ARMED IRAN".

一个限制伊朗核发展的协议。

伊朗方面也有强烈的需求。首先是争取美西方国家解除对伊朗的制裁。多年来，美西方因伊朗核问题对伊朗的严厉制裁对伊朗的经济产生了严重影响；尤其是石油和金融制裁使伊朗石油出口和石油收入锐减，伊朗金融对外商业往来遭封锁，导致伊朗国内货币大幅贬值、通货膨胀、物价飞涨，殃及民众正常生活，严重制约了经济与社会发展。其次，缓和与美国紧张关系，有利于改善伊朗安全和政治环境。由于伊朗核问题伊美对抗日趋加剧，美国对伊朗军事打击的风险越来越大。伊朗虽表示不怕，但一旦动起手来吃亏的肯定还是伊朗。因此，伊朗无论是发展国内经济，还是发挥重要地区大国作用、圆昔日波斯大国梦，都首先需要解决核问题。伊朗温和派鲁哈尼总统2013年执政后便调整了伊朗在核问题上的强硬立场，为打破伊朗核问题长期僵持的局面提供了机遇。

美伊双方共同的需求使鲁哈尼政府与"国际六国"进行的伊朗核问题谈判在前期进展得非常顺利。双方仅仅用了一个多月时间就在2013年11月达成了一个临时协议《共同行动计划》。从2014年2月开始，"国际六国"与伊朗就伊朗核问题进行谈判，计划在7月20日前达成解决伊朗核问题最终协议，但未果。鲁哈尼的"新政"虽使伊美关系得到了一定缓和，但远没有从根本上改变两国相互敌视的战略取向和结构性对抗。伊朗核问题不仅涉及双方重大的战略利益，还遭到两国内部和一些地区国家的强烈反对，因此，双方的谈判异常艰难，谈判的最后期限一再延长。2014年11月，双方同意将谈判延长到2015年6月30日，在2015年3月底达成伊核问题的框架协议，在6月底达成全面协议。

2015年2月，"国际六国"与伊朗就全面协议主要焦点问题开始了实质性的谈判。美国和伊朗的代表团强大阵容中，除了两国外长，还包括美国能源部长欧内斯特·莫尼兹和伊朗原子能机构主席萨利希。经过艰苦的谈判，伊朗核问题谈判终于在2015年4月2日取得了重大突破，"国际六国"与伊朗达成了限制伊朗核计划发展的《洛桑框架协议》。[①]《洛桑框架

---

① Parameters for a Joint Comprehensive Plan of Action Regarding the Islamic Republic of Iran's Nuclear Program//http://www.state.gov/r/pa/prs/ps/2015/04/240170.htm.

协议》之后，伊朗核问题谈判的主要内容围绕着两个相关问题展开，一是如何对伊朗今后的核活动进行核查；二是对伊朗解除制裁的范围和时间表。美西方坚持要对伊朗任何可疑的地点（包括军事设施）进行突查，继续保留对伊朗武器禁运；而伊朗则坚称，解除所有对其的制裁，不允许对其军事设施进行核查。双方在这些问题上互不让步，美国国务卿克里曾一度威胁中断谈判。双方都有达成协议的共同需要，都不想看到谈判失败，因此，最后经各方努力，"国际六国"终于在7月14日达成了解决伊朗核问题的最终全面协议《共同全面行动计划》。

二、伊核协议及反应

应该说，伊核协议是"国际六国"与伊朗双赢的结果，也是国际社会共赢的结果。该协议全称《共同全面行动计划》，包括一个主要文本和五个技术附件（对伊朗今后核计划的限制；解除对伊朗制裁的步骤和范围；伊朗和平利用核能的权利；成立监督实施伊核协议的联合委员会；实施协议的时间表）。

目前，伊核协议还没有正式对外公布。根据美国白宫公布的伊核协议要点[①]和媒体对伊核协议的报道，伊核协议的主要内容有以下方面。

第一，双方承诺。伊朗重申在任何情况下都不寻求、开发和获得任何核武器；国际社会承认，在认真落实伊核协议后，根据《不扩散核武器条约》（NPT）相关规定，伊朗将拥有和平利用核能的权利，伊朗的核计划也将与NPT其他成员国核计划受到相同对待。

第二，限制伊朗发展核计划的五个方面。（1）对离心机规模和浓缩铀纯度的限制。伊朗将把现有的离心机数量削减2/3，从约1.9万台减少到6104台；伊朗在今后15年内不产生丰度3.67%以上的浓缩铀，并将现存约

---

① https://www.whitehouse.gov/the-press-office/2015/07/14/key-excerpts-joint-comprehensive-plan-action-jcpoa.

10吨低浓度浓缩铀减少到300公斤，伊朗在今后15年内不再建新的浓缩铀设施。（2）将福尔多核设施转化为一个核技术中心，在15年内不得开展与浓缩铀有关的研发活动；（3）保留纳塔兹核设施，将现有的1000台新型离心机转移，处于国际原子能机构（IAEA）的监督下；（4）IAEA定期对伊朗的所有核设施进行核查，伊朗有权对国际核查的要求提出异议，最后由"国际六国"和伊朗组成的仲裁机构裁定；（5）对阿拉克重水反应堆进行改造，伊朗在15年内不得建立新的重水反应堆。[①]

第三，分阶段解除对伊朗制裁。在确定伊朗开始执行伊核协议后，联合国安理会、欧盟和美国将开始解除对伊朗绝大部分经济和金融制裁，美国仍保留因支持恐怖主义、侵犯人权等其他原因的制裁；武器禁运制裁五年后解除，弹道导弹制裁八年后解除。

第四，伊核协议期限。[②] 10年之内，伊朗提炼浓缩铀能力和核研发能力受到限制；15年内，伊朗不得实施新的核开发计划；期满后，伊朗作为NPT成员国享有NPT赋予成员国的权利和义务。

第五，如证实伊朗违反伊核协议，在65天内恢复对伊朗的所有制裁措施。

第六，考虑到美国国会需要60天时间对伊核协议进行审议，因此，该协议的生效准备期为90天。

第七，国际原子能机构将对伊朗现有的核设施进行核查，并对伊朗过去的核活动进行评估，在核实伊朗核计划的和平性质后，联合国、美国和欧盟将解除对伊朗的经济和金融制裁。

国际社会普遍对达成伊核协议给予了积极评论和赞扬，认为该协议是历史性的。中国国家主席习近平表示，达成伊核协议有力维护了国际核不扩散体系，为国际社会提供了通过谈判解决重大争端的有益经验，向世界发出了积极信号。[③] 奥巴马称赞该协议"使美国和世界更加安全"。[④] 鲁

[①] http://finance.ifeng.com/a/20150404/13608351_0.shtml.

[②] https://www.whitehouse.gov/the-press-office/2015/07/14/key-excerpts-joint-comprehensive-plan-action-jcpoa.

[③] 习近平主席与美国总统奥巴马通电话 http://news.sohu.com/20150722/n417249519.shtml.

[④] https://www.whitehouse.gov/the-press-office/2015/07/14/statement-president-iran.

哈尼称是伊朗与世界合作新动力的开始。[①] 7月20日，联合国安理会一致通过了确认该协议的第2231号决议，终止此前通过的七个对伊朗的制裁决议（不包括武器和弹道导弹部分）；同日，欧盟外长会议也决定解除对伊朗制裁，但继续禁止对伊朗弹道导弹技术的转移和保留与侵犯人权的制裁。但是，该协议遭到美国共和党议员和美国在中东地区盟友尤其是以色列的强烈反对。

三、实施伊核协议的准备阶段

伊核协议从签署到开始实施需过两道门槛：美国和伊朗议会批准和国际原子能机构对伊朗核计划过去研发情况的评估。

第一，美国府会围绕着伊核协议的斗争。伊核协议签署后面临最直接的威胁是美国国会存在着否决的可能性。出于党派斗争需要和犹太援外集团的压力，共和党控制的国会强烈反对奥巴马政府与伊朗进行的核谈判，并要求拥有对可能达成任何有关伊核协议的最终审议权。经过激烈的府会斗争，奥巴马被迫同意国会对伊核协议拥有审议权。2015年5月，美国参众两院分别以压倒性多数通过了"伊朗核协议审查法案"（Iran Nuclear Agreement Review Act），之后奥巴马签署成为美国法案。根据该法案，伊核协议的实施需得到美国国会参众两院60天的审议和批准，客观上为"伊核问题"谈判增加了新的困难和不确定因素。

7月19日，奥巴马政府将伊核协议文本递交国会审议。共和党政要纷纷发表措辞严厉的声明对该协议进行谴责。如美国众议院议长、共和党议员伯纳指责该协议危及了美国和盟友的安全，表示将运用一切力量阻止该协议获得国会批准。以色列总理内塔尼亚胡称该协议是一个"令人震惊的

[①] http://world.huanqiu.com/exclusive/2015-07/7011415.html.

历史性错误",它"使世界更加危险"。① 在共和党和以色列的支持下,美国犹太人院外集团(如美以公关事务委员会)调动了所有资源,在美国发起一场声势浩大的反对该协议的运动,② 指派3000人到国会游说,试图说服民主党人反对该协议;也有团体不惜花巨资打电视广告,组织动员民众上街游行示威,为反协议造势;对于支持该协议的民主党议员则加以威胁。与此同时,支持与反对伊核协议的美国精英们就该协议展开了激烈的大辩论,双方势均力敌,奥巴马将此称为是伊拉克战争以来美国"最重要的外交政策辩论"。③ 9月10日,在美国参院的投票中,占据少数派的民主党参议员成功地阻止了共和党对伊核协议的封杀。④ 奥巴马称赞参议院投票结果是"民主和国际安全的胜利",也是"美国外交取得又一次胜利"。⑤

第二,伊朗议会围绕着伊核协议的斗争。2015年7月21日,伊朗核问题谈判首席代表、外长扎里夫将伊核协议文本递交给议会。按照程序,该协议需通过伊朗议会特别审查委员会审核,还需得到伊朗最高国家安全委员会和伊朗最高领袖哈梅内伊的批准。由于目前伊朗保守派在议会中占多数,他们长期视美国为"大撒旦",认为与美国达成核协议无异于与魔鬼签署协议。他们指责该协议丧权辱国,越过领袖划出的"红线",对伊朗太过苛刻。尽管哈梅内伊没有公开反对或支持该协议,但在伊朗现行的体制下,很难想象没有他的事先首肯扎里夫会在该协议上签字。因此,虽遭到了保守派的反对,伊朗议会还是于10月13日顺利地通过了伊核协议。

第三,国际原子能机构对伊朗过去核活动的评估报告。国际原子能机构在2011年11月关于伊朗核计划评估报告中指出,伊朗核计划中有12项问题可能与秘密研发核武器有关,但伊朗坚决否认。伊朗在过去是否从事过核武器研发成为伊朗核问题谈判的一个重要焦点问题,双方最后同意由国际原子能机构核查后再下结论。7月,在签署伊核协议同时,伊朗与国

---

① http://www.mod.gov.cn/big5/opinion/2015-07/16/content_4595422.htm.
② 纽约万人示威反对伊核协议 // http://news.ifeng.com/a/20150724/44241565_0.shtml.
③ http://news.eastday.com/eastday/13news/auto/news/world/u7ai4416528_K4.html.
④ 美国共和党反对伊朗核协议的提案必须要有60位参议员支持才能通过,最终投票结果为58票支持和42票反对,其中54名共和党参议员和4名民主党参议员投了支持票,而有42名民主党参议员投了反对票。http://world.huanqiu.com/exclusive/2015-09/7465721.html.
⑤ 同上.

际原子能机构签署协议,就澄清伊朗核问题中"可能的军事层面问题"等相关未决问题制定了路线图,作为伊核协议的一个附件。该路线图包括在今后几个月中双方互动顺序和任何对伊朗帕尔辛军事基地核查等事宜。根据路线图时间表,8月15日,伊朗向国际原子能机构递交了其核活动的相关材料。之后,国际原子能机构根据路线图制定的程序对帕尔辛军事基地进行了核查。针对外界批评国际原子能机构对伊朗的核查过于宽松,国际原子能机构总干事长天野之弥表示,国际原子能机构对伊朗的核查符合其历来在核保障方面的通常做法,从任何角度都未削弱通常标准。12月2日,国际原子能机构公布了报告《有关伊朗核项目过去与现在突出问题的最后评估》,该报告称,伊朗在过去曾进行过有关核武器的研发工作,但从2009年之后没有相关核武器的研发迹象。12月15日,在国际原子能机构有关伊朗核项目的最后评估报告基础上,国际原子能机构特别理事会通过决议,决定接受对伊朗是否秘密研发过核武器等问题长达12年的调查。国际原子能机构特别理事会的决定为实施"伊核协议"扫清了障碍。

四、伊核协议的影响

伊核协议的重要性和影响决不仅限于核不扩散领域,它将会对美伊关系今后的发展、对地区现有政治力量平衡的格局、地区大国争夺的发展态势、国际政治局势的发展都产生深远、重大的影响。可以说,伊核协议是近几年中东局势发展中又一重大事件。

第一,美伊紧张关系将趋缓,但实质性改善仍是一个漫长曲折的过程。伊核协议对美伊两国关系而言,其重大意义如同当年尼克松总统访华的"破冰"之旅,扫除了两国逐步发展关系的一大障碍。自鲁哈尼执政后,美国和伊朗围绕着伊朗核问题的频繁接触使双方已建立了某种正常的沟通渠道。在签署伊核协议后,预计奥巴马政府对伊朗的政策会有所调整,将之前对伊采取军事威胁、经济制裁和政治孤立的全面封杀强硬政策,逐步转向以遏制为主、接触为辅的"双重政策"。两国还可能在一些地区问题，如在共同打击"达伊沙"①问题上展开某种合作。毋庸置疑，在相当一段时间内，由于美伊间结构性的矛盾、两国敌对的战略取向以及双方受各自反对派的制约，两国关系不会发生实质性的变化：伊朗仍是地区反美阵营的领头羊，也是美国在地区主要打压对象。在达成伊核协议之后，哈梅内伊曾多次重申，伊朗不会改变对"傲慢的美国政府"的立场。②12月，哈梅内伊又明确指出，要阻止美国制造的商品进入伊朗。为响应哈梅内伊的号召，伊朗贸易促进组织发布一份禁令，禁止伊朗企业从美国进口200多种产品。③因此，美伊关系的改善将是一个循序渐进、水到渠成的漫长过程。

第二，伊朗的地位和势力将会得到进一步提升，成为地区"最有影响力"的大国。自美国在中东地区进行"反恐战争"以来，伊朗在地区的影响力呈不断提升的趋势，但核问题使伊朗长期遭受国际社会的制裁，极大地制约了伊朗崛起的势头。伊核协议可使伊朗获得巨大的利益，将极大地改善伊朗的生存和安全大环境。首先，伊核协议使伊朗避免了遭美国军事打击威胁的压力。长期以来，因核问题美国和以色列一直威胁对伊朗核设施进行武力打击。伊核协议解除了美国和以色列对伊朗军事打击的威胁，也消除了地区进行一场大规模战争的风险。其次，解除对伊朗经济、金融和石油出口的制裁给伊朗发展注入了活力。国际社会对伊朗的制裁切断了伊朗与外界的金融联系，限制了伊朗的石油出口，冻结了伊朗的海外资产高达1000多亿美元，使伊朗经济受到严重影响。最后，打开了伊朗走向国际社会的大门，拓宽了政治外交的战略空间。伊核协议签署后，欧洲大国如英国、法国、德国和意大利等国争先恐后地派出高级代表团访问伊朗，与伊朗在能源、金融等领域合作签订了一系列意向性协议，只等对伊朗的制裁正式解除。此外，伊朗与欧洲政治关系大门也已敞开，鲁哈尼即

---

① "伊斯兰国"组织的阿拉伯文为"Daesh"（达伊沙）。为避免将国际恐怖组织与特定的宗教联系，目前地区大部分国家和西方国家都纷纷采用"达伊沙"。

② 伊朗最高领袖哈梅内伊2015年8月17日表示："我们不会允许美国在政治、经济或者文化上影响伊朗。我们封堵了这条路，未来也必将继续封堵。"http://news.sina.com.cn/o/2015-08-17/170632214247.shtml.

③ http://www.chinanews.com/gj/2015/12-16/7674080.shtml.

将应邀赴法国、意大利等国访问。

第三，地区盟国对美国安全承诺的疑虑加深，与美国的隔阂加大。奥巴马执政后对美国全球战略调整，在中东进行战略收缩，将美国战略重心转到亚太地区，因此，与伊朗就核问题达成协议、避免在中东再次介入大规模军事冲突风险，是美国全球战略调整、重塑中东地区战略新格局的重要组成部分。但是，奥巴马的中东战略使美国地区主要盟友以色列和沙特感到极度不安。出于不同的原因，以色列和沙特都长期将伊朗视为最大的外部威胁，都竭力反对美伊走近。美国不顾他们的强烈反对，执意在核问题上与伊朗达成妥协，被认为是严重危及他们的战略安全利益，使他们对美国安全承诺的疑虑加深。在伊核协议签署后，以色列朝野纷纷谴责，并全力以赴向美国国会尤其是民主党议员施压，试图阻止该协议获得美国国会批准。奥巴马对中东政策的调整使美国与地区盟国在地区安全问题上矛盾日趋加深，也使双方的关系疏远。

第四，中东大国间的博弈将更趋复杂、激烈，地区新的力量格局已见雏形。作为地区什叶派势力的老大，伊朗近些年来与沙特等逊尼派国家的博弈和争夺呈激烈态势。伊朗日趋坐大鼓舞其地区盟友如叙利亚总统巴沙尔和真主党等，使地区政治力量平衡有利于什叶派阵营。为阻止伊朗和什叶派势力日趋扩张，一方面，沙特等逊尼派国家在一些地区问题上采取了更强硬的应对措施，如加强对叙利亚反巴沙尔武装力量的支持；直接对也门胡塞武装派别进行军事打击；组建主要由逊尼派穆斯林国家组成的反恐军事联盟等；另一方面，沙特等海湾国家与以色列合作，形成某种联手抗衡伊朗的新格局。以色列摩萨台前负责人明确表示，伊核协议打开了以色列与阿拉伯国家合作的"窗口"。[①] 地区大国激烈争夺将导致地区局势更加动荡，同时使巴勒斯坦问题进一步被边缘化。

第五，美国试图重塑领导中东事务的新格局。奥巴马执政后对中东地区战略调整的最大特点是：将战略重点转移到亚太地区后，重塑美国主导中东事务新的地区战略格局，与伊朗达成核协议是奥巴马调整美国中东战

---

① http://www.jpost.com/Middle-East/Iran-nuclear-deal-opens-window-for-Israel-to-join-new-Mideast-order-409462.

略的重要组成部分。美国主导中东新格局的主要形式是美国由原来的"直接介入"转向"背后领导"。伊核协议基本上排除了美伊间大规模战争的可能性，也大大降低了地区大国间爆发大规模地区战争的风险。为了弥补地区盟国对伊朗势力逐渐坐大的不安，美国正在大力密切与地区盟国以色列、沙特等国的军事合作。美国国防部长卡特表示，美国将深化与以色列的军事合作，向以色列提供包括F-35隐形战斗机在内的先进武器，维护美国在中东地区的安全利益。此外，美国还将帮助其他中东地区盟友提升海上军力，加强地面部队、特种部队以及反恐部队的作战能力，提高空中远程精确打击能力并完善网络安全系统等。[①] 美国的新举措旨在提高美国地区盟国对抗伊朗的能力，从而在地区形成某种新的力量均势，使中东局势维持在动乱而不失控的局面。

---

① http://news.xinhuanet.com/world/2015-07/30/c_1116088166.htm.

2015年埃及形势：治理和挑战

杨福昌[①]

内容提要：经历了近五年动荡，埃及开始走上治理之路。2013年7月塞西执政以来，完成了政治构建三步走的路线图：制定新宪法、选举总统、选举议会。与此同时，基本实现了社会稳定，经济有了发展。解决旧有的和新生的社会问题非一朝一夕之功，当局还面临不少困难，首先是反恐问题，这同整个地区形势密切关联。从国内讲，还是安定和经济两大问题，例如，如何解决"穆兄会"的问题，还有青年问题、提高生活水平问题、经济持续发展问题等，都需要做出不懈努力。

关键词：由乱到治 成就 挑战

一

2011年埃及发生动荡后已近满五年。在这五年中，社会发生了很大变化，出现了不少问题。首先，数十年的国家秩序被打乱，更主要的是人心被打乱。在轰轰烈烈的街头抗议、广场斗争之后，两位领导人被赶下台、过去时代被否定，埃及对此定位为"革命"、"阿拉伯之春"。但在具体问题上不是所有人均持同样立场，一个事件的发生、一次人事的变更都有人支持有人反对，社会被多种不同意见撕裂。其次，不同意见的碰撞造成了社会安全形势恶化。动荡开始时，人们多采取游行集会形式，解放广场、

[①] 作者系中国外交部前副部长。

复兴广场、阿达维亚清真寺前都是集会抗议活动的场所，场地虽小，其能量却足以推翻一个政权。后期则发展到暴力行动，爆炸、暗杀事件不断，甚至总检察长巴拉卡特也于2015年6月29日被暗杀。第三，"伊斯兰国"的恐怖活动进入埃及，安全形势加剧。2015年10月31日俄罗斯客机在西奈半岛坠毁，致224人死亡，俄罗斯认定即为其所为。第四，因安全形势不好，经济遭重创，投资减少，旅游业受挫。预算赤字增多，超过GDP的10%，失业率居高不下，人民生活没有大的改善。

在这种困难形势下，塞西于2013年执政，2014年6月高票当选埃及总统。

二

如果把这五年做一个划分，前两年半乱象丛生，社会被"革命"的激情所笼罩，打倒穆巴拉克，又打倒穆尔西，进行了两次"革命"。后两年半，塞西上台执政，基本稳住了形势，这是军队和"穆兄会"较量的又一次胜利，是埃及人民的选择，是形势的选择，因为谁也不愿埃及就此沉沦下去。有人说埃及又回到原点，因为又看到军人执政，又看到军方把"穆兄会"打败，但这只是表象，经过了这样一次大洗礼，各个层面的表现不会是过去的翻版，同时也说明了埃及社会的取舍，埃及选择的是世俗制。2015年是埃及重要的一年。塞西说过，他要在两年内带领埃及走出瓶颈。

从政治方面讲，新政权的作为可以列出以下几项：

第一，重新构建国家体制。2013年7月穆尔西被废黜后，埃及制定了三步走的重建国家体制路线图：制定新宪法、选举总统、选举议会。2014年1月举行宪法公投，18日宣布新宪法以98%高票获通过。2014年6月3日，塞西以96.91%高票当选埃及总统。2015年11月，完成了议会选举。至此，以立法机构的成立为终结点完成了三步走任务，国家进行正常运作。

第二，实现社会安定。安定问题关系到人民生活、经济发展及对外形象，实现安定是新政权面临的首要任务。人民厌倦了混乱无序的生活，这是当局实现社会安定的有利条件。在宣布全国处于紧急状态三个月后，临时总统曼苏尔于2013年11月24日颁布抗议法,规定十人以上在公共场所的游行和集会活动必须在三天前向安全部门报批,否则为违法行为。此法一出,支持者有之,反对者有之,但还是起到了一定作用,经过一年多的努力,社会基本实现了稳定。也要看到,游行示威减少了,但暴力活动增加了,反对势力总要有一个宣泄口。

第三,反恐怖主义活动。恐怖主义在地区肆虐,埃及也深受其害。埃及受恐怖主义之害有三个方向——东部的西奈半岛北部地区,西部的埃及与利比亚边界地区,内地广大地区。在东部,恐怖分子通过地道进入西奈,堵了又挖,源源不断。西部地广人稀,很难防范恐怖分子进入。2015年2月15日,"伊斯兰国"在利比亚杀害了21名埃及基督教徒,埃及除派机轰炸报复外,撤回了3万多名在利比亚谋生的埃及人,加强了边界管控。内地广阔,特别是宣布"穆兄会"为恐怖主义组织后,需动用大量军警力量防范、应对。

面对恐怖活动加剧,塞西提出了要匡正伊斯兰教语境,目的是对恐怖主义要标本兼治。2015年1月15日德国总理默克尔在德议会上发言,要求伊斯兰学者说明伊斯兰教的真实情况,回答为什么杀人凶手总是利用伊斯兰教为其罪行辩解。[①] 2015年3月塞西对《华尔街日报》发表谈话称:"伊斯兰教没有赋予穆斯林权力把他们的信仰强加给全世界,也没有说只有穆斯林才能进天堂,其他的人要下地狱,我们不是神,任何人都无权代表真主行事。"[②] 他还提到匡正宗教语境问题,2015年3月在接见美国国会代表团时谈到,他提宗教革命问题是为了宗教好,而不是反宗教,是为了从宗教的原旨中清除错误思想,宣扬伊斯兰教真实的宽容思想。[③] 同年11月,在埃及召开了穆斯林学者委员会,由爱资哈尔大教长主持,有苏丹、黎巴嫩、印尼、尼日利亚、阿联酋、突尼斯、美国的学者出席。塞西会见与会者,要求他们宣扬伊斯兰教宽容、中间主义、温和的真实面貌,要匡正宗教语境。[④] 塞西想借助爱资哈尔在宗教界的威望,宣扬宗教的和平、温和

---

① 金字塔报网站,2015-01-16.
② 金字塔报网站,2015-03-22.
③ 金字塔报网站,2015-03-08.
④ 金字塔报网站,2015-11-22.

思想，对内引导教众摒弃极端观念，对外宣扬伊斯兰教的正面形象。另一方面，"伊斯兰国"也在做鼓动，2015年11月13日它在法国实施恐袭后发布视频，敦促无法前往叙利亚的穆斯林发动"圣战"，并称："你已经被要求在找到异教徒的任何地方与之战斗。"① 双方的这种斗争不是一时能解决的。

第四，开展外交，摆脱困境。"6·30革命"后，有的国家（如沙特、阿联酋、科威特、巴勒斯坦、约旦、阿曼等）支持，有的（如卡塔尔、土耳其等）反对，美欧等西方国家认为埃及发生的事不符合他们的民主观，实则不满，又不愿开罪埃及，态度暧昧。按照1961年《外国援助法案》，美国政府不能向发动军事政变的国家提供援助。2013年7月26日，美国国务院发言人宣布，在判断埃及民选总统穆尔西下台是否属军事政变的问题上美国"弃权"。② 美国做出的反应就是象征性地延迟向埃及政府交付四架F-16战斗机。2013年8月1日，塞西在接受《华盛顿邮报》采访时批评美国，指责奥巴马政府无视埃及人民意志，对美国行动深表失望。③ 为扭转外交上的不利局面，塞西当选总统后频繁出访，对外做了不少工作，除地区国家外，三顾俄罗斯，两访中国，还访问了欧亚非不少国家。到目前，最重要的埃美关系还没恢复到正常状态。奥巴马于2015年3月31日同塞西通电话，告知他将解除自2013年10月以来实施的行政禁令，允许向埃及交付F-16战斗机，同时将继续要求国会每年向埃及提供13亿美元军事援助。④ 但是，双方关系问题并未完全解决，总像有一个疙瘩堵在那里。埃及前外长阿拉比2014年6月对埃美关系的评估是："美国未来可能双方下注，既同新政府发生关系，也同"穆兄会"保持联系，程度要比过去低。埃美之间虽有民主人权等问题，关系还会发展的，未来西方可能更

---

① 巴黎史无前例恐袭震惊世界//参考消息，2015-11-15.
② 美国对埃及政局态度摇摆不定 谴责与援助两不误//http://www.chinanews.com/gj/2013/08-06/5128458.shtml, 2013-08-06.
③ 塞西批评美国无视埃及民意//http://news.xinhuanet.com/world/2013-08/05/c_116809220.htm, 2013-08-05.
④ 美国决定恢复对埃及军事援助//http://news.xinhuanet.com/2015-04/01/c_1114828300.htm, 2015-04-01.

多谈论（当局和穆兄会）'和解'问题。"① 爱资哈尔大教长2015年3月11日接见美国驻埃大使时表示，埃及人民反对美国在白宫接待埃及激进势力的领导人，这样做是反对埃及人民意愿的，他们革命就是反对这些激进分子。② 这说明阿拉比的估计是正确的。

新政权虽做了不少工作，取得成果，埃及仍面临不少问题，主要还是安全和稳定问题。

安全问题主要是恐怖主义问题，在地区形势没有大变化及国际反恐未取得大进展前，埃及总会受到恐怖主义的威胁、袭击、破坏，非一国之力能应对。"穆兄会"也会搞一些破坏，规模不会很大，因为它尚未掌握武装手段。

稳定问题就是解决五年来出现的社会问题:（1）推翻两位领导人分别引起社会不同阶层的不满。穆巴拉克的民族民主党于2011年4月16日被解散，党内有识之士和精英被排斥，不准参加政治活动，被置于社会的对立面。2014年7月，开罗紧急事务法院做出撤销禁止被解散的民族民主党领导成员参加未来议会选举的判决。③ 这一决定把这批人又拉回了社会，各政党纷纷请他们做自己党的候选人。"穆兄会"问题则不容易解决。该组织被定性为恐怖主义组织后，频频组织游行示威，实施爆炸、暗杀活动。2015年初在纪念"1·25革命"周年的游行活动中，"穆兄会"的人同警察发生冲突，根据埃卫生部声明，全国各地共死亡16人。④ 对同年6月29日检察长遭暗杀事件，"穆兄会"所属的一个"人民抵抗运动"组织声称对此负责。⑤ "穆兄会"是一个有80多年历史的组织，长期同当局激烈对抗，对该组织、对社会都是伤害。据《半岛电视台》2015年4月23日报道，"穆兄会"在境外成立管理机构，在国内各地改选了60%的地方组织，其中90%都是30岁以下的年轻人。这一消息被埃及学者哈立德证实。他认为，这次"穆兄会"在境外成立管委会，国内由年轻人担重任，目的是

---

① 解除美欧的怀疑//今日埃及人报网站，2014-06-05。
② 消除仇恨　建立互信//金字塔报网站，2015-03-12。
③ 金字塔报网站，2014-07-15。
④ 金字塔报网站，2015-01-26。
⑤ 金字塔报网站，2015-06-30。

重返政治生活。① 将来这些年轻"穆兄会"人如何作为值得观察,如果延续过去,社会矛盾还会继续;如果要更新,能走多远?如何既不能违背组织宗旨,又要越过老一代人的坚持?(2)做好青年的工作,是当局的一项重要课题。两次"革命"都是青年打先锋,五年过去了,随着年龄的增长,他们感到,他们并未从曾热潮澎湃为之打拼的"革命"中获报偿,桃子被别人摘取,由此产生不满情绪。"4月6日运动"是两次"革命"中十分活跃的青年组织,因反对政府颁布的"抗议法",先是其领导人被判入狱,2014年4月28日又被开罗紧急事务法院宣布禁止"4月6日运动"从事一切活动。这一判决说明埃及世俗派内部产生分裂。青年失业率居高不下,也是令当局操心的事。(3)加强执政效能,缓解社会矛盾。社会问题解决起来不容易,因为这里面更多的是人民内部的矛盾,错综复杂,难度很大,有的是两次"革命"遗留的问题,有的是因对新政权的期望过高而产生失望。如最近进行的议会选举,原定2015年2月8日举行,②因各方在选区划分等问题上的分歧,直到10月和11月才分两阶段完成选举,但投票率很低。据最高选举委员会宣布的数据,第一阶段为26%,两个阶段总计为28.3%。③远低于2011年议会选举54%的投票率,这说明人们在"革命"期间的热情已大大减弱。埃及资深报人、《金字塔报》前主编海卡尔在第一阶段选举后针对投票率低发表评论称:"选民对他们的国家处于彷徨状态,没有一个人能说清未来是怎样的。我看了候选人名单,他们几乎都是过去的人,我最担心的面孔重返政坛。青年人不参选也是我最担心的。印度和中国的政治家都能管控他们的国家,我们这里首先是总统没有一个政党,如何同民众沟通!只有电台、媒体还不够,至少要有一个爱国阵线支持他。"④海卡尔是纳赛尔时代的人,经历了埃及所有变迁,他的分析道出了埃及社会关心和谈论最多的问题,值得重视。

---

① 金字塔报网站,2015-04-26.
② 金字塔报网站,2015-01-30.
③ 金字塔报网站,2015-12-05.
④ 金字塔报网站,2015-10-14.

三

2015年，埃及经济增长4.2%，上一财年增长仅为2.2%。国内生产总值（GDP）按可变价即市场价计算达到24000亿埃镑，目前汇率约为1美元兑7.8埃镑。①

埃及2015今年经济增长主要靠投资拉动。塞西执政后抓了三个大项目：开凿与现运河平行的新苏伊士运河、建新行政首都、开垦150万费旦（1费旦约合1.038英亩）农田。新运河并非全程开凿，只并凿35公里新河道，拓宽37公里旧河道，完成后船舶可双向行驶，运河收入将由2014年的53亿美元增加到2023年的132亿美元。新运河酝酿已久，穆尔西执政时卡塔尔曾表示愿出资修建，被埃方拒绝。塞西执政后，以发债券方式8天筹到640亿埃镑，年利率为12%，人们购买踊跃，运河将由国企和军企管理。② 关于新行政首都计划，据住房部长穆斯塔法介绍，面积达6.5万费旦，需800亿美元投入，建成后可容600万人。③ 开垦150万费旦农田是形势的需要，9000万埃及人生活在4%的国土上拥挤不堪，新农田就是要解决粮食和生活问题。伊斯梅尔总理称，此计划完成后埃及耕地将增加20%，由800万费旦增加到950万费旦。④

在经济向好的形势下，埃及政府于2015年7月1日通过了2015~2016财年预算，新预算规定2016年经济增长5.5%，⑤ 国内生产总值达到28000亿埃镑。预算的具体情况是：支出8645亿埃镑，收入6222亿埃镑，赤字2510亿埃镑。⑥ 在支出项下，工资为2180亿埃镑，还债及利息2440亿埃镑，补贴2310亿埃镑，同往年一样，这三项开支超过支出总额的3/4。收

---

① 埃及计划部长阿拉比在记者招待会上的讲话//金字塔报网站，2015-12-06.
② 关于新苏伊士运河//金字塔报网站，2015-08-05.
③ 金字塔报网站，2015-03-14.
④ 金字塔报网站，2015-12-15.
⑤ 同①.
⑥ 金字塔报网站，2015-07-05.

入项下仍以税收为主，达4220亿埃镑。赤字占GDP的8.9%，处于高位。

从预算支出看，政府把提高人民生活水平放在首位，同往年一样，3/4的支出用于工资、补贴、还债上，经济发展放在次位。生活提高和经济发展是相辅相成、互为因果的，不能偏废，没有发展难谈生活提高，没有生活提高也难实现发展。5年来，政府除将最低工资由700埃镑提高到1200埃镑外，历届政府都要增加工资，已造成负担。新预算制定时，马赫莱布总理就提出要控制工资无限上涨，他说，2009~2010财年工资支出为850亿埃镑，2015~2016达到2180亿埃镑，[1] 增长快，超过了GDP的增长速度。2009~2010财年GDP仅为1980亿美元，2016年计划达到28000亿埃镑，远无工资增长快。媒体还列表说明近几年预算中工资支出增长情况（见下表）。

财年	金额（亿埃镑）
2010~2011	962.71
2011~2012	1228.18
2012~2013	1429.56
2013~2014	1820.00
2014~2015	2070.00
2015~2016	2180.00

资料来源：5年工资增长220%//金字塔报网站，2015-08-18.

埃及经济面临的主要问题是缺资金，少技术。资金问题，政府试图从国内和国外两个渠道解决。国内除税收等正常财政收入外，还以动员民众捐献和集资的方式筹集民间资金。塞西本人于2014年6月24日宣布每月只领半薪（21000埃镑），并将自己家产的一半捐献给国家。[2] 他还于2014年7月1日宣布成立"埃及万岁基金"，计划筹资1000亿埃镑，至2015年1月仅筹到50亿~60亿埃镑。[3] 新运河发债券是成功筹资一例。国外主要靠海湾国家支援，推翻"穆兄会"政权后，沙特、科威特、阿联酋大力支持新政权，埃及投资部长阿什拉夫2015年3月在迪拜出席一个经济会议

---

[1] 金字塔报网站，2015-07-02.

[2] 金字塔报网站，2014-06-25.

[3] 金字塔报网站，2015-01-07.

时说,埃及在过去18个月内,从沙特、科威特、阿联酋获得230亿美元援助。① 在石油降价、海湾国家收入减少的情况下,埃及制定2015年预算时将国外赠款压缩至22亿埃镑,2014年为257亿埃镑。② 政府计划以贷款及大力吸引外资、促进旅游增加外汇收入。至2015年9月,政府的外债为461亿埃美元,内债为21164亿埃镑,③ 债务庞大,约等于2014~2015财年的GDP总和,每年还本付息需大量支出,财政部长表示,在2015~2016年预算中债务要降低到占GDP的91%,两个财年后降到85%。④

因为经济发展慢,失业问题居高不下。财政部长哈尼宣布,截至2015年6月底,失业率为12.7%,失业人口约为350万。失业造成的社会问题不容小觑,已引起政府重视。塞西2015年3月在沙姆·沙伊赫召开的埃及经济会议上宣布,"在未来5年内,年增长率至少为6%,失业率降低至10%。"⑤

四

埃及已走上治理之道,尽管道路并不平坦,估计不会有大的反复,因为人民希望过安定的日子。塞西有军队背景,是一个强势总统,适应了形势的需要,上台后抓经济,搞大项目,三年的新运河开凿计划他要求一年完成,现确已完成,两次退回政府提交的预算草案要求降低赤字,表现了军人背景的特点,他的作为获民众支持。目前社会存在的问题是长期积累的,非一朝一夕能解决,他说的两年走出瓶颈,主要是使社会基本稳定下来,以谋发展,而不是把社会、经济问题都解决。"穆兄会"问题无疑是一个重要社会问题,80多年的历史使它积累了人脉,总的看还不是以暴力取胜,否则,2012年穆尔西不会当选总统。他们人还在,活动也继续,现

---

① 半岛电视台网站,2015-03-02.
② 财政部长哈尼谈预算//金字塔报网站,2015-07-05.
③ 金字塔报网站,2015-12-09.
④ 金字塔报网站,2015-07-05.
⑤ 金字塔报网站,2015-03-04.

在双方立场都强硬,不谈和解。这样大的一个群体,如果矛盾不解决,对社会总是一个不稳定因素。

还有青年人问题,不只是对参与"革命"活动者给予回报问题,而是让社会和政治生活中增添新血液,不像海卡尔说的,总是一些老面孔出现在舞台上。350多万失业大军(主要是青年人)是社会另一个不稳定因素,拖下去恐产生麻烦。

还有经济问题,主要是两个问题:(1)如何保持持续发展,因为总不能依靠民间集资和外界援助,要有自己的生财之道;(2)如何以改革开放的思想克服阻碍发展的保护主义,按经济规律找到一条适合埃及发展的道路。

总之,埃及已经步入由乱到治的阶段,社会基本实现了稳定,经济也有了发展,但还面临不少问题和困难。经过五年的动荡,解决旧的和新生的问题都需要一定时间,条件是具备的,国内有人民的支持,国外埃及的朋友们也希望并支持其克服各方面困难,转型成功,早日恢复其地区大国的作用。人们拭目以待,乐见其成。

拉美经济改革在困难中前行

沈 安[①]

内容提要：2014年拉美各国开始全面实施新一轮经济改革，转变增长模式，调整经济结构，加强基础设施建设，实施各项改革和调整措施。这一改革需要巨额资金投入和内外企业的合作与投资，因而为中国企业扩大对拉美贸易和投资带来了重要机遇。但是2015年受内外不利因素影响，拉美经济增速进一步放慢，巴西等地区大国陷入新的衰退。各国不得不重新调整经济改革计划，取消了一些基础设施建设项目。这一调整给中拉经贸合作带来了新的风险。

关键词：拉美 经济改革 基础设施 结构调整 经济危机

2003年以后拉美多数国家经历了长达六年的经济繁荣，并成功抵御了国际金融危机的冲击，但2012年后各国经济增长开始放缓，各国政府认识到改革经济、调整结构、转变增长方式的必要性和迫切性，开启了新一轮改革。但是2015年以来，拉美经济持续走低，一些国家陷入衰退，2016年仍难以复苏。一些国家的财政恶化，通胀上升，供应困难，贪腐严重，导致政治社会形势恶化，政局动荡，执政党和政府支持率严重下降。为渡过难关，各国纷纷实施应对危机措施，并调整原定的经济调整和改革计划，紧缩政府日常支出，取消部分基础设施建设项目，以控制通胀，推动复苏。但是总的来看，多数国家仍坚持改革调整，继续实施主要的基础设施建设项目。

[①] 作者系中国国际问题研究基金会研究员，新华社世界问题研究中心研究员。

拉美国家新一轮经济改革和调整，特别是大规模的基础设施建设规划，为中国加强与拉美经贸关系、扩大中国企业对拉美市场的投资与参与度提供了新的机遇。不过，新形势的出现也使中拉经贸关系进入困难时期，使中资企业面临新的风险。面对新形势，中方宜审时度势，适当调整与拉美合作布局、合作方式和项目，应对当前新形势新挑战，把中拉关系推向一个新的发展阶段，为实现中国战略目标迈出更坚实的步伐。

拉美经济陷入新危机

2015年以来拉美经济持续恶化，严重程度出乎意料。受此影响，一些国家的政治和社会形势发生动荡，陷入困难形势之中，对外关系也发生了新的变化。综合看，地区形势出现了以下新特点。

第一，经济形势严重恶化，部分国家陷入衰退。拉美地区经济形势的发展没有像原来各方面预计的那样走向复苏，而是进一步减速，委内瑞拉、巴西、阿根廷和厄瓜多尔等国陷入衰退。墨西哥、秘鲁、智利和哥伦比亚等国经济增速明显减缓。各国应对危机的对策不力，收效不大。预计全地区经济2016年不会明显好转，联合国拉美经济委员会2015年10月初发表的预测报告认为，2015年拉美地区经济增长率为-0.3%（原预计增长0.5%），2016年可能实现增长0.7%。其中南美地区最差，2015年将整体下降1.3%，2016年下降0.1%。

拉美大国中，委内瑞拉衰退最严重，预计2015年下降6.7%，2016年下降7%。巴西其次，预计2015年下降2.8%，2016年下降1%。阿根廷虽然好于预期，但仍处于衰退状态，预计2015年增长1.6%，2016年不会有明显好转。2015年，智利增长2.1%，墨西哥2.2%，秘鲁2.7%，哥伦比亚2.9%。

拉美国家经济衰退的主要原因是国际经济复苏缓慢，初级产品需求和价格双下降，导致拉美地区出口大幅下降，2015年上半年已下降14%。陷入严重下降的南美国家主要是依赖大宗产品出口的国家。依赖较小的墨西哥以及中美洲及加勒比国家减速幅度也较小。联合国拉美经委会认为，2015年是80年来出口形势最差的一年。另一个原因是投资下降，特别是外资流入大幅减少，2015年上半年流入拉美地区16个国家的外国直接投资同比下降了21%。而2014年已经下降16%。其中外国投资流入下降幅度最大的是巴西，2015年1~8月累计下降36%。上半年外资流入累计下降幅度超过20%的国家有哥伦比亚、乌拉圭、危地马拉等。秘鲁下降11%，智利10%。增长的只有墨西哥、巴拿马、洪都拉斯、多米尼加共和国和阿根廷等。与此同时，各国国内需求不振，由于国内储蓄不足，资金外流，本国内部投资下降，无法带动经济增长。

经济危机或衰退对拉美地区产生了严重而深远的影响。各国不得不加大调整力度，削减支出，对政府日常开支和基础设施建设项目的投入产生直接影响。不仅导致社会不满增长，而且一些基础设施建设项目被迫下马。原定的经济结构改革和调整计划不可避免受到影响。

第二，政治社会矛盾进一步激化，社会动荡。一些国家反对政府政策的群众性示威抗议运动普遍展开，委内瑞拉因经济困难基本商品供应严重不足，执政党和政府与反对党的斗争持续不断，社会和政治动荡不已。巴西等国抗议浪潮此伏彼起，罗塞夫总统因石油公司腐败案面临议会弹劾威胁。一些国家政局动荡不安，已经或可能发生政党交替。经济衰退和政府腐败等问题进一步激化了政府与反对派的关系，政治斗争日益激烈。一些国家执政党和政府的社会支持率持续下降，导致政局剧变。危地马拉前任和现任总统因腐败问题败露而被捕入狱，反对派候选人在大选中当选总统。委内瑞拉执政党在12月议会选举中失败。阿根廷连续执政12年的胜利阵线在总统大选中遭遇多年来首次挫折，其在众议院的绝对多数席位丧失。巴西总统因腐败问题面临反对党的弹劾挑战。

第三，在对外关系方面，各国可能进一步调整对外政策，特别是对美政策。多元化外交的趋势将进一步加强。但随着古美关系改善，一些激烈反美的国家有可能转向较为温和，改善与美国关系。与其他地区的关系也将进一步加强，以获得更大的市场，推动市场多元化。

第四，拉美地区一体化出现新形势。在各小地区一体化组织陷入新的困难之际，由墨西哥、哥伦比亚、秘鲁和智利组成的太平洋联盟采取进一步的一体化行动，推动贸易自由化。这些国家还积极参与了美国主导的跨太平洋战略经济伙伴关系协议（TPP）的谈判。这些行动将对拉美地区对外经济贸易关系产生重要影响。联合国拉美经委会警告说，应重视研究TPP可能产生的负面影响。

联合国拉美经委会的对策建议

针对当前经济形势，联合国拉美经委会在2015年10月20日发表的关于拉美出口形势的报告中认为，国际市场形势复杂，流动性过剩与需求不足同时存在，金融市场与实体经济脱节加剧。经济增长缓慢放大了拉美等对外部市场过度依赖的地区的脆弱性。由于流动性过剩，需求不足，各国货币政策的可作为空间已经耗尽，仅靠货币政策的调整已无助于克服危机，走向复苏。鉴于此，该组织在报告中提出了以下五点建议：（1）拉美各国应加强经济一体化，强化贸易便利，加强协调，应对世界贸易减速。（2）鼓励外国直接投资，支持本地供应商，建立本地生产平台，逐步实现"渐进的结构改革"，建立不再依赖自然资源的新结构。（3）提高贸易增加值，扩大创新和技术投资，开发高技术含量高的制成品。（4）推动制定地区贸易便利日程，以降低成本和滞留本地区的时间，各国加强协调应对主要的挑战。（5）制定共同贸易和投资规则，继续实施对外资的鼓励措施，确定各国以同等条件进行贸易，防止"不诚实竞争"。（6）认真研究TPP可能给拉美地区带来的负面影响。

这里值得注意的几点新思路是：（1）提出"渐进的结构调整"概念。这意味着该组织调整了对拉美国家经济结构调整的时间预期，由以前的"尽快"转向"渐进"，表明拉美经济结构的调整将需要较长的时间。这是比较符合当前实际的。此外，改变对自然资源的依赖将是新结构的特征。（2）强调地区合作与协调，建立贸易便利日程，制定共同贸易和投资规则。（3）鼓励外资，而非保护主义的限制外资。（4）发展技术含量高的制造业。（5）重视TPP负面影响的研究。

拉美大国的应对措施

面对新的困难形势,拉美各国纷纷采取应对危机措施,以克服危机,复苏经济。这些措施包括修订正在或计划实施的经济改革或调整计划,削减相应预算,推迟或取消部分非紧迫的改革和调整项目。

巴西2012年以来实施的经济改革大体上包括三个方面:推动基础设施建设和生产性投资;重振本国工业,即所谓再工业化;边推动经济复苏,边实施经济改革。但2015年巴西经济没有发生预期的复苏,相反陷入更严重的衰退,上半年GDP下降幅度出乎预料,政府不得不采取多项应急措施,但均无明显成效,衰退大局已定。目前政府财政困难,资金不足,不得不调整建设计划,推迟或取消一些大型基础设施建设项目,其中包括里约到圣保罗的多种运输联运项目(计划投资27亿美元)。不过,下马的项目占已经实施项目的极少数,多数主要项目仍坚持实施。例如,巴西和秘鲁政府推动的跨洋铁路计划,虽然国内争议很大,但并没有取消或推迟,仍在按原计划进行可行性研究。此外,罗塞夫2014年胜选连任后出台了一系列改革和调整措施,其中主要有:调整银行基准利率,调整财政政策,改善公共收支。提高银行贷款额度。计划改革一些社会税种,提高燃料进口税,简化纳税手续。通过经营许可证转让扩大私人在基础设施、能源和交通设施建设中的投资,在2015~2017年投入1400亿美元。2015年6月再次推出促进出口计划,把包括中国在内的32个国家作为主要促销对象,推进其工农业产品出口。

墨西哥政府2012年开始全力推行经济改革,制定并实施一系列需要庞大投资的能源、交通运输与通信等基础设施建设计划,推行能源、税收和金融改革、教育改革,鼓励扩大对外开放,鼓励外国投资。2013年5月20日,墨西哥政府公布了为期六年的国家发展计划,经济改革和能源、基础设施的建设总投资达4万亿比索,约合3000亿美元。后来投资规模扩大,达到近6000亿美元。从迄今为止拉美各国的进程来看,墨西哥的改革比较全面深刻,成果也比较突出,在吸引外国投资方面取得明显成果。

2015年，受油价下跌和大宗产品市场需求下降的严重影响，墨西哥经济增长速度和石油收入下降，政府不得不调整改革计划，削减开支，取消部分大型基础设施建设项目。2015年1月30日，墨西哥政府财政部宣布削减2015年预算开支1243亿比索（约合85.72亿美元）。相当于GDP的0.7%。全部削减数额共分为两大部分，一是墨西哥石油公司和联邦电力委员会两大国有企业，二是联邦政府部门。其中前者占总削减额的58%，后者占42%。其中，墨西哥石油公司削减42.76亿美元，相当于削减了41天的预算开支。联邦电力委员会6.897亿美元，相当于削减了3%的预算，或者11天的开支。联邦政府所属部门开支削减35.86亿美元，其中65%为经常性开支，35%为投资开支。联邦政府各部中削减最多的是交通运输部，达118.2亿比索（约合8.15亿美元）。按分类算，人员开支和社会公关开支各削减10%，削减比例最高。

墨西哥取消的重大项目总投资额为59.53亿美元，其中最大的项目是决定不定期停建墨西哥城到克雷塔罗的高铁项目（计划投资43亿美元）和尤卡坦到金塔纳罗高铁项目（计划投资8亿美元）。此外，还有"百年卫星"发射项目（计划投资3.9亿美元）、新的公共电视频道招标项目（计划投资1.98亿美元）。其调整力度之大居拉美之首。

阿根廷的改革以能源和铁路建设为重点，虽然面临很大困难，但还没有项目下马。政府先后公布了一系列新的开发项目，制定相关政策，有些项目已经实施，有些仍处于计划阶段。政府把发展能源作为重点，先后出台了一系列新政策推动油气和电力发展项目，把吸引外资作为政策的重点。阿根廷改革的重点是加强能源和交通这个经济发展的短板，进一步改善宏观结构。2015年，阿根廷经济略有好转，但仍未走出停滞状态。受国际金融市场影响，资金外流，外汇短缺，汇率贬值，与美国投机基金的债务案久拖不决，国际储备下降，导致阿根廷财政困难，但政府仍坚持实施各项基础设施建设计划，各类项目均未下马。阿根廷政府还继续推动其他计划项目的实施，11月中核公司与阿根廷核电公司签署了总投资60亿美元的合作协议，合作建设阿根廷第四座核电站，同时还签署了合作建设第五座核电站的框架协议。

智利政府2014年计划在未来10年中投资1200亿美元，用于矿业、能源、基础设施建设、旅游、食品加工业的发展。目前有些项目已经落实。但官方估计，未来5年仍存在投资缺口580亿美元。智利政府在改革方面面临严峻挑战。首先是铜价下降导致收入大幅减少，资金严重不足，无法满足基础设施建设和其他改革的需求。巴切莱特总统在竞选中承诺的大学免费教育目标难以实现，因而面临巨大政治和社会压力。但智利政府仍坚持原定改革计划，继续推行调整和改革，并在积极筹措所需资金。

哥伦比亚政府制定了2012~2020年基础设施建设投资规划，预计总投资780亿美元，年平均占GDP的3.3%。由于经济减速，石油收入大幅减少，财政收入下降，不得不一再削减开支，调整改革和基础设施建设项目。2015年推迟了哥伦比亚到巴拿马之间的输电建设项目（计划投资5亿美元）。但是对油气投资仍继续大力支持。2015年11月，哥伦比亚政府向议会提交了计划在2016年3月实施的税收改革方案，以应对未来五年收入下降引起的困难。规定降低石油企业的利润税，停止上缴销售收入，实施关税优惠，以鼓励其增加投资、扩大油气产量和储量。现在哥伦比亚油气企业年投资50亿~70亿美元，政府谋求增加到150亿美元，并使石油储量增加到40亿桶以上。

秘鲁政府与各行业部门联合确定的规划规定，2012~2021年基础设施建设总投资880亿美元，平均年投资率相当于国内生产总值（GDP）的3.3%，其中包括能源、交通运输、电信、教育、供水和排水、教育和卫生保健等项目。2015年秘鲁经济明显减速，出口收入下降，政府采取多项措施应对危机。央行出台限制美元信贷的数量，提高了银行基本利率。但是没有下马任何在建项目。

厄瓜多尔2012年1月公布的《战略项目投资目录》规定的数十个项目估计需要总投资100多亿美元，其中一部分项目计划2017年完成投产。2014年以来，厄瓜多尔受油价下跌影响，收入大幅减少，2015年可能出现GDP负增长或零增长。面对这种困难形势，厄瓜多尔政府坚持继续实施建设计划，在国内外大力筹措资金，以保证在建项目按期完成。

中拉经贸合作面临的新机遇和新风险

这一轮经济改革已成为拉美地区经济和社会发展的主旋律，因而成为世界舆论关注的重点。这一改革具有重大的意义，特别是大规模的基础建设投资计划的实施与完成，必将大大影响拉美经济的发展进程。与其他地区国家一样，基础设施建设成为拉动经济复苏和结构改革的重要手段。改革如进展顺利并达到预期的成果，拉美经济必然会克服危机，转变增长方式，走上可持续发展的道路。

这一轮改革为中国企业进一步扩大对拉美贸易和投资提供了新的机会。近年来，中资企业在一些拉美国家获得了投资项目或承包项目，参与其矿业、能源、基础设施建设、制造业、交通运输、农牧业、汽车制造业、电信业等。2015年初，中拉合作论坛在北京召开部长级会议，宣布论坛正式启动。会议期间，厄瓜多尔总统科雷亚正式访问中国，与中国政府签署了一系列合作协议，与中国相关银行签署了数十亿美元的贷款协议。此外，双方各项合作全面展开，逐步落实。2015年5月李克强总理访问巴西、哥伦比亚、秘鲁和智利期间，与四国签署了高达530亿美元的经济合作协议，其中包括多项基础设施建设工程。此外，中国银行还与各国签署了高达500亿美元的金融合作协议，用于支持双方经济合作。

但是，拉美经济困难的局面使中资企业也将面对新的风险。2015年，拉美经济增速进一步放缓，全年经济降速已成定局。巴西陷入衰退，墨西哥大幅减速，阿根廷处于停滞状态，智利、秘鲁、哥伦比亚、厄瓜多尔原来增长率较高的安第斯国家也进入低增长状态。受全球经济复苏缓慢、中国经济放缓、美国货币政策调整、世界金融市场变动、能源和大宗商品等需求疲软、价格下降等因素影响，2015年和2016年拉美各国经济还会继续减速，出口更加困难，收入减少，财政困难，汇率波动，储备下降，债务上升，个别国家面临支付困难。一些国家通货膨胀上升，民生下降，国内政治和社会形势动荡。面对这一困难形势，一些国家调整了原定的经济改革计划，一些重大投资项目被迫取消或推迟。限制进口和外资的保护主义进一步抬头。这种形势使外资企业面临新的挑战和困难。中资企业也不能例外。如墨西哥取消的高铁项目就给中资企业造成不小损失。巴西、委内瑞拉等国陷入政治危机，政府面临重重困难。一些国家社会形势日益恶化，社会动荡的可能性增强，有的国家大规模哄抢家企业的事件不断发生，华侨华人的人身和财产安全受到直接威胁。中资企业也面临严峻考验和挑战。

中方宜调整对策应对新挑战

拉美是中国拓展国际合作的重要地区。近年来，双方关系取得重要进展。据中国官方数字，2014年，中拉贸易额达2636亿美元。截至2014年底，中国在拉美投资存量总额达989亿美元。随着中国与拉美地区整体合作平台的建立，中国提出了未来10年内双方贸易达到5000亿美元、中国在拉美投资达到2500亿美元的目标。拉美经济陷入严重衰退，而且今后两三年内难有明显好转，这使中拉合作面对新的困难与挑战。

我们必须认识到，中拉经贸关系已经进入困难期，一些双边和多边合作项目也可能会面临新的不确定因素。其主要表现为：（1）由于双方经济增速下降，进口需求不振，导致双方进出口贸易大幅下降。随着拉美经济陷入低迷，短期内中方扩大对拉美出口的可能性不大。（2）贸易保护主义将继续损害中拉贸易。经济合作面临新挑战，特别是保护主义和资源民族主义加剧导致投资环境恶化。（3）一些中国企业计划参与的重大项目已经或即将下马，中国企业面临投资风险加大，并将因此蒙受重大损失。（4）中国对拉美贷款风险加大。少数国家面临债务违约风险。（5）近年来，中国企业对拉美投资大多集中在能源、矿业和农业领域，油价、矿产及粮食价格下跌，直接影响中国相关投资公司的利润和前景，亏损风险可能加大。（6）酝酿中的一些双方整体合作项目可能面临难以落实的负面影响。

因此，中方宜审时度势，根据新的情况和新的可能适当调整布局，设计新的对策与做法，寻求新的合作机会与切入点，采取新的策略与措施，把可能出现的损失降到最低限度，为实现上述目标迈出坚实的步伐。

首先，中国在拉美投资和贸易须主动进行结构性调整，以免陷入被动。我们要认真研究前述拉美经委会的建议，尤其应重视其中的一些主要建议。如"渐进的结构改革"，建立不再依赖自然资源的新结构；扩大创新和技术投资，开发高技术含量高的制成品；推动制定地区贸易便利日程；制定共同贸易和投资规则，继续实施对外资的鼓励措施。拉美经委会的建议一般会得到拉美国家的响应，其中一些建议会形成政府间协议或政策。上述建议如能落实，必将对推动拉美经济增长发挥积极作用，引导其经济贸易结构发生重大转变，为今后该地区的可持续发展奠定新的基础。但是也必须看到，这些新措施和新结构对其贸易伙伴和投资伙伴必然会产生某种影响。正如中国经济转型和"新常态"已经对国内外企业产生影响一样。对此，中方应密切跟踪形势的发展，及时应对。

其次，中资企业应认清世界及拉美地区的经济发展新趋势，研究经济和贸易双下降的新形势与挑战，针对所在国和地区出现的新形势、新政策及投资环境的变化，积极制定对策措施，规避风险，减少亏损，增加盈利，保障企业利益和安全。特别是从事资源性产业的企业，在国际市场需求和价格双下降、驻在国投资环境恶化的情况下，如何克服危机，应对新挑战，更是一个紧急而严重的课题。中国政府有关方面应组织协调政府机构、企业和研究单位研究形势，共商对策，改变企业单打独斗、孤军奋战的局面，形成合力，联手共同面对困难。

第三，抓住拉美大国经济结构调整和再工业化需要资金和技术的时机，大力调整中国对拉美贸易结构和投资结构，改变以资源能源和农业为主要投资目标的格局，转向新技术主导的制造业、金融业和服务业。为此，必须寻找新的机遇和新的切入点，开拓新的市场，调整和扩大对拉美地区的金融合作及科学技术合作。通过这些合作，推动中国政府提出的双边产能合作，为更多的中国产业进入拉美创造条件。

古美复交及其影响

徐贻聪[①]

内容提要：古巴和美国复交对双方各有利弊，利大于弊，但关系正常化的道路漫长；两国复交是全世界共同奋斗的结果，对各方和世界和平有利；古巴需防范美国的颠覆和"演变"企图，变压力为动力；中国和古巴应该交流防止美国"渗透"的经验。

关键词：古美复交　利弊　影响和防范

在世界2015年的政治版图上，古巴和美国恢复外交关系应该可以占据一席之地，而且是堪称分量颇重、影响广泛的一席之地。

一般而言，两个国家之间建立或者恢复外交关系虽然构成新闻，但很少能够引起轰动。古巴和美国复交则不同，两国复交反响之大、效应之广大大超出一般国际事件。

一

50多年来，古巴和美国关系一直是各方关注的热门话题，全世界都非常期盼两国能够尽早实现外交关系的正常化，并为此进行了长时期的、多种形式的不懈努力。

在梵蒂冈和加拿大的推动和安排下，古巴和美国代表经过长达18个

---

① 作者系中国国际问题研究基金会研究员，中国前驻厄瓜多尔、阿根廷、古巴大使。

月的秘密磋商后，于2014年12月公开宣布将要进行复交谈判。其后，双方又经过半年多的多轮商谈，最终于2015年7月宣告决定正式复交，并分别于8月和9月在对方首都升起了本国的国旗，开启了使馆，从而完成了两国复交的基本进程。这期间，古巴主席劳尔·卡斯特罗和美国总统奥巴马曾经利用不同机会和场合在南非和巴拿马数次握手、晤面，对双方的复交谈判起了直接的推动作用。诚然，古巴和美国要使两国关系全面正常化还有很长的路要走，但复交本身就足以让世界各国感到欣慰。

古巴和美国的恩怨复杂长久，可谓渊源深远、错综复杂。在历史上，始终想把古巴变成为自己一个州的美国，蓄谋多端，野心敞露，并最终引发了由卡斯特罗领导的、推翻卖国政府的古巴人民革命，使得古巴获得了独立自由，并在西半球诞生了一个社会主义国家。

古巴人民革命胜利以后不久，霸占古巴野心不死的美国策划派雇佣军入侵，失败后不仅"断交"，还旋即开始了对古巴的全面封锁。世界头号强国长达50多年的野蛮封锁，给小小的古巴造成了多方面的巨大损失和深重灾难。"要古巴，不要美国佬"，成为古巴人民坚持独立、主权、自由、平等斗争的口号和动力，也成为拉美人民和世界人民声援和支持古巴的象征和凝聚力。

面对如此境遇，经过探讨、协商和组合，古巴的几个不同政党走到了一起，成立了古巴共产党，使古巴走上了社会主义道路。"没有社会主义毋宁死"，不仅成了响彻古巴全国的口号，也成为古巴发展的动力。

古巴选择的理论信仰、领导力量和发展道路，使得美国对近旁的这个小国更加仇视，愈益想彻底除之而后快。为此，美国对古巴采取的几乎无所不包的严厉封锁愈演愈烈，时间之长可称前所未有。在对古巴采取全面封锁的同时，美国还运用多种手段和巨大财力力图颠覆其政权，数百次企图暗杀其领袖，千方百计鼓动其人民外逃，以期给古巴制造难堪和压力。尽管如此，古巴政府领导人曾在不同时期都反复强调，希望能与美国有正常的国家关系，并为此目的进行了多方位的努力和争取工作。

因此，应该看到，尽管在古美关系问题上美国占有主动地位和主导权，没有美国的点头就不会有古美的复交，但古巴的多次公开表态和带有实质性的努力，对于两国外交关系恢复的推动作用应该是非常明显的，作用也是不能低估的。

二

古美复交对双方都有利弊，而对双方而言利应该都大于弊。古巴在坚持其原则立场的同时，希冀与美国在国家关系上的正常化，主要着眼点应该是在世界面前呈现对美斗争的合法性和有效性，展示完整的独立性，争取发展良好的空间和外部环境，为国内的发展寻求和创造较为宽松的条件并找寻新的动力。

两国实现复交，使得古巴的声望和国际地位得以明显提升，让人更清晰地看到它的新的生命力。

当然，明显的一点，古美复交也是对古巴的巨大挑战。古巴和美国意识形态不一，所走的道路和发展模式不同，尽管复交，但美国不会隐忍，不会放弃欲改变的立场。美国直接公开地进入古巴，势必会利用各种手段，更加赤裸裸地进行支持现政权反对派的活动。古巴对之应该早有警觉，也在想办法应对。双方谈判时间之长，超乎许多人的预料；古巴在谈判中坚持的条件和要求之明确，也颇让人费尽思量，反映出古巴的慎重态度和对未来的估计和预想。古巴的这种坚持原则、灵活应对的态度和举措，应得到国际社会的认可和赞扬。

美国能改弦更张，接受他人的建议，下决心与古巴谈判复交，有其审时度势的动因和国内外的需要。青史留名的考虑，对与古巴"断交"和封锁是否时过境迁，美国国内党派斗争的驱使，在美国古巴侨民对自己国家态度的变化，美国与其近邻拉美各国关系的大幅下滑，联合国绝大多数成员国年复一年地强烈呼吁和谴责，梵蒂冈和加拿大这两个对于美国有着特殊意义国家的劝说和推动，如何让本国的工商企业界能就近拓展机会和让人们享受近旁的天堂美景，这些都让奥巴马不得不去设想这个问题如何解决。从2014年12月双方宣布"将开始复交谈判"引发的舆论轰动中，从2015年4月美洲国家组织峰会对两国复交谈判决定及与会元首对美古领导人直接会晤的反响中，从各国对美古在对方首都升起各自国旗的评论中，奥巴马应该有对其与古巴复交决定感到宽慰的理由。

诚然，美国国内对复交歧见尚大，共和党更在多方掣肘，致使两国关系的全面正常化尚存诸多难题，需要时日逐步解决。两国复交后，双方在对待联合国要求美国取消对古巴封锁议案的表决中态度依旧，应该能够反映出两国关系全面正常化的复杂性和长期性。至于复交带给美国的弊端，也就是反对派的"歧见"所在，无疑将会继续存在，但人们有理由推测，持反对意见的人必然会越来越少，声音也必然会越来越弱。美古复交后，涉及双方的本质性矛盾和问题既不会改变，更不会消失，美国和古巴会按照各自的既定选择和方针我行我素。新形势下渗透反渗透、颠覆反颠覆的局面继续长期存在，且会愈演愈烈。

"开弓没有回头箭。"古美复交的进程将会继续前行，但前程中问题不少，解决起来会很为复杂、棘手，有的甚至久谈难决、继续搁置，人们只能拭目以待。

三

古美复交，有益于拉美，有益于世界，也有益于中国。古美复交是全世界人民的长久期盼，理应受到热烈的欢迎，从消息传出到复交成功所产生的反响和评论中，能够证实这种欢迎的程度和广度。人们欢迎它，是因为它牵涉各方本身的利益。

首先，与古巴和美国同在西半球的拉美国家能够从中得益，并使拉美国家与美国的关系相得益彰。拉美与美国是近邻，需要有密切的双边和多边关系，在历史上的各个阶段双方互相合作、互相渗透，形成了全方位的"你中有我，我中有你"局面。近几十年来，受美古关系的干扰和影响，这种关系多有变化，呈逐步下滑趋势。在美国动议将古巴开除出美洲国家组织时，除墨西哥外，其他拉美国家曾一致予以支持。但未几，他们纷纷改变态度，转而批评美国的无理做法，越来越强烈地呼吁和要求让古巴重返该组织，甚至以"不参加、不主办"组织峰会对美国的拒绝态度表示不满，发出威胁。这些国家这样做，除主持正义外，还因为美国对古巴的封锁直接损害其本身的利益，阻碍它们的发展与对外合作。无疑，美古关系的正常化，特别是美国对古巴封锁的解除，将会使这种障碍消失，使得拉美国家与美国的合作更为畅通。

其次，古美复交虽然仅仅是两国间的事情，但明显地影响到世界各国。且不说世界多数国家从古巴人民革命一开始就给予了程度不同的同情和支持，美国对古巴采取的遏制举措对各国也都产生了诸多方面的负面影响，各国都希望能够取消。联合国20多年来关于美古关系议案的投票情况说明，越来越多的国家反对美国的做法，希望在寻求国际合作中少一点障碍和阻力。古美复交让各国看到了可能的前景，开始减少年复一年的政治压力。

古美复交对中国的影响也应该是积极的。中古友好源远流长，共同的政治信仰、相同的国家体制、相似的发展道路，使两国关系进入了"好朋友、好兄弟、好同志"的历史最好时期。在各个领域，两国互相关心，相互理解，多领域多层次的友好合作开展顺利，逐步深化。在古巴希冀改善与美国关系的进程中，中国不仅理解，还给予过多方面的支持和协助，在联合国涉及古美关系的提案中中国多为发起国之一；在古美宣布开始复交谈判时中国在第一时间表示了欢迎，反映的就是中国对古巴革命和发展一直理解和支持的正义态度，乐于看到这个兄弟对外关系的多样化和完整化，增添发展的积极因素和新动力。中国对古美复交表示欢迎，同样也希望美国尽早解除影响他国与古巴正常经贸往来的封锁，使得中古经贸合作能够不受阻碍地顺利开展。

总而言之，我们应该摒弃关于古巴在与美国复交问题上对中国"不哥们儿"的心态和古巴将抵制不住美国演变计划的担心，对古美关系全面正常化乐观其成，进而为逐步解决他们双方尚存的问题（诸如封锁、移民、关塔那摩基地等）继续助以合理、合法、力所能及的一臂之力。

四

毋庸讳言，也不必回避，中国与古巴有许多相似之处，两国都被美国视为同一类型的国家，必须要予以"演变"。事实上，美国对中国与古巴一直在用多种形式和手段不间断地实施演变图谋，只不过因为两国在与美国的邦交问题上有异，美国对古巴难以使用直接的手段而已。因此，从另外一层意义上来说，古美复交确实给古巴、也给中国提出了一个相同的课题——如何共同面对美国的境内演变图谋。显而易见，对此，中国和古巴需要不时地交流和借鉴经验，经常探讨面对的策略和应该采取的举措，以在为确保本国安全的类似斗争中增强相互理解和支持。从目前的态势看，中国与古巴完全能够找到共识，也能找到共同抵御的有效办法。

中智建交 45 周年回顾与展望

朱祥忠[①]

内容提要：2015年是中国同智利建交45周年。建交以来，两国关系发展顺利，十分友好。智利在中国同拉美国家关系中占有多个第一：第一个同新中国建交的南美国家；第一个与中国签署关于中国加入世界贸易组织双边协议的拉美国家；第一个承认中国市场经济地位；第一个与中国签订自由贸易协定。近几年来，中智关系得到了全面的、高水平的发展。中智关系是践行和平共处五项原则的典范。

关键词：中智关系　和平共处　多个第一　前景美好

新中国成立后，智利和其他拉美国家仍同台湾地区当局保持所谓"外交关系"。毛泽东主席和周恩来总理根据中国对外战略方针和地处美国"后院"的拉美国家的具体情况，提出了"耐心等待、多做工作、广交朋友、以民促官"和"细水长流、稳步前进"的工作方针。在这一方针指导下，中智关系稳步发展，终于在1970年12月15日正式建交。智利成为同中国建交的第一个南美国家。建交45年来，两国关系发展顺利，特别是近年来达到了全新的高水平。

---

① 作者系中国国际问题研究基金会研究员，中国前驻智利大使。

细水长流　以民促官

　　新中国成立初期，应中方邀请，智利著名诗人、诺贝尔文学奖获得者聂鲁达、画家万徒勒里、社会活动家阿连德和贝德雷加尔等先后访华，均受到毛泽东主席和周恩来总理的亲切会见。他们后来都成为中国的"全天候"朋友，对推动两国关系的发展起了重要作用。正是在他们的推动下，于1952年10月1日成立了拉美第一个对华友好组织"智利—中国文化协会"。1952年10月23日，中国进出口总公司同来中国出席亚太地区和平会议的智利代表达麦斯蒂签订了从智利进口铜和硝石的贸易协定。这是新中国同拉美国家签订的第一个贸易协定。周总理对此十分重视。他在接见达麦斯蒂时表示，为了加强中智贸易关系，"中国可能在智利设立一个公司性质的机构，智利也可以在中国设立同样的机构"。当达麦斯蒂谈到智利当选总统伊巴涅斯想同中国建立外交及贸易关系时，周总理表示中国也有同样的愿望，并介绍了中国的建交原则。他还表示，中智双方都在为争取民族独立而斗争，是互相同情的，两国关系可以在短期内建立起来。周总理是想推动中智建交，在美国"后院"打开一个缺口，扩大中国影响，带动整个中拉关系的发展。虽然由于美国的阻挠上述贸易协定未能得到执行，当时两国也未能建交，但周总理的谈话对以后中智关系的发展产生了积极的影响。

　　根据周总理的指示，中国也先后派出了一些文化和经贸代表团到智利访问。重要的有：1953年6月，李一氓率领中国文化代表团参加在智利首都圣地亚哥举行的第一届拉丁美洲大陆文化工作者大会，会后对智利进行了友好访问，这是新中国建立后最早访问拉美的代表团。1954年7月，以赵毅敏为团长、肖三和艾青为团员的中国文化代表团访问智利，出席了聂鲁达50寿辰的庆祝活动。1956年8月，以楚图南为首的中国民间艺术团对智利进行了访问演出。1957年5月，中国人民银行代表团访问智利。1958年8月，中国杂技团对智利进行了访问演出。1959年5月和11月，中国新闻工作者代表团和工会代表团先后访问智利。同年，智利前内政部长佩德雷加尔应邀访华,与中国进出口公司签订硝石和茶叶易货合同,并向中国外贸部官员提出希望中方派代表常驻智利,中方表示同意。1961年5月,中国国际贸易促进会主席南汉宸率团访智,双方商定于1961年10月中国在智利建立商务新闻办公室,李延年任主任。1964年,中国在智利举办了经济贸易展览会,参观人数达46万人之多,占当时圣地亚哥人口的1/4,影响很大。1965年6月,中国国际贸易促进会在圣地亚哥设立了半官方的商务代表处,以代替商务新闻办公室,林平任代表。从而实现了周总理在1952年对达麦斯蒂提出的"中国可能在智利设立一个公司性质的机构"的设想。

精心耕耘　开花结果

1970年10月,智利举行大选,由社会党、共产党和激进党等六个左派政党组成的人民团结阵线推举的总统候选人社会党领袖阿连德获胜。阿连德曾三次访华,受到周总理的接见,双方进行过亲切友好的谈话,他对周总理十分敬佩。大选前他就向中方表示,如在大选中获胜一定同中国建交。周总理得知阿连德当选智利总统时非常高兴,他说:"古巴是60年代,阿连德是70年代,美国后院不平静了。"他代表中国政府立即发电报给阿连德表示热烈祝贺,并表示坚决支持智利人民反对帝国主义侵略、掠夺和干涉,维护民族独立和国家主权的正义斗争。同时派出以倪志福为团长的中国工人代表团出席阿连德总统的就职典礼。

周总理对倪志福率团访问智利非常重视,亲自主持中共中央政治局会议,研究倪志福访问智利时应注意的问题,代表团回国后第二天又召开政治局会议听取汇报。倪志福说,阿连德政府有意尽快同中国建交。周总理立即指示中国驻法国大使黄镇同智利驻法国大使伯恩斯坦进行接触,表明中国也愿意同智利建交。

智方起草了一个完全符合中国要求的建交公报,双方经过谈判很快达成协议。黄镇和伯恩斯坦代表各自政府于1970年12月15日在巴黎签署了建交公报。公报称:"中华人民共和国政府和智利共和国政府,根据互相尊重主权和领土完整、互不干涉内政和对外关系、平等和互惠的原则，决定自即日起建立外交关系","中国政府重申：台湾是中华人民共和国领土不可分割的一部分。智利政府注意到中国政府的这一声明。智利政府承认中华人民共和国政府是中国唯一合法政府"。中智建交公报后来成为中国同拉美国家建交的一个样板，被称为"智利模式"。

于是，智利成为南美洲第一个和拉丁美洲第二个（仅次于古巴）同新中国建交的国家。周总理高度赞扬阿连德政府不顾内外敌对势力的反对而采取的同中国建交的果敢行动，为拉美国家同中国建交"开了个好头"。可以说，中智建交是在周总理直接关心、推动和指导下实现的。周总理对中智关系整整20年的精心耕耘，终于开花结果。

热情支持　友好忠告

阿连德政府上台以后，宣布要使智利成为"第一个按照民主的、多元化的和自由的模式建立起来的社会主义"国家。对外反对美国控制、维护国家主权，同包括苏联在内的社会主义国家发展关系，支持第三世界国家的反帝反殖的斗争。对内实行了一些激进的经济和社会改革措施，如对美资控制的铜矿国有化，征收了大批本国和外国企业和银行，国家对各主要经济部门均实行控制；实行土改，征收大庄园主的土地，建立国营农场和合作社；大幅度提高工人工资和福利待遇等。苏联把智利看成"和平过渡"的样板加以宣扬，智利一时成为世界注意的中心。

周总理作为一个伟大的无产阶级革命家，对智利革命道路极为关心。他在接见智利和其他拉美国家朋友时都注意了解智利的情况，针对智利面临的一些问题特别是智利革命道路和任务等重大问题，相机做了大量工作。

1971年6月，周总理在接受墨西哥《至上报》社长谢雷尔的采访时表示，如同阿连德总统自己所说，"取得政府并不等于取得政权"，"我们不隐瞒自己的观点，我们不相信议会道路，因为还没有看到任何一个国家通过议会选举把外国侵略势力赶走，实现完全独立和建立真正的民主政权的。"他还认为，"一个政权要巩固，没有武装力量的支持是不可能的，你们拉丁美洲稍微有点进步倾向的政府被推翻的例子不胜枚举。当然,我们希望智利的官兵都是爱国的。"

1972年3月,周总理在人民大会堂新疆厅会见了来访的智利社会党总书记阿尔塔米拉诺。双方就智利革命过程中的一些问题坦率地交换意见。谈话持续长达六个小时。参加会见的有外交部副部长乔冠华、中联部副部长申健和副总参谋长彭绍辉等有关方面的领导人。

首先,针对阿连德要在智利进行社会主义革命的过激思想,周总理诚恳而坦率地指出,革命要分阶段,当前亚非拉人民的革命斗争正处于民族民主革命阶段,不能跳过这个阶段进入社会主义革命阶段。他说,如果混淆了这两个阶段的任务,就容易混淆两个不同时期的路线和政策,结果使有左倾情绪的人感到不满足,而思想偏右的人感到害怕,不敢参加革命,这样就反而把自己孤立起来了。

其次,在智利朋友谈到要"中立中产阶级"的问题时,周总理表示这个口号值得商榷。他说,在民主革命阶段要联合中产阶级,而不应中立它。因为中产阶级总是带一点民族资产阶级性质的,它不能完全脱离同外国的经济联系,但只要是他自己经营的,就会有点民族自尊心。周总理还以荣毅仁为例,说明团结民族资产阶级不仅是必要的,而且是可能的。中国共产党对末代皇帝都采取团结争取的政策。

第三,关于对外资实行国有化的问题,周总理指出,应区别对待。先没收美国资本,其他国家的暂时不动。这样可避免他们同美国联合起来进行破坏,也可使他们努力经营,还可以利用他们的技术人员。在做法上,可分步骤,逐步没收,也可以分股,例如国家占51%,外资占49%。这样有利于生产,有利于全国经济的稳定和发展。

第四,周总理详细介绍了中国革命的历史经验教训,再次强调军队是中心问题。他针对"智利军队有资产阶级民主传统,不干政"的说法指出,世界在变化,拉美在变化,智利也不会原封不动,不仅是外国的侵略势力,就是本国的保守势力,也要利用军队。在这种进步与保守激烈斗争的情况下,军队不会不受影响。周总理还以刚发生不久的玻利维亚军事政变为例,提醒智利朋友要准备两手,要做军队的工作,争取军队站在进步方面。

周总理还强调,马列主义要同本国革命实践相结合。他说,拉美的社会主义革命一定要在拉美的土地上同拉美的具体情况结合起来，否则就是空想的社会主义。智利可以了解苏联十月革命、中国革命以及发生在拉美的古巴革命的经验，但一定要同本国的具体情况相结合，形成自己的政治路线，选定自己应该走的道路，才能最终取得胜利。

周总理上述推心置腹、语重心长的谈话，智利客人听后很受启发，但未能引起阿连德总统的足够重视。正如周总理担心的那样，阿连德政府上台后采取的过激改革措施，虽曾得到人民群众的支持，起初经济也出现了繁荣景象，但好景不长，第二年生产就开始滑坡，出现严重经济困难，人民生活水平大幅度下降，不满情绪随之增长，威胁着阿连德政权的稳定。

阿连德于1972年访问苏联，争取援助，但收获甚微。尽管当时中国还处于"文化大革命"造成的混乱时期，为了支援智利，中国还是向阿连德政府提供了力所能及的援助。1972年6月，中国政府同智利政府签订了经济合作协定，向智利提供了2000万英镑的长期无息贷款。这对当时的中国来讲不是一个小的数字。此外，中国政府还同意向智利增供1500吨猪肉和500吨鸡，并主动提出提前交付1973年合同中规定的3000吨猪肉，以缓解智利人民的生活困难。

1973年1月，阿连德通过中国驻智利大使林平提出要求增加援助，接着派其外长阿尔梅达来华，同中国进行具体商谈。周总理予以接见，就此交换了意见。双方签署了中智经济技术协定和商品贷款协定。中国政府决定在智利银行中无息存入1000万英镑，供智政府使用。同年2月3日，周总理写信给阿连德总统（由阿尔梅达回国转交），再次就智利革命和建设问题提出了忠告。周总理在信中说："我们本愿对智利人民的经济建设做出较大的贡献，但由于我们的经济力量还很有限，同时也肩负着支援越南和印支各国人民斗争和其他地方的国际义务，目前尚处于力不从心的状态，希对此能予以谅解。"周总理说，中智两国同是发展中国家，对于智利现在面临的困难，中方很能理解并给予深切的同情。这种状况从根本上说，是长期殖民统治和帝国主义侵略留下的恶果，不少第三世界国家在不同程度上都遇到类似问题。为了克服这些困难，发展中国家除了相互帮助外，最根本的还是要靠自己的力量，也就是说，自力更生为主，外援为辅。如果经济不能立足国内，过多依靠外援，特别是依靠大国的贷款，这是很危险的。在这方面,一些国家有过沉痛的经验教训。

周总理说,对第三世界国家来说,要自主地发展民族独立经济,就要进行长期的艰苦奋斗,就要付出一定的代价和牺牲。我们的人民是勤劳勇敢的人民,为了摆脱帝国主义的控制干涉,赢得自己的独立幸福生活,他们会懂得如何清醒地估计局势,勇于接受面临的挑战。在当前动荡的国际形势下,更要考虑应付可能出现的各种局面,做两手准备,争取好的准备坏的。总之,改变经济落后面貌,改善人民生活的目标,只有结合现实的条件和可能,有准备有步骤地进行才能逐步实现。这是我们从中国的亲身经历中得出的一点体会。我们对智利的情况很不了解,但是作为老朋友,出于关切,他愿坦率地同阁下交换看法,仅供彼此参考。

周总理在信中还表示,两年来,智利政府和人民在维护民族独立和国家主权、反帝反殖、发展民族经济等方面取得了许多重大成就。我们对此表示钦佩。相信智利政府和人民在阿连德的领导下,加强团结,坚持斗争,进行充分的准备,谋而后动,就一定能够克服目前遇到的困难,取得新的胜利,继续前进。

周总理最后说:"我们为两年来中智友好合作关系的发展感到高兴。我们今后将竭尽自己的努力,使这种关系得到进一步的加强。"

据说,阿连德读了周总理的信很受感动,表示完全同意信中的意见和看法。但当时智利局势已急剧恶化,为时已晚。

周总理在上述同智利朋友的谈话和给阿连德的信中,运用马列主义和毛泽东思想的基本原理、深入调查研究智利以及亚非拉国家在第二次世界大战后所面临的形势后得出的英明的科学论断,均为后来的形势发展变化所证实。

坚持原则　沉着应对

阿连德政府实行的过激政策,脱离智利实际,导致一系列失误,被国内外敌对势力所利用。不出周总理所料,"具有资产阶级民主传统"的军队在美国的支持下于1973年9月11日发动政变,推翻了阿连德政府。阿连德本人以身殉职。政变后成立的以陆军司令皮诺切特为首的军政府，开始了为期16年的军事独裁统治。

军政府于1973年9月15日照会中国驻智利大使馆，表示愿意同中国"保持最友好的关系"。后来军政府又不断通过不同的渠道向中国方面表示，希望维持两国正常外交关系。

当时，国际上对智利政变反应强烈。苏联等社会主义国家以及个别第三世界国家宣布与智利军政府断绝或中止外交关系，有的实行外交降格，即调回大使保留代办级关系，对政变进行谴责的更多。但大多数国家仍与军政府保持原有关系。据统计，截至1973年10月上旬，与智利建有外交关系的80个国家中，有38个表示承认智利军政府并与之保持外交关系；与军政府断交的有11个国家；其他国家则未表态。

中国政府根据和平共处五项原则，独立自主地处理了同智利军政府的关系。一方面，周总理于9月14日致电阿连德遗孀，对阿连德总统不幸以身殉职表示哀悼。周总理在唁电中说："遥悉萨尔瓦多·阿连德总统不幸以身殉职，至深悲痛。谨向你们表示深切的哀悼和慰问。伟大的阿连德总统生前为了智利人民维护民族独立和国家主权的斗争，以及促进中智两国人民的友谊和亚非拉第三世界国家的团结反帝事业，作出了积极的努力。他的高尚愿望将永远活在人们心中。相信智利人民将从这一沉痛的事件中吸取教训，继续前进。"

另一方面，中国政府决定，不急于承认军政府，也不主动与之断交，而与军政府保持一般关系，冷而不断，以进一步了解和观察智利形势的发展，再决定下一步行动。中方对军政府的照会未予答复，但也没有拒绝。10月中旬，召回了中国驻智利大使，由临时代办主持工作。智利军政府也解除了其驻华大使的职务，任命了临时代办。中方以为智临时代办发放签证的做法，事实上予以同意。这样，中智外交关系得以保持下来。中国决定对智利军政府采取"积极稳妥，逐步开展工作，不操之过急"的工作方针。

1973年12月27日，智利新政府就任命新大使征求中国政府意见。考虑到当时多数国家对智利军政府任命的大使均已表示同意，中国政府也于1974年2月表示接受其新任大使。同年7月，中国驻智利大使返任。两国关系遂趋于正常。

当时苏联对中国同智利军政府保持外交关系的做法大加谴责，有的第三世界国家也不大理解，智利左派政党朋友对中国更有意见。但中国认为，智利政府更迭是智利的内政，别国无权干涉；同一国建立或保持外交关系并不等于同意其内外政策；同智利政府保持关系有利于同智利人民的接触和联系，符合两国长远利益，也符合国际关系准则。

后来的历史事实证明，中国政府的上述立场和做法是完全正确的，并逐步被人们所理解。每当我同外国朋友（其中包括智利朋友）谈到中智关系这段历史时，他们都认为中国做得对，周恩来总理倡导的和平共处五项原则应该成为处理国家关系的准则。而中国处理同智利关系的方针和做法，正是具体实践和平共处五项原则的一个生动的范例。

全面发展　多个第一

在皮诺切特军事独裁统治16年后，1989年底智利举行全国大选，由17个政党联盟推举的总统候选人艾尔文获胜，并于1990年3月就职。智利开始了民主发展的新阶段，中智关系也进入了发展的新时期。人员往来增多，贸易、文化等方面的关系得到全面恢复和发展。

1990年5月，中国国家主席杨尚昆对智利进行国事访问。1992年11月，艾尔文总统正式访华。这是有史以来两国元首第一次实现互访，增进了相互了解和友谊，谱写了两国关系新篇章，具有历史意义。以后两国高层互访不断，中国领导人先后访问智利的有：全国政协主席李瑞环（1995年6月），总理李鹏（1996年11月），国家主席江泽民（2001年4月），国家主席胡锦涛（2004年11月），国家副主席习近平（2011年6月），总理温家宝（2012年6月）等；访华的智利总统有：弗雷（1995年11月）、拉戈斯（2001年11月）、巴切莱特（2008年4月、2009年11月）、皮内涅拉（2010年11月）等。在上述互访期间，双方签署了涉及政治、经贸、科技、文化、互免外交和公务签证、投资保护、文物保护、植物检疫、民航运输等各个领域的一系列重要合作协定或协议，有力地推动了两国关系的发展。

2004年11月，两国建立了全面合作伙伴关系。2012年6月，这一关系升格为战略伙伴关系。在拉美，智利第一个同中国就中国加入世界贸易组织达成双边协议，第一个承认中国完全市场经济地位，第一个与中国签署自由贸易协定。目前，中国是智利全球第一大贸易伙伴，第一大出口目的地国和第一大进口来源国，智利是中国在拉美的第三大贸易伙伴国。

2014年中智双边贸易额达到340.6亿美元，其中中方出口130.2亿、进口210.4亿。中国对智利主要出口机电产品、纺织品、铜材、家电等。目前已有20多个中国品牌汽车行驶在智利大街小巷，市场占有率达15%。中国对智利主要进口铜、铁矿砂、纸浆、鱼粉、水果、葡萄酒等。智利是中国进口铜的最大供应国。中国进口水果中98%的蓝莓、3/4的樱桃、1/2的苹果和食用葡萄均来自智利。智利还是中国第三大葡萄酒供应国。

在科技和文化交流方面，双方签有相关合作协定。两国建有政府间科技混委会，智利为中方在南极科考工作中予以大力协助。2013年10月，中国首个海外天文研究机构——中科院南美天文研究中心暨中智天文联合研究中心在智利成立。

展望未来　前景美好

近年来，中国进入全面深化改革开放的新时期，外交工作呈现了蓬勃发展的崭新局面。中国同拉美关系也有了新的发展，其中同智利友好合作关系比较突出。

2014年7月，习近平主席出席在巴西举行的中拉领导人会晤期间同巴切莱特总统会见。11月，巴切莱特来北京出席亚太经合组织领导人非正式会议并对华进行工作访问，同习主席进行了会谈。双方就进一步深化中智战略伙伴关系达成重要共识。习主席表示，中智关系发展前景广阔，要从战略高度和长远角度重视和推动两国关系的发展，紧密围绕各自发展规划深化务实合作。双方要尽早启动中智政府间常设委员会，制定好共同行动计划，建设好中智自由贸易区，促进贸易增长和结构多元化。巴切莱特表示，完全同意习主席的意见，加强对华合作是智利外交的优先方向，欢迎中方积极参与智利基础设施建设，推进南美地区互联互通。

2015年5月24~26日，李克强总理对智利进行正式访问，同巴切莱特总统进行了坦诚深入而富有成果的会谈。双方签署了关于加强产能与投资合作的谅解备忘录、两国本币互换协议，圣地亚哥成为拉美地区首个人民币清算所在地，中方给智方500亿人民币境外合格机构投资者额度。双方还签署了避免双重征税协定。双方同意简化旅游签证手续，自2015年7月1日起取消旅游签证收费，以推动双方旅游和人员往来。李克强表示，当前世界经济复苏缓慢，依然面临下行压力，中国和智利大力深化金融、财税、产能等合作，将为两国深化务实合作提供有力保障和支持。

中国和智利友好合作关系互补性很强，已打下了坚实基础，双方都有发展关系的强烈愿望，尽管目前仍面临着国际金融危机带来的不利因素的影响，经过双方的共同努力，为落实两国领导人达成的上述共识，一定会克服这些暂时困难，把两国关系继续推向前进。展望未来，前景美好。

后 记

《国际问题纵论文集2015~2016》经数十位撰稿人和编委会的辛勤劳动，与读者见面了。这是中国国际问题研究基金会自2004年组织编写首部论文集之后的第13部文集。这部文集主要论述2015年中国外交和国际政治、外交、安全、经济形势演变的特点和近几十年来国际关系发展变化的趋势以及当今世界面临的重大问题的根源、影响及应对之策。

2015年，国际形势呈总体稳定、局部动荡态势。受国际金融危机后国际体系和国际秩序深度调整的影响，世界经济增长动力不足，增速下滑。由于全球主要经济体均存在结构性问题、经济复苏不均衡，全球宏观经济政策协调难度加大。美元升值和美联储加息对全球金融市场产生重大影响；石油价格持续下跌严重打击石油出口国经济。2015年，大国围绕国际政治、经济新规则制定的战略博弈升温，对国际竞争态势产生重要影响。中国倡导的以"合作共赢"为核心的国际关系和"人类命运共同体"等新理念得到国际社会认可和广泛支持，亚洲基础设施投资银行等新的国际金融机构相继成立。美国继续推进战略东移军事部署，加大投入，着力打造或强化多个区域自由贸易区，力求维持其制定国际游戏规则的主导权。2015年，中东局势动荡加剧，极端组织"伊斯兰国"崛起对地区稳定和国际安全形成新的严峻挑战，俄罗斯、法国、英国和德国军事介入叙利亚、伊拉克的反恐，对美国在中东的地位和中东局势产生巨大影响。中东局势动荡的外溢给欧洲带来严重难民危机。伊核协议的签订和执行将对中东格局产生深远影响。在东北亚，日本安倍内阁对历史问题的错误态度、启动新安保法为海外用兵松绑，备受国际社会关注。中、美、法等大国同国际社会共同努力，促使联合国气候变化巴黎大会成功通过《巴黎协定》，为2020年后全球合作应对气候变化指明了方向和目标，具有历史性意义。

2015年，中国外交有声有色，高潮迭起，成果丰硕，中国特色大国外交全面推进。中美、中俄、中欧关系都有不同程度的提升和新发展，周边外交进展巨大。中韩、中澳自贸协定同日生效，中国与东盟关系不断深化，中日关系趋向缓和。中国与拉美、非洲各国发展战略高度契合，迎来新的发展机遇期。中非合作论坛约翰内斯堡峰会为中非关系掀开了历史新篇章。多边外交和落实"一带一路"倡议的成果，进一步树立起中国的负责任大国形象。

对上述诸多重大国际问题，数十位中国知名专家、学者和资深外交官撰文，发表他们的研究成果和真知灼见，以飨读者。

本书仍采用国务院前副总理兼外长钱其琛为我们首部文集所作的序言。他的序言对我们研究国际问题具有十分重要的指导意义。我们真诚感谢每一篇论文的作者和世界知识出版社为本书出版付出劳动的所有工作人员。本基金会秘书处杨云龙和李莉同志也为本书做了大量工作，在此一并表示感谢。

本书难免存在疏漏和不足，恳请读者批评指正。

中国国际问题研究基金会

2016年1月19日

图书在版编目（CIP）数据

国际问题纵论文集. 2015~2016 / 刘古昌，沈国放主编. —北京：世界知识出版社，2016.2
ISBN 978-7-5012-5154-4

Ⅰ. ①国… Ⅱ. ①刘… ②沈… Ⅲ. ①国际问题—文集—2015~2016 Ⅳ. ①D815-53

中国版本图书馆CIP数据核字（2016）第031934号

书　名	国际问题纵论文集 2015~2016 Guoji Wenti Zonglun Wenji 2015~2016
主　编	刘古昌
执行主编	沈国放
副主编	吴祖荣
责任编辑	柏　英
责任出版	王勇刚
责任校对	张　琨
出版发行	世界知识出版社
地址邮编	北京市东城区干面胡同51号（100010）
电　话	010-65265923（发行）　010-85119023（邮购）
网　址	www.ishizhi.cn
经　销	新华书店
印　刷	北京京科印刷有限公司
开本印张	720×1020毫米　1/16　24印张
字　数	364千字
版次印次	2016年2月第一版　2016年2月第一次印刷
标准书号	ISBN 978-7-5012-5154-4
定　价	58.80元

版权所有　侵权必究